沖縄の社会構造と意識

沖縄総合社会調査による分析

安藤由美・鈴木規之［編著］

九州大学出版会

はしがき

　本書は，平成17〜19年度文部科学省科学研究費（基盤研究（B）一般）「沖縄の社会構造と生活世界——二次利用として公開可能なミクロデータの構築をめざして——」の研究成果である。われわれは，戦後60年を経た沖縄の社会構造と生活世界の現状をとらえるために，「沖縄総合社会調査2006」と呼称する調査研究プロジェクトを企画し，沖縄県民を対象とした統計調査を行った。本書は，その調査の基礎的な分析結果を報告するものである。

　2005年，沖縄県は新沖縄振興計画策定にあたって，「本土との格差是正から，沖縄独自の優位性を前面に出す持続可能な内発的発展へ」という新たな方針を打ち出した。「沖縄独自の優位性」を成すのは，例えば台湾や東南アジアに近いという地理的特性を最大限に活用した「アジア・太平洋との連帯」や，「環境の時代」に呼応した観光・リゾート産業の戦略的振興などである。しかし「もはや本土との格差是正の時代ではない」というスローガンが掲げられる一方で，県民所得格差，生活環境整備の遅れ，さらに離島・過疎地域と都市部の格差，基地負担などの問題は積み残されたままである。戦後60年を経た現在，沖縄独自の優位性とは何なのかを構造変動論的に分析しようとする研究が，社会的にも大きな意義を持ってくると考えられる。

　琉球大学法文学部社会学講座は，これまで，1971〜1973（昭和46〜48）年の九学会連合沖縄調査，1984（昭和59）年の特定研究経費調査などに参加し，戦後の沖縄社会の構造と変動に関する研究成果を世に問うてきた。また，スタッフ個別にも，社会学，社会福祉学，マスコミ学の各分野において調査研究を実施し，データを蓄積してきた。最後の総合調査から約20年が経過した現在，先述のような課題に取り組むためには，再度総合調査を実施し，基礎的データを積み重ねる必要がある。そこで，本プロジェクトは，学際的な視点と方法により，あらたなデータ構築を目指すためのプロジェクトとして立案されたものである。

　沖縄総合社会調査2006では，大きく3つの視点から，沖縄の社会構造を

マクロな構造変動としてとらえるために，生活世界におけるミクロデータを収集した。第1の視点は，社会学的な視点である。ここでは，沖縄県民の生活構造と意識について，家族，国際化・グローバリゼーション，エスニシティー，沖縄のアイデンティティ，そして観光と沖縄イメージを具体的なトピックとして分析する。第2は，社会福祉学的な視点である。ここでは，沖縄の社会構造と生活世界の構造を，社会福祉，地域福祉，障がい者福祉，そして児童福祉を中心に分析する。第3は，マスコミ学的な視点である。ここでは，沖縄の社会構造と生活世界の変動過程を，情報化，国際コミュニケーション，世論，平和意識という要素から分析する。

沖縄総合社会調査2006では，米国の総合的社会調査General Social Surveys（GSS）や我が国の日本版総合的社会調査（JGSS）などのデータ構築運動を範として，その個票データを二次利用のために公開することを目的の1つとしていた。この目的は，平成23年10月に東京大学社会科学研究所附属社会調査・データアーカイブ研究センターが運営するSSJデータアーカイブにて公開されたことにより，ひとまず達成された。本データセットを，読者諸氏にも広く利用していただければ，調査を実施した者としてこれに勝る喜びはない。

本書は，九州大学出版会の第2回学術図書刊行助成によって出版された。応募原稿を審査し，貴重なコメントを下さった匿名の査読委員の方々に，厚く御礼申し上げる。また，学術図書の出版事情が大変に厳しいなか，私たちの研究成果を世に問う機会を与えてくださった同会にも深く感謝申し上げる。編集の奥野有希氏には，作業が遅れがちな私たちを終始励ましつつ，数々の的確なアドバイスと緻密な編集作業によって，本書をとても読みやすいものに仕上げていただいた。ここに厚く御礼申し上げる。最後になったが，本調査研究の趣旨をご理解いただき，調査に応じて下さった対象者の方々に深く感謝の意を表したい。

平成23年11月

安藤由美

鈴木規之

目　　次

はしがき ………………………………………安藤由美・鈴木規之　i

1章　沖縄総合社会調査2006の概要 …………………………安藤由美　1
　1－1　沖縄総合社会調査2006の背景とねらい　　1
　1－2　沖縄総合社会調査2006の調査デザインと調査項目　　4
　1－3　調査対象　　7
　1－4　標本抽出　　9
　1－5　調査実施　　11
　1－6　回収状況　　12
　1－7　標本の基本特性　　16

Ⅰ部　社会学からみた沖縄

2章　沖縄の家族意識 ……………………………………………安藤由美　23
　　　──全国データとの比較を通して──
　2－1　課題と方法　　23
　2－2　結婚と子ども　　28
　2－3　直系家族規範　　36
　おわりに　　42

3章　沖縄における開発・発展をめぐる県民の意識……鈴木規之　45
　　　──沖縄総合社会調査2006を中心として──
　はじめに　　45
　3－1　沖縄の内発的発展　　46
　3－2　沖縄総合社会調査2006　　47
　3－3　2000年北谷・読谷調査との比較　　60
　小　括　　62

4章　沖縄における外国人に対する意識…………………野入直美　67
　4-1　課題と方法　67
　4-2　外国人に対する接触経験と意識：全国と沖縄　72
　4-3　沖縄県外出身者に対する意識　87
　考　察　91

5章　ショッピングモールと沖縄イメージ………………多田　治　99
　　　──郊外化と観光の浸透にともなう県民の生活実感──
　5-1　郊外化で薄められ，観光で強調されてきた沖縄らしさ：
　　　　無徴性と有徴性　99
　5-2　ショッピングモール　101
　5-3　沖縄イメージ　111
　5-4　むすびにかえて：沖縄のローカリティとイメージを
　　　　めぐる複雑な現実　122

　　　　　　　　Ⅱ部　社会福祉学からみた沖縄

6章　沖縄都市における地域生活と社会参加
　　　………………………………………川添雅由・安藤由美　127
　はじめに　127
　6-1　沖縄の都市化と地域生活・社会参加　127
　6-2　地域への愛着　131
　6-3　地域の行事への参加　132
　6-4　祭りへの参加の度合い　134
　6-5　加入している団体等　136
　6-6　地域での社会活動経験の有無　138
　6-7　社会活動への不参加者の今後の意向　140
　6-8　今後の生活のあり方　142
　6-9　社会への貢献意識　144
　おわりに　146

7章　沖縄県民の社会参加活動と地域帰属意識 …… 白井こころ　149
　　　　──沖縄県におけるソーシャル・キャピタルと
　　　　　　Social Determinants of Health への考察──
　　はじめに　149
　　7-1　研究の背景と課題　150
　　7-2　研究の対象と枠組み　157
　　7-3　ソーシャル・キャピタル(社会関係資本)の一形態としての
　　　　　地域組織参加状況　167
　　7-4　地域（沖縄）への愛着に関わる要因について　172
　　7-5　考　察　178
　　おわりに　180

8章　精神障がい者に対する沖縄県在住者の意識 …… 水野良也　187
　　はじめに　187
　　8-1　接触体験　189
　　8-2　精神障がい者に対するイメージ　190
　　8-3　精神障がい者の知識やイメージの入手先　194
　　8-4　精神障がい者の地域居住における抵抗感　197
　　おわりに　201

9章　子育て支援状況に対する意識よりみる沖縄県の今後の課題
　　　……………………………………………………… 本村　真　205
　　　　──地域で支えあえる体制作りを中心にして──
　　9-1　課題と方法　205
　　9-2　子育てに必要な環境の充実度　206
　　9-3　全般的にみた子育てに必要な環境　217
　　9-4　子育ての実施主体　219
　　9-5　子育て支援対策への政府の支出　229
　　まとめ　230

10章　沖縄県における車社会からの脱却 ……………… 高嶺　豊　237
　　　　──公共交通機関の構築を目指して──
　　はじめに　237

10-1　沖縄県の車社会の現状　238
　　10-2　車社会からの脱却に向けて　249
　おわりに　258

Ⅲ部　マスコミ学からみた沖縄

11章　沖縄県民の政治傾向とマス・メディア接触　…比嘉　要　263
　はじめに　263
　　11-1　憲法9条，米軍基地，自衛隊，日米安保　264
　　11-2　政治傾向　270
　　11-3　普天間基地移設問題　275
　　11-4　マス・メディア接触　277
　　11-5　政治傾向とマス・メディア接触　279
　おわりに　280

12章　総　括 …………………………………………鈴木規之　285

　沖縄総合社会調査2006　調査票 ………………………………　293

　索　引 ……………………………………………………………　321

1章　沖縄総合社会調査 2006 の概要

安藤 由美

1-1　沖縄総合社会調査 2006 の背景とねらい

（1）沖縄における社会調査の現状と課題

　沖縄は，本土とは異なった社会構造と歴史的・文化的背景のために，しばしばそれ自体を全体社会（調査母集団）とする調査のフィールドとなってきた。その嚆矢は，1960年代初頭からすでに明治大学や東京大学などによって行われていた学術調査があげられるが（鈴木［編］2005），その後の，いわゆる「沖縄調査」の代表的なものをあげれば，復帰前後の1971～1973年の九学会連合沖縄調査（1976）に始まり，1980年代には鈴木広他による過剰都市化研究（鈴木 1986；谷 1989），前述の九学会連合沖縄調査に日本社会学会から参加した山本英治他による1990年代初頭の都市と農村の追跡調査（山本他 1995）などがある。沖縄の都市部の社会階層と職業構造に関しては，波平勇夫による，30年にわたる定点調査がある（波平 1980, 2003）。本プロジェクトの実施主体である琉球大学法文学部社会学講座でも，そうした過去のいくつかの調査プロジェクトに参加したり，また個人ないしグループで沖縄での調査を行ったりしてきた（伊江 1985）[1]。

　このように，県内外の研究者による小規模な学術調査や，社会学隣接分野のものを含めれば，これまでに相当数の調査が沖縄をフィールドとして行われてきた。このあたりで，こうした数々の調査結果を時系列的に繋ぎ合わせてトレンド分析を行い，戦後60年および本土復帰30年を経た沖縄の社会構造の変動を検証してみる時期にきているといえる。そのための最新のデータが今必要とされているのである。

沖縄の社会調査をめぐるもう1つの問題は，沖縄社会を研究するための調査個票データ[2]が公開されていないということである。沖縄を対象地域とする統計的社会調査はおそらく数百にものぼると見込まれるが，管見によれば，これらのうち個票データとして二次利用に供されているデータセットは未だ存在しない。数多くの調査が実施されながら，諸般の事情からそのほとんどすべてが一次分析者の手元におかれ，二次利用のために公開されてこなかった。それは我が国における社会調査をめぐる状況一般がそうであったのであり，沖縄の場合も例外ではなかった。近年，内外の二次分析向けの社会調査公開データ整備・拡充の動きは，ますます活発化している。実際，後述するように，SSJデータアーカイブを始めとした，いくつかのデータアーカイブを通して，多くの個票データが公開されるようになってきた。そうした動向に照らすと，沖縄では，そのような二次利用可能な公開データの整備において後れをとっていると言わざるをえない。とりわけ，沖縄の社会構造とその変動の研究のために研究者・実務家・大学院生が利用可能な，信頼できる基礎的なデータ収集が必要であるとの認識は深まりつつあった。こうした現状を打開するべく，われわれは，社会学，社会福祉学，マスコミ学といった学際的な研究チームを組織し，沖縄初の公開データの構築を目的の1つに組み込んだ，通称沖縄総合社会調査プロジェクトを企画し，調査を実施することになった。

（2）公開データ

沖縄を対象とする二次利用可能な公開個票データを整備するという目的をもつわれわれのプロジェクトに，もっとも影響を与えているのは，諸外国や日本ですでに先行している数々の同様のプロジェクトである。ここで，二次利用可能な社会調査ミクロデータ構築の動向にふれておきたい。というのも，こうした運動は日本ではまだ歴史が浅いし，とりわけ沖縄の社会調査の現況の中ではあまりなじみがないと考えられるからである。

社会調査の公開個票データとしては，1972年にシカゴ大学世論調査研究所（National Opinion Research Center）が始めたGeneral Social Surveys（GSS）が，包括的なテーマをもった社会調査公開データとしてはもっとも先駆的な

蓄積の1つである。また，この思想を日本で実現しようと1998年に始まった，大阪商業大学比較地域研究所と東京大学社会科学研究所による「日本版総合的社会調査（JGSS）」は，より直接的に，その基本的なねらいから具体的な質問項目にいたるまで，沖縄総合社会調査プロジェクトの模範となっている。

このほかにも，筆者の関心領域である家族に目を転じるなら，米国ウィスコンシン大学人口研究所による全米家族世帯調査 National Survey of Families and Households が，1987年より数次にわたってデータを蓄積しており，家族・人口分野における公開データのパイオニアである。やはり，これを範として，日本では日本家族社会学会が「家族についての全国調査」（NFRJ）プロジェクトを立ち上げ，1998年以来，4つのデータセットを公開している。このNFRJプロジェクトも，われわれが模範として採用したもう1つの研究フォーマットである。

こうした個票データは通常，データアーカイブと呼ばれる機関に委託されて，保持・二次利用のための提供サービスがなされている。データアーカイブとは，「社会調査のマイクロデータ（個々の調査票の記入内容のデータ）を収集・保管し，学術目的での二次分析のために提供する機関」（松井 2000）のことである。欧米諸国のほとんどで1960年代には学術目的のデータアーカイブが設立されていて，研究・教育に活用されてきた。日本では，1998年になってようやく，東京大学社会科学研究所附属社会調査・データアーカイブ研究センターがSSJデータアーカイブ（Social Science Japan Data Archive）を設立して，データ提供を開始した（松井 前掲論文）。このSSJデータアーカイブには，数百にのぼる個票データセットが寄託されており，学術目的での利用が可能となっている[3]。

（3）沖縄総合社会調査2006のねらい

以上のような背景をもちながら，本プロジェクトのねらいは，共同研究によって沖縄県民の住民意識調査を行い，統計的な情報を共有し，それに基づいて多様な角度からの分析を行うという点で，これまでの先行研究には見られなかった新たな地平を沖縄の社会構造及び変動の研究に切り開こうとする

ところにある。同時に，本研究では二次利用として公開可能なミクロデータを構築することを目指す。このことにより，沖縄に関心をもつ研究者に大きく寄与することが可能である。すなわち，沖縄社会の変容予測に関わる基盤データを構築し，その研究データを広く公開することにより，学術・政策利用の便宜に供することを目指している。具体的には，本研究を端緒として沖縄版 GSS を構築することがわれわれの将来的な目標である。

　その理念は，当初からデータアーカイブで個票データセットを公開することを目的として立ち上げられた JGSS の理念が，われわれの沖縄総合社会調査プロジェクトにとっても，そのままあてはまる。すなわち，1) アメリカの GSS のように変数の多い，学者や学生たちが自由に使うことのできる汎用データを収集・整備する，2) 調査後早い機会に，コードブックとともにデータを公開する，3) プロジェクト・メンバーたちは，定期的にデータを発信するだけではなく，率先して分析を行う（大阪商業大学比較地域研究所 2005 : p. i）。

　もちろん，われわれのプロジェクトは，カバーする研究分野も，スタッフ陣容も，そして予算規模も，GSS はおろか，JGSS にもはるかにおよばない。けれども，一定の統計的有意性を確保しつつ，沖縄社会の特性に関してなにがしかをいうことのできる調査データを，研究者のコミュニティと教育の現場で共有したいという熱意は変わらない。

1-2　沖縄総合社会調査 2006 の調査デザインと調査項目

　ここで，いよいよ本プロジェクトの核である沖縄総合社会調査 2006 の調査デザインと調査項目を述べよう。本調査は，個人を単位とした統計的意識調査である。もともとマスメディア接触や世論調査の分野では，個人が調査単位であったことはいうまでもない。また，社会学では，先述した GSS，JGSS などの先行調査研究などがそうであるように，社会意識を研究するような大規模な統計調査では，やはり個人を調査・分析単位としている。こうした理由から，本調査においても，個人を調査単位としたデザインならびに調査票設計を採用している。

したがって，本調査の調査対象（ユニバース）は，基本的には沖縄社会の構成メンバー個人（住民）ということになるけれども，今回の沖縄総合社会調査2006では，いくつかの実際的な制約から，その外延と内包は限定されたものとなっている。まず，回答者のサンプリングを選挙人名簿に頼ったことから，母集団は必然的に，沖縄県に現住所があり，かつ選挙権のある20歳以上の日本人に限定された。選挙人名簿を使用したもっとも大きな理由は，住民基本台帳閲覧の場合に伴う，閲覧手続きの煩雑さ，閲覧料（自治体によって請求しない場合もあるが）を回避するためであった[4]。また，こうした母集団設定により除外された日本人以外の住民には，外国人登録者や，いわゆる日米地位協定[5]に基づいて滞在する米国軍人や軍属（家族も含めて），あるいは日本人の親をもちながら日本国籍がない人などが該当する。

次に，沖縄県在住の日本人が調査対象となったところで，原則的には，すべての年齢層および，県内全域の在住者が対象になるべきであるけれども，実際の母集団は，沖縄本島の中南部17市町村在住の20～64歳男女とした。ここでの地理的範囲は，沖縄本島内で船舶や航空機を必要としないで移動で

表1-1　沖縄総合社会調査2006の概要

1．調査の名称	「沖縄県民の生活・福祉・社会意識についてのアンケート」
2．実施主体	沖縄総合社会調査委員会（代表　鈴木規之，琉球大学法文学部教授）
3．調査対象	沖縄本島中南部17市町村に居住の男女（20～64歳）
4．調査項目	以下の分野に関する行動・意識： 家族，地域生活，社会貢献，児童福祉，社会福祉，精神障がい者福祉，交通問題・身体障がい者福祉，ショッピングモール，沖縄イメージ，開発・発展，外国人・日系人・アメラジアン，マスメディア接触，インターネット利用，政治・社会意識，ウチナーンチュ・アイデンティティ，基本属性
5．標本規模と標本抽出方法	計画標本1,640人，確定標本1,739人。選挙人名簿からの層化2段無作為抽出
6．調査方法と期間	留め置き法。2006年11月23日～2007年2月20日
7．回収状況	有効回答者数：885人（有効回収率：54.0％）
8．実査委託	有限会社沖縄ライフプラン総合研究所

表 1-2　沖縄総合社会調査 2006 の調査質問概要

分　　野	質　問　項　目
家族	家事行動，子ども数，理想子ども数，子どもの性別希望，家族意識
地域生活	行事参加頻度，祭り参加頻度，居住継続意志，所属団体
社会貢献	社会貢献意志，社会活動経験，社会活動参加意志
児童福祉	子育て環境充実度，子育て貢献意志，里親制度賛否，里親世帯意志
社会福祉	福祉政策の責任所在
精神障がい者福祉	精神障がい者との接触，精神障がい者に対するイメージ，精神障がい者に対する抵抗感，精神疾患の認知度
交通問題・身体障がい者福祉	交通問題，交通・移動問題解決策，自動車運転有無，路線バス利用頻度
ショッピングモール	ショッピングモール利用頻度・利用目的，ショッピングモールに対する意識
沖縄イメージ	沖縄の県民性，自然，文化についてのイメージ意識
開発・発展	開発で沖縄は良くなったか，沖縄にとって「望ましい開発のあり方」，環境と開発についての意見，電化製品を買い換えるときの考え方，この5年間の暮らし向きの変化，今後の生活の仕方について，沖縄の未来イメージ
外国人・日系人・アメラジアン	外国人との接触有無，外国人等に対する抵抗感，外国人とホスト社会との関係，外国人の人権について
マスメディア接触	新聞購読時間，新聞購読面，テレビ視聴時間，視聴番組ジャンル
インターネット利用	インターネット利用頻度
政治・社会意識	憲法9条改正，沖縄米軍基地，自衛隊，日米安全保障条約，普天間基地移設，支持政党
ウチナーンチュ・アイデンティティ	「ウチナーンチュ」の要件，自分はウチナーンチュか，ウチナーンチュであることへの誇り
基本属性	性別，出生年月，出身地，県外居住経験，通算居住年数（県外出身者），就業有無，従業上の地位，職種，従業先規模，学歴，階層意識，住居形態，住居面積，世帯年収，結婚上の地位，配偶者職業，世帯規模，同居者種別

きる地域で，かつ北部（名護市，国頭郡）を除外した範囲である。本島以外で外されたのは，宮古諸島，八重山諸島，北・南大東島といった離島地域である（本島南部管内の島尻郡に含まれる離島町村も除外されている）。このように，地域的限定を付した理由は，端的にいって資金的な制約によるものである。すなわち，留め置き法にかかる交通費や人件費について，県内全域をカバーするだけの予算が得られなかったためである。こうした制約の克服は，将来的な課題として残された[6]。

統計的な分析を行うに十分なサンプル規模と有効回収率を確保するために，調査方法は自記式の調査票を用いた留め置き法を採用し，実査では調査員が対象者を1人ひとり訪問して配布し，後日，回収を行った。

調査項目の設定方針としては，対象者の生活構造と意識について幅広くとらえ，かつ，今後も定期的にデータ収集を行う定点調査としての意義をもたせるべく，先行プロジェクトによるデータセットと比較可能な変数を一部盛り込むと同時に，沖縄に特徴的な社会問題や時事問題についての沖縄県民の意識・行動の実態を描き出すための項目を数多く設定している。沖縄総合社会調査2006の概要は表1-1を，また具体的な調査項目については表1-2を参照されたい[7]。

1-3　調査対象

本研究の調査対象の，沖縄県全人口における位置づけを述べておこう。調査直近の2005年に実施された国勢調査からみた，本調査の母集団人口から確認していこう。ただし，今回の調査対象は2005年時点では満19～63歳であったが，比較の目的のためには1歳のずれは無視できるレベルのものとみなし，ここでは国勢調査報告記載の5歳階級のデータをそのまま用いる（以下，表1-3を参照）。

中南部17市町村の20～64歳人口の合計は，男320,248人，女323,577人，合計643,825人であり，これは県全体の同年齢人口の82.6％を占めている。これを市部と郡部に分けてみると，市部の85％，郡部の75％となり，北部・離島を除外したことで，若干都市部人口の比重が大きくなっている（表1-3

表1-3 沖縄県の人口と母集団（日本人のみ）

地域	区分		総数	年齢階級別（年齢階級別比率(%)）			
				15歳未満	15～64歳	20～64歳	65歳以上
県全体	全体	合計	1,354,249	253,430(18.7)	882,421(65.2)	792,614(58.5)	218,398(16.1)
		男	664,724	130,084(19.6)	443,842(66.8)	397,922(59.9)	90,798(13.7)
		女	689,525	123,346(17.9)	438,579(63.6)	394,692(57.2)	127,600(18.5)
	市部	合計	1,009,371	190,178(18.8)	662,279(65.6)	595,794(59.0)	156,914(15.5)
		男	492,993	97,481(19.8)	330,255(67.0)	296,377(60.1)	65,257(13.2)
		女	516,378	92,697(18.0)	332,024(64.3)	299,417(58.0)	91,657(17.7)
	郡部	合計	344,878	63,252(18.3)	220,142(63.8)	196,820(57.1)	61,484(17.8)
		男	171,731	32,603(19.0)	113,587(66.1)	101,545(59.1)	25,541(14.9)
		女	173,147	30,649(17.7)	106,555(61.5)	95,275(55.0)	35,943(20.8)
本島南部	市部		524,738	96,097(18.3)	348,681(66.4)	314,002(59.8)	79,960(15.2)
	郡部	本島部	113,393	21,050(18.6)	73,715(65.0)	65,383(57.7)	18,628(16.4)
		離島部	17,754	3,189(18.0)	10,203(57.5)	9,467(53.3)	4,362(24.6)
本島中部	市部		327,154	64,912(19.8)	214,424(65.5)	192,714(58.9)	47,818(14.6)
	郡部		141,762	27,554(19.4)	92,637(65.3)	82,696(58.3)	21,571(15.2)
本島北部（市郡計）			123,859	21,241(17.1)	77,891(62.9)	69,139(55.8)	24,727(20.0)
宮古諸島（市郡計）			54,670	9,763(17.9)	32,382(59.2)	29,478(53.9)	12,525(22.9)
八重山諸島（市郡計）			50,919	9,624(18.9)	32,488(63.8)	29,735(58.4)	8,807(17.3)
調査対象地域（本島中南部17市町村）							
全体	実数	合計	1,107,047	209,613	729,457	654,795	167,977
		男	541,054	107,460	363,697	325,685	69,897
		女	565,993	102,153	365,760	329,110	98,080
	全県に占める比率(%)	合計	81.7	82.7	82.7	82.6	76.9
		男	81.4	82.6	81.9	81.8	77.0
		女	82.1	82.8	83.4	83.4	76.9
市部	実数	合計	851,892	161,009	563,105	506,716	127,778
		男	414,863	82,381	279,481	250,899	53,001
		女	437,029	78,628	283,624	255,817	74,777
	全市部に占める比率(%)	合計	84.4	84.7	85.0	85.0	81.4
		男	84.2	84.5	84.6	84.7	81.2
		女	84.6	84.8	85.4	85.4	81.6
郡部	実数	合計	255,155	48,604	166,352	148,079	40,199
		男	126,191	25,079	84,216	74,786	16,896
		女	128,964	23,525	82,136	73,293	23,303
	全郡部に占める比率(%)	合計	74.0	76.8	75.6	75.2	65.4
		男	73.5	76.9	74.1	73.6	66.2
		女	74.5	76.8	77.1	76.9	64.8

資料：平成17年国勢調査データより作成
注：太野は本調査の母集団を表す

の太罫で囲んだ部分)。

　また，地域ごとの年齢階級別人口比率からわかるように，八重山諸島を別にすれば，今回除外された本島南部離島村，本島北部，宮古諸島の高齢人口比率はいずれも20％を超えているのに対し，今回の調査地域では15％前後にとどまっていて，県全体よりも若干低い。逆に15歳未満人口比率では，本島中南部は県全体の18.7％よりも若干高いレベルとなっている。

　これらのことから，今回の調査対象地域である本島中南部は，県全体からすると，都市部人口に若干偏り，また，年齢別人口構成の点では，高齢者が少なく，若年者が多い地域となっている。

1-4 標本抽出

　標本の抽出は，選挙人名簿を用いた投票区単位の確率比例層化2段抽出により行った。ただし，後に述べる理由により，今回の標本抽出は若干変則的なかたちとなった。それを説明する前に，基本的な標本設計について述べておこう。

　本調査では，調査地点数40（投票区）× 40人（1投票区当たり）= 1,600人を当初の計画標本規模と設定した。この標本規模は，選挙人名簿の記載単位である投票区を調査地点とし，加えて，実査管理の便宜上の理由から1投票区当たりの抽出人数を40人とし，調査票の配布・回収を行う調査員を個々の投票区に割り当てて実査を行うことを前提にした上で，実査に投入できる予算金額から割り出したものである[8]。

　このような基本設計に基づいて，各市町村から抽出する調査地点（投票区）の数を，各市町村の17市町村全体に占める人口比率に応じて比例配分して決定した。市町村ごとの調査地点の抽出は無作為で行った（第1次抽出）。この時点では，市町村の人口規模に応じた確率比例抽出を第1段目として行い，さらに，調査対象者個人を第2段目の抽出で選ぶ予定であった[9]。

　ところが，実際にこのような第1次抽出の結果として，人口比率がもっとも小さい嘉手納町（1.1％）が対象からはずれることになった。しかしながら，米軍基地や外国人に関する調査項目を含む本調査の趣旨にかんがみ，嘉

表1-4 標本抽出

地域	市郡別	No	市町村名	H17国調人口(19〜63歳)=今回対象者(中南部全体の人口に占める割合)	選挙人登録者数(中南部全体の登録者に占める割合)	投票所数	サンプル割当数(有権者数比例)	調査区数	サンプル割当数	有権者数比例との差	総サンプルに占める割合	人口比例との差
南部	市部	1	那覇市	187,434 (28.5%)	239,362 (28.5%)	52	455	11	440	15	26.8%	1.7%
		2	浦添市	64,389 (9.8%)	76,784 (9.1%)	16	146	4	160	−14	9.8%	0.0%
		3	糸満市	31,840 (4.8%)	42,266 (5.0%)	13	80	2	80	0	4.9%	0.0%
		4	豊見城市	31,650 (4.8%)	39,598 (4.7%)	6	75	2	80	−5	4.9%	−0.1%
		5	南城市	22,141 (3.4%)	31,197 (3.7%)	5	59	1	40	19	2.4%	1.0%
	島尻郡	6	与那原町	8,977 (1.4%)	11,747 (1.4%)	1	22	1	40	−18	2.4%	−1.1%
		7	南風原町	20,088 (3.1%)	24,464 (2.9%)	3	47	1	40	7	2.4%	0.6%
		8	八重瀬町	14,185 (2.2%)	19,825 (2.4%)	3	38	1	40	−2	2.4%	−0.3%
	中頭部	9	西原町	20,603 (3.1%)	21,873 (2.6%)	4	42	1	40	2	2.4%	0.7%
			小計	401,580 (61.0%)	507,116 (60.3%)	103	965	24	960	5	58.5%	2.5%
中部	市部	1	宜野湾市	54,733 (8.3%)	67,243 (8.0%)	16	128	3	120	8	7.3%	1.0%
		2	沖縄市	73,492 (11.2%)	96,813 (11.5%)	20	184	5	200	−16	12.2%	−1.0%
		3	うるま市	65,483 (10.0%)	86,964 (10.3%)	32	165	4	160	5	9.8%	0.2%
	中頭部	4	読谷村	21,302 (3.2%)	28,462 (3.4%)	6	54	1	40	14	2.4%	0.8%
		5	嘉手納町	7,512 (1.1%)	10,371 (1.2%)	3	20	1	40	−20	2.4%	−1.3%
		6	北谷町	15,734 (2.4%)	19,512 (2.3%)	7	37	1	40	−3	2.4%	0.0%
		7	北中城村	8,775 (1.3%)	12,039 (1.4%)	3	23	1	40	−17	2.4%	−1.1%
		8	中城村	9,399 (1.4%)	12,285 (1.5%)	3	23	1	40	−17	2.4%	−1.0%
			小計	256,430 (39.0%)	333,689 (39.7%)	90	635	17	680	−45	41.5%	−2.5%
	中南部全体			658,010 (100.0%)	840,805 (100.0%)	193	1,600	41	1,640	−40	100.0%	0.0%

注1：国調人口は日本人のみ
注2：南城市は旧佐敷町、旧知念村、旧玉城村、旧大里村を合算し、同様に、八重瀬町は旧東風平町と旧具志頭村とを合算した。これら2自治体は2006年1月1日に合併し誕生した

手納町を対象に含めるべきと考えたので，同町（全3投票区から1つを無作為抽出）を加えることにした。

この結果，嘉手納町を加えた計画段階での標本規模は1,640（41調査地点）となった（表1-4）。嘉手納町を除いた場合は投票区を第1段目とする確率比例2段抽出であるが，同町を加えた場合には，17市町村で層化した抽出を行ったことになる。このように，本調査の標本設計は，まず第1次抽出の方法において少々変則的な仕様となった。

次に，第2次抽出（調査対象個人の選定）であるが，上記で抽出された41調査地点（投票区）から，各40人を等間隔法により抽出した。こうした2段階の抽出作業を行った結果，計画標本構成の人口比例との差は，表1-4の一番右の列に示されているように，きわめて小さいものとなった。ただし，後に述べるように，実査段階で予備標本を投入したので，これを加えた最終的な確定標本は1,739人となった。

ところで，抽出作業を行った時期，つまりいつの時点の標本かということであるが，本調査では，標本抽出を選挙人名簿に頼ったため，各市町村の名簿更新の日程に依存することになり，それは選挙の日程によっても影響を受ける。折りよく，豊見城市以外の市町村では，2006年9月に選挙人名簿の定期更新が行われたので，10月に入ってから標本抽出を行った。豊見城市の場合は，10月に市長選が行われ，名簿の更新はその直前であったため，同市長選終了後の11月に抽出作業を行った。したがって，今回の調査の対象者は，2006年9～10月に，現住所に居住していた人々ということになる[10]。

1-5 調査実施

調査は，標本抽出，実査，データ入力までの工程を有限会社沖縄ライフプラン総合研究所に委託し，実査は2006年11月23日～2007年2月20日において，留め置き法により行った。調査開始から終了まで約3ヶ月とかなりかかった理由として，いくつかの調査地点において，様々な事情により，担当調査員の交代を余儀なくされ，回収に時間がかかったためである。この結

果は，実査実施を零細な受託業者と，学生アルバイトや求職中の社会人で構成される調査員とに頼らざるを得ない沖縄県内の社会調査市場の現状を反映したものとなった。

　調査票の配布・回収は調査員が原則として直接対象者の住所に訪問して行った[11]。その際，曜日や時間帯を変えて 3 度訪問しても対象者に会えなかったサンプルは短期不在とし，欠票扱いとした。また，大学の学生寮や自衛隊の駐屯地などの準世帯居住者は，訪問を見合わせた。

　さて，実査は年末年始をはさんだためか，調査票の回収率が思うように伸びず，このままでは全体の有効回収率が 50％を割る恐れが出てきた。そこで，実査を担当した受託業者の判断により，短期不在による回収不能率が 50％（20 票）を超えた 7 調査地点において，あらかじめ選挙人名簿からの本標本抽出時に別途抽出しておいた予備標本（15 ないし 20 票）を投入して，実査を続行した[12]。この結果，実査が終了した時点での確定標本規模は，計画標本 1,640 より 99 人増えて，1,739 人となった。ここで，確定標本規模というのは，言い換えれば，実際に会えなかった人も含めて，調査員が氏名と住所を特定して訪問に出向いた対象者の総数ということになる。

　予備標本は一括して投入したため，予備標本と差し替えの対象となった本標本とを 1 対 1 では特定できない。したがって，以下では，当初の計画標本規模 1,640 に代えて，確定した計画標本規模 1,739 をもとにして，回収状況についての検討を行いたい。こうした予備標本の使い方は通常のやり方とは異なっているけれども，投入されたひとまとまりの予備標本も選挙人名簿から無作為に抽出されたものであるので，標本全体としての無作為性を大きく損なうものではないと考える。

1-6　回収状況

　調査票の回収状況は表 1-5 に掲げた。すでに述べたように，ここでの標本規模は 1,739 人となっている。これを前提に，対象者から調査票を回収できた票数は 979 票であり，このうち，回答内容の不備や未記入での回収のために無効票としたものが 94 票あった。これらを除外し，データセットへの

表1-5 回収状況

ステータス	実数	比率(%)
有効回収	885	50.9
無効回収	94	5.4
拒否	291	16.7
短期不在	190	10.9
長期不在	37	2.1
病気・障がい	19	1.1
入院・入所	10	0.6
対象者死亡	1	0.1
住所不明	47	2.7
転居	99	5.7
その他	18	1.0
回収不能	47	2.7
対象外	1	0.1
合　計	1,739	100.0

注：予備標本を含む

表1-6 拒否の理由

詳　細	実数	比率(%)
多忙	95	32.6
プライバシー上の理由	16	5.5
面倒くさい	10	3.4
身内の不幸	4	1.4
説明を聞かずに拒否	3	1.0
家族による拒否	37	12.7
その他	7	2.4
不明	119	40.9
合　計	291	100.0

注：回収状況が「拒否」を母数とする

入力に付せられた有効回収票数は885票となり，この時点で有効回収率は50.9％となった。

　回収できなかった調査票のうちで，もっとも多い理由が「拒否」291票で，全体の16.7％を占め，次に多いのが「短期不在」190票で10.9％であった。これらを合わせると，配布票数の4分の1を超える。これ以外の回収不能理由の比率はきわめて少ない。

　291票をかぞえる拒否の理由について，調査員からの報告内容をもとにアフターコーディングした集計結果が表1-6である。すべての対象者に対して，拒否となった理由をたずねることは容易ではないこともあり，特に理由が報告されていないケースが119票（40.9％）ともっとも多いのであるが，それ以外では，「多忙」が3分の1近くを占めていることがわかる。

　市町村別の回収状況を表したのが表1-7である。ここでは，回収，拒否，短期不在以外の理由を1つにまとめた。この表に示されているように，回収率がもっとも低いところは八重瀬町の38.2％であり，反対に，もっとも高いところは南城市の72.5％であった。前者の拒否率は27.3％で，もっとも高い。逆に後者の拒否率は0％というのも突出している。この2つの自治体

表1-7 市町村別回収状況

		回収	拒否	短期不在	それ以外	合計
那覇市	実数	255	79	73	88	495
	比率(%)	51.5	16.0	14.7	17.8	100.0
宜野湾市	実数	73	22	9	16	120
	比率(%)	60.8	18.3	7.5	13.3	100.0
浦添市	実数	91	26	15	28	160
	比率(%)	56.9	16.3	9.4	17.5	100.0
糸満市	実数	48	12	12	8	80
	比率(%)	60.0	15.0	15.0	10.0	100.0
沖縄市	実数	125	50	10	32	217
	比率(%)	57.6	23.0	4.6	14.7	100.0
豊見城市	実数	43	18	13	6	80
	比率(%)	53.8	22.5	16.3	7.5	100.0
うるま市	実数	103	24	11	22	160
	比率(%)	64.4	15.0	6.9	13.8	100.0
南城市	実数	29	0	2	9	40
	比率(%)	72.5	0.0	5.0	22.5	100.0
読谷村	実数	23	9	4	4	40
	比率(%)	57.5	22.5	10.0	10.0	100.0
嘉手納町	実数	26	6	2	5	39
	比率(%)	66.7	15.4	5.1	12.8	100.0
北谷町	実数	24	3	7	6	40
	比率(%)	60.0	7.5	17.5	15.0	100.0
北中城村	実数	21	6	6	5	38
	比率(%)	55.3	15.8	15.8	13.2	100.0
中城村	実数	26	6	4	19	55
	比率(%)	47.3	10.9	7.3	34.5	100.0
西原町	実数	25	4	4	7	40
	比率(%)	62.5	10.0	10.0	17.5	100.0
与那原町	実数	21	6	8	5	40
	比率(%)	52.5	15.0	20.0	12.5	100.0
南風原町	実数	25	5	2	8	40
	比率(%)	62.5	12.5	5.0	20.0	100.0
八重瀬町	実数	21	15	8	11	55
	比率(%)	38.2	27.3	14.5	20.0	100.0
全体	実数	979	291	190	279	1,739
	比率(%)	56.3	16.7	10.9	16.0	100.0

注:「回収」には無効回収も含む

は，ともに本島最南端地区に隣接していて，性格も極端に異なるわけではないのに，このような差が出た原因は不明である．また，都市部の回収率がとりたてて低いというわけでもない．

次に，回収状況を性別・年齢階級別にもみておこう（表1-8）．女性の回収率は男性のそれよりも約2ポイント高いが，この差では回収率に男女差があるとはいえない．年齢別では，若いほど回収率が下がる傾向があり，女性よりも男性のほうがこの傾向ははっきりしている．回収不能になった理由の内訳は，年代が高くなるほど，短期不在よりも拒否が多くなり，逆に若い年代では，短期不在が目立つ．おそらく，20歳代と30歳代では未婚者が多いことに起因しているだろう．

表1-8 性別・年齢階級別回収状況

			回収	拒否	短期不在	それ以外	合計
男	20歳代	実数	98	30	21	49	198
		比率(%)	49.5	15.2	10.6	24.7	100.0
	30歳代	実数	113	31	24	38	206
		比率(%)	54.9	15.0	11.7	18.4	100.0
	40歳代	実数	123	41	21	33	218
		比率(%)	56.4	18.8	9.6	15.1	100.0
	50歳代	実数	136	41	22	29	228
		比率(%)	59.6	18.0	9.6	12.7	100.0
	60歳代	実数	21	10	2	4	37
		比率(%)	56.8	27.0	5.4	10.8	100.0
	合計	実数	491	153	90	153	887
		比率(%)	55.4	17.2	10.1	17.2	100.0
女	20歳代	実数	110	23	36	41	210
		比率(%)	52.4	11.0	17.1	19.5	100.0
	30歳代	実数	119	33	31	27	210
		比率(%)	56.7	15.7	14.8	12.9	100.0
	40歳代	実数	123	41	15	23	202
		比率(%)	60.9	20.3	7.4	11.4	100.0
	50歳代	実数	110	37	15	28	190
		比率(%)	57.9	19.5	7.9	14.7	100.0
	60歳代	実数	26	4	3	6	39
		比率(%)	66.7	10.3	7.7	15.4	100.0
	合計	実数	488	138	100	125	851
		比率(%)	57.3	16.2	11.8	14.7	100.0

注：「回収」には無効回収も含む．「60歳代」は60〜64歳のみ

1-7 標本の基本特性

本章の最後の課題として，有効標本データセット（885サンプル）の基本特性を，母集団に対する代表性の観点から検討しておく。ここでは，性別・年齢階級構成比，婚姻状態，世帯形態の各点についてみていく。

まず，表1-9は，本調査の標本の性別・年齢階級別構成を，母集団である沖縄本島中南部17市町村全体のそれと比較し，ずれを表したものである。ここからわかるように，標本の母集団人口とのずれはおおむね小さく，この点において，代表性はまずまずのレベルで確保されているとみなせる。ただし，40歳代後半，とくに女性，および，50歳代後半男性の比率が母集団よりも高く，60歳代は少ない。もっとも，その差はいずれも3ポイント以内におさまっている。

ところが，婚姻上の地位の分布でみると（表1-10），標本は，母集団に比して，一定程度のずれが認められる。一番ずれが大きいところは，20歳代と40歳代男性で，未婚者の比率が標本では10ポイント以上低い。30歳代と50歳代でも5ポイント程度低くなっている。総じて，男性対象者は，50歳代以下では結婚経験者（既婚＋離死別）に偏ったサンプル構成であるといえる。60歳代では逆に，既婚者よりも離死別者に10ポイント強の偏りがあ

表1-9 性別・年齢階級別構成の母集団からのずれ

有効回収標本	男	女	合計	H17国調とのずれ	男	女	合計
20〜24歳	4.3	6.2	10.5	20〜24歳	-1.1	0.8	-0.3
25〜29歳	5.2	6.0	11.2	25〜29歳	-0.4	0.3	-0.2
30〜34歳	6.1	6.7	12.8	30〜34歳	-0.4	0.0	-0.4
35〜39歳	6.1	5.5	11.6	35〜39歳	0.0	-0.7	-0.7
40〜44歳	5.6	5.3	11.0	40〜44歳	0.3	-0.2	0.2
45〜49歳	6.6	7.6	14.1	45〜49歳	1.0	2.0	3.0
50〜54歳	5.6	4.6	10.3	50〜54歳	-0.4	-1.3	-1.7
55〜59歳	7.8	6.1	13.9	55〜59歳	1.9	0.3	2.3
60〜64歳	2.0	2.6	4.6	60〜64歳	-1.3	-0.9	-2.2
合計	49.4	50.6	100.0	合計	-0.3	0.3	0.0

単位：％

1章 沖縄総合社会調査 2006 の概要　　　　　　　　　　　　　　　　　　　　17

表 1-10　婚姻上の地位の母集団からのずれ

		N(人)	既婚	離死別	未婚	無回答	既婚	離死別	未婚	合計	既婚	離死別	未婚
(有効標本)							(H 17 国調)				(H 17 国調とのずれ)		
男	20 歳代	84	26.2	6.0	64.3	3.6	20.9	1.2	77.9	100.0	5.3	4.8	-13.6
	30 歳代	108	57.4	8.3	34.3	0.0	54.7	3.8	39.3	100.0	2.7	4.5	-5.0
	40 歳代	108	78.7	10.2	10.2	0.9	67.0	6.2	23.1	100.0	11.7	4.0	-12.9
	50 歳代	119	77.3	8.4	11.8	2.5	70.6	8.8	17.0	100.0	6.7	-0.4	-5.2
	60 歳代	18	66.7	22.2	11.1	0.0	77.1	10.0	10.0	100.0	-10.4	12.2	1.1
	男性計	437	62.5	8.9	27.0	1.6	55.2	5.3	37.1	100.0	7.3	3.6	-10.1
女	20 歳代	108	25.9	2.8	71.3	0.0	27.0	3.2	69.3	100.0	-1.1	-0.4	2.0
	30 歳代	108	68.5	6.5	24.1	0.9	61.9	8.6	27.8	100.0	6.6	-2.1	-3.7
	40 歳代	114	79.8	10.5	8.8	0.9	70.8	14.4	12.2	100.0	9.0	-3.9	-3.4
	50 歳代	95	72.6	18.9	8.4	0.0	70.3	18.2	8.7	100.0	2.3	0.7	-0.3
	60 歳代	23	73.9	21.7	0.0	4.3	70.2	21.1	6.3	100.0	3.7	0.6	-6.3
	女性計	448	62.3	10.0	27.0	0.7	58.5	11.7	27.8	100.0	3.8	-1.7	-0.8

注：国調は中南部 17 市町村。「60 歳代」は 60～64 歳のみ　　　　　　　　　　　　　　単位：%

　る。一方，女性では，未婚者が母集団よりも少なく，既婚者に偏ったサンプル構成である点では男性と同じであるが，40 歳代を別にすれば，その偏りは男性よりも少ない。ただし，40 歳代では，10 ポイント近く既婚者に偏っている。

　以上をまとめるならば，沖縄総合社会調査 2006 の標本は，性別・年齢階級別構成に関しては母集団とのずれがかなり小さいけれども，婚姻状態では，既婚者に偏った構成となっており，その偏りの程度は女性よりも男性に大きいということになる。したがって，分析結果の解釈には，こうしたサンプル特性を考慮に入れる必要があろう。

　最後に，本調査の標本における世帯の状況を国勢調査と比較しておこう。表 1-11 は沖縄総合社会調査 2006 における標本の世帯形態を，2005 年の国調データによる，沖縄本島中南部 17 市町村および県全体と比較したものである。今回の標本と母集団（17 市町村）とのもっとも大きなずれは，われわれの標本では「夫婦と子ども」世帯比率が母集団よりも約 10 ポイント大きく，一方，「単独世帯」比率が約 20 ポイント小さいことである。

　加えて，「夫婦と子どもと親」すなわちいわゆる 3 世代世帯においても，6

表1-11 世帯形態

	沖縄総合社会調査		17市町村計		沖縄県全体	
	N	%	N	%	N	%
夫婦のみ	93	10.5	50,517	12.9	66,422	13.6
夫婦と子ども	532	60.1	197,147	50.2	235,902	48.4
夫婦と親	44	5.0	3,224	0.8	4,545	0.9
夫婦と子どもと親	81	9.2	11,843	3.0	14,795	3.0
夫婦と他の親族	4	0.5	1,294	0.3	1,749	0.4
夫婦と子どもと他の親族	10	1.1	5,286	1.3	6,649	1.4
夫婦と親と他の親族	0	0.0	633	0.2	845	0.2
夫婦と子どもと親と他の親族	29	3.3	2,929	0.7	3,619	0.7
兄弟姉妹のみ	7	0.8	4,733	1.2	5,438	1.1
他に分類されない親族世帯	4	0.5	7,976	2.0	9,727	2.0
非親族世帯	2	0.2	3,014	0.8	3,723	0.8
単独世帯	59	6.7	104,051	26.5	133,567	27.4
分類不能	5	0.6	－	－	－	－
無回答	15	1.7	－	－	－	－
合計	885	100.0	392,647	100.0	486,981	100.0

注：17市町村と沖縄県全体はH 17国調より作成．「夫婦」，「親」は片親の場合も含む

ポイントほど標本では比重が大きい．こうしたずれのうちで，とりわけ単独世帯比率のそれはかなり大きいといってよく，実査において1人暮らしの対象者からの調査票回収が思わしくなかったと想像される．多くの社会調査でも同様の結果になることは珍しくないけれども，われわれの沖縄総合社会調査のサンプル構成においても，核家族世帯（夫婦のみをのぞく）と3世代家族世帯に若干偏り，単独世帯比率が少なからず小さいという特性をもっているということになる．こうしたずれは，標本データに無視できない歪みをもたらしていることは注意すべきである[13]．

注

1) 1960年代以降の沖縄関係の世論調査・意識調査をまとめたものとして，比嘉要による資料（鈴木［編］2005所収）を参照．
2) 本書で「個票データ」（あるいは「個票データセット」）とは，個々の調査票の内容を記入したデータ（セット）のことであるが，ほかにも英語のmicro dataをそのままカタカナ表記にした「マイクロデータ」あるいは「ミクロデータ」という呼び方もある．ここではこれらを皆同じものとして扱っている．
3) このほか，寄託された公開データセットの数は少ないけれども，札幌学院大学が運

用している「社会・意識調査データベース作成プロジェクト」Social and Opinion Research Database Project（略称 SORD）がある。
4）ちょうど調査前年の 2005 年から施行された個人情報保護法の規定が過大に喧伝されたことにより，サンプリングのための住民基本台帳閲覧に対する自治体の消極的対応も予想された。
5）正式名称は「日本国とアメリカ合衆国との間の相互協力及び安全保障条約第 6 条に基づく施設及び区域並びに日本国における合衆国軍隊の地位に関する協定」。
6）65 歳以上を除外したのも資金的制約によるものである。
7）なお，個々の章ではその都度断ってはいないけれども，質問項目には，JGSS，NFRJ などの先行調査で用いられたものを多く採用した。
8）この人数は，実査での有効回収率を最低 50％と見込んだ場合，有効サンプル数は 800 人となり，有意水準 5％において，母比率（50％で算出）を±5.0％の精度で推定することが可能な標本規模となる。
9）計画のもっとも初期の段階では，中南部 17 市町村の全投票区をプールして，そこから無作為に第 1 次抽出を行おうとしたが，そのようにするとやはり投票区が 1 つも選ばれない市町村が出る恐れがあることが明らかになったので，中途で，市町村ごとの人口比率で 40 調査地点を比例配分して抽出する方法に変更をした。
10）先の注 9）でも述べたように，市町村で層化して調査地点を抽出する方法に変更した結果，41 の調査地点のうち 24 地点の差し替えが生じた。このような変更を行った時期が，すでに第 2 次抽出作業を終えていた 11 月に入っていて，県知事選の準備のために名簿閲覧が停止されていたので，上の 24 地点の名簿抽出作業は，県知事選終了後の 11 月下旬となった。もっとも，この間に選挙人名簿の更新は行われていないので，本文に記したように，2006 年 9～10 月という対象者の名簿記載時点に変わりはない。
11）対象者の都合で，回収のみ郵送で行った調査票も数票あった。
12）予備標本を投入した調査地点の所在市町村は，那覇市 4 地点，八重瀬町（旧東風平町）1 地点，中城村 1 地点，沖縄市 1 地点である。
13）沖縄総合社会調査における現住世帯構成の把握方法について説明しておくと，本調査では，調査票の中で，幾種類かの続柄カテゴリーにあたる人との同居の有無をたずねたが，用意されたカテゴリーはきわめてシンプルである。すなわち，①配偶者（内縁を含む），②自分の親，または配偶者の親，③兄弟・姉妹，④子，⑤祖父または祖母，⑥その他，⑦1 人暮らし，の 7 カテゴリーである。

　世帯類型の作成には，この同居世帯員種別に加えて，現住世帯規模（人数）と，エゴ（対象者）本人の結婚上の地位の，合わせて 3 つの変数を用いて，国勢調査の大分類および 16 分類に準じた世帯類型を作成したが，それは，世帯主（夫婦）を基準とした国勢調査の類型と完全に一致してはいない。

参 考 文 献

安藤由美・鈴木規之・野入直美，2007，『沖縄社会と日系人・外国人・アメラジアン──新たな出会いとつながりをめざして』，クバプロ．

伊江朝章，1985，『戦後沖縄における社会行動と意識の変動に関する研究』，琉球大学法文学部昭和 59 年度特定研究紀要．
岩井紀子・佐藤博樹［編］，2002，『日本人の姿——JGSS にみる意識と行動』，有斐閣．
岩井紀子・保田時男［編］，2009，『データで見る東アジアの家族観——東アジア社会調査による日韓中台の比較』，ナカニシヤ出版．
九学会連合沖縄調査委員会［編］，1976，『沖縄——自然・文化・社会』，弘文堂．
松井　博，2000，「公開データセットの紹介（データ・アーカイブとは何か）」佐藤博樹・石田　浩・池田謙一［編］，『社会調査の公開データ——2 次分析への招待』，東京大学出版会，pp. 53-58．
波平勇夫，1980，『地方都市の階層構造——沖縄都市の分析』，沖縄時事出版．
―――，2003，「沖縄都市の職業構造」『国立歴史民俗博物館研究報告』第 103 集，pp. 301-324．
大阪商業大学比較地域研究所，2005，『日本版 General Social Surveys 基礎集計表・コードブック JGSS-2003』．
佐藤博樹・石田　浩・池田謙一［編］，2000，『社会調査の公開データ——2 次分析への招待』，東京大学出版会．
鈴木　広，1986，『都市化の研究——社会移動とコミュニティ』，恒星社厚生閣．
鈴木規之［編著］，2003，『沖縄のサステイナブルな開発・発展についての研究——アジアとの共生の視点から』，平成 11 年度〜平成 13 年度科学研究費補助金（基盤研究(C)）研究成果報告書．
―――［編著］，2005，『戦後 60 年沖縄社会の構造変動と生活世界』，琉球大学教育重点化経費報告書．
谷岡一郎・岩井紀子・仁田道夫［編］，2008，『日本人の意識と行動——日本版総合的社会調査 JGSS による分析』，東京大学出版会．
渡辺秀樹・稲葉昭英・嶋崎尚子［編］，2004，『現代家族の構造と変容——全国家族調査［NFRJ98］による計量分析』，東京大学出版会．
山本英治・高橋明善・蓮見音彦［編］，1995，『沖縄の都市と農村』，東京大学出版会．

参考 URL
JGSS：http://www.jgss.daishodai.ac.jp
NFRJ：http://www.wdc-jp.com/jsfs/committee/contents/index.htm
SSJ データアーカイブ：http://ssjda.iss.u-tokyo.ac.jp

Ⅰ部

社会学からみた沖縄

2章　沖縄の家族意識
——全国データとの比較を通して——

安藤由美

2-1　課題と方法

(1) 沖縄の家族

　沖縄は長らく，家族やほかの社会組織の社会学的研究が共有してきた，近代化，産業化に伴う家族の個人化とか村落組織の変容といった社会解体論的な問題意識の埒外であり，むしろ，伝統性の保持あるいは発展の停滞という側面が強調されることが多かった（与那国 1993, 2001）。おそらく，本土に比べて，沖縄の社会組織の変容はほとんど生じていないか，あるいは変化しているとしてもきわめて遅いという認識は，今でも広く共有されていると思われる。

　たとえば，玉城（1997）は，沖縄の家族制度について次のように述べている。「沖縄の伝統家族は，制度的にも観念的にも家業に依拠していなかった。(中略) 過去から現在に至るまで一貫して，沖縄の家族制度の機軸は，男系原理における世代的な系譜関係の連続性におかれてきた。そのことは，戦後産業構造や職業形態が著しく変わって，それにともない家族の経済基盤が変化しても，世俗的な生活次元を超えた家族の縦軸は動かなかったということである」（玉城 1997：p. 201）。

　また，現実に観察される家族と関連が深い現象として，全国一高い沖縄県の出生率がある。周知のような出生率の低下が続く全国の動向に比べて，沖縄県の2005年の合計特殊出生率1.72というのは，全国の1970年代の水準である。こうした高い出生率には，当然，結婚・出産についての人びとの価値意識が反映しているものと考えられよう。とするならば，ひとことで家族

的価値の相対化と呼べるような本土の家族が経験しつつある変化は，沖縄の家族にとっては，まだかなり遠い先のものであると予想される。

　しかし，われわれは沖縄の家族について上のような単純な絵を描いてしまってよいのだろうか。かつて村落共同体内で生まれ育ち，そのなかで結婚して世代再生産を行っていた伝統的な生活のあり方が，戦後の経済産業の変化によってかなり打ち崩されてきたことは事実である。つまり，社会階層や地域を超えて人びとが移動・定着・結婚することが，1つの出生コーホートの生涯時間を超えない，きわめて短いタイムスパンで生じており，現に，沖縄県内での地域移動率や，那覇都市圏（那覇市とその周辺の都市的地域，6章参照）への人口流入量はきわめて高いものがある。こうした人口の流動化・混住化そのもののインパクトに加えて，これらを推し進めてきた要因としての，本土復帰までの米軍基地からの産業需要，そして本土復帰以後の観光依存型経済への特化や近代官僚制システムの徹底化といった社会的要因が，従来共同体内である程度完結していた家族生活のあり方に影響を及ぼさないはずはないだろう。

（2）家族意識研究

　数々の先行研究が示すように（小山 1960；森岡 1972；石原 1982；木下 1988；松成 1991；松田 2001），家族社会学においては従来，家族規範意識は伝統的家制度（傍点筆者）の戦後の変容ないし衰退を解明する手だての1つとして研究されてきた。ここで家制度とは，森岡清美に従えば，直系家族制の「日本的変種」であり，それの変容ないし衰退が向かう先として，夫婦家族制が想定されていた。いうまでもなく，こうした変動仮説のベースにあったのは，産業化とともに夫婦家族制へ収れんするとするグードの家族革命理論である。そして，家族変動の研究とは，いわばこのような変動仮説の検証ないし批判の作業であり続けてきた。その1990年代までの到達点として，少なくとも実際の行動面ではなく意識の側面においては，戦後の日本には一貫して直系家族意識と夫婦家族意識とが共存しているという認識に至った（杉岡 1996）。近年では，こうした直系家族制から夫婦家族制へという変動図式に対して根本的な異議を唱える見解もある（加藤 2005）。

しかし，1990年代から今に至るまでの家族意識の研究状況を振り返ると，家規範意識の変容ないし衰退といった，家族制度の変化と関連づけた主題設定はほとんど姿を消し，代わって，制度ないし集団としての家族の前提そのものを問う問題設定へとシフトしている。すなわち，結婚や親なり（実子か否かにかかわらず子どもをもつこと），老親の扶養についての規範意識は，かつての直系家族制の存続というよりも，むしろ，そもそも家族というライフスタイルの受容可否を反映したものと解した方が時宜にかなっているように思える。こうした現状を説明する理論仮説として，家族のライフスタイル化（野々山 1999），家族の個人化（山田 2004）がある。家族意識調査によく含められる性別分業意識も，家族制度／集団のなかに隠蔽されたジェンダー構造への理論的関心と呼応している。

　このようなシフトは，いうまでもなく，人びとの行動や意識が現実に変化していることに対応している。もっとも，全般的にみて脱家族化に向かっているようにもみえる意識の変化が，それを担っている出生コーホート集団の加齢に伴う変化なのか，それとも絶えず時代の波を受けて社会化される時代効果なのか，それとも，あたらしい社会化を受けた新参コーホートの増加に伴うものかの検証は，まだ始まったばかりである（松田 2001；西野 2006）。

　上述の議論をふまえて，本章で家族意識という場合，家族制度に関わる規範意識を中心に，そうした規範を支える価値観（家族・結婚観）も含めている。具体的には，人口再生産および核家族ユニットの形成に関わる価値・規範のうち，結婚，親なりに関するものを，また高齢者の処遇および直系制家族の存続に関わる価値・規範のうち，老親の扶養・介護，3世代同居の是非に関するものを取り上げる。

（3）沖縄研究と家族意識

　ただし，先行研究が明らかにしてきたように，沖縄の社会構造や意識の変化は，必ずしも本土の場合と同じように説明できなかった（与那国 1993）。というのも，もともと本土とは異なる民俗文化をもつことに加えて，戦後の長期にわたる米軍施政下にあって，日本本土のような工業化による経済成長，人口移動，都市化を経験しなかったからである。実際，かつて農村社会学が

提出した家や村落構造のモデルは，沖縄にはあてはまらなかったし（九学会連合沖縄調査委員会 1976），都市社会学が見いだしたのは，従来の近代化・工業化による変動モデルがあてはまらない沖縄の都市化現象であった（鈴木 1986）。

　家族社会学に目を転じると，直系家族制や夫婦家族制が居住規則を重視した概念であったため，生業形態や宗教的基盤が異なる沖縄の家族には，前者から後者へという変動モデルは，元来なじまなかった。したがって，上に述べたように，家族制度の変動から端を発した意識の研究も，沖縄家族を俎上に載せることはほとんどなかったといってよい。

　しかしながら，沖縄の本土復帰からすでに40年近くが経過しており，こと家族の領域に限っても，日本本土の家族が経験してきたような諸変化を，沖縄の家族も多かれ少なかれ経験してきているはずである。すると，何が本土と共通する家族の特徴や変化であり，何が沖縄特有のそれらなのかを弁別することが，沖縄の家族の理解にとって不可欠であることは言うを待たないだろう。上述のような問題をふまえて，本章では，沖縄総合社会調査 2006 における家族意識の傾向を全国データと比較することで，沖縄の家族意識の特徴を浮き彫りにしてみたい。

（4）本章のデータと方法

　本章では，沖縄総合社会調査 2006 の全 885 サンプルのうち，有効サンプル数が少ない60歳代をのぞいた 844 サンプルを分析に用いる。それぞれの領域の質問項目と回答肢は表 2－1 に掲げてある。これらの調査項目への回答を比較する全国データとして，本章では，2006 年版日本版総合的社会調査（JGSS-2006）および日本家族社会学会による第2回全国家族調査（NFRJ03）の個票データを用いた。これらの全国調査の結果を取り上げた理由としては，もともと沖縄総合社会調査が個票データ分析のレベルで，全国の傾向との比較を行えるように，2つの調査と共通の測度（質問と回答肢）を部分的に採用していることによる。JGSS-2006 も NFRJ03 も，個票データがデータアーカイブを通じて利用可能なデータセットであり，全国的な（あるいは世界的な）調査データの二次利用促進の動きと歩調を合わせるのが，

2章 沖縄の家族意識

沖縄総合社会調査の目的の1つであった。そして，JGSS，NFRJ ともに，調査年が異なる複数のデータセットが存在するが，今回の比較にあたって，沖縄データと調査年が同じ（JGSS-2006）か，近いもの（NFRJ03）を選択した。

表2-1 本章で扱う家族意識項目

分類	項目名	質問文	回答肢	備考[1]
結婚観	結婚観（A）[2]	一般的にいって，結婚していない人よりも結婚している人の方が幸せである。	そう思う/どちらかといえばそう思う/どちらかといえばそう思わない/そう思わない	JGSS-2001：Q4MGHAPP
	子どもをもつ必要（B）	結婚しても，必ずしも子どもをもつ必要はない。		JGSS-2006：Q4NOCCMG 2004 内閣府男女共同参画社会に関する世論調査
子ども観	理想的な子どもの人数（C）	一般に，家庭にとって理想的な子どもの数は何人だと思いますか。	0人/1人/2人/3人/4人/5人以上	JGSS-2006：APPCCNUM
	希望する子どもの性別（D）	もし，子どもを1人だけもつとしたら，男の子を希望しますか，女の子を希望しますか。	男の子/女の子/どちらでもよい	JGSS-2006：APPCCSXB 第11次日本人の国民性調査（2003年）
	子どもへの影響（E）	母親が仕事をもつと，小学校へあがる前の子どもによくない影響を与える。	そう思う/どちらかといえばそう思う/どちらかといえばそう思わない/そう思わない	JGSS-2006：Q4JBMMCC
直系家族規範	老親扶養（F）	年をとって収入がなくなった親を扶養するのは，子どもの責任だ。		NFRJ03
	老親介護（G）	親が寝たきりなどになった時，子どもが介護するのは当たり前のことだ。		NFRJ03
	3世代同居（H）	3世代同居（親・子・孫の同居）は望ましいことである。		JGSS-2006：OP2GN

注：1）JGSS（日本版総合的社会調査）は変数名を表す。JGSS では，回答肢は「賛成」，「反対」に加え，「どちらかといえば」の中間的回答肢を含めた4件法で構成されている。
　　2）かっこ内は本章での項目識別記号。

方法としては，上述のJGSS-2006とNFRJ03の2つの個票データセットを用いて，沖縄側のサンプルと比較できるように，年齢層を限定して集計し，沖縄データと比較を行う。以下では，家族意識の領域別に，沖縄総合社会調査の結果を，JGSS-2006あるいはNFRJ03の全国調査の結果と比較する。比較にあたっては，男女別と年齢階級別の傾向をおさえていく。次節では，結婚と親なりに関する意識から結果を報告する。

2-2　結婚と子ども

A．結婚観

　「一般的にいって，結婚していない人よりも結婚している人の方が幸せである」という意見に対する賛否は，沖縄では，20歳代女性を別にすれば，どの年代でも，「そう思う」と「どちらかといえばそう思う」を合わせた賛成派が過半数を占め，40歳代以上では約8割に達する。これに比べて，全国データでは，40歳代以上の男性をのぞき，賛成派は過半数に満たない[1]。

　さらに，賛成派のうちで「そう思う」が占める割合が全国の場合少数であるのに比べて，沖縄ではこれが「どちらかといえばそう思う」と肩を並べるくらいの比率となっている。50歳代では，男女ともに，「そう思う」が賛成派のなかでも，また全体に占める割合においても，最大多数となっている。

　こうした傾向から，結婚の価値は，沖縄では全国に比べて，強く支持されているといえよう（図2-1）。

B．子どもをもつ必要

　つぎに，「結婚しても，必ずしも子どもをもつ必要はない」という意見への賛否は，今度はさきの結婚による幸せの場合と逆の傾向を示す。すなわち，結婚したら子どもをもつべきという考えは強く支持されている。

　男女間の違いとしては，男性のほうが女性に比べて，結婚と子どもの結びつきを強く支持しているといえる。また，男性では，年齢層別の違いは女性の場合に比べて小さい。女性の中では，20歳代と30歳代において，子どもをもつ必要がないという考えに4割の人が賛成である（「そう思う」と「ど

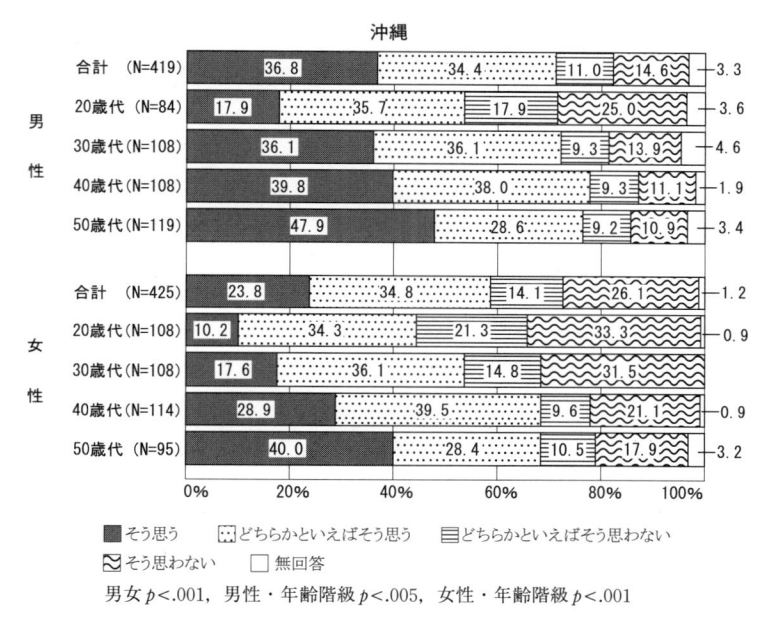

2章 沖縄の家族意識

沖縄

	そう思う	どちらかといえばそう思う	どちらかといえばそう思わない	そう思わない	無回答
男性 合計 (N=419)	36.8	34.4	11.0	14.6	3.3
男性 20歳代 (N=84)	17.9	35.7	17.9	25.0	3.6
男性 30歳代 (N=108)	36.1	36.1	9.3	13.9	4.6
男性 40歳代 (N=108)	39.8	38.0	9.3	11.1	1.9
男性 50歳代 (N=119)	47.9	28.6	9.2	10.9	3.4
女性 合計 (N=425)	23.8	34.8	14.1	26.1	1.2
女性 20歳代 (N=108)	10.2	34.3	21.3	33.3	0.9
女性 30歳代 (N=108)	17.6	36.1	14.8	31.5	—
女性 40歳代 (N=114)	28.9	39.5	9.6	21.1	0.9
女性 50歳代 (N=95)	40.0	28.4	10.5	17.9	3.2

■そう思う ┊どちらかといえばそう思う ≡どちらかといえばそう思わない
～そう思わない □無回答

男女 $p<.001$，男性・年齢階級 $p<.005$，女性・年齢階級 $p<.001$

全国（JGSS-2001による）

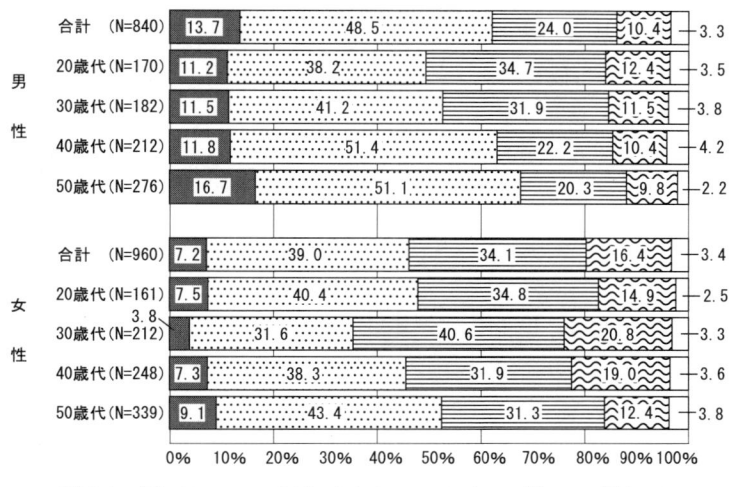

	賛成	どちらかといえば賛成	どちらかといえば反対	反対	無回答
男性 合計 (N=840)	13.7	48.5	24.0	10.4	3.3
男性 20歳代 (N=170)	11.2	38.2	34.7	12.4	3.5
男性 30歳代 (N=182)	11.5	41.2	31.9	11.5	3.8
男性 40歳代 (N=212)	11.8	51.4	22.2	10.4	4.2
男性 50歳代 (N=276)	16.7	51.1	20.3	9.8	2.2
女性 合計 (N=960)	7.2	39.0	34.1	16.4	3.4
女性 20歳代 (N=161)	7.5	40.4	34.8	14.9	2.5
女性 30歳代 (N=212)	3.8	31.6	40.6	20.8	3.3
女性 40歳代 (N=248)	7.3	38.3	31.9	19.0	3.6
女性 50歳代 (N=339)	9.1	43.4	31.3	12.4	3.8

■賛成 ┊どちらかといえば賛成 ≡どちらかといえば反対 ～反対 □無回答

男女 $p<.01$，男性・年齢階級 $p<.05$，女性・年齢階級 $p<.05$

図 2-1 結婚観（一般的にいって，結婚していない人よりも結婚している人の方が幸せである）

ちらかといえばそう思う」を合わせた比率)。ただし，男女ともに，反対派の内訳は年代によってかなり異なっており，年長の人ほど，この意見に「そう思わない」とする積極的否定の比率は多い。

　全国データと比較すると，男女ともに，「どちらかといえば」という消極的肯定を含めたこの意見への賛成率は，沖縄は全国に比べて高い。年齢層間の違いとしては，全国では，年齢が若いほど，子どもをもつ必要を感じない比率が高くなる傾向は男女ともに共通しているので，賛成か反対かの二分でみた場合，沖縄の場合，男性の傾向が，年齢層別の違いがあまりなく，この意見への賛成率が低いという点で，全国の傾向とは乖離している。

　まとめると，沖縄では，全国の場合と同様に，男性よりも女性が，そして年齢層が下がるほど，子どもをもつ必要性を認めない比率が大きくなるけれども，総じて，結婚したら子どもをもつのが自然（ないし当然）という考えは強く支持されている（図2-2）。

C．理想子ども数
　「一般に，家庭にとって理想的な子どもの人数は何人だと思いますか」という理想子ども数をたずねた質問では，全国の場合，男女ともに「2人」または「3人」が大多数を占め，年代が下がるにつれて「2人」派が多くなる。その変化の度合いは男性よりも女性が大きい。

　一方，沖縄の場合，男女ともに，またどの年代においても，理想子ども数は「3人」が最大多数を占める。「2人」派は20歳代と30歳代で4分の1をようやく超えている（30歳代女性は3割）が，いずれにしてもこれらは少数派であるといってよい。

　このような傾向は，出生率が全国よりも高い沖縄の現状とマッチしているといってよい。つまり，沖縄の出生率が高い理由の1つとして，理想とする子ども数が多いからという解釈が容易に成り立つということが，全国の意識調査との比較からいえるのである（図2-3）。

D．子どもの性別選好
　「もし，子どもを1人だけもつとしたら，男の子を希望しますか，女の子

2章　沖縄の家族意識　　　　　　　　　　　　　　　　　　　　　*31*

沖縄

男性

	そう思う	どちらかといえばそう思う	どちらかといえばそう思わない	そう思わない	無回答
合計 (N=419)	12.2	10.3	26.7	47.5	3.3
20歳代 (N=84)	14.3	8.3	38.1	34.5	4.8
30歳代 (N=108)	12.0	14.8	27.8	42.6	2.8
40歳代 (N=108)	9.3	10.2	25.9	52.8	1.9
50歳代 (N=119)	13.4	7.6	18.5	56.3	4.2

女性

	そう思う	どちらかといえばそう思う	どちらかといえばそう思わない	そう思わない	無回答
合計 (N=425)	19.3	15.5	26.8	36.7	1.6
20歳代 (N=108)	18.5	21.3	30.6	27.8	1.9
30歳代 (N=108)	31.5	12.0	25.0	31.5	—
40歳代 (N=114)	15.8	12.3	30.7	39.5	1.8
50歳代 (N=95)	10.5	16.8	20.0	49.5	3.2

■そう思う　 ▨どちらかといえばそう思う　 ▤どちらかといえばそう思わない
〰そう思わない　 □無回答

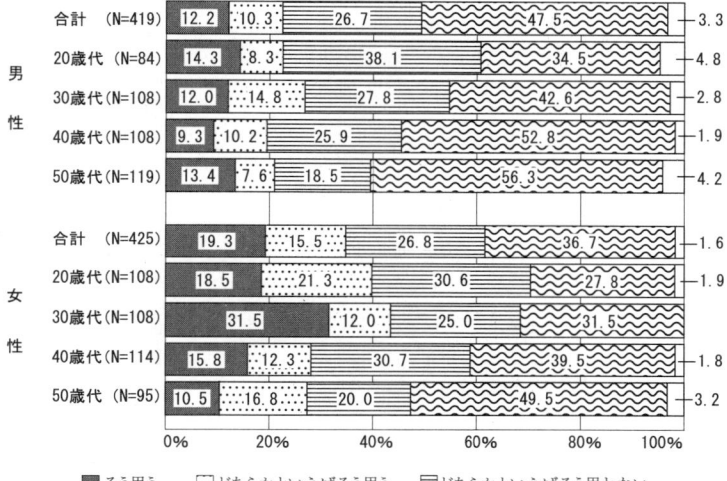

男女 $p<.005$, 男性・年齢階級 $p<.001$, 女性・年齢階級 $p<.005$

全国（JGSS-2006による）

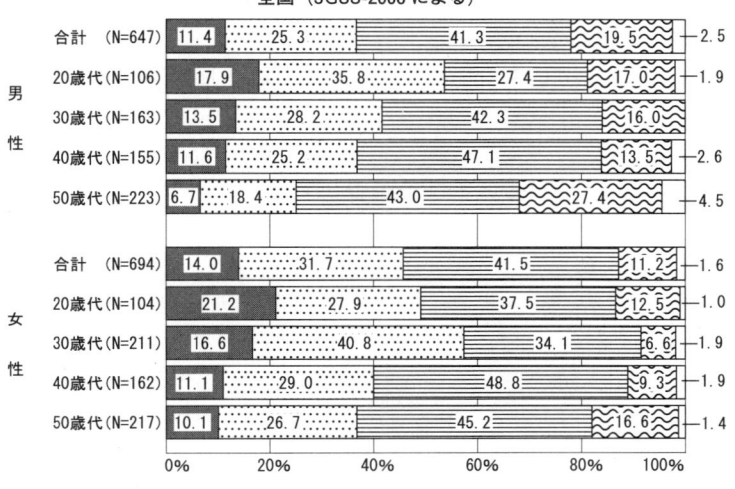

男性

	賛成	どちらかといえば賛成	どちらかといえば反対	反対	無回答
合計 (N=647)	11.4	25.3	41.3	19.5	2.5
20歳代 (N=106)	17.9	35.8	27.4	17.0	1.9
30歳代 (N=163)	13.5	28.2	42.3	16.0	—
40歳代 (N=155)	11.6	25.2	47.1	13.5	2.6
50歳代 (N=223)	6.7	18.4	43.0	27.4	4.5

女性

	賛成	どちらかといえば賛成	どちらかといえば反対	反対	無回答
合計 (N=694)	14.0	31.7	41.5	11.2	1.6
20歳代 (N=104)	21.2	27.9	37.5	12.5	1.0
30歳代 (N=211)	16.6	40.8	34.1	6.6	1.9
40歳代 (N=162)	11.1	29.0	48.8	9.3	1.9
50歳代 (N=217)	10.1	26.7	45.2	16.6	1.4

■賛成　 ▨どちらかといえば賛成　 ▤どちらかといえば反対　 ⟨反対　 □無回答

男女 $p<.001$, 男性・年齢階級 $p<.001$, 女性・年齢階級 $p<.005$

図2-2　子どもの必要性（結婚しても，必ずしも子どもをもつ必要はない）

沖縄

	0人	1人	2人	3人	4人	5人	無回答
男性 合計 (N=419)	2.1	0.7	22.4	58.9	12.2	2.4	1.2
男性 20歳代 (N=84)	1.2	1.2	28.6	60.7	4.8	1.2	1.2
男性 30歳代 (N=108)	2.4	2.8	26.9	55.6	10.2	1.9	1.9
男性 40歳代 (N=108)	0.9	1.9	18.5	59.3	15.7	4.6	—
男性 50歳代 (N=119)	2.5	—	17.6	60.5	16.0	1.7	1.7
女性 合計 (N=425)	0.7	—	21.9	55.5	16.7	1.9	2.1
女性 20歳代 (N=108)	1.2	2.8	30.6	57.4	6.5	0.9	0.9
女性 30歳代 (N=108)	0.9	—	26.9	54.6	12.0	1.9	3.7
女性 40歳代 (N=114)	0.9	—	17.5	60.5	19.3	1.8	—
女性 50歳代 (N=95)	3.2	—	11.6	48.4	30.5	4.2	2.1

男女 n.s., 男性・年齢階級 n.s., 女性・年齢階級 $p<.001$

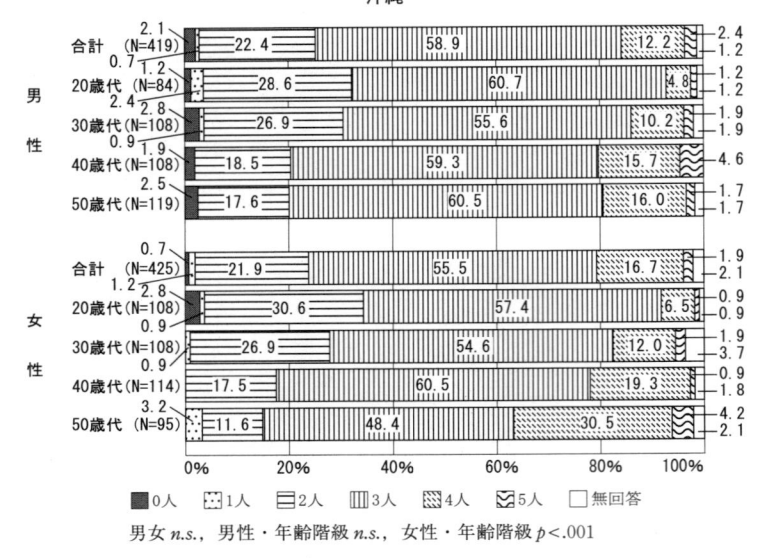

全国（JGSS-2006 による）

	0人	1人	2人	3人	4人	5人	無回答
男性 合計 (N=581)	0.3	1.2	46.5	47.2	3.3	0.7	0.9
男性 20歳代 (N=99)	—	2.0	51.5	43.4	1.0	1.0	1.0
男性 30歳代 (N=162)	—	1.2	53.1	40.7	3.1	0.6	1.2
男性 40歳代 (N=130)	0.8	—	52.3	40.8	4.6	—	1.5
男性 50歳代 (N=190)	1.1	1.1	34.2	58.9	3.7	—	1.1
女性 合計 (N=734)	0.1	0.3	37.9	53.0	6.7	1.1	1.0
女性 20歳代 (N=127)	1.6	—	55.9	37.8	3.9	—	3.0
女性 30歳代 (N=167)	0.6	—	47.3	46.1	3.0	1.2	1.8
女性 40歳代 (N=197)	—	—	34.5	52.8	10.2	1.0	1.5
女性 50歳代 (N=243)	—	—	24.7	65.8	7.8	1.2	0.4

男女 $p<.005$, 男性・年齢階級 $p<.05$, 女性・年齢階級 $p<.001$

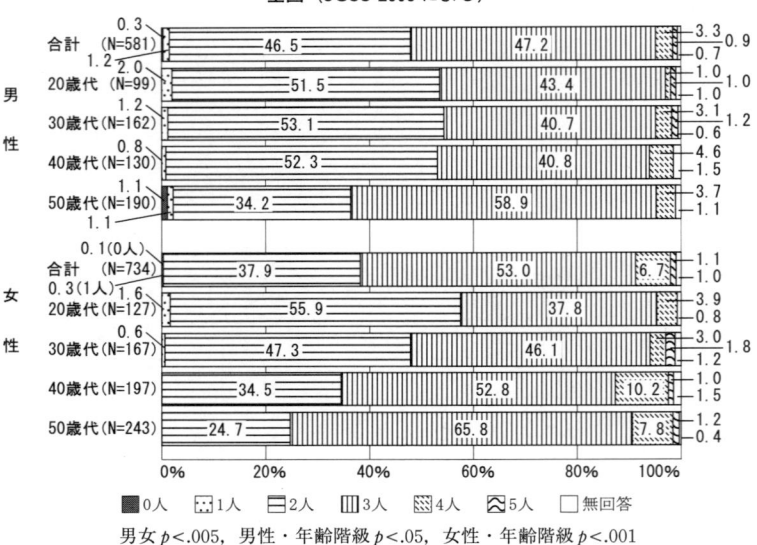

図2-3 理想子ども数（一般に，家庭にとって理想的な子どもの数は何人だと思いますか）

を希望しますか」という子どもの性別選好についての質問では，男女ともに，どの年代でも，「どちらでもよい」という性別選好なしが一番多い。そして，20歳代を別にすれば，年代が下がるほど，この選好なしの比率は大きくなる。男女間の違いでは，男性の場合，選好なしをのぞいた残りのうちでは，男の子を望む人が圧倒的に多く，逆に，女性の場合は女の子を望む人が多くなる。いいかえれば，女の子を望む男性はきわめて少数である（図2-4）。

このような傾向を全国と比較すると，沖縄と全国は，男女別年齢層別に，きわめて似た傾向をもっている。全国でも，男女「どちらでもよい」とする性別選好なしが多数を占め，また，男性は男児を，女性は女児を希望する傾向も同じである[2]。

沖縄の家族制度といえば，厳格な男子優先相続という印象があるけれども（実際にトートーメー（位牌）・仏壇は女子が継承できないというタブーはかなり強く存在している），少なくとも現在の50歳代から下の年代に関する限り，むしろ子どもの性別選好と家の相続・継承意識との関連はあまり窺えない。この点については，今後分析を深める必要がある。

E．母親の就業の子どもへの影響

「母親が仕事をもつと，小学校へあがる前の子どもによくない影響を与える」という質問への賛成率（「賛成」と「どちらかといえば賛成」を合わせた比率）は，全国では男女とも4割ほどである（図2-5）。また，肯定，否定どちらの側も，「どちらかといえば～」といった中間的な回答肢が多くを占め，男女ともに約7割が中間的な意見の中で，肯定と否定に二分しているというのが，全国の特徴である。年代別の違いとしては，賛成派の比率はおおむね若い年齢層ほど少なくなる。

一方，沖縄の場合，男女ともに，またどの年齢層でも，まず否定派が大多数を占め，そのなかでも「そう思わない」といった積極的否定が最大多数を占めているのも特徴である。こうしたことから，未就学児をもちながら母親が働くことへの抵抗感は著しく低いことが明らかである。

男女別，年代別の違いに目を転じると，男女ともにおおむね，年代が下がるほど反対派の比率が増加する。ただし，男性の20歳代は賛成派が約3分

34　Ⅰ部　社会学からみた沖縄

沖縄

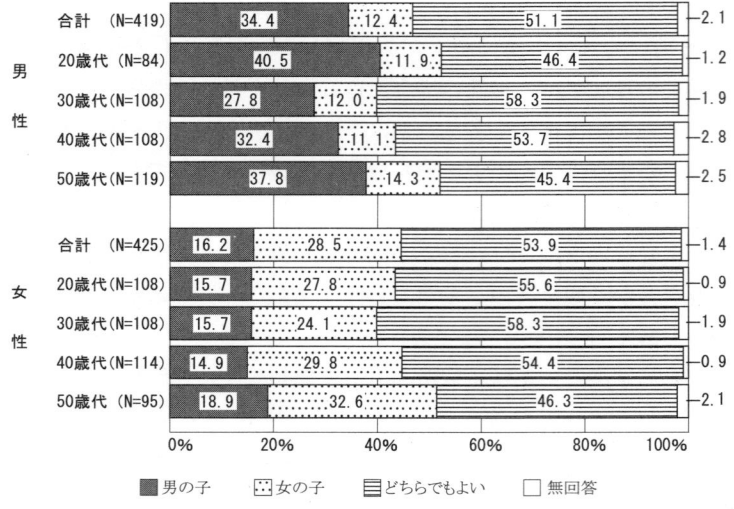

		男の子	女の子	どちらでもよい	無回答
男性	合計 (N=419)	34.4	12.4	51.1	2.1
	20歳代 (N=84)	40.5	11.9	46.4	1.2
	30歳代 (N=108)	27.8	12.0	58.3	1.9
	40歳代 (N=108)	32.4	11.1	53.7	2.8
	50歳代 (N=119)	37.8	14.3	45.4	2.5
女性	合計 (N=425)	16.2	28.5	53.9	1.4
	20歳代 (N=108)	15.7	27.8	55.6	0.9
	30歳代 (N=108)	15.7	24.1	58.3	1.9
	40歳代 (N=114)	14.9	29.8	54.4	0.9
	50歳代 (N=95)	18.9	32.6	46.3	2.1

男女 $p<.001$, 男性・年齢階級 $n.s.$, 女性・年齢階級 $n.s.$

全国（JGSS-2001 による）

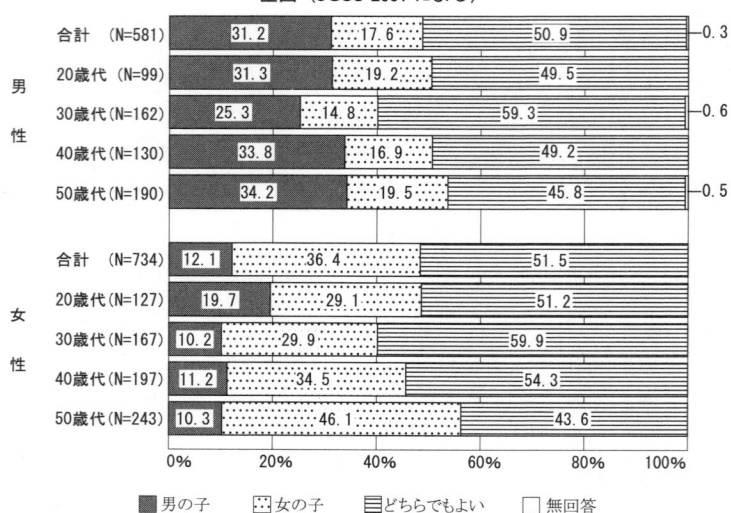

		男の子	女の子	どちらでもよい	無回答
男性	合計 (N=581)	31.2	17.6	50.9	0.3
	20歳代 (N=99)	31.3	19.2	49.5	
	30歳代 (N=162)	25.3	14.8	59.3	0.6
	40歳代 (N=130)	33.8	16.9	49.2	
	50歳代 (N=190)	34.2	19.5	45.8	0.5
女性	合計 (N=734)	12.1	36.4	51.5	
	20歳代 (N=127)	19.7	29.1	51.2	
	30歳代 (N=167)	10.2	29.9	59.9	
	40歳代 (N=197)	11.2	34.5	54.3	
	50歳代 (N=243)	10.3	46.1	43.6	

男女 $p<.001$, 男性・年齢階級 $n.s.$, 女性・年齢階級 $p<.005$

図2-4　子どもの性別選好（もし，子どもを1人だけもつとしたら，男の子を希望しますか，女の子を希望しますか）

2章　沖縄の家族意識　　35

沖縄

		そう思う	どちらかといえばそう思う	どちらかといえばそう思わない	そう思わない	無回答
男性	合計　(N=419)	11.2	19.6	23.4	43.0	2.9
	20歳代 (N=84)	10.7	23.8	25.0	36.9	3.6
	30歳代 (N=108)	5.6	16.7	33.3	41.7	2.8
	40歳代 (N=108)	10.2	20.4	17.6	50.0	1.9
	50歳代 (N=119)	17.6	18.5	18.5	42.0	3.4
女性	合計　(N=425)	7.1	15.1	23.8	52.9	1.2
	20歳代 (N=108)	0.9	17.6	33.3	47.2	0.9
	30歳代 (N=108)	6.5	16.7	22.2	54.6	—
	40歳代 (N=114)	8.8	14.0	20.2	57.0	—
	50歳代 (N=95)	12.6	11.6	18.9	52.6	4.2

■ そう思う　　⋯ どちらかといえばそう思う　　≡ どちらかといえばそう思わない
〰 そう思わない　　□ 無回答

男女 $p<.05$，男性・年齢階級 $p<.05$，女性・年齢階級 $p<.05$

全国（JGSS-2001 による）

		賛成	どちらかといえば賛成	どちらかといえば反対	反対	無回答
男性	合計　(N=647)	8.8	32.3	39.3	16.8	2.8
	20歳代 (N=106)	9.4	31.1	40.6	15.1	3.8
	30歳代 (N=163)	7.4	29.4	39.3	23.3	0.6
	40歳代 (N=155)	9.0	28.4	42.6	18.1	1.9
	50歳代 (N=223)	9.4	37.7	36.3	12.1	4.5
女性	合計　(N=694)	6.6	33.7	37.8	20.2	1.7
	20歳代 (N=104)	6.7	26.0	47.1	19.2	1.0
	30歳代 (N=211)	4.3	32.2	40.8	20.9	1.9
	40歳代 (N=162)	4.3	36.4	36.4	20.4	2.5
	50歳代 (N=217)	10.6	36.9	31.3	19.8	1.4

■ 賛成　　⋯ どちらかといえば賛成　　≡ どちらかといえば反対　　〰 反対　　□ 無回答

男女 $n.s.$，男性・年齢階級 $p<.001$，女性・年齢階級 $p<.005$

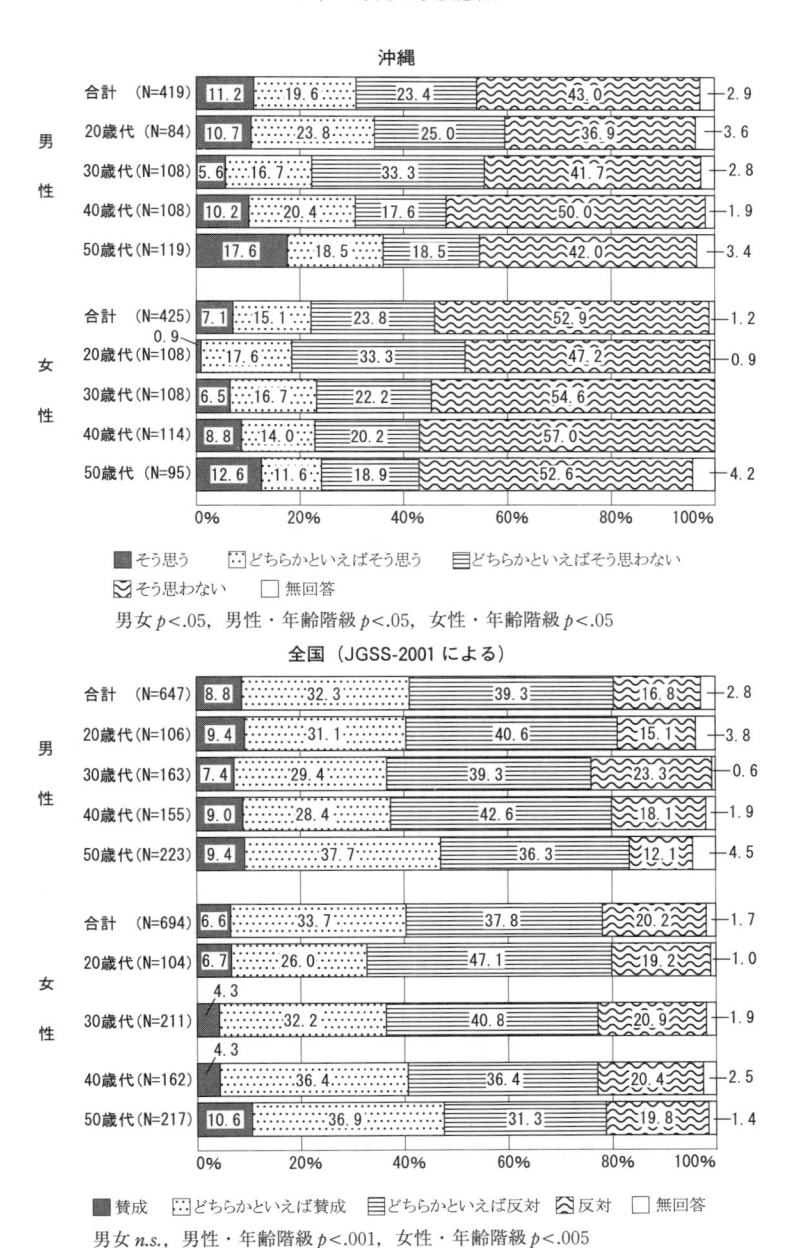

図 2-5　母親の就労の影響（母親が仕事をもつと，小学校へあがる前の子どもによくない影響を与える）

の1であり，これは50歳代と同水準となっている。このため，男性の年代別の賛成率は，50歳代，40歳代，30歳代と下がってきて，20歳代で盛り返すというU字型の変化を描いている。一方，女性は一貫して年代が下がるにつれて，賛成率は下がっている。

さきほど，上で，「そう思わない」といった積極的否定がどの年代でも最大多数を占めていると述べたが，子細に見れば，そのような傾向の中で，肯定派も否定派も，「どちらかといえば」といった中間的な考えの人が，年代が下がるにつれて増えていることも事実である。

この質問項目は，子どもが3歳になるまでは母親は育児に専念した方がよいとする，いわゆる「3歳児神話」への賛否を問うたものであるが，根拠に薄いという意味において「神話」とよばれていることからもわかるように，この考え方は近代主義ないし産業主義的なジェンダーイデオロギーに基づく育児観としてフェミニズムやジェンダー研究を中心に近年否定されるようになってきている。全国データの傾向は，こうした価値意識の変化を素直に反映したものと解釈できるが，沖縄においても，変化の方向としては，全国のそれと軌を一にしているということもできる。

しかしながら，沖縄はもともとこうした母親の就業が子どもにとってよくないという考え方への支持が全国に比べてきわめて弱い地盤であるということが，むしろ今回の調査では明らかになった。そして，同じ否定派の中でも「どちらかといえばそう思わない」といった中間的否定が（加えて，中間的肯定も），年代が若いほど（とりわけ女性に）増えてきていることから，逆に前近代的ないし農耕社会的な育児観から近代主義的・産業主義的な育児観へというシフトのきざしも見え始めており，けれどもそれは，まだ中間的肯定よりも中間的否定が勝っているという点で，沖縄における育児観には揺らぎも生じているとはいえないだろうか。

2-3 直系家族規範

本章において直系家族規範と呼んでいるのは，老親扶養および介護，3世代同居の是非についてのものであり，高齢期の世帯形成とも深く関わってい

る。これら3つのうち，老親扶養および介護についての質問項目は，ここまでの JGSS に代えて，NFRJ03 から採ったものである。3番目の3世代同居の是非では，再び JGSS-2006 を使用する。

F．老親扶養

まず，老親の扶養規範についての質問「年をとって収入がなくなった親を扶養するのは，子どもの責任だ」への回答比率を，沖縄と全国で比較すると（図2-6），まず一見して，どちらも「そう思う」と「どちらかといえばそう思う」を合わせた肯定派が7割前後と大多数を占めていて，老親は子どもが責任をもって扶養するべきだという考え方はきわめて強く支持されていることがわかる。

しかし，肯定派の中身を詳しく見ると，全国では消極的肯定派（どちらかといえばそう思う）の比率が積極的肯定派を上回っているのに対し，沖縄では逆に積極的肯定派（そう思う）が半分以上を占めているという大きな違いがある。

男女別・年代別の違いとしては，全国では女性よりも男性に，そして年代が若いほど，この規範の支持率は高くなっているけれども，沖縄ではそのような傾向ははっきりと見いだしがたく，一定の方向性は存在しない（ただし，30歳代女性の肯定率は40歳代以上の年齢層よりも高い）。

こうした傾向をまとめるならば，老親に対する扶養規範は，沖縄は全国に比べてかなり強いといってよいだろう。

G．老親介護

「親が寝たきりなどになった時，子どもが介護するのは当たり前のことだ」すなわち介護規範への賛否は，7割以上が肯定派であるという点で，先の扶養規範と同様の傾向が見いだせる。また，その肯定派の内訳も，全国では消極的肯定が多数を占めているのに対し，沖縄では積極的肯定がどちらかといえば多いというのも同じである。その意味で，老親に対する介護規範は，扶養規範同様，全国に比べて沖縄のほうが強く支持されているといってよい。

しかし，NFRJ03 に含まれていない20歳代を除外するならば，年代が下

I部　社会学からみた沖縄

沖縄

		そう思う	どちらかといえばそう思う	どちらかといえばそう思わない	そう思わない	無回答
男性	合計	41.5	28.9	11.7	14.8	3.1
	20歳代(N=84)	33.3	38.1	19.0	6.0	3.6
	合計(30歳代以上)	43.6	26.6	9.9	17.0	3.0
	30歳代(N=108)	41.7	26.9	8.3	19.4	3.7
	40歳代(N=108)	44.4	31.5	6.5	15.7	1.9
	50歳代(N=119)	44.5	21.8	14.3	16.0	3.4
女性	合計	37.4	32.2	13.9	14.4	2.1
	20歳代(N=108)	40.7	34.3	12.0	11.1	1.9
	合計(30歳代以上)	36.3	31.5	14.5	15.5	2.2
	30歳代(N=108)	42.6	31.5	13.9	11.1	0.9
	40歳代(N=114)	28.1	36.0	15.8	18.4	1.8
	50歳代(N=95)	38.9	26.3	13.7	16.8	4.2

男女 n.s., 男性・年齢階級 p<.05, 女性・年齢階級 n.s.

全国（NFRJ03による）

		そう思う	どちらかといえばそう思う	どちらかといえばそう思わない	そう思わない	無回答
男性	合計(N=1,849)	29.0	43.6	16.7	9.6	1.0
	30歳代(N=572)	29.4	44.8	15.9	8.9	1.0
	40歳代(N=560)	29.1	46.1	15.9	8.0	0.9
	50歳代(N=717)	28.7	40.9	18.0	11.3	1.1
女性	合計(N=2,178)	19.1	46.6	20.7	12.3	1.4
	30歳代(N=714)	19.9	49.7	18.5	10.1	1.8
	40歳代(N=697)	18.9	47.8	20.4	11.9	1.0
	50歳代(N=767)	18.4	42.8	22.9	14.6	1.3

男女 p<.001, 男性・年齢階級 n.s., 女性・年齢階級 p<.005

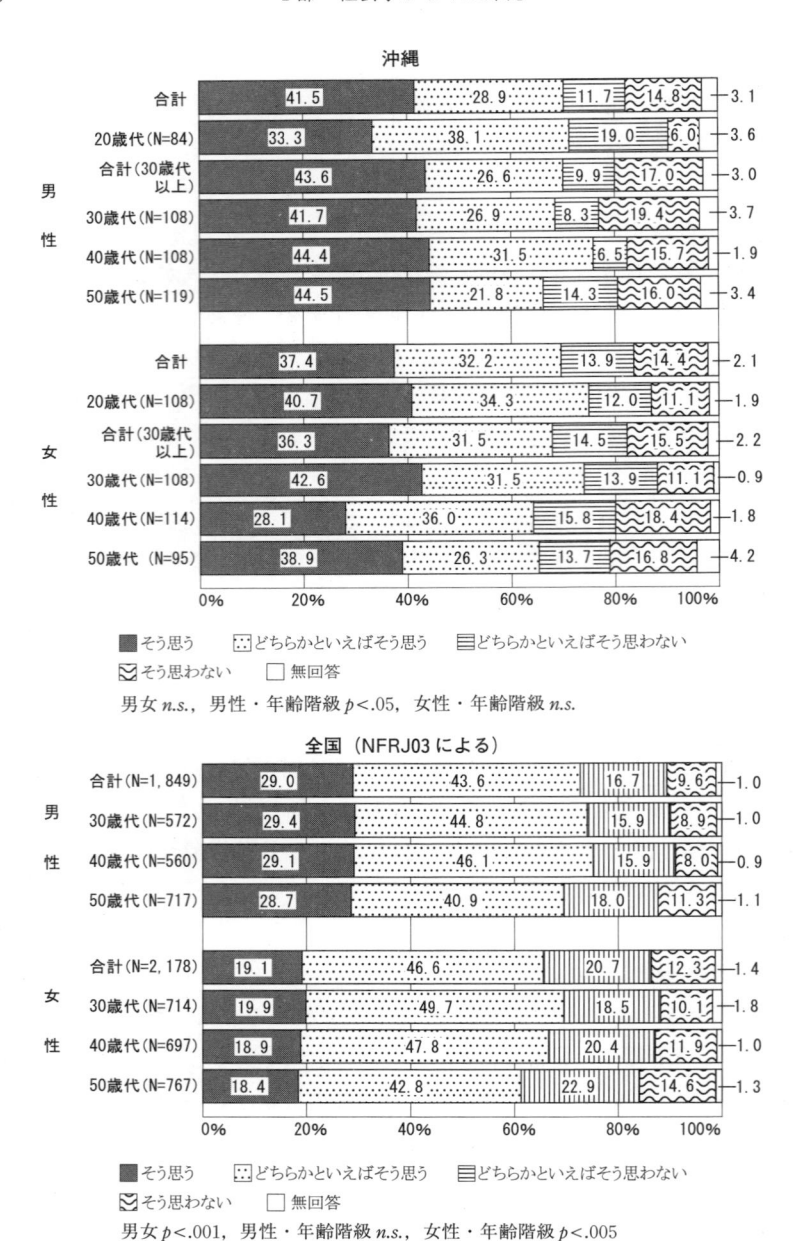

図2-6　老親扶養責任（年をとって収入がなくなった親を扶養するのは，子どもの責任だ）

がるにつれて肯定派全体の比率が徐々に増えていることと，女性よりも男性に肯定率が高いことといった，全国データの傾向は，今度は沖縄にもそのままあてはまるという点が，先の扶養規範の場合と異なる。

老親の介護規範に関する沖縄の特徴は，肯定派が大多数であり，しかも女性よりも男性に肯定派が多く，また年代が若いほど支持率も高いという点で，全国と共通の傾向を示しつつ，さらに，この規範への支持率は，全国よりもかなり高いとまとめることができよう。

以上，扶養と介護といった老親の面倒をみることに関する2つの意識項目からみる限り，沖縄は全国に比してかなり強い規範が存在する。このような傾向は，一般によくいわれる，老人を大事にする沖縄の土地柄の特性を裏付けているといってよいだろう（図2-7）。

H．3世代同居

本章で取り上げる家族規範に関する最後の質問は，3世代同居に関するものである。ここではふたたびこの質問の引用元であるJGSS-2006と比較するが，ただし，JGSSでは，中間回答肢を設けていないので，肯定／否定の二分法での比較となる（図2-8）。

まず，全国の結果をJGSS-2006で確かめておくと，男性の7割，女性の6割強が3世代同居を望ましいと考えている。女性では，年齢層別の違いはほとんど見いだせない。男性では，20歳代と40歳代の賛成率が高く，年代間の趨勢は見られない。

全体の傾向では，沖縄はどうであろうか。まず男性全体と女性全体の分布を見ると，「そう思う」（積極的肯定）と「どちらかといえばそう思う」（消極的肯定）を合わせた肯定率は，それぞれ63.2％（男性），50.2％（女性）となっていて，男女ともに全国よりも賛成率が低いことがわかる。

年代別では，おおむね，若い年代ほど，賛成率は下がってきているといえる（ただし，50歳代女性の賛成率は40歳代よりも低いが）。積極的肯定，消極的肯定の比率のどちらをみても，3世代同居規範は，年代が若いほど弱まっているともいえる。

さて，このような沖縄の傾向を全国と比較してみると，3世代同居規範の

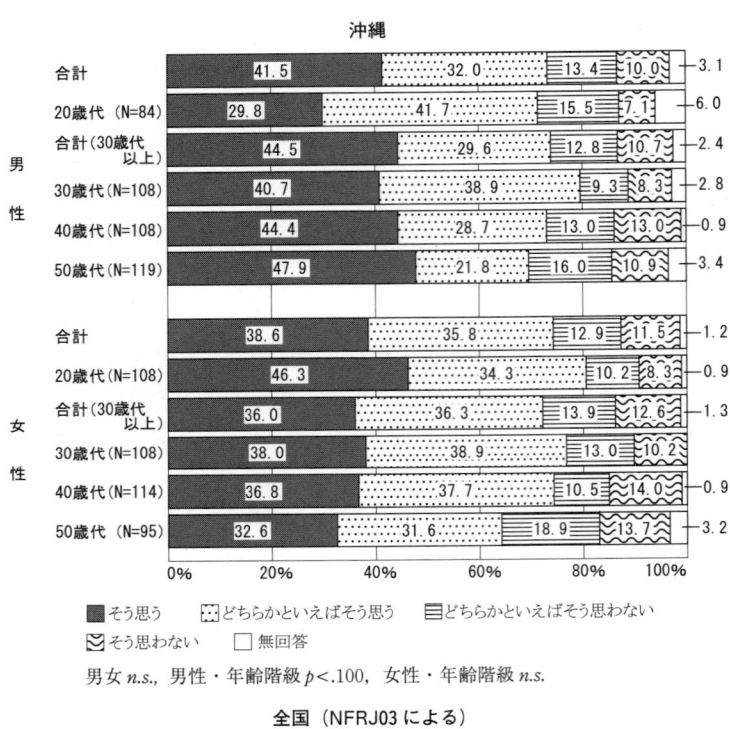

I部 社会学からみた沖縄

沖縄

		そう思う	どちらかといえばそう思う	どちらかといえばそう思わない	そう思わない	無回答
	合計	41.5	32.0	13.4	10.0	3.1
男性	20歳代 (N=84)	29.8	41.7	15.5	7.1	6.0
	合計(30歳代以上)	44.5	29.6	12.8	10.7	2.4
	30歳代(N=108)	40.7	38.9	9.3	8.3	2.8
	40歳代(N=108)	44.4	28.7	13.0	13.0	0.9
	50歳代(N=119)	47.9	21.8	16.0	10.9	3.4
	合計	38.6	35.8	12.9	11.5	1.2
女性	20歳代(N=108)	46.3	34.3	10.2	8.3	0.9
	合計(30歳代以上)	36.0	36.3	13.9	12.6	1.3
	30歳代(N=108)	38.0	38.9	13.0	10.2	—
	40歳代(N=114)	36.8	37.7	10.5	14.0	0.9
	50歳代(N=95)	32.6	31.6	18.9	13.7	3.2

男女 n.s., 男性・年齢階級 $p<.100$, 女性・年齢階級 n.s.

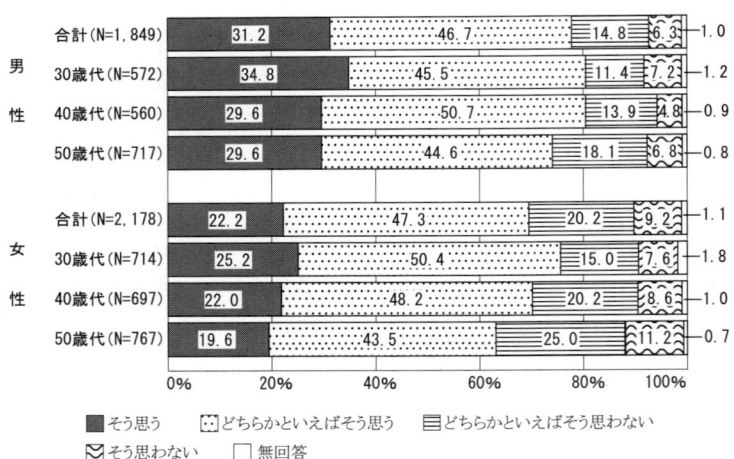

全国（NFRJ03による）

		そう思う	どちらかといえばそう思う	どちらかといえばそう思わない	そう思わない	無回答
男性	合計(N=1,849)	31.2	46.7	14.8	6.3	1.0
	30歳代(N=572)	34.8	45.5	11.4	7.2	1.2
	40歳代(N=560)	29.6	50.7	13.9	4.8	0.9
	50歳代(N=717)	29.6	44.6	18.1	6.8	0.8
女性	合計(N=2,178)	22.2	47.3	20.2	9.2	1.1
	30歳代(N=714)	25.2	50.4	15.0	7.6	1.8
	40歳代(N=697)	22.0	48.2	20.2	8.6	1.0
	50歳代(N=767)	19.6	43.5	25.0	11.2	0.7

男女 $p<.001$, 男性・年齢階級 $p<.05$, 女性・年齢階級 $p<.001$

図2-7 老親介護責任（親が寝たきりなどになった時，子どもが介護するのは当たり前のことだ）

2章 沖縄の家族意識　41

沖縄

		そう思う	どちらかといえばそう思う	どちらかといえばそう思わない	そう思わない	無回答
男性	合計 (N=419)	27.9	35.3	18.4	15.5	2.9
	20歳代 (N=84)	17.9	34.5	27.4	16.7	3.6
	30歳代 (N=108)	20.4	42.6	19.4	13.9	3.7
	40歳代 (N=108)	34.3	35.2	13.0	16.7	0.9
	50歳代 (N=119)	36.1	29.4	16.0	15.1	3.4
女性	合計 (N=425)	23.1	27.1	25.4	22.4	2.1
	20歳代 (N=108)	13.9	26.9	30.6	25.9	2.8
	30歳代 (N=108)	17.6	31.5	27.8	23.1	—
	40歳代 (N=114)	29.8	34.2	17.5	17.5	0.9
	50歳代 (N=95)	31.6	13.7	26.3	23.2	5.3

■ そう思う　⋯ どちらかといえばそう思う　≡ どちらかといえばそう思わない
〰 そう思わない　□ 無回答

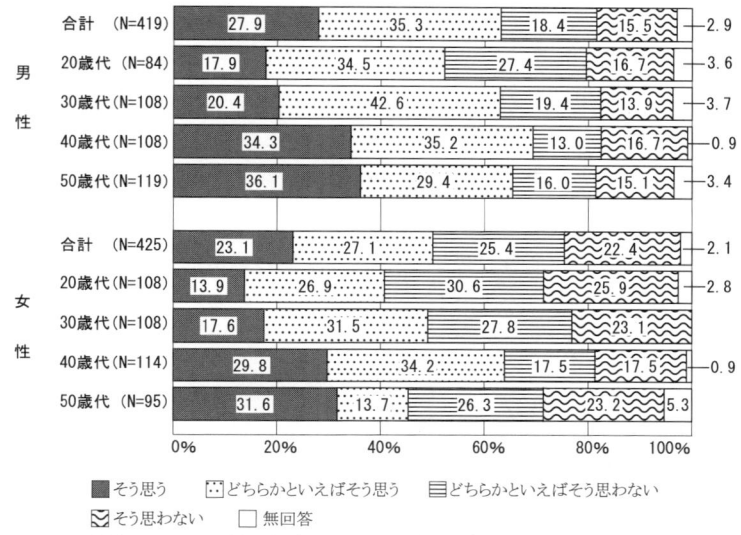

男女 $p<.005$，男性・年齢階級 $p<.05$，女性・年齢階級 $p<.005$

全国（JGSS-2006 による）

		望ましい	望ましくない	無回答
男性	合計 (N=581)	69.7	29.1	1.2
	20歳代 (N=99)	74.7	24.2	1.0
	30歳代 (N=162)	63.0	35.8	1.2
	40歳代 (N=130)	74.6	22.3	3.1
	50歳代 (N=190)	69.5	30.5	—
女性	合計 (N=734)	63.5	34.7	1.8
	20歳代 (N=127)	59.1	37.8	3.1
	30歳代 (N=167)	62.9	35.9	1.2
	40歳代 (N=197)	66.5	31.0	2.5
	50歳代 (N=243)	63.8	35.4	0.8

■ 望ましい　⋯ 望ましくない　□ 無回答

男女 $n.s.$，男性・年齢階級 $p<.05$，女性・年齢階級 $n.s.$

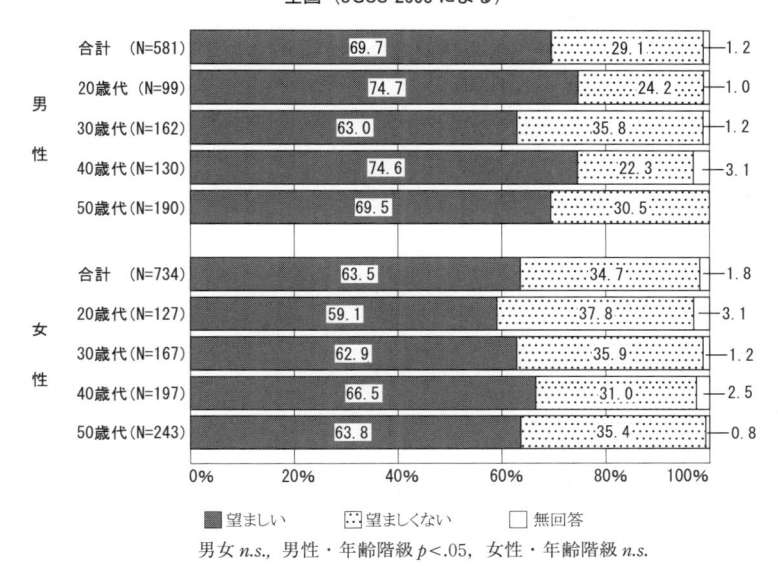

図2-8 3世代同居（3世代同居（親・子・孫の同居）は望ましいことである）

支持率は，沖縄のほうが全国に比べて若干低くなっている。全国に比して若干弱い沖縄の3世代同居志向は，すでにみた，扶養および同居規範が強い傾向とは，一見矛盾している。少なくとも，沖縄の人びとの意識においては，継嗣夫婦との同居規則と親の扶養・介護関係が必ずしも結びついたものではないことは確かである。この点についての早急な結論は差し控えるが，ただ，今後の課題を含めて一言述べておくならば，伝統的，すなわち現代のように第三次産業に特化した雇用職業が支配する以前からの，直系多世代同居を必須としないような文化的背景ないし亜熱帯農業の経済的条件が，このような価値志向の基盤にあるのかもしれない。

おわりに

　以上，本章での作業から明らかにされたように，家族意識については，沖縄データでは，結婚の必要性，理想とする子ども数，老親の扶養といった，今回扱ったほとんどの項目で，全国データよりも高い肯定率を示していた。つまり，沖縄の人々は相対的に家族に対して高い価値を置いていることが明らかになった。その一方で，若い年代ほど，そのような意識が薄まりつつある傾向も確認できた。

　もっとも，若い年代ほど規範意識が弱まっている要因が，調査時点での年齢や役割の違いによるのか，それとも時代の趨勢なのかについては，ここで断定はできない。こうしたことは，継続的にデータを収集し分析しないとはっきりした診断は下せないので，ここでは差し控えておきたい。また，本土の家族で議論されてきた「直系制から夫婦制へ」仮説の検討も，沖縄の家族の場合まったく無意味ではなく，むしろ直系制を構成する価値規範自体の検討も含めて，取り組むべき課題であると考えている。これらの問題は将来の課題に属している。

謝　辞

　本章における二次分析に当たり，東京大学社会科学研究所附属社会調査・データアーカイブセンターから，第2回全国家族調査（NFRJ03）（日本家族社会学

会全国家族調査委員会）ならびに 2006 年版日本版総合的社会調査（JGSS-2006）の個票データの提供を受けた。ここに記して謝意を表したい。日本版 General Social Surveys（JGSS）は，大阪商業大学比較地域研究所が，文部科学省から学術フロンティア推進拠点としての指定を受けて（1999～2008 年度），東京大学社会科学研究所と共同で実施している研究プロジェクトである（研究代表：谷岡一郎・仁田道夫，代表幹事：岩井紀子，副代表幹事：保田時男）。

注

1）JGSS では，この質問項目は 2003 年度版以降，削除されたので，ここでは 2001 年度版のデータの Web 集計結果を提示する。
2）JGSS-2006 から，アジア諸国との比較を目的とする EASS モジュールと呼ばれる質問項目群が導入され，このなかで，「どちらでもよい」のカテゴリーが新たにもうけられた。

参考文献

安藤由美，2000，「沖縄の家族意識の構造・要因分析——都市的家族の場合」，琉球大学法文学部紀要『人間科学』5，pp. 75-105.
石原邦雄，1982，「戦後日本の家族意識——その動向と研究上の問題点」『家族史研究』6 号，大月書店.
岩井紀子・佐藤博樹［編］，2002，『日本人の姿——JGSS にみる意識と行動』，有斐閣.
岩井紀子・保田時男［編］，2009，『データで見る東アジアの家族観——東アジア社会調査による日韓中台の比較』，ナカニシヤ出版.
加藤彰彦，2005，「「直系家族制から夫婦家族制へ」は本当か」，熊谷苑子・大久保孝治［編］，『コーホート比較による戦後日本の家族変動の研究』（日本家族社会学会全国家族調査委員会，文部科学省科学研究費補助金研究成果報告書），pp. 139-154.
木下栄二，1988，「家族意識の構造・要因分析——大都市マンション居住者の場合」『家族研究年報』14: pp. 44-59.
小山 隆［編］，1960，『現代家族の研究——実態と調整』，弘文堂.
熊谷（松田）苑子，2001，「親子関係に関する家族意識——性別・世代別比較」，清水新二［編］，『家族生活についての全国調査（NFR98）2-4 現代日本の家族意識』NFRJ，pp. 9-21.
九学会連合沖縄調査委員会［編］，1976，（第 9 篇）農村の社会構造と農民意識，pp. 553-640.
松成 恵，1991，「戦後日本の家族意識の変化」『家族社会学研究』3: pp. 85-97.
森岡清美，1993，『現代家族変動論』，ミネルヴァ書房.
日本家族社会学会全国家族調査委員会，2005，『第 2 回 家族についての全国調査（NFRJ03）第 1 次報告書』.

西野理子, 2006, 「家族意識の変動をめぐって——性別分業意識と親子同居意識にみる変化の分析」, 西野理子・稲葉昭英・嶋崎尚子 [編], 『第2回 家族についての全国調査 (NFRJ03) 第2次報告書 No.1: 夫婦, 世帯, ライフコース』, 日本家族社会学会全国家族調査委員会, pp. 139-152.

野々山久也, 1999, 「現代家族の変動過程と家族ライフスタイルの多様化——任意制家族の生成に向かって」, 目黒依子・渡辺秀樹 [編], 『講座社会学2 家族』, 東京大学出版会, pp. 153-190.

清水新二, 2001, 「日本家族社会学会全国家族調査「家族意識研究班」とその研究成果」, 清水新二 [編], 『家族生活についての全国調査 (NFR98) 2-4 現代日本の家族意識』, NFRJ, pp. 1-8.

杉岡直人, 1996, 「家族規範の変容」, 野々山久也・袖井孝子・篠崎正美 [編], 『いま家族に何が起こっているのか——家族社会学のパラダイム転換をめぐって』, ミネルヴァ書房, pp. 47-68.

鈴木 広, 1986, 「過剰都市化の社会的メカニズム——那覇都市圏の事例」『都市化の研究』, 恒星社厚生閣, pp. 379-419.

玉城隆雄, 1997, 「伝統と変革の間で揺れる沖縄県の家族」, 熊谷文枝 [編著], 『日本の家族と地域性 [下] 西日本の家族を中心として』, ミネルヴァ書房, pp. 189-210.

田中慶子, 2007, 「若年層の家族意識は「保守化」しているのか——JGSSとNFRJによる意識構造・規定要因の比較」, 朝井友紀子・佐藤博樹・田中慶子・筒井淳也・中村真由美・永井暁子・水落正明・三輪 哲 [編], 『家族形成に関する実証研究』, SSJDA-37, pp. 45-58.

渡辺秀樹・稲葉昭英・嶋崎尚子 [編], 2004, 『現代家族の構造と変容——全国家族調査 [NFRJ98] による計量分析』, 東京大学出版会.

与那国 暹, 1993, 『ウェーバーの社会理論と沖縄』, 第一書房.

————, 2001, 『戦後沖縄の社会変動と近代化——米軍支配と大衆運動のダイナミズム』, 沖縄タイムス社.

3章　沖縄における開発・発展をめぐる県民の意識
── 沖縄総合社会調査 2006 を中心として ──

鈴木規之

はじめに

　復帰35年を迎えても沖縄は日本の中では「周辺」的な位置にある。日本に帰属しつつも第三世界的な要素を持ち，1972年の日本復帰後これまでの振興開発政策の中でも国内ODAとでも呼べるような性質の政府の資金が流入してきた。このような状況の中で，政府の資金や基地経済，観光に依存してきた開発・発展のあり方が問われてきたが，今のところは様々なディスコースが生み出される一方で消費されているというのが現状である。2007年11月には沖縄大学において第18回国際開発学会全国大会が開催されプレ・シンポジウムやいくつかの部会で沖縄の開発・発展をめぐって激論が交わされた。

　筆者は，これまでアジア（とりわけタイ）における開発・発展のあり方に関心を持ってきた。日本の周辺として位置づけることができる沖縄の現状は，地理的・文化的に近いアジアと共通するものがある（鈴木 2002）。その中で，筆者は「周辺」として構造的に生じたタイの様々な問題を解決するためのオルターナティブな（もう1つの）開発・発展のあり方を研究してきた（鈴木 1993）。タイにおいては多様なオルターナティブな方策が提起され，地域に根ざした内発的発展としての仏教的開発・発展のあり方や，地域文化の尊重，参加と自助努力のあり方，サステイナビリティー（持続可能性）の重視など理論的に成熟するばかりでなくさまざまな実践も試みられた。特に，仏教的開発・発展のあり方は，タイにおける独自の内発性として注目されたのである（鈴木 2001）。

筆者は，これまでの沖縄とアジアとの関係の議論では，「アジアから儲けよう」「アジアに教えてやろう」という論調があまりにも多く，これは沖縄がアジアの新たな中心となってアジアを再周辺化させるものだと批判してきた。そして沖縄のとるべき道は，内発的であるオルターナティブな開発・発展のあり方をアジア（やタイ）から学び，アジアとともに実践，格闘することだと論じてきた（鈴木 1997）。そこで本章では，沖縄の開発・発展をめぐる県民の意識を内発的発展の視点より分析していくことにしたい。

3-1 沖縄の内発的発展

開発・発展の議論の中で内発的発展とは，開発・発展について近代化論的アプローチを批判したオルターナティブな開発・発展の1つとして位置づけられ，地域の内発的な潜在力とサステイナビリティーが強調される。

これまでの沖縄の内発的発展の研究については，宮本憲一らの総合的研究である『沖縄――21世紀への挑戦』に触れないわけにはいかないだろう。久場政彦やガバン・マコーマックなど沖縄や外国の研究者を含む碩学による学際的研究で，沖縄の持続可能な発展のために復帰後の沖縄の政策を検証し，さらに今後の沖縄政策を検討したものである（宮本・佐々木 2000）。米軍基地撤去，基地依存経済からの脱却を基本に沖縄の内発的発展とサステイナビリティーの可能性を提案しているが，基本的にはソフトランディング路線である。これまでの沖縄の開発主義的な発想とは対立する議論ではあるが，「所得の増加」「格差の是正」からの呪縛は解けず，真のオルターナティブには至っていないと筆者は考える。

このようなソフトランディング路線に対して，ポランニーをその源流とする経済学主義批判の立場からの松島泰勝の主張は傾聴すべきものがある。彼は，「琉球の開発計画は，歴史性を喪失した経済学を理論的基盤においている。（中略）このまま貨幣経済を最優先する開発計画が実施され続けると，経済が琉球社会のすべてを飲み込むまで拡大するだろう。すべてのモノが価格をもつようになり，人間は市場の奴隷となり，自然や生活が切り売りされ，それらの価値も減少していくだろう」（松島 2006）と論じ，社会が経済に埋

め込まれたことに警告を発したうえで，沖縄の人々による内発性を生かした開発・発展のあり方を提唱している。この発想は，沖縄のオルターナティブな開発・発展の方向性を示唆していると筆者は考える。

3-2 沖縄総合社会調査 2006

次に，琉球大学法文学部社会学講座が 2006 年 11 月～2007 年 2 月に実施した，「沖縄県民の生活・福祉・社会意識についてのアンケート」（沖縄総合社会調査 2006，対象者 1,640 人，有効回答者数 885 人）のデータから沖縄の開発や発展のあり方についてたずねた部分を抽出し，沖縄の振興開発や環境保護についての県民の意識を分析しよう。

変数としては，独立変数としてジェンダー，世代，出身地，県外居住経験，従業上の地位，職業，学歴，階層意識，収入を用い，従属変数として開発・発展に関する意識を用いる。中でもジェンダー，世代についてはすべての意識をたずねる問いで図表を用いて分析し，その他の独立変数については重要な図表のみをピックアップする。

「これまでの開発で沖縄は良くなったか」とたずねたところ，「どちらかというと良くなった」の 63.6％も含めると，回答者全体の 79.4％は開発によって沖縄は「良くなった」と考えている。「悪くなった」（「どちらかというと悪くなった」を含む）との回答は 17.7％である（図 3-1）。

男女別では，男性の方が「良くなった」との回答が 18.3％と，女性の 13.4％を 5％近く上回っている。年代別では，男性では上の年代ほど「良くなった」と考えており，若いほど，とりわけ新規に職を求めることが多い 20 歳代で「悪くなった」

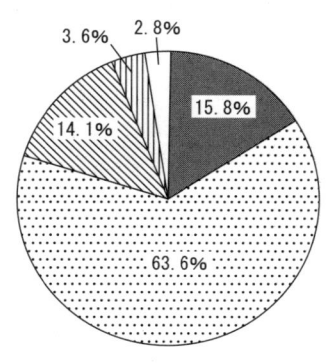

図 3-1　これまでの開発で沖縄は良くなったか（N= 885）

と回答している。女性では男性ほど年代による傾向がみられず，「仕事をしないといけない」という男性のジェンダー規範が影響していると思われる（図3-2）。

　出身地別では県内・県外の意識の差はみられない。県外居住経験でも有意な差はみられない。従業上の地位では，一般従業者で良くなったと考えられ，自営業主や臨時雇い，パート・アルバイトで悪くなったとの認識が強い。職種でも同様のことが言え，専門・管理，事務等で良くなったと考えられ，販売・サービスで悪くなったとの認識が強い。学歴では大きな差はないが，大卒で「良くなった」と「どちらかというと悪くなった」に分化する傾向すなわち「勝ち組」と「負け組」の認識の差がみられる（表3-1）。階層意識・収入では，「上」「高い」ほど良くなったとの認識が強い。

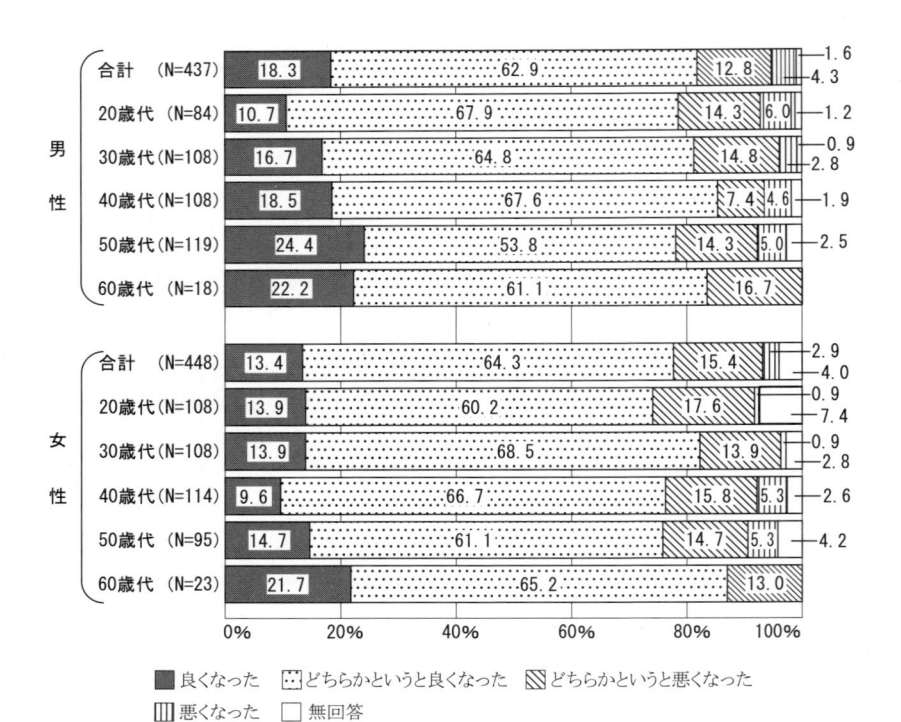

図3-2　これまでの開発で沖縄は良くなったか　性別・年齢別（N=885）

3章 沖縄における開発・発展をめぐる県民の意識

表 3-1 「学歴」と「これまでの開発で沖縄は良くなったか」のクロス表

			良くなった	どちらかというと良くなった	どちらかというと悪くなった	悪くなった	無回答	合計
学歴	中学校	度数	17	50	11	3	1	82
		%	20.7%	61.0%	13.4%	3.7%	1.2%	100.0%
	高校	度数	62	278	61	16	13	430
		%	14.4%	64.7%	14.2%	3.7%	3.0%	100.0%
	短大・高専	度数	20	103	14	4	5	146
		%	13.7%	70.5%	9.6%	2.7%	3.4%	100.0%
	大学	度数	36	93	38	7	4	178
		%	20.2%	52.2%	21.3%	3.9%	2.2%	100.0%
	大学院	度数	1	11	0	0	1	13
		%	7.7%	84.6%	.0%	.0%	7.7%	100.0%
	その他	度数	1	15	0	1	0	17
		%	5.9%	88.2%	.0%	5.9%	.0%	100.0%
合計		度数	137	550	124	31	24	866
		%	15.8%	63.5%	14.3%	3.6%	2.8%	100.0%

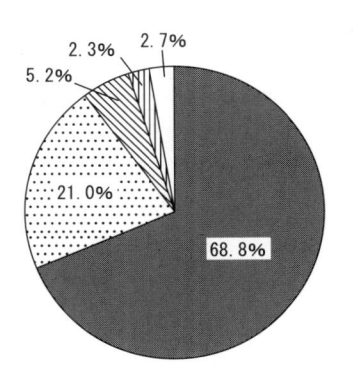

円グラフ：
- 68.8% 沖縄県民や沖縄企業による開発
- 21.0% 国や県の補助金による開発
- 5.2% 県外企業による開発
- 2.3% 海外企業による開発
- 2.7% 無回答

図 3-3 沖縄にとっての望ましい開発の担い手（N = 885）

図3-4 沖縄にとっての望ましい開発の担い手　性別・年齢別（N = 885）

「沖縄にとっての望ましい開発の担い手」については「沖縄県民や沖縄企業」（68.8％），「国や県の補助金による開発」（21.0％），「県外企業」（5.2％），「海外企業」（2.3％）の順となり，対象者の多くは，沖縄の担い手による開発を志向しているといえる（図3-3）。

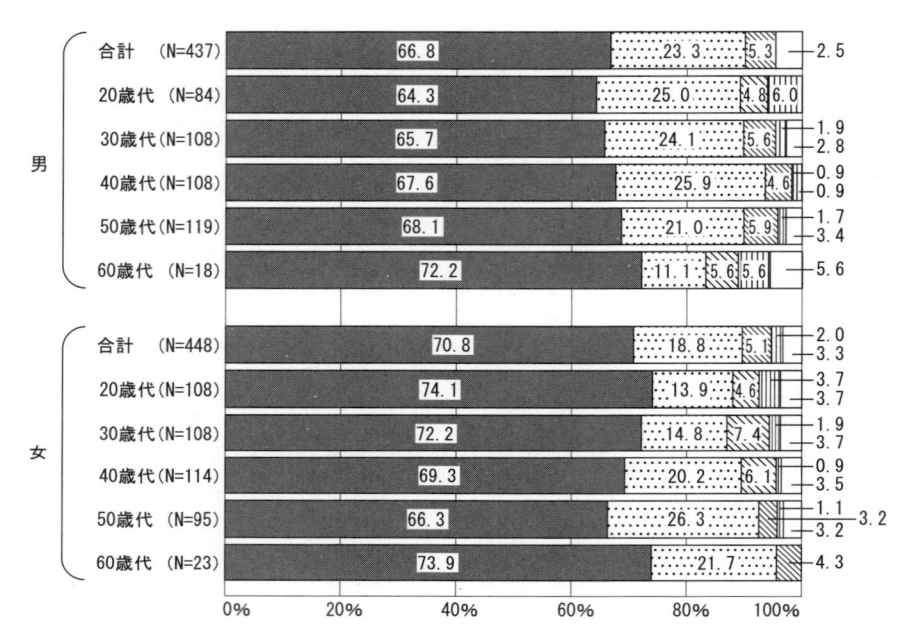

男女別では，男性の方が「国や県の補助金による開発が望ましい」との回答が23.3％と女性の18.8％を4.5％上回っている。年代別では，男性では20歳代に海外企業による開発を望む声（6.0％）があるものの，年代による大きな差はみられない。一方，女性では，若いほど「国や県の補助金」ではなく「沖縄県民や企業による開発」を望む声が多くなっている（図3-4）。

出身地別では，県外出身者の「県外企業による開発」を望む声が圧倒的に高い。県外居住経験では有意な差はみられない。従業上の地位では，経営者・

表3-2 「従業上の地位」と「沖縄にとって望ましい開発のあり方とは」のクロス表

			沖縄にとって「望ましい開発のあり方」とは					合計
			沖縄県民や沖縄企業による開発	国や県の補助金による開発	県外企業による開発	海外企業による開発	無回答	
従業上の地位	経営者・役員	度数	31	5	1	0	0	37
		%	83.8%	13.5%	2.7%	.0%	.0%	100.0%
	一般従業者	度数	223	80	18	6	7	334
		%	66.8%	24.0%	5.4%	1.8%	2.1%	100.0%
	臨時雇い・パート・アルバイト	度数	99	29	10	4	5	147
		%	67.3%	19.7%	6.8%	2.7%	3.4%	100.0%
	派遣社員	度数	8	0	1	1	0	10
		%	80.0%	.0%	10.0%	10.0%	.0%	100.0%
	自営業主・自由業者	度数	49	17	2	1	2	71
		%	69.0%	23.9%	2.8%	1.4%	2.8%	100.0%
	家族従業者	度数	20	5	0	1	2	28
		%	71.4%	17.9%	.0%	3.6%	7.1%	100.0%
合計		度数	430	136	32	13	16	627
		%	68.6%	21.7%	5.1%	2.1%	2.6%	100.0%

役員に「沖縄県民や沖縄企業による開発」が強く望まれていることは注目に値する（表3-2）。職種では，専門・技術職が「沖縄企業による開発」，管理的職種が「国や県の補助金による開発」を望む声が相対的に高い。学歴では有意な差がみられない。収入では有意な差がみられないが，階層意識は「上」ほど「沖縄県民や沖縄企業による開発」を望む声が弱くなっている。

環境と開発に関して，「A. 経済発展のためには，自然環境をある程度犠牲にしてもやむを得ない」（経済発展派）

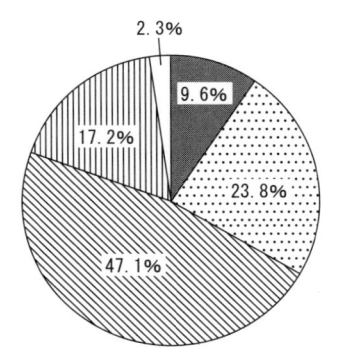

図3-5 環境と開発についての意見
(N = 885)

- Aに近い 9.6%
- どちらかというとAに近い 23.8%
- どちらかというとBに近い 47.1%
- Bに近い 17.2%
- 無回答 2.3%

		Aに近い	どちらかというとAに近い	どちらかというとBに近い	Bに近い	無回答
男	合計 (N=437)	10.8	26.3	43.7	18.3	0.9
	20歳代 (N=84)	8.3	23.8	48.8	17.9	1.2
	30歳代 (N=108)	7.4	24.1	52.8	15.7	
	40歳代 (N=108)	12.0	31.5	38.0	17.6	0.9
	50歳代 (N=119)	13.4	26.1	37.0	21.8	1.7
	60歳代 (N=18)	16.7	22.2	44.4	16.7	
女	合計 (N=448)	8.5	21.4	50.4	16.1	3.6
	20歳代 (N=108)	6.5	22.2	53.7	13.9	3.7
	30歳代 (N=108)	5.6	21.3	41.7	27.8	3.7
	40歳代 (N=114)	7.0	20.2	50.9	17.5	4.4
	50歳代 (N=95)	13.7	21.1	56.8	5.3	3.2
	60歳代 (N=23)	17.4	26.1	47.8	8.7	

図3-6　環境と開発についての意見　性別・年齢別（N=885）

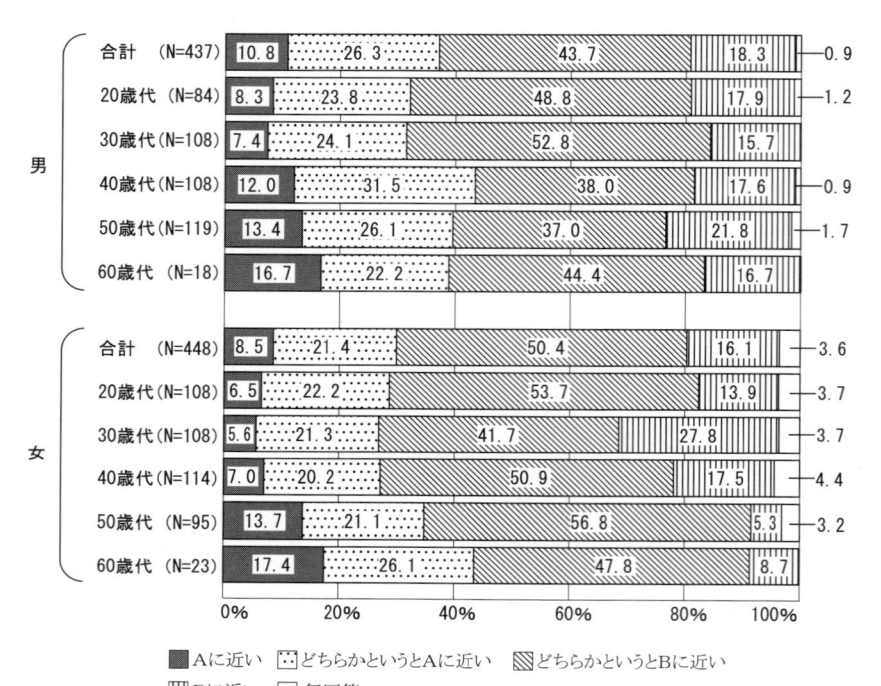

と「B. 自然環境を守るためには，経済発展をある程度犠牲にしてもやむを得ない」（環境派）という2つの意見のうち，どちらに自分の考えが近いかをたずねた質問では，各年代とも「どちらかといえばBに近い」という回答が一番多い回答となった。「Bに近い」を合わせると，経済発展派——「どちらかといえばAに近い」および「Aに近い」（32.4％）——よりも環境派（64.3％）の割合が高い結果となった（図3-5）。

　男女別では，男性は経済発展派が37.1％と，女性（29.9％）を上回っている。年代別では男女とも年代が上がるにつれて「Aに近い」という，経済発展を特に重視する人々の割合が高くなり，特に女性で年代との相関——若年層は環境派，中高年層は経済発展派——が強くなっている（図3-6）。

　出身地別では，県内出身者の方が環境派に傾き，県外居住経験では有意な

表3-3 「階層意識」と「環境と開発についての意見」のクロス表

			環境と開発についての意見					合計
			Aに近い	どちらかというとAに近い	どちらかというとBに近い	Bに近い	無回答	
階層意識	上	度数	2	2	2	3	0	9
		%	22.2%	22.2%	22.2%	33.3%	.0%	100.0%
	中の上	度数	10	23	23	10	1	67
		%	14.9%	34.3%	34.3%	14.9%	1.5%	100.0%
	中の中	度数	36	85	185	69	9	384
		%	9.4%	22.1%	48.2%	18.0%	2.3%	100.0%
	中の下	度数	24	70	150	47	4	295
		%	8.1%	23.7%	50.8%	15.9%	1.4%	100.0%
	下	度数	11	29	54	22	0	116
		%	9.5%	25.0%	46.6%	19.0%	.0%	100.0%
合計		度数	83	209	414	151	14	871
		%	9.5%	24.0%	47.5%	17.3%	1.6%	100.0%

差はない。従業上の地位では，経営者・役員で「環境派」「経済発展派」にはっきり分かれることが注目される。職種では，専門・技術職で環境派に傾き，管理職では従業上の地位の経営者・役員と同様の傾向を示している。学歴では，高学歴ほど環境派がやや増加する傾向を示し，階層意識・収入では「上」「高い」ほど経済発展派に傾く傾向を示している（表3-3）。

次に，環境に配慮した買い物（電化製品）について，「A. 環境への配慮は特になくても，安いものを買う」（現実派），「B. 値段が高くても，環境に配慮したものを買う」（環境派）という2つの考え方のどちらに近いかをたずねた。各年代とも「どちらかといえばB

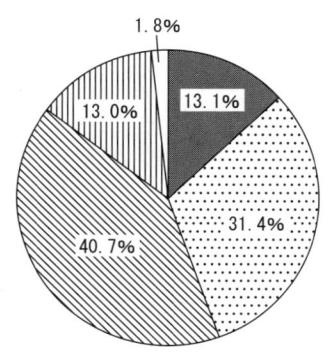

図3-7 電化製品を買い換えるときの考え方（N=885）

■Aに近い　 どちらかというとAに近い
 どちらかというとBに近い　 Bに近い
□無回答

に近い」という回答が多くなり，環境派（53.7％）が現実派（44.5％）を上回った（図3-7）。

男女別では男性の17.2％が「Aに近い」と回答しており，女性の9.2％を大きく上回っているのが注目される。「どちらかといえばAに近い」を含めた現実派は男性で50.4％，女性で38.9％である。年代別では男女とも若いほど現実派の割合が高く，年代が上がるにつれて環境派の割合が高くなる。男性20歳代では52.4％，30歳代では55.6％が現実派であるが，女性は50歳代では70.5％，60歳代では78.3％が環境派である（図3-8）。

出身地別では県外出身者の方が環境派に傾き，県外居住経験が「ある」方が環境派に傾いている。これは，県外出身者の方が収入が多いためであると考えられる。職種でも収入の多い専門管理職が環境派に傾いている。学歴で

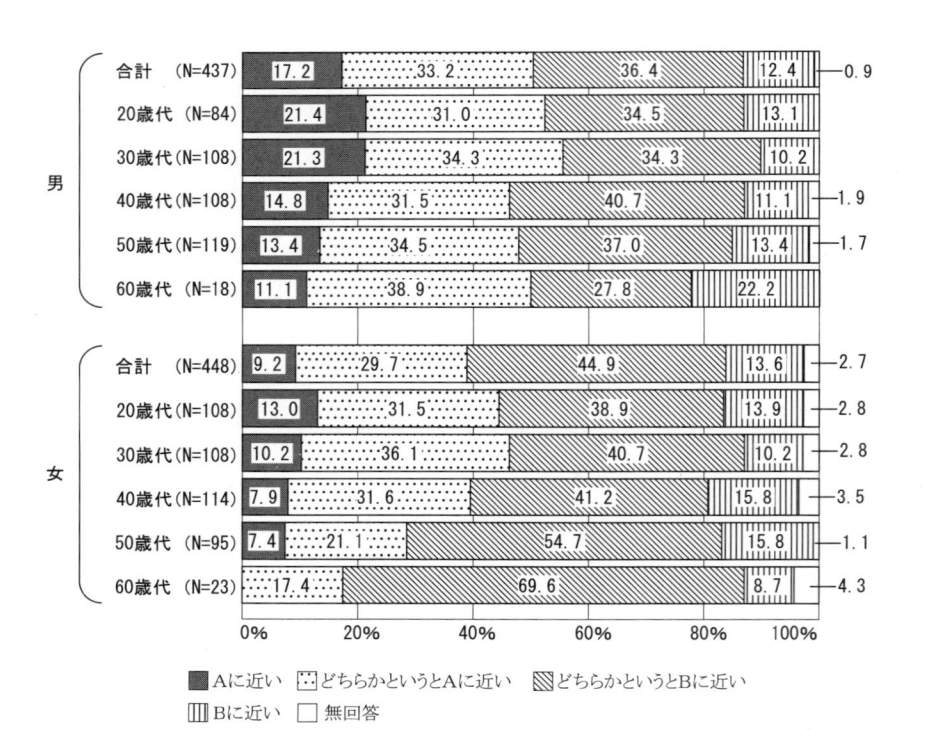

図3-8 電化製品を買い換えるときの考え方 性別・年齢別 （N=885）

表3-4 「収入」と「電化製品を買い換えるときの考え方」のクロス表

			Aに近い	どちらかというとAに近い	どちらかというとBに近い	Bに近い	無回答	合計
世帯収入	収入はなかった	度数	4	11	11	5	0	31
		%	12.9%	35.5%	35.5%	16.1%	.0%	100.0%
	200万円未満	度数	35	75	86	22	5	223
		%	15.7%	33.6%	38.6%	9.9%	2.2%	100.0%
	200～399万円台	度数	37	98	98	28	6	267
		%	13.9%	36.7%	36.7%	10.5%	2.2%	100.0%
	400～599万円台	度数	10	44	68	28	0	150
		%	6.7%	29.3%	45.3%	18.7%	.0%	100.0%
	600万円以上	度数	15	36	75	23	2	151
		%	9.9%	23.8%	49.7%	15.2%	1.3%	100.0%
合計		度数	101	264	338	106	13	822
		%	12.3%	32.1%	41.1%	12.9%	1.6%	100.0%

は有意な差はみられないが，階層意識・収入では「上」「高い」ほど環境派に傾く傾向にある（表3-4）。

調査時点（2006.11〜2007.2）からみて過去5年間の暮らし向きの変化をたずねた質問では，回答者全体の40.1％が「変わらない」と回答している。ただし，「どちらかといえば良くなった」「良くなった」と肯定的に感じている人は合わせて20.5％，「どちらかといえば悪くなった」「悪くなった」と否定的に感じる人は合わせて38.1％となっており，暮らし向きに変化があったと感じる

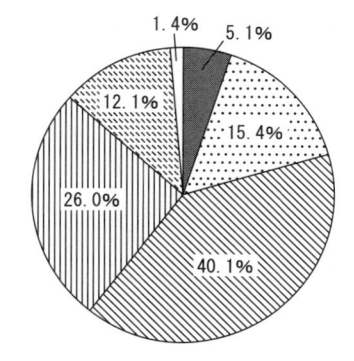

図3-9 この5年間の暮らし向きの変化（N＝885）

人の中では，悪くなったと感じる人の割合が高くなっている（図3-9）。

男女別では，男性が「良くなった」，「どちらかというと良くなった」との肯定的な回答が18.0％であるのに対して，女性では22.8％となっており，男性の方が経済状況をより切実に感じているようである。年代別では男女とも若いほど肯定的な回答が多く，年代が上がるにつれて否定的な回答が多い。50歳代では男性の17.6％，女性の15.8％が「悪くなった」とはっきり回答しており，リストラや給料のカットなどがこの年代を直撃したと考えられる（以上，図3-10）。

出身地別では県内出身者のほうが「悪くなった」に傾き，県外居住経験者では有意な差はみられない。従業上の地位では，経営者・役員に良化，悪化のはっきりした二分がみられ，職種では運輸・通信で「悪くなった」という

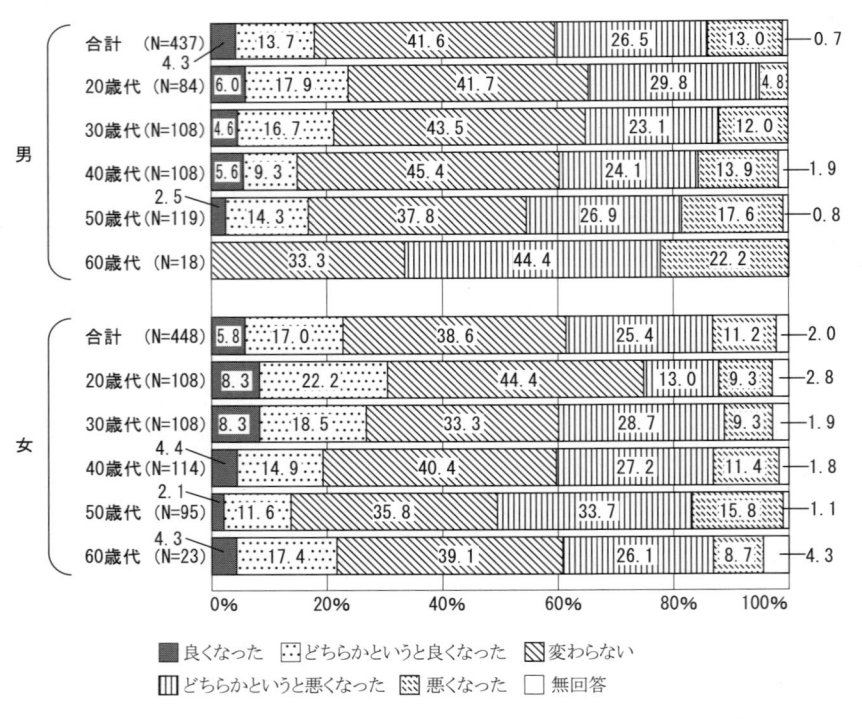

図3-10　この5年間の暮らし向きの変化　性別・年齢別（N=885）

表 3-5 「職種」と「この 5 年間の暮らし向きの変化」のクロス表

			この 5 年間の暮らし向きの変化						合計
			良くなった	どちらかといえば良くなった	変わらない	どちらかといえば悪くなった	悪くなった	無回答	
職種	専門的・技術的職種	度数	6	22	47	32	20	0	127
		%	4.7%	17.3%	37.0%	25.2%	15.7%	.0%	100.0%
	管理的職種	度数	2	8	14	9	3	1	37
		%	5.4%	21.6%	37.8%	24.3%	8.1%	2.7%	100.0%
	事務・営業的職種	度数	10	21	53	31	13	4	132
		%	7.6%	15.9%	40.2%	23.5%	9.8%	3.0%	100.0%
	販売・サービス的職種	度数	9	27	82	51	18	0	187
		%	4.8%	14.4%	43.9%	26.8%	9.8%	.0%	100.0%
	運輸・通信の職種	度数	0	3	14	10	6	0	33
		%	.0%	9.1%	42.4%	30.3%	18.2%	.0%	100.0%
	技能工・生産工	度数	3	14	34	22	14	2	89
		%	3.4%	15.7%	38.2%	24.7%	15.7%	2.2%	100.0%
	警備・保安の職種	度数	2	2	6	3	1	0	14
		%	14.3%	14.3%	42.9%	21.4%	7.1%	.0%	100.0%
	農林漁業職	度数	1	1	7	2	1	0	12
		%	8.3%	8.3%	58.3%	16.7%	8.3%	.0%	100.0%
合計		度数	33	98	257	160	76	7	631
		%	5.2%	15.5%	40.7%	25.4%	12.0%	1.1%	100.0%

認識が強い（表 3-5）。学歴は高齢者の多い中卒で「悪くなった」という認識が強い以外は有意な差はみられない。階層意識と収入では，「下」「低い」ほど「悪くなった」に傾いている。

　沖縄の未来に対するイメージをたずねた質問では，「どちらかといえば明るい方だと思う」という回答が 55.3％と 5 割以上となっており，楽観的な回答（60.2％）が悲観的な回答（37.4％）を大きく上回っている。回答者の多くは沖縄の未来に対し，明るいイメージをもっているようである（図 3-

11)。

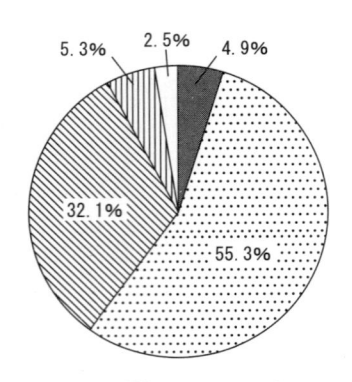

男女別では「とても暗いと思う」が男性で6.9％とやや目立つ（女性は3.8％）ほかはほぼ差はない。年代別では上の年代ほど悲観的な傾向があり，女性はよりその傾向が強い。特筆すべきは20歳代，特に男性で「とても明るいと思う」と「とても暗いと思う」に分散する傾向があり，

図3-11 沖縄の未来イメージ（N=885）

格差社会の中で就職活動や非正規雇用の問題でつらい思いをしている若者が多いことが原因となっていることが考えられる（図3-12）。

出身地別では，県外出身者の方が沖縄の未来は明るいと考え（表3-6），県外居住経験も「ある」方が明るいと考えている。従業上の地位と職種・学歴では有意な差はみられない。階層意識では，「上」ほど明るいと考えているが，収入では「高い」ほうが明るいと考えているものの，階層意識ほどの有意な差はない。

沖縄の開発や発展についてであるが，沖縄の人々は復帰後に国が進めてきた開発のあり方によって沖縄は良くなったと楽観的に考えている。一方で，資本力や政治力の圧倒的な差があるにもかかわらず，開発の主体は沖縄県民や沖縄企業であるべきだと考えている。この5年間の暮らし向きはあまり良くなっていないと考えているが，沖縄の将来のイメージはどちらかといえば明るいとここでも楽観的に考えている。この楽観的な考え方は，これまでの状況が作り出した事大主義（自主性を欠き，勢力の強大な者につき従って自分の存立を維持するやりかた）の現れと見ることもできよう。

開発・発展と環境との関係では，理念としては経済発展よりも自然環境を重視するものの，電化製品の購入のように実際の消費行動になるとより現実

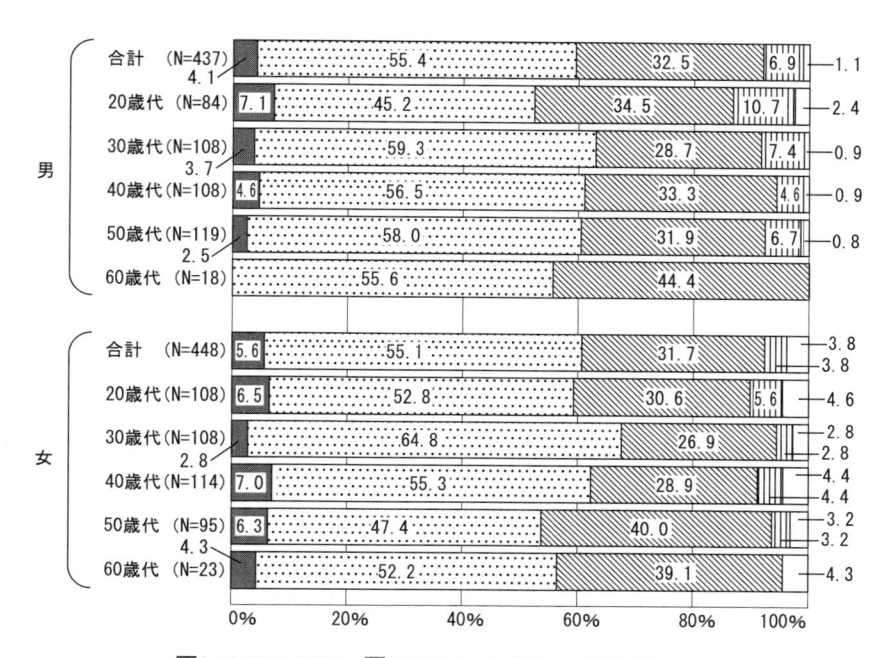

3章 沖縄における開発・発展をめぐる県民の意識　59

図3-12 沖縄の未来イメージ　性別・年齢別（N＝885）

性別	年齢	N	とても明るいと思う	どちらかといえば明るいほうだと思う	どちらかといえば暗いほうだと思う	とても暗いと思う	無回答
男	合計	437		55.4	32.5	6.9	1.1
			4.1				
	20歳代	84	7.1	45.2	34.5	10.7	2.4
	30歳代	108		59.3	28.7	7.4	0.9
			3.7				
	40歳代	108	4.6	56.5	33.3	4.6	0.9
	50歳代	119		58.0	31.9	6.7	0.8
			2.5				
	60歳代	18		55.6	44.4		
女	合計	448	5.6	55.1	31.7	3.8	3.8
	20歳代	108	6.5	52.8	30.6	5.6	4.6
	30歳代	108		64.8	26.9	2.8	2.8
			2.8				
	40歳代	114	7.0	55.3	28.9	4.4	4.4
	50歳代	95	6.3	47.4	40.0	3.2	3.2
			4.3				
	60歳代	23		52.2	39.1		4.3

表3-6　「出身地」と「沖縄の未来イメージ」のクロス表

<table>
<tr><th colspan="3"></th><th colspan="5">沖縄の未来イメージ</th><th rowspan="2">合計</th></tr>
<tr><th colspan="3"></th><th>とても明るいと思う</th><th>どちらかといえば明るいほうだと思う</th><th>どちらかといえば暗いほうだと思う</th><th>とても暗いと思う</th><th>無回答</th></tr>
<tr><td rowspan="6">出身地</td><td rowspan="2">沖縄県内</td><td>度数</td><td>39</td><td>438</td><td>263</td><td>42</td><td>19</td><td>801</td></tr>
<tr><td>%</td><td>4.9%</td><td>54.7%</td><td>32.8%</td><td>5.2%</td><td>2.4%</td><td>100.0%</td></tr>
<tr><td rowspan="2">沖縄県外</td><td>度数</td><td>2</td><td>42</td><td>18</td><td>2</td><td>2</td><td>66</td></tr>
<tr><td>%</td><td>3.0%</td><td>63.6%</td><td>27.3%</td><td>3.0%</td><td>3.0%</td><td>100.0%</td></tr>
<tr><td rowspan="2">外国</td><td>度数</td><td>1</td><td>2</td><td>0</td><td>1</td><td>0</td><td>4</td></tr>
<tr><td>%</td><td>25.0%</td><td>50.0%</td><td>.0%</td><td>25.0%</td><td>.0%</td><td>100.0%</td></tr>
<tr><td colspan="2">合計</td><td>度数</td><td>42</td><td>482</td><td>281</td><td>45</td><td>21</td><td>871</td></tr>
<tr><td colspan="2"></td><td>%</td><td>4.8%</td><td>55.3%</td><td>32.3%</td><td>5.2%</td><td>2.4%</td><td>100.0%</td></tr>
</table>

的な選択をしてしまうようで，サステイナビリティーについては懸念される。性別との関係では，男性の方がより経済的な豊かさを重視し，女性は環境や心の豊かさなどの側面を重視する傾向にあるようである。年代との関係をみると，若い人ほど自然環境を重視するという理念をもっているものの，実際の消費行動で考えると上の年代ほど環境への配慮があるという結果が出ており，楽観的な県民性も含めて若者の行動がやはり懸念されるのである。

3-3 2000年北谷・読谷調査との比較

比較の意味で，ここでは，2000年に琉球大学社会学専攻の「社会学実習」において行った沖縄のサステイナブルな開発と発展に向けての調査をもとに分析したい（鈴木 2005）。

沖縄本島中部の北谷町と読谷村が事例として選択した地域である。それぞれの自治体から2つの地区（旧市街と新市街）を抽出し，サンプル調査を行った（有効回答数：499）。この2つの地域は，沖縄の中でも自治体を中心にした個性的なまちづくり・むらづくりを行っており，開発・発展の方向性も異なったものとなっている。北谷町は「アメリカンビレッジ」という複合的な商業・娯楽施設を展開し，外からの資本を積極的に受け入れて資本主義的な発展を進めていくという，いわゆる「外発的」な発展を強く打ち出している。これに対して，読谷村は反戦・平和の活動が著名であった山内徳信元村長をキーパーソンに，紅いもや伝統工芸を中心とした「文化」にこだわった村の特徴を打ち出すという典型的な「内発的」な発展を打ち出している。このような2つの開発・発展の方向性は，今日のまちづくり・むらづくりの典型的なパターンでもある。

まず北谷町であるが，基地返還後の開発・発展の1つのモデルとなっている。その代表が美浜地区で，ハンビー，アメリカンビレッジに隣接したニュータウンにその多くの住民が居住し，対象者もそのほとんどがニュータウンの住民である。他市町村からの移住者が多く，那覇を中心とした町外への通勤者も数多い。謝苅地区は北谷町の旧市街にあり，米軍基地に土地の大部分を接収された同町民が細い路地の間にひしめき合うように居住している。居

住年数は長いが，やはり町外への通勤者は多い。

　一方，読谷村は宮本憲一の研究グループをはじめ多くの研究に取りあげられたように典型的な内発的発展を指向する自治体である（宮本・佐々木2000）。ここも，米軍によって多くの土地が基地として接収されているが，「闘う」読谷村として反戦・平和を旗頭に独特の内発的な発展を模索してきた。渡慶次地区はその中心の１つをなす地区であり，「平和」「地域文化」「ユイマール」などをキーワードとする地域コミュニティが強固である。自治会の役割もかなり重要なものとなっている。読谷村内で他の地区に移住しても自治会所属は渡慶次地区のままという例に見られるように，その凝集性は非常に強い。その理由としては，共有財産としての軍用地が大きな要因となっているのである。大添地区は共有財産として軍用地を持たず，また村外からの移住者が多いため渡慶次地区とは全く様相が異なる。国道58号線に近く，村外への通勤者も渡慶次地区に比べて多くなっている。

　北谷・読谷の２つの自治体の住民たちは，理念の異なったそれぞれの自治体が主導で進めてきた地域の開発・発展のあり方を，ある程度は肯定的に受け入れているものの，まちづくり・むらづくりの方向性には違和感をもっていることが調査から明らかになった。北谷では，生活は便利になったものの環境問題や伝統的文化の衰退，新旧住民のギャップといった，筆者がタイの調査で経験したことを追体験するような状況が生じた。一方，読谷村では「文化」や「平和」で食っていけるのかという不満がくすぶっていた。内発的発展の成功例とされているが，人々の心の中にタイの実践例のような深いオルターナティブな発想は浸透していないと感じられた。このような状況を考えると，沖縄の「サステイナブルな開発・発展」の現状と方向性は大きな問題をはらみ続けているアポリアといえよう。

　この２つの自治体において，2000年の調査で前節と同様の質問を行っている。まず環境と開発に関する質問（問47）では，経済発展派が29.1％，環境派が70.9％となっていた。また，環境に配慮した買い物についての質問（問48）は，現実派が30.2％，環境派が69.7％となっていた。2006～2007年の調査と比較すると，2006～2007年の方が経済発展派がやや（3％ほど）増え，環境に配慮した買い物については現実派が15％近く増えてい

る。

　北谷・読谷の調査から6年たって暮らし向きがやや悪くなったことと，対象地区が開発・発展のモデルとなるような2地区と沖縄県中南部という違いがあり，このような結果になったと推測されるが，やはりサステイナビリティーには問題があると言わざるを得ない。

　小　　括

　復帰35年県民世論調査（琉球新報2007年5月8日）の結果では，「本土に復帰したこと」については「とても良かった」（43.0％），「どちらかといえば良かった」（39.3％），「沖縄が本土復帰してから良かったと思うこと」については，「道路や橋，港湾などが整備された」（50.3％），「本土との交流情報量が増えた」（46.1％）が多く，「逆に悪くなったと思うこと」については「自然破壊が進んだ」（46.3％），「失業者が増えた」（31.3％）が多くなった。そして「国や県に今後，特に力を入れて取り組んでほしいこと」については「社会福祉の充実」（37.6％），「米軍基地の整理縮小と跡地利用」（33.2％），「観光産業の振興」（28.8％），「自然環境保全の充実」（28.6％）となり，「沖縄と本土との格差」については「変わらない」（40.5％），「逆に拡大したと思う」（28.0％），「縮まったと思う」（26.3％）となった。復帰してよかったものの本土との格差は縮まらず，基地，自然破壊，失業の問題の中で観光を中心とした産業をいかに振興させていけばいいのかという，換言すれば開発・発展はどのような道をいけばいいのかという県民の悩みが見てとれる。

　琉球大学名誉教授の大城常夫（経済学）の「一定の生活水準があるならば所得水準の格差は問題ではない。沖縄の水準も世界的に見れば先進諸国の平均以上だ」（琉球新報2007年5月15日）という議論は沖縄の格差問題を脱構築する可能性を秘めているが，さらに押し進めて「皆が食べていけるのなら，中心である東京や日本本土との比較はしない」と考えられるようになれば，松島泰勝が懸念するように経済に絡め取られることもない。基地の受け入れによる「アメ」も政府への依存も必要ない。周辺が中心に蹂躙されることな

くサステイナビリティーを保持するためには，このような発想でオルターナティブな開発・発展を模索すべきである。東南アジア（タイ）から学び，ともに実践することはそのためのヒントをつかむことでもある[1]。

　2008年のアメリカのサブプライムローン問題や，リーマン・ショックに端を発した経済危機はアメリカのみならず全世界を震撼させ，日本にも大きな影響を与えた。沖縄も当然のごとくその余波を受け，沖縄では「季節」と呼ばれる，中京圏を中心として期間を決めて雇用される契約社員の契約打ち切りや派遣社員の雇い止め，新規の雇用の減少が目立った。管理職ユニオン・東海が製造業を中心に広がっている派遣社員の雇い止めの問題の相談を受けるため，2008年11月29，30日に行った「派遣切りホットライン」では，相談者の28％が沖縄県出身者であった（琉球新報2008年12月3日）。また，沖縄の主要産業である観光業も本土の不況の影響で2009年2月は入域観光客が前年比10％以上大幅に落ち込むと予想され，団体客も半減していると報じられた（琉球新報2009年3月19日）。

　しかし，沖縄の人々には不思議なことに危機感は少ないように筆者には見える。もともと県内での雇用が少なく，若年失業率が高かったことから，「なんくるないさー（どうにかなるさ）」との考えが広まっていると，日常の学生たちや非常勤職員との接触の中で感じられる。総務省が発表した2008年平均の完全失業率は4.0％，沖縄県統計課が発表した沖縄県の2008年平均の完全失業率は7.4％である。2009年1月は沖縄県の完全失業率は7.6％に悪化し，2008年平均の有効求人倍率は0.38倍で全国でも最低となった（琉球新報2009年2月27日，3月22日）にもかかわらず，である。「なんくるないさー」の考えも，「どうにかなるさ」の中に「どうしようもない」との諦観もあると考えるべきである。

　所得の伸びや経済成長を重視する開発・発展の動きが現状の保守県政主流を占める中で，辺野古への普天間基地の移転や泡瀬干潟の埋め立てに対する抗議行動も，沖縄ではまた重要な動きとなっている。「開発」か「環境」か，「開発」か「平和」かを争点とする選挙は沖縄の首長選ではごく普通のことであるが，選挙結果はほとんどの場合僅差である。これは繰り返しになるが，沖縄の開発・発展を考えるとき，沖縄自身の内発性は今後大変重要になるで

あろう[2]。その際のキーワードは「内発的発展」であることは疑いもなく，県民の意識もどちらかといえば「自立」「環境」「共生」を重視するものとなっているのである[3]。

注

1) 詳細については，鈴木（2010）を参照のこと。
2) 2009年8月の衆議院議員選挙の遊説において鳩山由起夫民主党代表（当時）が「普天間基地は最低でも県外に移設する」と明言，民主党が大勝して政権が交代したため，沖縄県民は大きな期待を持った。沖縄の開発・発展の問題（開発振興策）と基地移転の問題はリンクせず，環境問題も含めて沖縄からの主体的な内発的発展の方向性が窺える可能性も見えてきたのである。しかし，鳩山内閣は移転先をめぐり迷走を始め，これに対して沖縄側は移転先の候補地となっていた辺野古のある名護市の市長選挙（2010年1月）で基地移設反対派の市長を当選させるという形で意思表示した。さらに4月には読谷で辺野古移設反対の県民大会が開催された。にもかかわらず鳩山首相は5月に沖縄県知事に辺野古移設を明言し，その後辞任した。2010年7月の参議院議員選挙では民主党は候補者を擁立できず，2010年11月の沖縄県知事選挙でも普天間基地問題を争点とすることを避けた保守系の仲井真知事が再選された。沖縄県知事選挙では，「辺野古への移設は絶対に認めない」ことを公約とした候補者が対抗馬であったが，「普天間基地の固定化に繋がる」，「開発振興予算がストップされる」とのネガティブキャンペーンを張られ，僅差で落選している。このように，政権交代後も沖縄の周辺性は続き，内発性を発揮できずに中心（中央政界）に相変わらず振り回されているのである。
3) 2010年には沖縄の開発・発展を主題とする2冊の書物が刊行された。宮本憲一・川瀬光義［編］，『沖縄論——平和・環境・自治の島へ』では，『沖縄——21世紀への挑戦』（宮本 2000）の問題意識を引き継いで，「沖縄のこころ」を重視した沖縄版グリーン・ニューディールと基地の段階縮小と経済の内発的発展のための自治を実現する道をしめそうとしている（宮本・川瀬 2010）。一方，西川 潤・松島泰勝・本浜秀彦［編］，『島嶼沖縄の内発的発展——経済・社会・文化』では，沖縄の周辺性を批判し，沖縄の人々の「自己決定権」に基づく沖縄の内発的発展の方向と可能性を論じている（西川・松島・本浜［編］2010）。筆者も執筆者の1人である西川・松島・本浜［編］（2010）の方が，人々の生活実感に沿ったオルタナティブな開発・発展の実践をより強く打ち出している。

参 考 文 献

鈴木規之，1993，『第三世界におけるもうひとつの発展理論——タイ農村の危機と再生の可能性』，国際書院．
————，1997，「タイに学ぶ共生の社会」『アジアのダイナミズムと沖縄』，沖縄国際大学公開講座5，ボーダーインク．
————，2001，「農村社会の変容と仏教寺院——東北タイ・チャイヤプーム県ターマ

ファイワーン村を事例として」,西川　潤・野田真理［編］,『仏教・開発・NGO』,新評論.
――――,2002,「タイと沖縄――グローバル化の中でのサステイナブルな関係の構築のために」『琉球アジアの民族と文化』(比嘉政夫教授退官記念論集),榕樹書林.
――――,2005,「沖縄のサステイナブルな開発・発展に向けての試論――北谷町・読谷村の4地区の事例から」『戦後60年沖縄社会の構造変動と生活世界』,琉球大学教育重点化経費報告書(研究代表者：鈴木規之).
――――,2010,「周辺における内発的発展――沖縄と東南アジア(タイ)」,西川　潤・松島泰勝・本浜秀彦［編］,『島嶼沖縄の内発的発展――経済・社会・文化』,藤原書店.
松島泰勝,2006,『琉球の「自治」』,藤原書店.
宮本憲一・川瀬光義［編］,2010,『沖縄論――平和・環境・自治の島へ』,岩波書店.
宮本憲一・佐々木雅幸［編］,2000,『沖縄――21世紀への挑戦』,岩波書店.

4章　沖縄における外国人に対する意識

野入直美

4-1　課題と方法

(1) 沖縄の外国人

　日本では，1990年の出入国管理法改正以降，外国人が増加してきたことなどを受けて，日本人住民と外国人住民の関係を問う研究がさまざまに行われてきた。一方で，沖縄では，そのような課題は市民レベルで幅広く共有されることが少なく，外国人住民についての研究も，十分には行われてこなかった[1]。

　その背景として，1つには，沖縄社会そのものが「日本」から政治的，経済的に周辺化されてきたことが挙げられる。沖縄は，とくに米軍基地の集中をめぐって，著しい不平等を課されてきた。沖縄においては，沖縄の対「日本」関係が重要な論点であり，沖縄内部のエスニック・マイノリティーの剥奪状況や民族関係は，あまり問題化されてこなかった（安藤・鈴木・野入 2007：p.3）。

　もう1つの背景は，米軍基地の駐留に起因する，沖縄における外国人の特殊な位相である。沖縄には，在日米軍基地のおよそ75％が集中しており，米軍人・軍属とその家族が44,845人，在住している（2009年9月末時点）[2]。この人口規模は，在日米軍基地のある都道府県の中で最大であるだけでなく，沖縄県民人口1,384,765人（2009年9月末時点）と対比させてみても，きわめて大きいものとなっている。米軍関係者の数は，沖縄における外国人登録者数8,914人と比べても，はるかに多い[3]。さらに，外国人登録者においても，米国籍者は4分の1を占めており，最大のグループとなっている。米国

籍の定住外国人には，かつて米軍基地で働いていたアメリカ人や，アメリカ人男性と沖縄女性を両親にもつアメラジアンのうちの米国籍者が含まれている。

　沖縄における外国人の構成は，米軍基地の駐留によって，構造的に規定されている。「外国人＝アメリカ人＝米兵」といった感覚は，沖縄社会において広く共有されており，「外国人住民に対する自治体サービス」や，「外国人住民との共生」といった論点は，沖縄には当てはまりにくいとみなされてきた。

　一方で，このような「共生」の論点を政策化する場合には，米軍基地の問題は捨象されるのである。たとえば，沖縄県は，外国人住民との共生を目指した「おきなわ多文化共生推進指針」を，2009年に策定した。ここでは，「万国津梁」[4]や「ユイマール」など，沖縄独自の国際性や協働の理念が謳われている一方で，現存する米軍基地が住民と外国人の関係に及ぼしている影響については，全く触れられていない[5]。あたかも，沖縄から米軍基地が撤収して初めて，理想的な共生関係が出現するかのごとくである。

　琉球大学の社会学専攻では，沖縄社会の現実を踏まえて，今，ここにいる外国人をとりまく問題状況を明らかにし，共生に向けての課題を析出する試みを行ってきた（安藤・鈴木・野入 2007）。そこでは，沖縄に在住する外国人を対象とする統計調査および質的調査で得られた知見を示した上で，当事者である人々の〈声〉を受け止めることを試みた。一方で，沖縄の住民を対象として，外国人住民についての意識を問う作業は，課題として残されてきた。

　今回の沖縄総合社会調査2006では，外国人との接触経験や意識を問うために，付問を含めて16個の問いを設けた。この章では，そこで得られたデータに基づいて，ホスト社会としての沖縄の特性を数量的に把握することを試みる。

　その方法として，まず，沖縄総合社会調査で得られたデータを，JGSS-2006のデータと比較し，全国と沖縄の対外国人意識の共通点，相違点を明らかにする。次いで，沖縄総合社会調査2006のデータから，沖縄県外出身者に対する意識との比較を行い，沖縄の対外国人意識の特徴を見いだしてい

くこととする。

(2) 対外国人意識をめぐる先行研究
　沖縄総合社会調査 2006 のデータ分析に入る前に，住民の対外国人意識調査を実施した先行研究について概観しておきたい。
　日本では，1990 年の出入国管理法改定によって日系人 2 世とその配偶者に日本への定住と就労の道が開かれたことから，ニューカマーと呼ばれる人々が急増した。その一方で，国籍・出身地別の外国人登録者数で最大のグループであった「韓国・朝鮮」を，2007 年以降は「中国」が上回るなど，外国人の構成そのものが大きく変化してきた[6]。
　研究分野においては，外国人だけを焦点化し，日本人や地域社会を分析の射程に含めてこなかった従来の研究を批判的に顧みて，「民族関係論」が問われるようになってきた（谷 2002）。研究対象が「外国人」や「異文化」に終始する傾向も続いたが，2000 年代以降は日本人住民を対象とする意識調査が本格化し，さまざまな地域で実施されるようになってきた。
　松本康は，JGSS（日本版総合社会調査）と共通の設問，「あなたの町に外国人が増えることに賛成ですか，反対ですか」（4 択）を用いて，東京都内の 5 つの地域で調査を行った（松本 2004）。松本は，クロード・フィッシャーの「都市度・接触頻度」仮説，すなわち都市度，日常的に接触可能な人口量が高まるほど，異質なものとの接触頻度も高まり，寛容度が高まるという仮説を支持しつつ，「地域に集住する外国人の類型—属性階層化」という新たな変数を加えている。
　同様に，外国人との「接触」に着目した研究として，伊藤泰郎の「社会意識とパーソナルネットワーク」がある（伊藤 2000）。外国人との接触・関係のうち，「道端で話しかけられる」「いっしょに働く」「近所に住む」「家族が結婚する」の 4 つの局面について，抵抗感を 4 択で回答するもので，全国の 7 つの地域で調査が行われた。ここでは，日本人どうしで幅広い友人関係を持っている人ほど，外国人への抵抗感が少なくなるという相関が見いだされた。伊藤は，規範的価値が多様化すること，パーソナルネットワークが幅広くなること，そして教育年数を，外国人への抵抗感を引き下げる要因として

析出している。

　稲月正は，大阪市生野区の桃谷，木野という在日朝鮮人の集住地域において，日本人住民が在日朝鮮人住民と結んでいる民族関係の「量」と民族関係についての「意識」との相関関係を調べた（稲月 2002）。ここでは，「年齢仮説」，すなわち加齢に伴って在日朝鮮人に対する抵抗感が増すというものと，「剥奪＋土着仮説」，すなわち地域社会の剥奪が進む土地では，必要性に迫られて，民族の違いを超えた共同が進むという仮説が提示された。

　稲月は，同様の調査を，在日朝鮮人が少ない北九州の地域で実施した（稲月 2004）。そこでは，共生，お互いの文化の違いの尊重という「結合志向」・「多文化志向」をもたらす要因として，ボランティア参加経験と教育年数が析出された。一方で，イエ・ムラ規範が強いと，「分離志向」や「同化志向」に繋がる傾向があることも見いだされた。

　田辺俊介を中心とする研究グループは，日本人の政治意識，とくにナショナリズムに着目して，対外国人意識の統計的研究を行っている（田辺 2011）。その中で永吉希久子は，外国人への地方参政権付与を支持する規定要因として，「年齢」「交流経験」「外国籍割合が高いこと」「政治不信」「愛国主義」および「純化主義」を析出している（永吉 2011）。

　多くの先行研究で確認されているものが，「接触仮説」，そして，「教育年数効果」であった。そのため，沖縄総合社会調査 2006 においては，これらの検証ができるように問いを設定した。伊藤が提起した，パーソナルネットワークが豊かなほど外国人に対する抵抗感が減少するという仮説についても，社会参加についての設問の回答とのクロス集計を行うことにした。

　一方，松本の提示した「属性階層化仮説」，すなわち，接触する外国人の属性に応じて，抵抗感の小さい外国人と大きい外国人とに階層分化するという仮説については，沖縄県内の調査では実証が難しいことから，設問に盛り込まないこととした。

（3）本章のデータと方法

　沖縄では，在日米軍基地が集中し，さらに，外国人労働者の受け皿となる第二次産業が発達していないことから，独特な形で多民族化が進行してきた。

4章 沖縄における外国人に対する意識

表4-1 沖縄総合社会調査の外国人に対する意識調査項目

分類	項目	沖縄総合社会調査2006 質問文・回答肢	JGSS／世論調査 質問文・回答肢	備考
接触経験	接触有無(A)	あなたは現在，沖縄に住んでおられる外国の方々と，あいさつを交わしたり言葉を交わしたりすることがありますか：ある／ない	あなたが生活しておられる地域で，外国人と顔を合わせることがよくありますか：よくある／時々ある／あまりない／全くない	JGSS-2006: FQ4FNR
	対象(B)	そのような方々は，次のうちどれにあてはまりますか：1.アメリカ人 2.台湾人 3.日系人 4.その他		
	接触場面(C)	どのような場面で，その方とつき合いがありますか：1.近所づきあいの場で 2.職場で 3.学校で(PTA含む) 4.ボランティアやサークル活動の場で 5.行きつけの飲食店などで 6.友人・知人を通して 7.その他		
対外国人意識	増加の是非(D)	あなたがお住まいの地域に外国人が増えることは好ましいことだと思いますか。それとも好ましくないことだと思いますか注：1.好ましい 2.どちらかといえば好ましい 3.どちらともいえない 4.どちらかといえば好ましくない 5.好ましくない	あなたが生活している地域に外国人が増えることについて賛成ですか，反対ですか：賛成／反対／無回答	JGSS-2006 QFNRFNCR
	社会への融和(E)	次のような意見について，あなたはどのように思いますか：(ア)沖縄に住む外国人は，沖縄でも自分の母国の生活習慣やしきたりを大切に守っていくべきだ (イ)外国人であっても沖縄で生活する以上，沖縄の生活習慣やしきたりを受け入れるべきだ (ウ)外国人は，沖縄社会に完全に溶け込むことはできない (エ)沖縄県外出身者は，沖縄社会に完全に溶け込むことはできない：1.そう思う 2.どちらかといえばそう思う 3.どちらかといえばそう思わない 4.そう思わない		
	外国人の人権(F)	外国人の人権について，あなたはどのように思いますか。あなたのお気持ちに最も近いものをひとつだけ選んでください：1.日本国籍を持たない人でも，日本人と同じように人権は守るべきだ 2.日本国籍を持たない人は，日本人と同じような権利を持っていなくても仕方がない 3.どちらともいえない 4.わからない	左の設問，回答肢に同じ	人権擁護に関する世論調査，内閣府，2007

注：付問として，日系人，沖縄県外出身者，もともとその地域の住民ではなかった沖縄の人についても同じ質問を設けている

外国人に対する住民の意識において、沖縄の特性は、どのような形で浮かび上がるだろうか。一方で、民族関係におけるいかなる仮説が、沖縄にも当てはまるだけの普遍性を有しているだろうか。本章では、沖縄と全国のデータを比較分析することによって、これらの問いを明らかにし、ホスト社会としての沖縄の特徴をとらえることを試みる。

本章では、沖縄総合社会調査 2006 の全サンプル 885 を分析に用いる。比較を行う全国データとしては、調査年が同じ JGSS-2006 のデータセットを用いる。ただし、沖縄総合社会調査 2006 では、対外国人意識の先行研究でしばしば用いられる設問と、質問文・回答肢を一致させたため、JGSS の質問文・回答肢とは完全に合致していない。

また、外国人の人権に関する設問については、内閣府が 2007 年に行った人権擁護に関する世論調査のデータを比較分析に用いる[7]。

沖縄総合社会調査 2006 では、外国人に関する設問を 16 問設けたが、この章では、「接触仮説」と関連する項目を中心に、主要な設問に対する回答のデータを用いる。その設問と回答肢、および対置する JGSS および内閣府世論調査の設問、回答肢は、表 4-1 のとおりである。

4-2 外国人に対する接触経験と意識：全国と沖縄

(1) 外国人との接触経験

(A) 接触の有無

ここでは、JGSS-2006 データセットと沖縄総合社会調査 2006 で得られたデータをもとに、外国人との接触経験についての比較を試みる。ただし JGSS では、設問が「近所で外国人と会う機会」の有無を問うものとなっており、沖縄総合社会調査では、接触の場面を限定せずに「あいさつを交わしたり言葉を交わしたりすること」の有無を問うているため、全国と沖縄の厳密な対比はできない。

全国では、外国人との接触機会が「ある」という回答が 40.7 ％であり、沖縄の 27.7 ％を上回ったが、「ない」という回答の比率は全国 59.0 ％、沖縄 52.4 ％で、大きな開きは見られなかった（図 4-1, 4-2）。JGSS と沖縄総

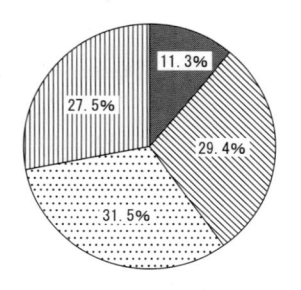

4章 沖縄における外国人に対する意識

■よくある ▧時々ある ▨あまりない ▥まったくない

図4-1 外国人に近所で会う機会
（N=2,124）：全国

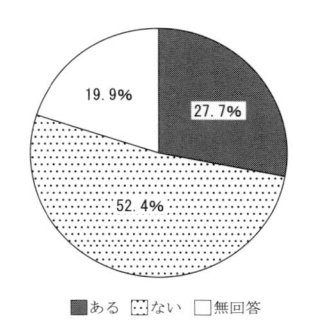

■ある ▨ない □無回答

図4-2 外国人との接触有無
（N=885）：沖縄

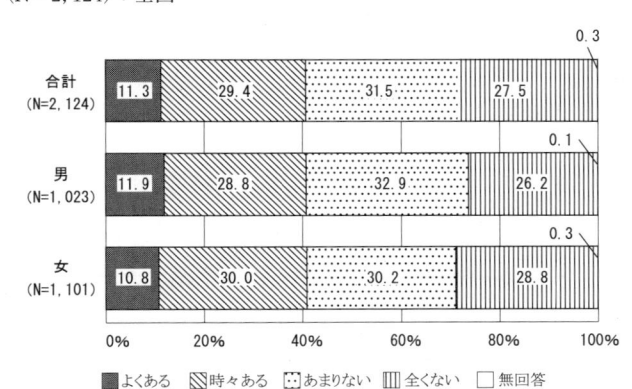

	よくある	時々ある	あまりない	全くない	無回答
合計 (N=2,124)	11.3	29.4	31.5	27.5	0.3
男 (N=1,023)	11.9	28.8	32.9	26.2	0.1
女 (N=1,101)	10.8	30.0	30.2	28.8	0.3

図4-3 外国人に近所で会う機会 性別（N=2,124）：全国

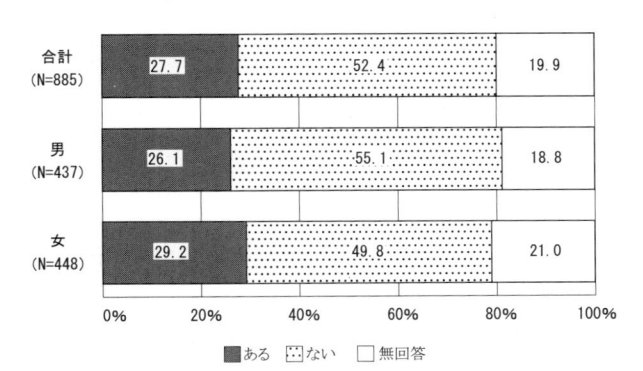

	ある	ない	無回答
合計 (N=885)	27.7	52.4	19.9
男 (N=437)	26.1	55.1	18.8
女 (N=448)	29.2	49.8	21.0

図4-4 外国人との接触有無 性別（N=885）：沖縄

合社会調査の設問において,「接触」の表現が異なることも考慮すると, 必ずしも沖縄において, 相対的に外国人との接触経験が少ないとは断定できない。

同じ回答のデータを性別で比較すると, 全国では, ほとんど性別による違いがないのに対して, 沖縄では, 女性の方が男性よりも接触機会がやや多くなっている (図4-3, 4-4)。

年齢別の接触経験についても, 全国と沖縄の傾向の違いが見いだせた。

全国では, 20・30歳代よりも40・50歳代において, 接触経験が大きい。一方, 沖縄では, 20歳代において接触経験が最も大きく, 30歳代から50歳代まではほとんど相違がなかった (図4-5, 4-6)。

(B) 接触の対象

沖縄総合社会調査では, どのような外国人とつきあいがあるかを尋ねる設問を設けた。

外国人とつきあいが「ある」と答えた人に対し, つきあいがある外国人はどのような人かを, 複数回答可の形で尋ねたところ, 最も多かったのは「アメリカ人」で, つきあいがあると答えた人の約7割にのぼった。「日系人」「台湾人」は, それぞれ約1割であった (表4-2)。

つきあいのある外国人ごとに見ると,「アメリカ人」と答えた比率が最も高いのは, 20歳代と30歳代の女性であった。次いで, 30歳代の男性, 40歳代の男性, 50歳代の男性となっている。性別・年齢別カテゴリーとしては, 若い世代の女性において, アメリカ人との接触経験が大きいことが明らかになった。

他の外国人については, つきあいがあるとするケース数そのものが少ないこともあり, これほどはっきりした性別・年齢別の特徴は見えない。ただ, 台湾人については, つきあいがあると答えた人は, 50歳代で多くなっていた。台湾人は, 沖縄県にもっとも古くから居住している外国人であり, 高齢化も進んでいる。アメリカ人が若年層に大きな傾斜のかかった年齢構成になっているのとは対照的である。このことが, つきあいのある沖縄県民の年齢層の違いに反映していると考えられる。

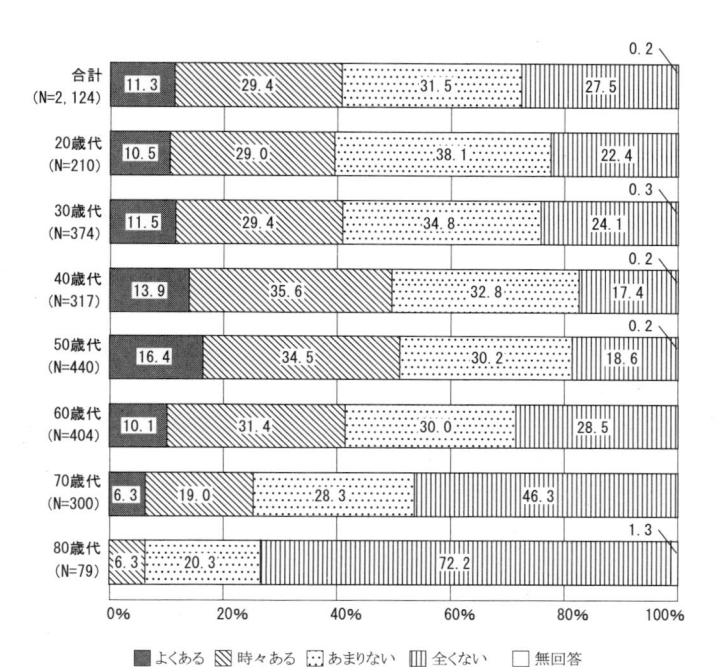

4章 沖縄における外国人に対する意識　　　　　　　　　　75

	よくある	時々ある	あまりない	全くない	無回答
合計 (N=2,124)	11.3	29.4	31.5	27.5	0.2
20歳代 (N=210)	10.5	29.0	38.1	22.4	
30歳代 (N=374)	11.5	29.4	34.8	24.1	0.3
40歳代 (N=317)	13.9	35.6	32.8	17.4	0.2
50歳代 (N=440)	16.4	34.5	30.2	18.6	0.2
60歳代 (N=404)	10.1	31.4	30.0	28.5	
70歳代 (N=300)	6.3	19.0	28.3	46.3	
80歳代 (N=79)	6.3	20.3		72.2	1.3

図4-5　外国人に近所で会う機会　年齢別（N=2,124）：全国

	ある	ない	無回答
合計 (N=885)	27.7	52.4	19.9
20歳代 (N=192)	31.8	51.0	17.2
30歳代 (N=216)	26.9	53.7	19.4
40歳代 (N=222)	26.6	47.7	25.7
50歳代 (N=214)	27.1	57.0	15.9
60歳代 (N=41)	22.0	53.7	24.4

図4-6　外国人との接触有無　年齢別（N=885）：沖縄

表 4-2 接触のある外国人 (N=245)

		N	アメリカ人	台湾人	日系人	その他	無回答
男	20歳代	22	68.2	4.5	13.6	27.3	—
	30歳代	29	79.3	—	6.9	34.5	—
	40歳代	27	77.8	7.4	11.1	33.3	—
	50歳代	34	76.5	23.5	2.9	23.5	2.9
	60歳代	2	50.0	—	—	50.0	—
女	20歳代	39	89.7	12.8	12.8	28.2	—
	30歳代	29	86.2	10.3	20.7	34.5	3.4
	40歳代	32	65.6	12.5	18.8	28.1	—
	50歳代	24	58.3	25.0	20.8	37.5	—
	60歳代	7	28.6	14.3	14.3	42.9	—

単位：%

　このデータを参照すると，性別・年齢別の接触経験について，沖縄と全国で生じた相違を解釈できる。

　沖縄では，在日米軍基地が集中しているために，若年層のアメリカ人男性が，外国人の構成において大きな比率を占めている。そのことが，同じく若い世代の沖縄県民の接触経験を，他の世代に対して，相対的に大きくしていると考えられる。

　外国人との接触経験は，その地域に居住する外国人の年齢傾向によって影響を受け，世代が近しいほど接触経験も大きくなるのではないだろうか。この仮説を，ここでは接触経験における「同世代効果」と呼ぶことにしよう。

　性別の接触経験について，沖縄において女性が男性をわずかではあるが上回ることにも，アメリカ人との接触が影響を与えている。しかし，こちらには「同性効果」は見いだせない。これは，米軍基地周辺や，基地内の飲食店でのアルバイトなど，基地関係者と接する機会が多いサービス業の職場に女性が多いことに起因するのではないかと考えられるが，さらなる検討を要する問題である。

　沖縄の女性たちとアメリカ人の「つきあい」は，前述したように，若い世代において比率が高い。これに関して，メディアはしばしば，米兵が集う夜の歓楽街に，彼らとの出会いを目的としておもむく若い女性たちを煽情的に

4章　沖縄における外国人に対する意識　　　　　　　　　　77

[図4-7 棒グラフ]

```
合計      18.8    31.8      6.9 7.8 4.9  18.0    9.4
(N=245)                              2.4

男       15.8     39.5       7.0 7.0 5.3 16.7   6.1
(N=114)                              2.6

女       21.4    25.2    6.9 8.4   19.1    12.2
(N=131)                     4.6       2.3
        0%   20%   40%   60%   80%   100%
```

■ 近所づきあいの場で　　　▥ 職場で　　　▤ 学校で(PTAを含む)
▥ ボランティアやサークル活動などの場で　▨ 行きつけの飲食店など
▨ 友人・知人などを通して　　▨ その他　　　□ 無回答

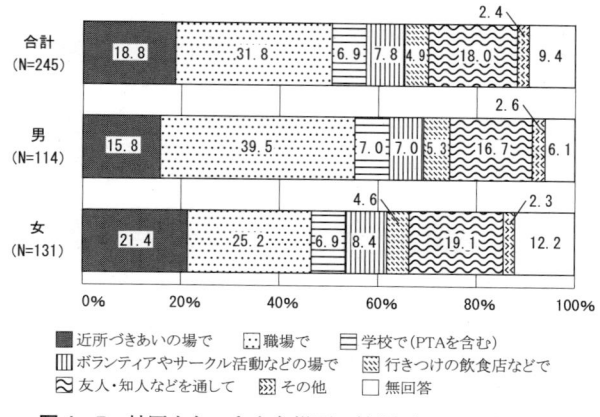

図4-7　外国人とつきあう場面　性別（N = 245）：沖縄

描きだし，アメリカ人男性と恋愛や結婚をする女性に対する否定的なステレオタイプを作りだしてきた[8]。

　沖縄の女性たちは，実際にはどのような場面で外国人と接触しているのだろうか。

（C）接触のある場面

　沖縄総合社会調査では，沖縄の住民が外国人と実際に接する，「つきあいのある場」について尋ねている。

　回答では，「職場」が最も多く，外国人とのつきあいのある人の31.8％を占めていた。以下，「近所づきあい」18.8％，「友人・知人を通して」18.0％が続いた（図4-7）。

　性別に見ると，男性は女性に比べて，「職場」と答えた人の比率が高かった。また，女性は男性に比べて，「近所づきあい」，「友人・知人を通して」と答えた人の比率が，やや高かった。ただし，男性がフォーマルな場，女性がインフォーマルな場で，外国人とのつきあいが多いというように断ずることはできない。女性にとっても，外国人とのつきあいのある場は，まず「職場」であり，次いで「近所づきあい」，「友人・知人を通して」という，全体と同じ順序になっている。

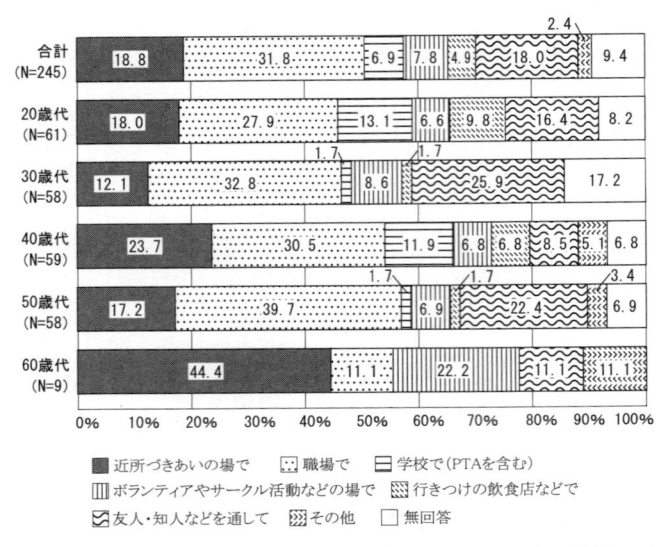

図4-8 外国人とつきあう場面　年齢別（N = 245）：沖縄

　さらに、「外国人とつきあいのある場」として、「行きつけの飲食店などで」と答えた女性はわずかに4.6％であり、男性における同じ回答の比率よりも低くなっている。沖縄女性と外国人のつきあいの場は、夜の歓楽街に集中しているわけではなく、職場、近所、学校、サークルなどの、日常の生活空間と社会関係の中に広がっていることが窺える。
　世代別に見ると、30歳代から50歳代の回答者には、「職場で」外国人とつきあいがあると答えた人の比率が高く、60歳代では「近所づきあい」の比率が高くなっている。このことは、外国人に限らず、一般的にその世代に共通する社会関係の特徴を反映しているものと考えられる（図4-8）。

（2）外国人の増加に対する意識
　自分の住んでいる地域における外国人の増加についてどう思うかという設問に対する回答を見ると、全国では、「反対」が「賛成」を上回り、過半数を超えている（図4-9）。
　これに対して、沖縄総合社会調査2006では「どちらともいえない」とい

4章 沖縄における外国人に対する意識　79

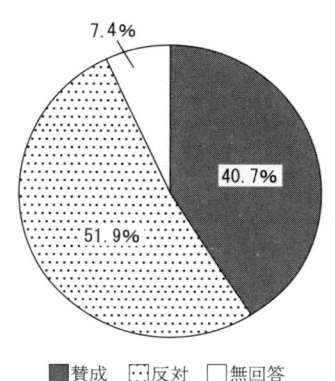

図4-9 外国人増加の賛否
(N = 2,124)：全国

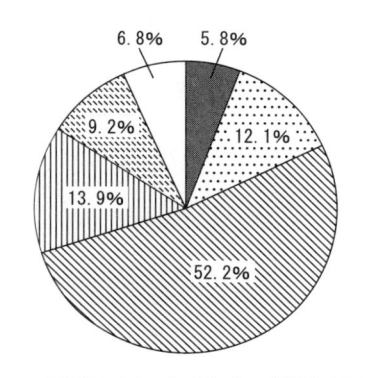

図4-10 地域で外国人が増えることについて
(N = 885)：沖縄

う回答肢を設けたところ，過半数の回答がそこに集中する結果となった。「どちらかといえば好ましい」，「好ましい」という肯定的な答えは，合わせて17.9％であった。それに対して，「どちらかといえば好ましくない」「好ましくない」という否定的な答えは，合わせて23.1％であった。この結果から，外国人の増加に対しては，全国でも沖縄でも，否定的な傾向が肯定的な傾向を上回っているということがいえる（図4-10）。

性別では，全国・沖縄ともに，女性の方が男性よりも外国人の増加に肯定的な傾向が見いだせた（図4-11，4-12）。性別と外国人増加の是非についてクロス集計を行ったところ，JGSSにおいては有意な差が見いだせた（$p < 0.01$）。沖縄総合調査においても，肯定的回答と否定的回答に限定して比較すれば，女性における肯定的傾向が相対的に大きく見いだせる。

年齢別では，全国のデータにおいて，20歳代から80歳代に至るまで，一貫した「年齢効果」が表れている（図4-13）。加齢が進むほど，外国人の増加に対する意識は否定的な傾向が大きくなるというものである。クロス集計を行ったところ，有意な差が確認できた（$p < 0.01$）。

一方，沖縄でも，若い世代に肯定的な回答の比率が高いという傾向は確認できた（図4-14）。ただし，20歳代よりも30歳代で肯定的な傾向がわずか

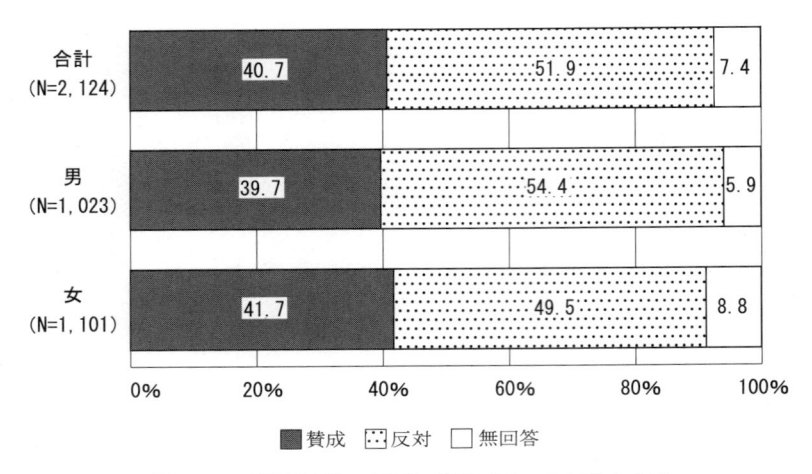

合計 (N=2,124): 40.7 | 51.9 | 7.4
男 (N=1,023): 39.7 | 54.4 | 5.9
女 (N=1,101): 41.7 | 49.5 | 8.8

■賛成　⋮反対　□無回答

図4-11　外国人増加の賛否　性別（N = 2,124）：全国

合計: 5.8 | 12.1 | 52.3 | 13.9 | 9.2 | 6.8
男: 5.7 | 11.0 | 47.4 | 16.9 | 12.4 | 6.6
女: 5.8 | 13.2 | 57.1 | 10.9 | 6.0 | 6.9

■好ましい　▧どちらかといえば好ましい　‖どちらともいえない
⋮どちらかといえば好ましくない　▨好ましくない　□無回答

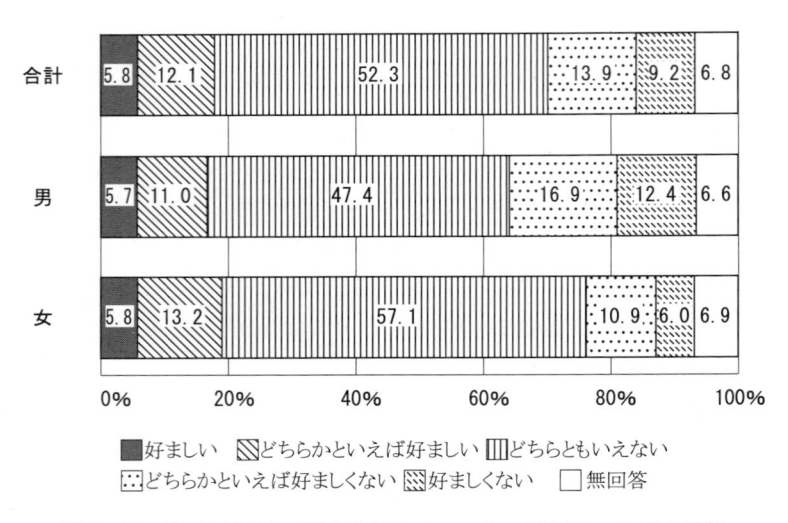

図4-12　地域で外国人が増えることについて　性別（N = 885）：沖縄

に高いが，しかし，これは有意な差ではない。否定的な回答の比率は，50歳代においてやや高かった。

4章　沖縄における外国人に対する意識　　　　　　　　　　　　　　　　　81

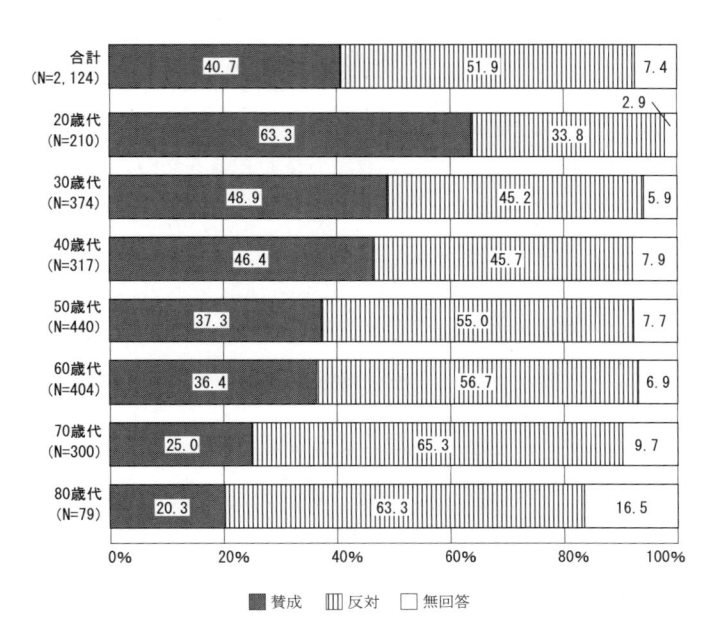

	賛成	反対	無回答
合計 (N=2,124)	40.7	51.9	7.4
20歳代 (N=210)	63.3	33.8	2.9
30歳代 (N=374)	48.9	45.2	5.9
40歳代 (N=317)	46.4	45.7	7.9
50歳代 (N=440)	37.3	55.0	7.7
60歳代 (N=404)	36.4	56.7	6.9
70歳代 (N=300)	25.0	65.3	9.7
80歳代 (N=79)	20.3	63.3	16.5

図4-13　外国人増加の賛否　年齢別（N = 2,124）：全国

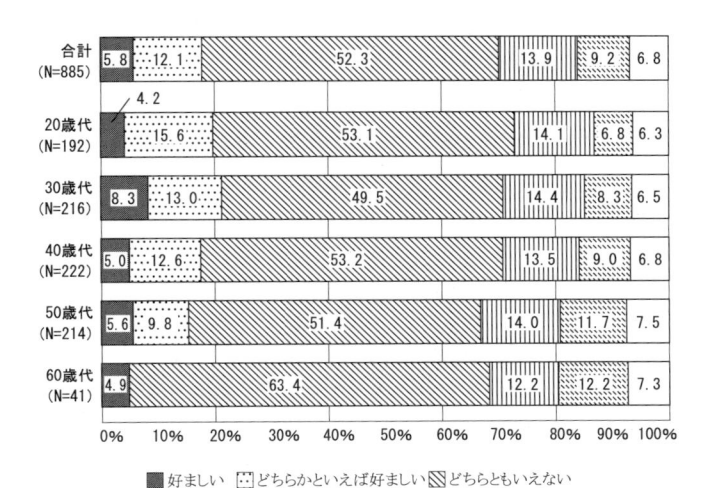

	好ましい	どちらかといえば好ましい	どちらともいえない	どちらかといえば好ましくない	好ましくない	無回答
合計 (N=885)	5.8	12.1	52.3	13.9	9.2	6.8
20歳代 (N=192)	4.2	15.6	53.1	14.1	6.8	6.3
30歳代 (N=216)	8.3	13.0	49.5	14.4	8.3	6.5
40歳代 (N=222)	5.0	12.6	53.2	13.5	9.0	6.8
50歳代 (N=214)	5.6	9.8	51.4	14.0	11.7	7.5
60歳代 (N=41)	4.9		63.4	12.2	12.2	7.3

図4-14　地域で外国人が増えることについて　年齢別（N = 885）：沖縄

（3）接触仮説——外国人との接触と対外国人意識

「接触仮説」は，いくつかの対外国人意識に関する先行研究において支持されてきた仮説である。

外国人との接触の有無と，外国人増加の是非という2つの項目に関してクロス集計を行ったところ，JGSS-2006 データでも，沖縄総合社会調査のデータでも，有意な関係が見いだせた（表4-3, 4-4）。

「実際に外国人と接触する機会を持っている人ほど，外国人の増加に対して肯定的である」という仮説は，この比較分析の結果からも支持される。

ただし，「接触仮説」については，統計調査を補完する質的な調査研究も含めて，今後に分析課題が残されている。

この仮説は，「外国人と実際につきあえば，偏見が減り，肯定的な意識が高まる」というような単純な法則ではない。稲月正は，「民族的異質性が高いほど，そしてその結果として，民族的異質性を認識する頻度や異質なものとの接触頻度が高まるほど，その現実を肯定的に評価し，異質性に対する抵抗感が低くなる」という傾向があることを，在日韓国・朝鮮人と日本人の関係について明らかにし，これを「接触仮説」とした（稲月 2002: p. 694）。

稲月の仮説は，日本人と在日韓国・朝鮮人との民族関係をめぐるものである[9]。また，この仮説が導き出された背景には，統計調査と並行して行われた生活史の質的調査で得られた知見もある。沖縄県民を対象とする意識調査のデータをもとにした研究では，アメリカ人，それも米軍人・軍属という特殊なカテゴリーの人々を最大多数とする外国人に対する民族関係意識を測るための，沖縄版の「接触仮説」が必要となる。今後の課題としたい。

（4）階層意識と対外国人意識

いくつかの先行研究で相関があるという仮説が提示された項目について，JGSS と沖縄総合社会調査のデータを用いてクロス集計を行った。以下は，外国人増加の是非に関する回答のデータとクロスさせた結果である。

学歴に関しては，全国・沖縄ともに，有意水準での関係は見いだせなかった。

地域活動への参加（JGSS），社会活動経験（沖縄総合社会調査）に関して

表4-3 外国人との接触有無と地域における外国人増加の賛否のクロス表
（N=2,124）：全国

			外国人増加の賛否			合計
			賛成	反対	無回答	
外国人に近所で会う機会	よくある	度数	109	116	16	241
		%	45.2%	48.1%	6.6%	100.0%
	時々ある	度数	279	301	45	625
		%	44.6%	48.2%	7.2%	100.0%
	あまりない	度数	282	348	39	669
		%	42.2%	52.0%	5.8%	100.0%
	全くない	度数	194	337	54	585
		%	33.2%	57.6%	9.2%	100.0%
	無回答	度数	1	0	3	4
		%	25.0%	.0%	75.0%	100.0%
合計		度数	865	1,102	157	2,124
		%	40.7%	51.9%	7.4%	100.0%

$p<0.01$

表4-4 外国人との接触有無と地域の外国人増加についての意識のクロス表
（N=885）：沖縄

			地域で外国人が増えることについて						合計
			好ましい	どちらかといえば好ましい	どちらともいえない	どちらかといえば好ましくない	好ましくない	無回答	
外国人との接触有無	ある	度数	24	40	142	21	13	5	245
		%	9.8%	16.3%	58.0%	8.6%	5.3%	2.0%	100.0%
	ない	度数	19	54	255	78	51	7	464
		%	4.1%	11.6%	55.0%	16.8%	11.0%	1.5%	100.0%
	無回答	度数	8	13	66	24	17	48	176
		%	4.5%	7.4%	37.5%	13.6%	9.7%	27.3%	100.0%
合計		度数	51	107	463	123	81	60	885
		%	5.8%	12.1%	52.3%	13.9%	9.2%	6.8%	100.0%

$p<0.01$

表4-5 自分の位置する階層と外国人増加の賛否のクロス表（N=2,124）：全国

<table>
<tr><th colspan="3"></th><th colspan="3">外国人増加の賛否</th><th rowspan="2">合計</th></tr>
<tr><th></th><th></th><th></th><th>賛成</th><th>反対</th><th>無回答</th></tr>
<tr><td rowspan="20">自分の位置する階層</td><td rowspan="2">1　一番上</td><td>度数</td><td>6</td><td>4</td><td>1</td><td>11</td></tr>
<tr><td>％</td><td>54.5%</td><td>36.4%</td><td>9.1%</td><td>100.0%</td></tr>
<tr><td rowspan="2">2</td><td>度数</td><td>11</td><td>13</td><td>2</td><td>26</td></tr>
<tr><td>％</td><td>42.3%</td><td>50.0%</td><td>7.7%</td><td>100.0%</td></tr>
<tr><td rowspan="2">3</td><td>度数</td><td>55</td><td>53</td><td>8</td><td>116</td></tr>
<tr><td>％</td><td>47.4%</td><td>45.7%</td><td>6.9%</td><td>100.0%</td></tr>
<tr><td rowspan="2">4</td><td>度数</td><td>95</td><td>120</td><td>10</td><td>225</td></tr>
<tr><td>％</td><td>42.2%</td><td>53.3%</td><td>4.4%</td><td>100.0%</td></tr>
<tr><td rowspan="2">5</td><td>度数</td><td>336</td><td>379</td><td>61</td><td>776</td></tr>
<tr><td>％</td><td>43.3%</td><td>48.8%</td><td>7.9%</td><td>100.0%</td></tr>
<tr><td rowspan="2">6</td><td>度数</td><td>129</td><td>181</td><td>20</td><td>330</td></tr>
<tr><td>％</td><td>39.1%</td><td>54.8%</td><td>6.1%</td><td>100.0%</td></tr>
<tr><td rowspan="2">7</td><td>度数</td><td>104</td><td>156</td><td>20</td><td>280</td></tr>
<tr><td>％</td><td>37.1%</td><td>55.7%</td><td>7.1%</td><td>100.0%</td></tr>
<tr><td rowspan="2">8</td><td>度数</td><td>86</td><td>109</td><td>12</td><td>207</td></tr>
<tr><td>％</td><td>41.5%</td><td>52.7%</td><td>5.8%</td><td>100.0%</td></tr>
<tr><td rowspan="2">9</td><td>度数</td><td>17</td><td>33</td><td>5</td><td>55</td></tr>
<tr><td>％</td><td>30.9%</td><td>60.0%</td><td>9.1%</td><td>100.0%</td></tr>
<tr><td rowspan="2">10　一番下</td><td>度数</td><td>16</td><td>33</td><td>8</td><td>57</td></tr>
<tr><td>％</td><td>28.1%</td><td>57.9%</td><td>14.0%</td><td>100.0%</td></tr>
<tr><td rowspan="2" colspan="2">無回答</td><td>度数</td><td>10</td><td>21</td><td>10</td><td>41</td></tr>
<tr><td>％</td><td>24.4%</td><td>51.2%</td><td>24.4%</td><td>100.0%</td></tr>
<tr><td colspan="3">合計</td><td>度数</td><td>865</td><td>1,102</td><td>157</td><td>2,124</td></tr>
<tr><td colspan="3"></td><td>％</td><td>40.7%</td><td>51.9%</td><td>7.4%</td><td>100.0%</td></tr>
</table>

$p<0.01$

も，全国・沖縄ともに，関係は見いだせなかった。

　階層意識については，全国・沖縄ともに，有意な関係が見いだせた（表4-5，4-6）。自分が属している階層が高いという意識があるほど，外国人増加に対して肯定的になり，階層意識が低くなるほど，否定的になるというもの

4章　沖縄における外国人に対する意識

表4-6　階層意識と地域の外国人増加についての意識のクロス表（N＝885）：沖縄

			地域で外国人が増えることについて						合計
			好ましい	どちらかといえば好ましい	どちらともいえない	どちらかといえば好ましくない	好ましくない	無回答	
階層意識	上	度数	3	1	3	0	2	0	9
		％	33.3%	11.1%	33.3%	.0%	22.2%	.0%	100.0%
	中の上	度数	10	8	34	11	1	3	67
		％	14.9%	11.9%	50.7%	16.4%	1.5%	4.5%	100.0%
	中の中	度数	12	46	204	56	39	27	384
		％	3.1%	12.0%	53.1%	14.6%	10.2%	7.0%	100.0%
	中の下	度数	14	38	163	41	28	11	295
		％	4.7%	12.9%	55.3%	13.9%	9.5%	3.7%	100.0%
	下	度数	11	12	53	15	9	16	116
		％	9.5%	10.3%	45.7%	12.9%	7.8%	13.8%	100.0%
	無回答	度数	1	2	6	0	2	3	14
		％	7.1%	14.3%	42.9%	.0%	14.3%	21.4%	100.0%
合計		度数	51	107	463	123	81	60	885
		％	5.8%	12.1%	52.3%	13.9%	9.2%	6.8%	100.0%

$p<0.05$

である。ただし，その傾向は沖縄は全国よりも弱いといえる。一方で，年収，世帯収入に関しては，全国・沖縄ともに関係が見いだせなかった。

　実質的な収入ではなく，自分が属している階層の意識において，対外国人意識と関係する傾向が見いだせることは興味深い。このデータの解釈については，今後の課題としたい。

（5）外国人の人権

　ここでは，人権擁護に関する内閣府の世論調査と沖縄総合社会調査の回答データの比較を行う（図4-15，4-16）。

　「日本国籍を持たない人でも，日本人と同じように人権は守るべきだ」という回答の比率は，全国では59.3％，沖縄では56.7％であり，全国の方が

図4-15 外国人の人権について
　　　　(N = 2,124)：全国

図4-16 外国人の人権について
　　　　(N = 885)：沖縄

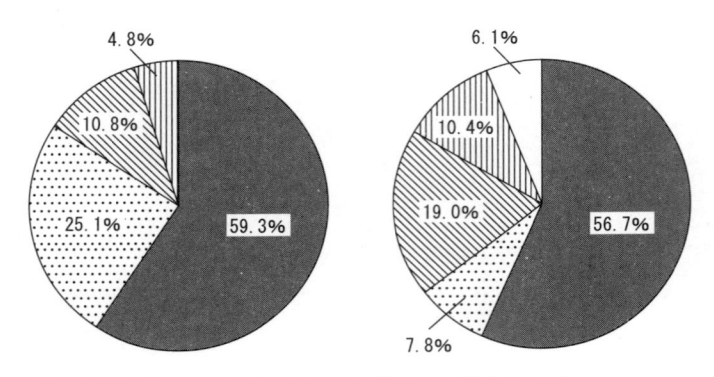

■ 日本国籍を持たない人でも，日本人と同じように人権は守るべきだ
▒ 日本国籍を持たない人は，日本人と同じような権利を持っていなくても仕方がない
▨ どちらともいえない　▥ わからない　□ 無回答

やや高いが，ほとんど相違はない。全国と沖縄のいずれにおいても，日本国籍の有無にかかわらず，外国人の人権は守られるべきだという意見が多数派を占めていることがわかった。

　一方で，「日本人と同じような権利を持っていなくても仕方がない」という回答に関しては，全国と沖縄で，相違が生じた。全国では，この回答が全体の25.1％を占めたのに対して，沖縄では7.8％にとどまった。

　このデータは，外国人の人権擁護に関して，沖縄における相対的な意識の高さを示しているように見える。ただし，沖縄では外国人の多数が米軍関係者であり，米軍基地においてアメリカ合衆国の医療，教育，福祉のサービスを享受している。それを考慮すると，「日本国籍の有無と外国人の権利」という論点は沖縄では十分に成立しておらず，「どちらともいえない」という回答が高くなった結果として，「日本人と同じような権利を持っていなくても仕方がない」という回答の比率が低くなっている可能性も考えられる。

4-3 沖縄県外出身者に対する意識

（1）県外出身者の増加に対する意識

ここでは，沖縄総合社会調査のデータを用いて，沖縄における県外出身者に対する意識について検討し，外国人に対する意識との比較を行う。

地域における外国人の増加について尋ねた設問について，否定的な回答が肯定的な回答を，5.2％上回った（図4-10）。これに対して，地域における県外出身者の増加については，逆に，肯定的な回答が否定的な回答を，15.3％上回った（図4-17）。ただし，県外出身者の増加を否定的にとらえる意見も，対外国人意識（23.1％）に比べると相対的には低いが，14.8％を占めている。

性別では，対外国人意識においては，男性のほうが女性よりも否定的な傾向が見られた（図4-12）。一方で，県外出身者に関しては，逆に，女性のほうが男性よりも否定的な傾向が見られた（図4-18）。

年齢別では，対外国人意識においては，50歳代において否定的な傾向が最も大きかった（図4-14）。これに対して，県外出身者に関しては，50歳代において，否定的な傾向が小さいという結果が出た（図4-19）。

県外出身者に対しては，つきあいの有無を問う設問を設けなかったため，接触仮説が該当するかどうかを検討することはできない。ただ，沖縄における50歳代という世代について考察すると，彼らは，パスポートを持って「本土」に出稼ぎや留学に行った最後の世代であることが指摘できる。この世代において，県外

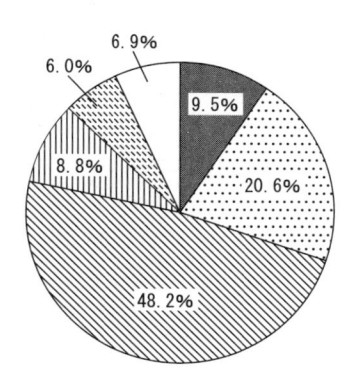

■好ましい　どちらかといえば好ましい　どちらともいえない
どちらかといえば好ましくない　好ましくない　□無回答

図4-17 地域で沖縄県外出身者が増えることについて（N = 885）：沖縄

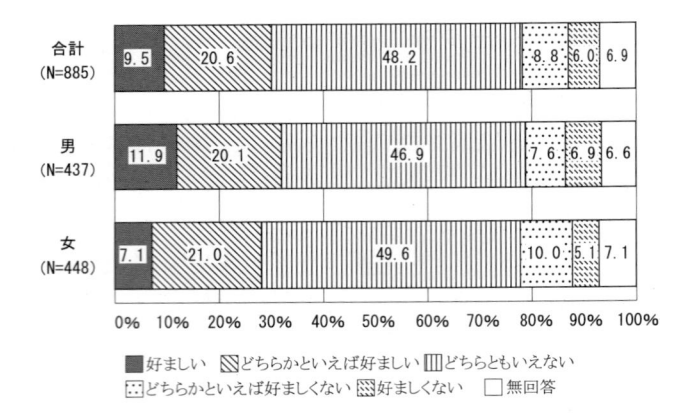

図4-18 地域で沖縄県外出身者が増えることについて　性別（N = 885）：沖縄

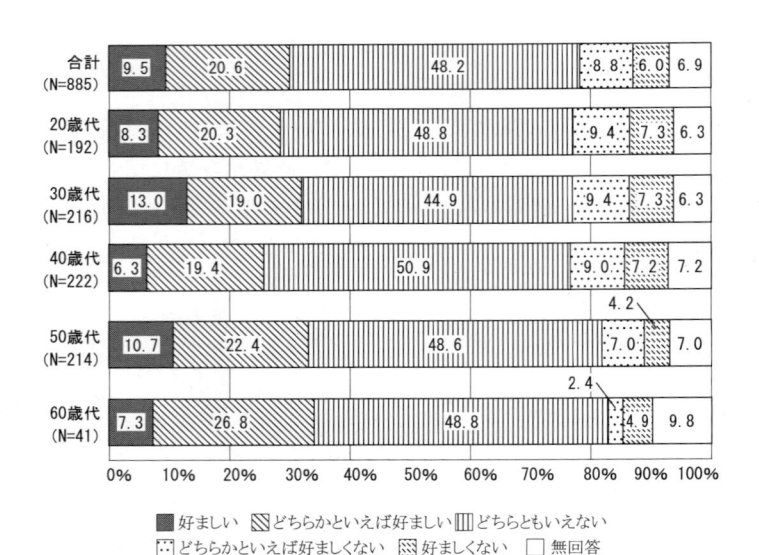

図4-19 地域で沖縄県外出身者が増えることについて　年齢別（N = 885）：沖縄

出身者への抵抗感が相対的に低いことはきわめて興味深い。質的な調査によって，本土Uターン経験と県外出身者に対する意識の相関関係を検討していくことを，今後の課題としたい。

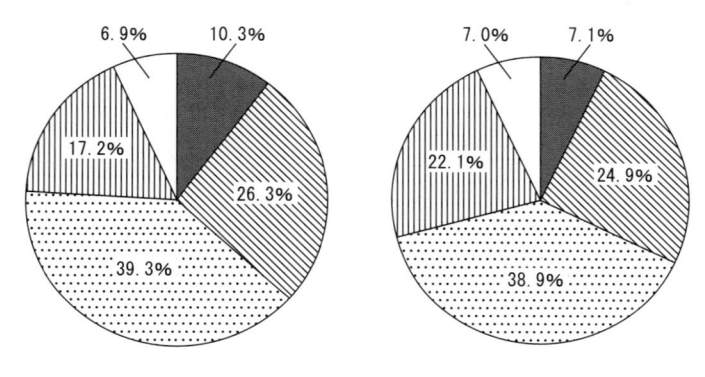

4章　沖縄における外国人に対する意識　　　89

■ そう思う　　▨ どちらかといえばそう思う　　▨ どちらかといえばそう思わない
▨ そう思わない　　□ 無回答

図 4-20　外国人は，沖縄社会に完全に溶け込むことはできない（N = 885）：沖縄

図 4-21　沖縄県外出身者は，沖縄社会に完全に溶け込むことはできない（N = 885）：沖縄

（2）沖縄社会への融和

沖縄総合社会調査では，沖縄社会への融和に関する意見を尋ねる設問を設けた。

対外国人意識と県外出身者に対する意識を比較すると，やや県外出身者の方が「沖縄社会に溶け込める」とする意見の比率が大きいものの，ほとんど相違が現れなかった（図 4-20，4-21）。

対外国人意識においては，「沖縄社会に溶け込むことができない」という回答の合計は 36.6％であり，「溶け込むことができる」という回答（56.5％）に比べると相対的には低いが，回答の 4 分の 1 以上を占めている。

県外出身者に対しては，「溶け込むことができない」という回答の合計は 32％であり，「溶け込むことができる」回答の合計（61％）よりも低いが，これも回答の 4 分の 1 以上を占めている。

沖縄における対外国人意識と県外出身者に対する意識を比較すると，表 4-7 のようになる。ここには，沖縄総合社会調査 2006 で設けた「自分の子どもが，外国人／県外出身者と結婚すること」をめぐる抵抗感を尋ねた設問に対する回答のデータを加えてある。

表4-7 外国人・県外出身者に対する沖縄県民の意識

	外国人	県外出身者
地域での増加		
好ましい	5.8	9.5
どちらかというと好ましい	12.1	20.6
どちらともいえない	52.3	48.2
どちらかというと好ましくない	13.9	8.8
好ましくない	9.2	6
地域での増加・性別	男性に否定的傾向大	男性に肯定的傾向やや大
地域での増加・年齢別	おおむね年齢効果	年齢効果なし
接触仮説	該当する（p＜0.01）	検討していない
子どもとの結婚		
抵抗なし	11.5	20.5
あまり抵抗なし	21.2	26.9
どちらともいえない	22.9	24.9
少し抵抗がある	23.2	15.5
かなり抵抗がある	14.6	5.4
子どもとの結婚・性別	女性に肯定的傾向大	女性に肯定的傾向やや大
子どもとの結婚・年齢別	おおむね年齢効果	年齢効果なし
沖縄社会に溶け込めない		
そう思う	10.3	7.1
どちらかというとそう思う	26.3	24.9
どちらかというとそう思わない	39.3	38.9
そう思わない	17.2	22.1

単位：％

　全般的に，外国人に対してよりも県外出身者に対して，肯定的な傾向がやや高いが，抵抗感や，沖縄社会に融和できないという意見も，それなりの割合を占めていることがわかる。一方で，性別，年齢別にみると，対外国人意識と県外出身者に対する意識には相違が存在する。アウトサイダーもしくはマイノリティーと見なされうるもの全般に対して閉鎖的な，特定の性別・年齢別カテゴリーが存在するのではなく，それぞれの対象に対応して関係や意識が形成されていることが窺える。

　そもそも，「外国人」と「県外出身者」の間に，このような比較が成り立ちうること自体がきわめて興味深い。これほど，沖縄においては，沖縄県民は他の都道府県の人々に対して独特であるという認識が広く共有されている。地元紙である琉球新報の県民意識調査によると，回答者の84.8％にのぼ

る圧倒的多数の人々が,「沖縄人(ウチナーンチュ)であることを誇りに思う」と回答している（海邦総研 2006：p. 18）。同じ県民意識調査では,「あなたは，他の都道府県の人との間に違和感がありますか」という設問が置かれており,「とてもある」「少しある」という回答の比率は33.0％,「まったくない」「あまりない」という回答は59.9％となっている（海邦総研 2006：p. 20）。沖縄の他にも愛郷精神の強い都道府県は存在するが，これほど明確な独自性,県外出身者を異質な存在であるとみなす認識は,沖縄県に独特なものであると思われる。

沖縄総合社会調査2006においても,「あなたはウチナーンチュであることをどのように思っていますか」という設問に対して,「とても誇りに思っている」「ある程度誇りに思っている」という回答の合計は89.7％を占めた。「誇りに思っていない」というデータの規模が小さいため,「ウチナーンチュであることの誇り」と対外国人／対県外出身者意識の有効なクロス分析は成り立たなかった。

考　察

（１）対外国人意識：全国と沖縄の比較で見いだせたこと

JGSS-2006データセットと沖縄総合社会調査2006のデータを用いて比較分析を行うに際しては,質問文・回答肢が合致していないことから,項目によっては厳密な対比が行えていないことを前提にしなければならない。

その上で,沖縄における対外国人意識の特徴として,次のことが見いだせた。

全国では,外国人との接触経験において,男女差はほとんどなく,年齢では40・50歳代で大きくなっているのに対し,沖縄では,女性,そして20歳代において接触経験が大きい。在日米軍基地が集中しているために,沖縄の外国人において,若い世代のアメリカ人が大きな比重を占めているためであると考えられる。この章では,この仮説を,接触経験における「同世代効果」と名づけた。女性の接触経験が男性よりもやや大きいのは,米軍基地周辺や基地内のサービス労働などに従事する機会が多いためではないかと推測され

るが，これについては，さらなる検証が必要である。

　対外国人意識についても，若年層において肯定的な傾向が大きい。ただし，ここから，接触経験と対外国人意識の両方における「同世代効果」，すなわち，「地域における外国人において比率の高い世代と同世代の住民の接触経験が大きくなり，その世代の対外国人意識も肯定的になる」という仮説が導きだせるかという点については，質的なデータを交えた検討が求められる。

　沖縄における若い女性と外国人の接触経験については，メディアによって米兵との性的な関係がクローズアップされてきたが，統計的には，男女で外国人とつきあう場面に大きな相違がないことが明らかになった。

　外国人に対する人権擁護意識については，日本国籍がない外国人の不利益を「仕方がない」とする意見が，沖縄では全国に比べて少なかった。ただし，沖縄では，全国よりも相対的に外国人の人権擁護意識が高いという解釈は，単純には成り立たないように思われる。米軍人・軍属とその家族は，日米地位協定によって身分保障され，アメリカの社会保障，医療，福祉，教育などのサービスを享受している。このような身分保障の対象に含まれない定住外国人やアメラジアンも存在するが，米軍関係者と比べると人口規模が小さい。「日本国籍の有無と人権」という論点が，沖縄において十分に成立していないことも考えられる。

　一方で，全国と沖縄に共通する対外国人意識の特徴としては，以下のことが見いだせた。

　外国人との接触経験については，「ない」と回答した対象者が，全国でも沖縄でも過半数を占めている。日本人住民と外国人住民の関係については，「接触仮説」だけでなく，接触していない多数派の住民を射程に収めることのできる枠組みが必要とされている。

　地域における外国人の増加については，全国でも沖縄でも，肯定的な意見が否定的な意見を下回った。性別では女性に，年齢別では若い世代において，肯定的な意見の比率が大きかった。

　外国人住民と接触経験のある人ほど，外国人の増加に対して肯定的な傾向があるという「接触仮説」は，全国でも沖縄でも確かめられた。一方で，いかなる接触，どのような関係が，対外国人意識に影響を及ぼすのかという関

連については，質的な調査のデータを交えて，さらに検討していく必要がある。

全国でも沖縄でも，学歴，地域参加／社会活動経験と対外国人意識のクロス集計からは，有意水準の相関が見いだせなかった。これは，いくつかの先行研究で提示されている仮説とは異なる結果である。

全国と沖縄でともに相関が見いだせた項目は，階層意識であった。ただし，年収や世帯収入と対外国人意識は相関しない。なぜ実質的な収入ではなく階層意識と対外国人意識が関係するのかという解釈については，今後の課題としたい。

外国人の人権擁護については，全国でも沖縄でも，過半数の回答が「日本国籍の有無にかかわらず人権は守るべき」という意見に集中した。ここからは，外国人の人権擁護をめぐる規範が，一定程度，社会に浸透していることが窺える。

（2）沖縄における外国人と県外出身者に対する意識

ここでは，県外出身者に対する意識との比較を通して，沖縄の対外国人意識の特徴を明らかにする。

沖縄総合社会調査 2006 のデータによると，県外出身者に対する意識は，対外国人意識よりも肯定的な傾向が大きかった。

性別では，県外出身者に対しては女性の方が否定的な傾向が大きく，外国人に対する意識とは逆であった。

年齢別では，県外出身者に対しては 50・60 歳代において肯定的な傾向が大きく，こちらも外国人に対する意識とは逆であった。

以上から，沖縄において，マイノリティー全般に対して閉鎖的／開放的な性別・年齢カテゴリーがあるのではなく，対象によって関係と意識が変わってくることが見いだせた。このことを，関係性に関する仮説の側から見ると，どのようなマイノリティーに対しても効果を発揮するような教育効果，年齢効果というものはあまり見いだせないのではないかということになる。

どのような接触，関係が，意識に対して影響を及ぼすのかということについては，具体性を伴った質的なデータを交えて検討を深める必要がある。

(3) ホスト社会・沖縄の課題

　全国と沖縄のデータを対比することによって，沖縄における米軍基地の集中が，住民と外国人との接触や，住民の対外国人意識に影響を及ぼしていることが明らかになった。

　しかし，沖縄において米軍基地の問題が取り上げられるときには，基地被害や政治・経済問題に焦点化することが多く，地域住民との関係という論点はあまり成り立っていない。外国人住民との「共生」施策においては，基地があるがゆえに派生するアメラジアンの子どもたちの不就学の問題や，アメリカ人男性との国際離婚，養育費の問題などは盛り込まれておらず，社会的な課題として十分に位置づけられていない。

　このような現状に対する課題として，1つには，沖縄の外国人を「米兵」とひとくくりにせず，さまざまな困難に直面しているマイノリティーの状況を明らかにし，社会的なとりくみを進めていくことが挙げられる。

　もう1つは，関係性をめぐる課題である。外国人と住民との間で，実際にどのような場面でいかなる関係があり，そこでどのような意識が生じているのかということは，ほとんど明らかにされていない。住民の接触経験と意識についての，質的なアプローチを伴う研究が必要とされているように思われる。

　とくに，沖縄総合社会調査 2006 のデータにおいて，外国人との接触経験が相対的に大きく肯定的な意識も高かった，若い世代の女性たちに関して，具体的な関係と意識の関連を明らかにしていく作業を，今後の研究上の課題としたい。

謝　辞

　日本版 General Social Surveys（JGSS）は，大阪商業大学 JGSS 研究センター（文部科学大臣認定日本版総合的社会調査共同研究拠点）が，東京大学社会科学研究所の協力を受けて実施している研究プロジェクトである。本章の執筆に当たっては，東京大学社会科学研究所附属日本社会研究情報センター SSJ データアーカイブからデータの提供を受けたことをここに記し，深謝する。

注

1）仲地博は，沖縄の外国人登録者において無国籍者が占める比率が高いことを指摘し，沖縄固有の問題があることを示唆したが，それを実証する研究は行われていない（仲地 1997）。エスニック・グループごとの研究としては，フィリピン人住民についての研究（鈴木・玉城 1996，同 1997），台湾系住民に関連する研究（松田 2004，野入 2000，同 2001），アメラジアンについての研究（照本 2000，同 2001，比嘉 2008，野入 2009）などがあるが，沖縄における外国人の全体像を俯瞰するような実証的研究はまだ行われていない。統計的調査としては，鈴木規之が 2002 年に外国人・日系人を対象とする調査を行い，有効票 157 票を得たものがある（鈴木 2007）。

2）沖縄県『沖縄の米軍及び自衛隊基地 統計資料集』2010 年 3 月。沖縄県庁ホームページ http://www3.pref.okinawa.jp/site/view/contview.jsp?cateid=14&id=21830&page=1（情報取得 2011 年 2 月 24 日）

3）外国人登録者数は，2007 年時点のものである。沖縄県庁ホームページ http://www3.pref.okinawa.jp/site/contents/attach/19223/Section2.pdf（情報取得 2011 年 2 月 24 日）

4）「万国津梁」という言葉は，1453 年に鋳造され，首里城正殿に掲げられていたという「万国津梁の鐘」に刻まれていた銘文から来ている。2000 年に開催された九州・沖縄サミットにおける沖縄会場が「万国津梁館」と名づけられたことから，琉球の国際性を象徴する言葉として用いられるようになった。「琉球国は南海の勝地にして三韓の秀を鍾め，大明を以て輔車となし，日域を以て唇歯となして，此の二つの中間にありて湧出せる蓬莱島なり舟楫を以て万国の津梁となし，異産至宝は十方刹に充満し，地霊人物は遠く和夏の仁風を扇ぐ」から始まる碑文は，知事公室の屏風にも記されている。沖縄県庁ホームページ http://www.pref.okinawa.jp/chiji_inamine/byobu/kanbun.html（情報取得 2011 年 2 月 24 日）

5）『おきなわ多文化共生推進指針──イチャリバチョーデーの心で世界に開かれた地域の創造』沖縄県庁ホームページ http://www3.pref.okinawa.jp/site/view/contview.jsp?cateid=65&id=19223&page=1（情報取得 2011 年 2 月 24 日）

6）法務省「平成 20 年末における外国人登録者統計について」法務省ホームページ http://www.moj.go.jp/nyuukokukanri/kouhou/press_090710-1_090710-1.html（情報取得 2011 年 2 月 24 日）

7）人権擁護に関する世論調査，内閣府，2007 年実施。全国に居住する 3,000 人の市民を対象として実施され，有効票は 1,766 票であった。内閣府ホームページ http://www8.cao.go.jp/survey/h19/h19-jinken/chuui.html（情報取得 2011 年 2 月 24 日）

8）たとえば国際英文ニュース誌の TIME は，"Sex and Race in Okinawa" という特集記事で，「米兵に群がる沖縄女性たち」を煽情的に描いている（TIME, August 27, 2001）。

9）「民族的異質性が高いほど」というかたちで条件が述べられているのは，在日韓国・朝鮮人が，しばしば，日本社会における差別のために，民族的異質性を伏せて，日本人であるかのように装ったり，日本に同化したりすることを強いられているためである。稲月はここで，谷富夫の民族関係論における，民族的異質性の〈顕在〉─異民族間の〈結合〉の類型を望ましい民族関係の方向であるとみなす立場を共有している（谷 2002：p. 23）。

参考文献

安藤由美・鈴木規之・野入直美［編著］，2007，『沖縄社会と日系人・外国人・アメラジアン——新たな出会いとつながりをめざして』，クバプロ．

比嘉康則，2008，「社会運動における多文化共生理念の展開——アメラジアンスクールを事例として」『大阪大学教育学年報』第13号，pp. 123-134.

稲月　正，2002，「日本人住民の民族関係意識と民族関係量」，谷　富夫［編著］，『民族関係における結合と分離』，ミネルヴァ書房，pp. 688-714.

稲月　正，2004，「在日韓国・朝鮮人と日本人との民族関係を規定するものは何か——在日韓国・朝鮮人が低密度分散居住している地域の場合」『西日本社会学会年報』第2号，pp. 83-96.

伊藤泰郎，2000，「意識社会とパーソナルネットワーク」，森岡清志［編著］，『都市社会のパーソナルネットワーク』，東京大学出版会，pp. 141-157.

伊藤泰郎，2005，「自治体による外国人住民を対象とした調査について——外国人登録原簿からサンプリングを実施した調査を中心に」『部落解放研究』第162号，pp. 24-35.

海邦総研，2006，『2006年琉球新報社県民意識調査報告書』，海邦総研．

鐘ヶ江晴彦，2001，「外国人労働者をめぐる住民意識の現状とその規定要因」，鐘ヶ江晴彦［編著］，『外国人労働者の人権と地域社会：日本の現状と市民の意識・活動』，明石書店，pp. 18-80.

大槻茂実，2006，「外国人接触と外国人意識——JGSS-2003データによる接触仮説の再検討」『日本版 General Social Survey 研究論文集 (5) JGSSで見た日本人の意識と行動』，東京大学社会科学研究所，pp. 149-159.

高智富美，2007，「マルチエスニック・コミュニティにおける民族関係意識——八尾市日本人市民意識調査より」，大阪市立大学社会学研究会，『市大社会学』No. 8, pp. 27-43.

Hiroshi Kojima, 2004, "A Comparative Analysis of Fertility-Related Attitudes in Japan, Korea and Taiwan"『お茶の水女子大学21世紀COEプログラム ジェンダー研究のフロンティア』，お茶の水女子大学，pp. 324-336.

松田良孝，2004，『八重山の台湾人』，南山舎．

松本　康，2004，『東京で暮らす——都市社会構造と社会意識』，東京都立大学出版会．

永吉希久子，2011，「シティズンシップ——誰が，なぜ外国人への権利付与に反対するのか？」，田辺俊介［編著］，『外国人へのまなざしと政治意識——社会調査で読み解く日本のナショナリズム』，勁草書房，pp. 90-116.

内藤辰夫，2001，「地方都市住民の民族・国家意識と国際意識——偏見・差別意識を中心に」，内藤辰夫，『市民文化と地方都市』，恒星社厚生閣，pp. 359-450.

仲地　博，1997，「反基地と国際化のはざまで」，駒井　洋・渡戸一郎［編著］，『自治体の外国人政策——内なる国際化への取り組み』，明石書店，pp. 433-453.

野入直美，2000，「石垣島の台湾人——生活史に見る民族関係の変容（一）」『人間科学』第5巻，琉球大学法文学部人間科学科紀要，pp. 141-170.

野入直美，2001，「石垣島の台湾人——生活史に見る民族関係の変容（二）」『人間科学』

第 8 巻，琉球大学法文学部人間科学科紀要，pp. 103-125.
野入直美，2009,「『アメラジアン』という視点」『理論と動態』第 2 号，pp. 18-39.
Misako Nukaga, 2004, Xenophobia and the Effects of Education: Determinants of Japanese Attitudes towards Acceptance of Foreigners, 『日本版 General Social Survey 研究論文集 (5) JGSS で見た日本人の意識と行動』, 東京大学社会科学研究所, pp. 191-202.
鈴木規之，2007,「沖縄のディアスポラの状況——ホスト社会との関係性をめぐって」, 安藤由美・鈴木規之・野入直美［編著］,『沖縄社会と日系人・外国人・アメラジアン——新たな出会いとつながりをめざして』, クバプロ, pp. 12-29.
鈴木規之・玉城里子，1996,「沖縄のフィリピン人——定住者としてまた外国人労働者として(1)」『琉大法学』第 57 号，琉球大学法文学部法政学科紀要，pp. 39-66.
鈴木規之・玉城里子，1997,「沖縄のフィリピン人——定住者としてまた外国人労働者として(2)」『琉大法学』第 58 号，琉球大学法文学部法政学科紀要，pp. 1-32.
田辺俊介，2002,「外国人への排他性とパーソナルネットワーク」, 森岡清志［編著］,『パーソナルネットワークの構造と変容』, 東京都立大学出版会, pp. 101-244.
谷 富夫，2002,『民族関係における結合と分離』, ミネルヴァ書房.
照本祥敬，2000,「アメラジアンの教育権運動（Ⅰ）」『琉球大学教育学部紀要』第 56 号, pp. 93-113.
照本祥敬，2001,「アメラジアンの教育権運動（Ⅱ）」『琉球大学教育学部紀要』第 58 号, pp. 177-194.

5章　ショッピングモールと沖縄イメージ
―― 郊外化と観光の浸透にともなう県民の生活実感 ――

多田　治

5-1　郊外化で薄められ，観光で強調されてきた沖縄らしさ：無徴性と有徴性

　沖縄本島の各地にはこの10年ほど，大型ショッピングモールの出店が相次ぎ，地域の「郊外化」が進行してきた。三浦展が「ファスト風土化」「ジャスコ化」と呼ぶ事態は，沖縄にも確実に進行している。幅の広い道路を車で走った先に，広大な駐車場と大型店舗へと吸い込まれるように入っていき，便利さと非日常感を享受できる。まさに消費の大聖堂とも言うべきショッピングモールは，周辺地域を，全国どこにでもある郊外の無機質な風景へと変えてしまう，象徴的かつ物質的な空間変容の効果をもっている[1]。

　筆者が沖縄で生活する中で個人的に印象に残っているのは，那覇市に隣接しながらまだ都市化が進んでいない地域である南風原町に，ジャスコ南風原店がオープンしたときの，視覚的・象徴的な衝撃の大きさであった。ちょうど沖縄本島南部に，高速道路・那覇空港自動車道が開通した時期とも重なり，高速道路を移動中の車内から高い位置で，南部地域を俯瞰するまなざしで見下ろす視線の構図は，この地域に対する新たな風景を切り開いた。地域のローカルな生活からいったん隔絶され，抽象化された地点から動体視力で風景をまなざすとき，南風原エリアに入ると，巨大なショッピングモールが圧倒的な存在感をなして，視界に入ってくるのである[2]。こうした知覚様式の変容は，道路の開通や店舗のオープンの時点に何気なく行われるので，日常でも学問研究でも，あらためて言葉で語られることは少ない。

　こうした「ジャスコのある風景」は，沖縄戦の終盤で激戦地となった南風

原という場所の歴史や記憶とはまるで無関連な，新たに創出されてきた空間である。車社会を前提にした道路とショッピングモールは，全国の地域を「どこでも似たような郊外」へと組みかえる。地域の歴史や文化の固有性を抜きとり，記憶を忘却させ，「その場所である必然性」もない，ひたすら利便性の高い機能的な場所と，コーティングされた風景を生み出していく。しかもそれは，旧来の中心商店街の空洞化，シャッター通り化の進行とパラレルである。

　ここで筆者は，沖縄の空間変容の二重性をとらえるために，「無徴性／有徴性」という概念を使用する。この 10 年ほど，沖縄で進んだショッピングモールとその周辺道路の新設・拡幅のセットによる郊外化は，沖縄に全国のどこにでもある風景・空間を浸透させたという意味で，沖縄の無徴化，無徴性の広がりという現象として，とらえることができる。利便性・機能性を求めて人工的に創り出されたショッピングモールと郊外の風景は原則として，沖縄の固有性や沖縄らしさを前提にしていない。ショッピングモールは，いわば地域の「無徴性のしるし」である。

　だがその一方で，郊外化の流れとは別に，観光の文脈もつねにあった。2000 年代，NHK 朝の連続テレビ小説「ちゅらさん」などを契機に全国的な沖縄への注目が高まり，沖縄観光はかつてない規模のブームを迎えた。そうした文脈では，沖縄のイメージ，沖縄らしさ，沖縄が沖縄であることの固有性が，むしろ盛んにアピールされてきた。しかも観光向けに立ち上げられた沖縄イメージは，観光の局面を超えて県内外に広まり，沖縄を認識する際の枠組みを形づくっていく。こちらでは，沖縄の有徴性が際立たされているのである[3]。

　郊外化と観光は 2000 年代，沖縄のいたるところで空間変容を牽引し，リアリティの二重性，2 つのパラレルワールドを形づくってきた主要な要素である[4]。ショッピングモールを起爆剤とする郊外化においては，沖縄のローカルな固有性，沖縄らしさは薄められてきたのに対して，観光の局面では逆に，沖縄らしさは強調されてきた。一見矛盾し，逆行するかのような 2 つの潮流は，（米軍基地を除く）沖縄本島の小さなエリアの中で，むしろ同時並行で進行し，沖縄の風景を組みかえてきたのである。

郊外化によって無徴化していく沖縄において，沖縄イメージが有徴性を埋め合わせていくような状況が，生じているのかもしれない。アンソニー・ギデンズ流に言えば，ローカリティの脱埋め込みが徹底されていく中で，地域イメージによる再ローカル化・再埋め込みが行われるような状況である。

こうした事態を，「地域社会の解体」「原風景の喪失」といったような，疎外論的でネガティブな見方だけでとらえるのは単純だろう。多くの沖縄県民は，たしかに開発でどんどん進む風景の変化に時としてたじろぎながらも，同時にその変わりゆくローカリティに少しずつ適応しながら日常生活を送り，なじんでいっている。ショッピングモールによって沖縄の地域的な固有性が無徴化されようとも，他方ではその利便性や快適さを享受してもいる。また，観光やメディアで大げさにアピールされる沖縄イメージに，時として違和感をおぼえようとも，別の場面では県民自身が沖縄の観光地へ足を運んで楽しみ，県外からの観光客と同様の目線で沖縄イメージを味わい，消費してもいるのである（海洋博公園の美ら海水族館はその典型である）。観光と沖縄イメージは，県外からの観光客のためのものだけでなく，いまや県民の生活の中にも日常化されている。

したがって，提示してみたい問いはこうである。ショッピングモールと沖縄イメージに代表され，具現化されるような郊外化と観光，沖縄の無徴性と有徴性が織りなす現実は，県民の日常生活において，どのように生きられているのだろうか。

このような問題意識から，沖縄総合社会調査2006では，ショッピングモールと沖縄イメージに関する質問がもうけられた。本章ではその結果得られたデータの分析を行い，知見を提示する。

5-2　ショッピングモール

1990年代末から北谷町の美浜アメリカンビレッジを皮切りに，沖縄県内には次々にショッピングモール，大型商業施設がオープンし，「1市町村1ショッピングモール」の様相さえ呈してきた。いまや地域振興の起爆剤として，すっかり定番化したショッピングモールのある郊外の風景は，沖縄の人々

の生活や意識に深く浸透し，地域社会のありようを大きく変貌させてきている。

そこで本調査では，ショッピングモールの利用頻度，利用目的，利用上の主観，地域や青少年への影響について質問し，ショッピングモールに対する県民の利用実態や意識に関する基礎データを得ることを図った。

(1) 利用頻度

ショッピングモールの利用頻度については，「週に1回以上」の人が約3割，「2～3週に1回ぐらい」の人も約3割いる（図5-1）。「1ヶ月に1回ぐらい」が約2割なので，月に1回以上利用する人が8割近くを占める。残り2割のうち，「めったに利用しない」人は8％にとどまる。いかにショッピングモールが，沖縄県民の生活に浸透しているかがわかる数値である。

性別に見ると，女性の方が男性より利用頻度が高い。「週に1回以上」は男性23.1％に対し，女性36.2％。「2～3週に1回ぐらい」以上で見ると，男性が5割なのに対して女性は7割近くになり，差ははっきり出る。一方，「めったに利用しない」女性は4.7％に対し，男性は11.4％と1割を超えている。また年齢別では，若い世代ほど利用頻度が高い。

注目すべきは，回答者の住む市町村間で，ショッピングモールの利用頻度

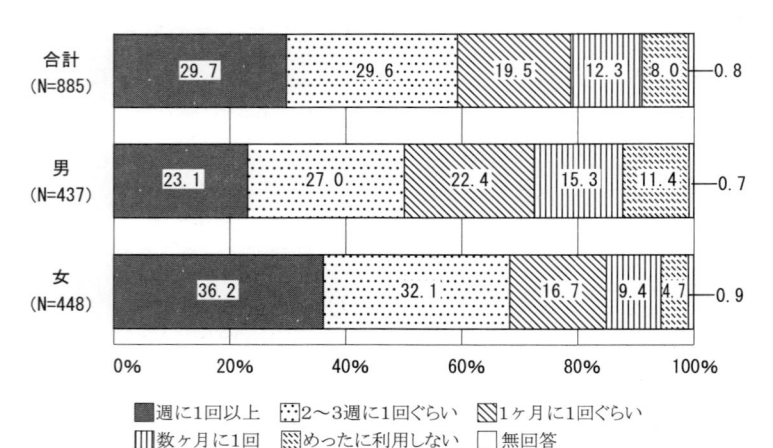

図5-1 ショッピングモール利用頻度　性別（N = 885）

5章　ショッピングモールと沖縄イメージ　　103

にかなりばらつきが見られることである（図5-2）。市町村によってケース数に大きな差があるが，それは実際の人口比率を反映してもいる。例えば那覇市のケースが224人と回答者全体の4分の1を占めるのも，沖縄県における那覇市民の人口比率が，実際にそれに近いからである。そのためこの比率は，ショッピングモール利用者の居住地比率にも，ある程度は反映していると考えて差し支えないだろう。

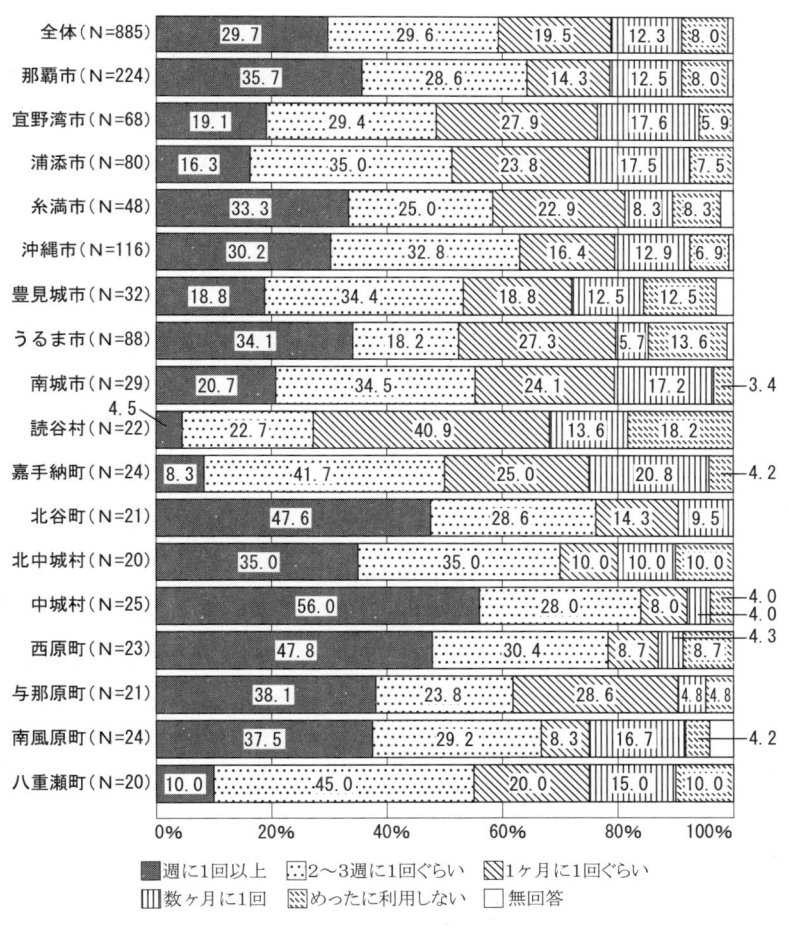

地域	週に1回以上	2～3週に1回ぐらい	1ヶ月に1回ぐらい	数ヶ月に1回	めったに利用しない	無回答
全体（N=885）	29.7	29.6	19.5	12.3	8.0	
那覇市（N=224）	35.7	28.6	14.3	12.5	8.0	
宜野湾市（N=68）	19.1	29.4	27.9	17.6	5.9	
浦添市（N=80）	16.3	35.0	23.8	17.5	7.5	
糸満市（N=48）	33.3	25.0	22.9	8.3	8.3	
沖縄市（N=116）	30.2	32.8	16.4	12.9	6.9	
豊見城市（N=32）	18.8	34.4	18.8	12.5	12.5	
うるま市（N=88）	34.1	18.2	27.3	5.7	13.6	
南城市（N=29）	20.7	34.5	24.1	17.2	3.4	
読谷村（N=22）	4.5	22.7	40.9	13.6	18.2	
嘉手納町（N=24）	8.3	41.7	25.0	20.8	4.2	
北谷町（N=21）	47.6	28.6	14.3	9.5		
北中城村（N=20）	35.0	35.0	10.0	10.0	10.0	
中城村（N=25）	56.0	28.0	8.0	4.0	4.0	
西原町（N=23）	47.8	30.4	8.7	8.7	4.3	
与那原町（N=21）	38.1	23.8	28.6	4.8	4.8	
南風原町（N=24）	37.5	29.2	8.3	16.7	4.2	
八重瀬町（N=20）	10.0	45.0	20.0	15.0	10.0	

図5-2　ショッピングモールの利用頻度

まず，ケースの多い都市部を見てみよう。那覇市と，その半分の人口規模の沖縄市の人々は，およそ似たような傾向でショッピングモールをよく利用している。那覇新都心にはサンエー那覇メインプレイスがある。北谷の美浜アメリカンビレッジにあるジャスコ美浜店に続いてできた，大型商業施設の代表格として定着している。一方で沖縄市には，古くから米兵家族向けのショッピングセンター，プラザハウスがあり，早くからアメリカ型の消費文化が根づいてきたことも，背景にはあるのかもしれない。

　これらに比べると宜野湾市と浦添市は，利用頻度の高い人がより少なく，「月1回くらい」の人がより多い。調査時点では，浦添にはバークレーズコートはすでにできていたが，サンエー経塚シティはまだなかった。大きくて便利な施設が市内にあるかないかが，こうした数値の違いとなって表れているように思われる。いずれにせよ，沖縄におけるショッピングモール文化の浸透は，現在進行形で進んでいることは間違いない。

　次に，このグラフで南城市から下，ケースが同規模の市町村を比較してみよう。ケースが少ないためあくまで参考にとどめるが，明らかな違いが見られる。読谷村は，他に比べて利用頻度が低く，「1ヶ月に1回ぐらい」に4割が集中している。めったに利用しない人も多く，2割近くいる。逆に隣接する北谷町は対照的で，半数近くが週1回以上利用している。「週に1回以上」が最も多いのは中城村，次が西原町で，これらの人たちはサンエー西原シティを利用しているのではないか。この店舗が地域に密着している様子が窺える。南風原町における利用頻度が高いのも，ジャスコ南風原店によるものだろう。八重瀬町は南風原町に隣接しながら，「週に1回以上」が1割にとどまる。調査前にも予想されたことだが，こうした差異は，住居の近く（あるいは市町村内）に大型店舗があるかどうかによるものだろう。

　また，所得によってショッピングモールの利用状況に違いがあるのかを調べてみた。世帯年収300万円未満では，「週1回以上」が25.8％，「2～3週に1回」が27.4％に対し，300万円以上では前者32.0％，後者32.7％。比較すれば確かにある程度の開きがあるが，さほど決定的な差ではない（ちなみにスピアマンの順位相関係数は－0.124）。おそらく利用額には年収差も反映されるのだろうが，ショッピングモールの利用自体は年収差を超えて，広

5章　ショッピングモールと沖縄イメージ

く行われていることがわかる。

（2）利用目的

　ショッピングモールに何を求めていくかという，利用の目的・動機を聞いた問いでは，複数回答で最大3つまで選んでもらった（図5-3）。回答が多い順に並べると，「ほしい品物を買うこと」が83.5％と圧倒的に多く，「いろいろな品物を見て回ること」54.2％，「飲食すること」24.1％，「映画鑑賞」14.8％，「ひまな時間をつぶすこと」12.1％，「人と会ってすごすこと（友人・恋人・家族など）」11.8％と続く。それ以外の回答が少ないのは，「非日常的な雰囲気を楽しむこと」「情報収集」はあくまで副次的な要因にと

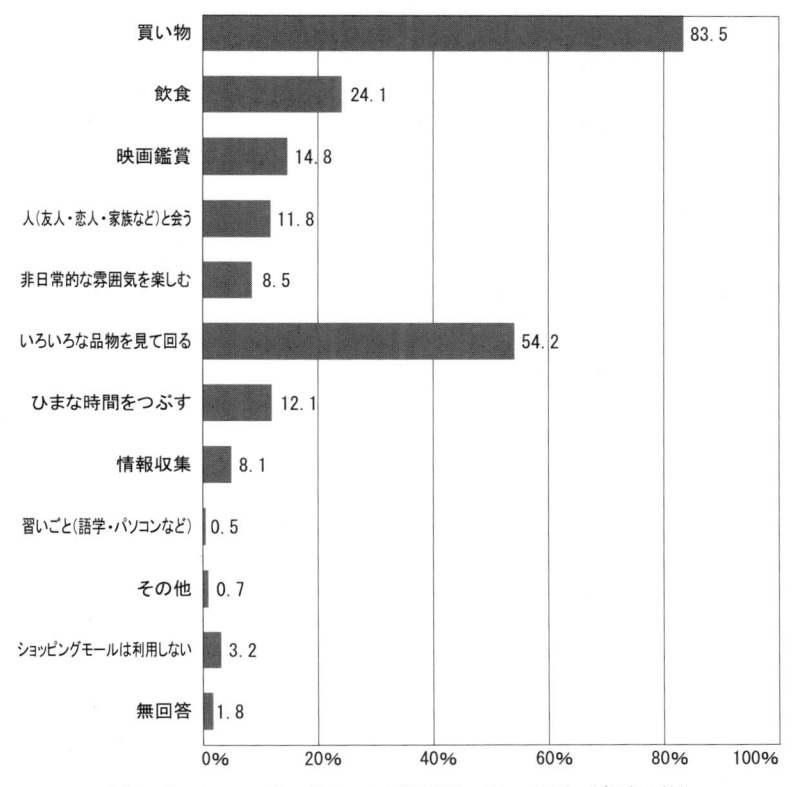

項目	％
買い物	83.5
飲食	24.1
映画鑑賞	14.8
人(友人・恋人・家族など)と会う	11.8
非日常的な雰囲気を楽しむ	8.5
いろいろな品物を見て回る	54.2
ひまな時間をつぶす	12.1
情報収集	8.1
習いごと(語学・パソコンなど)	0.5
その他	0.7
ショッピングモールは利用しない	3.2
無回答	1.8

図5-3　ショッピングモール利用目的（N = 885）（多重回答）

どまり，「習いごと（語学・パソコンなど）」を目的にする人は一部の限られた人たちだからだろう。

　性別で見たときに突出して差が出るのは，「いろいろな品物を見て回ること」で，男性47.0％に対し，女性は61.2％にも達する。やはりウィンドー・ショッピングは，女性の得意とするところである。他に女性が男性を上回るのは，買い物・映画・人と会う・非日常的な雰囲気を楽しむ，であり，男性が上回るのは，飲食・時間つぶし・情報収集などである。

　年齢別で見たときに際立つのは，20歳代において，「人と会ってすごす」「非日常的な雰囲気を楽しむ」「ひまな時間をつぶす」が，やや高くなっていることである。やはり若者は，ショッピングモールの空間がもつ漠然とした非日常感それ自体を，積極的に楽しむ傾向がある。一方，「飲食」は20歳代20.3％に対して30歳代30.7％，40歳代25.7％と高く，「映画鑑賞」は飲食ほどではないが，20歳代13.5％に対して30歳代15.8％，40歳代19.4％とやや高めになる。漠然とした非日常的空間を楽しむ20歳代に比して，30〜40歳代は買い物以外に飲食や映画という，より具体的な目的意識を持って，ショッピングモールに来ている。

　所得別の主だった差異は，世帯年収300万円以上で映画鑑賞，300万円未満では「非日常的な雰囲気を楽しむ」の割合が相対的に高くなることである。映画鑑賞には1,000円以上の料金がかかるが，雰囲気を楽しむだけならタダである。経済状況のちがいが，こうしたモールでの楽しみ方にも表れているのだろう。

（3）利用上の主観

　ショッピングモールの利用上の主観，および地域への貢献について聞いた結果は，図5-4のようになった。「便利である」に肯定的な回答が圧倒的に多く，9割以上を占めている。利便性はやはり，ショッピングモール利用の中心的な要素なのだ。

　これに比べると，「居心地がいい」と「楽しい気持ちになる」に対する肯定的な回答の比率は下がる。6割近くがショッピングモールの居心地のよさを認めているものの，「とてもそう思う」積極肯定派は11.2％にとどまる。

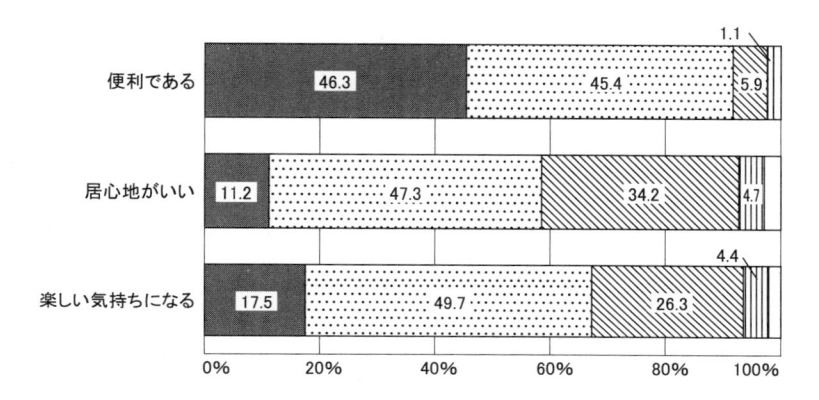

5章 ショッピングモールと沖縄イメージ

図5-4 ショッピングモールについて（1）

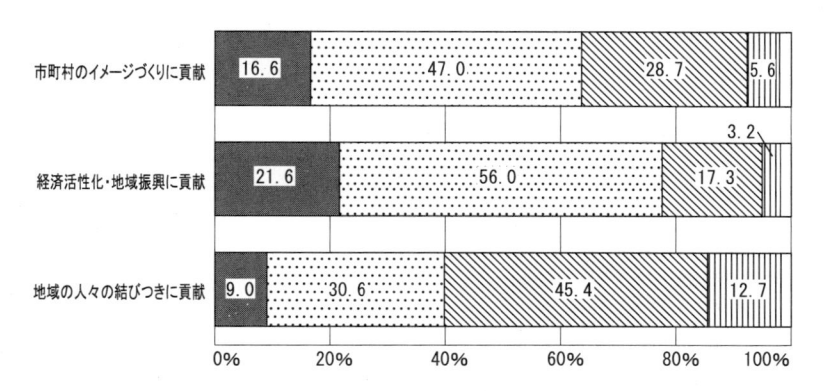

便利である: とてもそう思う 46.3、まあそう思う 45.4、あまりそう思わない 5.9、全くそう思わない 1.1
居心地がいい: 11.2、47.3、34.2、4.7
楽しい気持ちになる: 17.5、49.7、26.3、4.4

■とてもそう思う ▢まあそう思う ▨あまりそう思わない
▥全くそう思わない □無回答

図5-5 ショッピングモールについて（2）

市町村のイメージづくりに貢献: 16.6、47.0、28.7、5.6
経済活性化・地域振興に貢献: 21.6、56.0、17.3、3.2
地域の人々の結びつきに貢献: 9.0、30.6、45.4、12.7

■とてもそう思う ▢まあそう思う ▨あまりそう思わない
▥全くそう思わない □無回答

「あまりそう思わない」人も34.2％いる。

「楽しい気持ちになる」も、「居心地がいい」と似た傾向だが、「とてもそう思う」人がやや多く、「まあそう思う」を含めると、3人に2人が楽しい気持ちになっている。ショッピングモールが非日常的な楽しみの感覚を呼び

起こす効果をもつことがわかる。

　性別・年齢別でみると，ショッピングモールの利便性・居心地よさ・楽しさは，概して女性・若者が特に受け入れ，享受する傾向にある。特に楽しさは，男女間で差が開いている。「とてもそう思う」が男性12.8％に対し女性22.1％，「まあそう思う」が男性43.2％に対し女性56.0％で，合わせると20ポイント以上の差が開く。他方，「あまりそう思わない」は女性18.5％に対し，男性34.3％と，倍近い割合の人が選んでいる。明らかに男性より女性の方が，ショッピングモールの空間を楽しんですごしている。ショッピングモールはジェンダー的にみて，利便性・快適性・楽しさいずれの点からも，女性がより主役になりやすい，女性に親和的な空間であることが浮かび上がってくる。

　また，一般的にはショッピングモールは若い世代により親和的な空間だと言えるとしても，楽しさにおいては40歳代以上の「とてもそう思う」人の割合が，40歳代→50歳代→60歳代と上がるにつれて，少しずつだが高くなっている。これは，人によっては高齢層の中にも，ショッピングモールを楽しむ人が確実にいるのだ，という事実を指し示している。

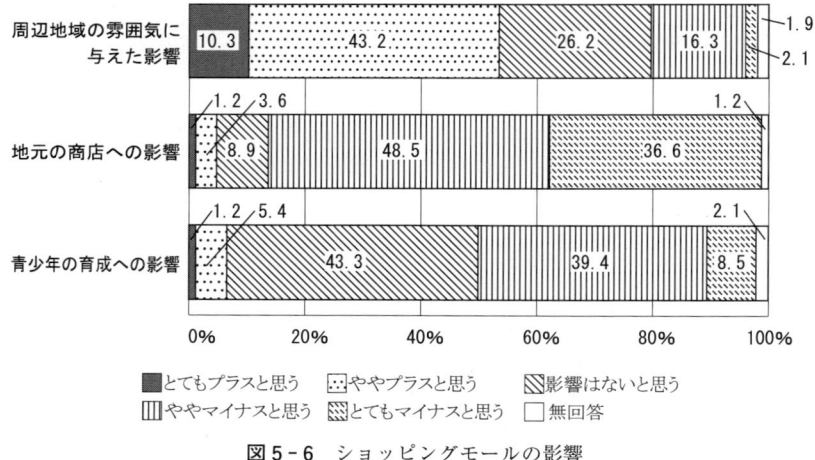

図5-6　ショッピングモールの影響

（4）周辺地域・青少年への影響

次に，利用者としての立場を離れて，ショッピングモールと周辺地域の関係についてより客観的に見たとき，人々はどうとらえているか。「市町村のイメージづくり」「経済活性化・地域振興」「地域の人々の結びつき」に貢献しているかどうか，印象をたずねた（図5-5）。その次に，ショッピングモールが「周辺地域の雰囲気」「地元の商店」「青少年の育成」に与えた影響について，「とてもプラス」「ややプラス」「影響はない」「ややマイナス」「とてもマイナス」という，プラス・マイナス5段階の評価という形で聞いた（図5-6）。

これら6項目のうち，ショッピングモールに肯定的な評価を下す回答が多いのは，「市町村のイメージづくり」「経済活性化・地域振興」「周辺地域の雰囲気」である。一方，ネガティブな評価が多いのは，「地元の商店への影響」「地域の人々の結びつきへの貢献」である。また，「影響はない」という回答が多いのが，「青少年の育成」である。

まず，市町村のイメージづくりについて見てみよう。1990年代末の北谷町美浜のアメリカンビレッジ以来，この数年，那覇市・旧具志川市（現うるま市）・名護市・南風原町・西原町・豊見城市・浦添市などでは，巨大ショッピングモールが次々に建てられ，市町村のイメージを一新し，地域の雰囲気をガラッと変える役割を果たしてきている。多くの県民が，そのようなショッピングモールが地域に及ぼすインパクト（象徴的な効果）があることを，実際に感じとっていることが，データからわかる。

次に，経済活性化・地域振興について見てみよう。イメージづくり以上に，ショッピングモールの経済効果を肯定している人は多く，「とてもそう思う」「まあそう思う」を合わせると4人に3人を超えている。こちらは市町村に限定しない形で，経済活性化・地域振興との繋がりを聞いているわけだが，ショッピングモールが地域経済の起爆剤的な位置づけを与えられ，住民にも実際そう受け取られていることがわかる。

ショッピングモールは，地域の人々が集まりにぎわい，商業・雇用・消費・買い物の場として，地域のセンター的な役割を担いつつある。とはいえ，地域の人々の「結びつき」を促進するような機能を果たすとは考えられていな

い。

　周辺地域の雰囲気への影響は，マイナスよりプラスの影響があったと考える人が多い。ただし，4人に1人はプラスにもマイナスにも影響していないと考えている。

　地元の商店に対しては，マイナス影響の回答が圧倒的に多く，8割5分を占めている。ただ年齢別で見ると，20歳代に目立った特徴が見られ，「とてもマイナスと思う」という否定的な回答が極端に低く，その分「ややマイナスと思う」と「影響はない」が高くなっている。若い世代は，ショッピングモールの地元商店への影響をやや楽観視する傾向があるようだ。対して60歳代は，「とてもマイナス」「ややマイナス」を合わせると9割以上が，ショッピングモールがマイナス影響を地元商店にもたらしていると答えている。このちがいは，過去のその地域のことを長くよく知っていることから来てもいるのだろう。

　青少年の育成への影響については，半分近くの人が青少年にマイナスと考えているが，「影響はないと思う」人も43.3％と最も多く，マイナス派と影響なし派に二分している状況である。「とてもマイナス」が少ないことからも，青少年育成への悪影響はそれほど深刻にあるとは考えられていないことがわかる。

（5）小　括

　以上，ショッピングモールについての質問の回答結果からは，沖縄の県民生活や地域社会において，ショッピングモールの存在が大きな影響力をもつ諸相が明らかになってきた。

　回答の主流的な動向を再び描いておくならば，回答者の多くは，1ヶ月に1回以上ショッピングモールを利用している。その目的は買い物やウィンドー・ショッピング，飲食，映画鑑賞が多い。ショッピングモールの利便性・快適性・楽しみは広く受け入れられており，特に女性がその主役となっている。

　ショッピングモールは，市町村のイメージづくりや経済活性化・地域振興に貢献する象徴的・経済的な起爆剤の役割を果たしていると認められているが，地域の人々の結びつきを促すコミュニティ機能は，認められていない。

周辺地域の雰囲気にはプラス影響を与えたが，地元商店にはマイナス影響を与え，青少年育成には無関係かマイナス影響のどちらか，と考えられている趨勢がある。

　ショッピングモールに対しては，いまや人々に受け入れられ楽しまれ，地域社会にかなり定着してきたポジティブな側面と，地域社会の商店街を解体する脅威となったり，郊外の均質的で無機的な風景を促進したりするネガティブな側面とが，人々の意識においても両立し，その両面が同時にイメージされているようなところがある。地域の開発やまちづくりにおいて，ショッピングモールの建設を起爆剤とするような画一的な手法が続くことには，若干の違和感や不安があることは否めない。しかしながら今後も，その方向が繰り返し踏襲されていく可能性は高い。そして，利便性・快適性・娯楽性といった生活者・消費者向けの実用的なメリットという名のもとに，依然やはり開発主義が隠蔽されつつ肯定・承認されていく，暗黙で自明なまま進行するプロセスを，決して軽視してはならないだろう。その意味でも，沖縄におけるショッピングモールと地域社会との関係は，今後も注目と考察・議論を展開していくべき，ますます重要な課題であり続けるように思われる。

5-3　沖縄イメージ

　1970年代の日本復帰・海洋博以降，さらには2000年代のサミット・ドラマ「ちゅらさん」の放送以降，沖縄は観光やメディアにおいて一気に脚光を浴び，全国的に注目されるようになった。そこでは単に戦争や基地に限定されない形で，沖縄の青い海や亜熱帯，長寿，独特の文化や県民性などが盛んにアピールされ，より多様で詳しく精緻化された沖縄イメージが流通し，定着するようになった。

　主に観光やメディアの文脈で流通してきたこれらの沖縄イメージは，とはいえ単なる「県外向け」として完結するわけではない。全国向けメディアの〈沖縄〉を，沖縄県民もまた視聴している。また県民自らツーリストの立場になって，〈沖縄〉を美的にまなざし，旅して回り，長寿料理を賞味することもある。移動性や混淆性がいっそう度を増し，〈沖縄〉の情報化・イメー

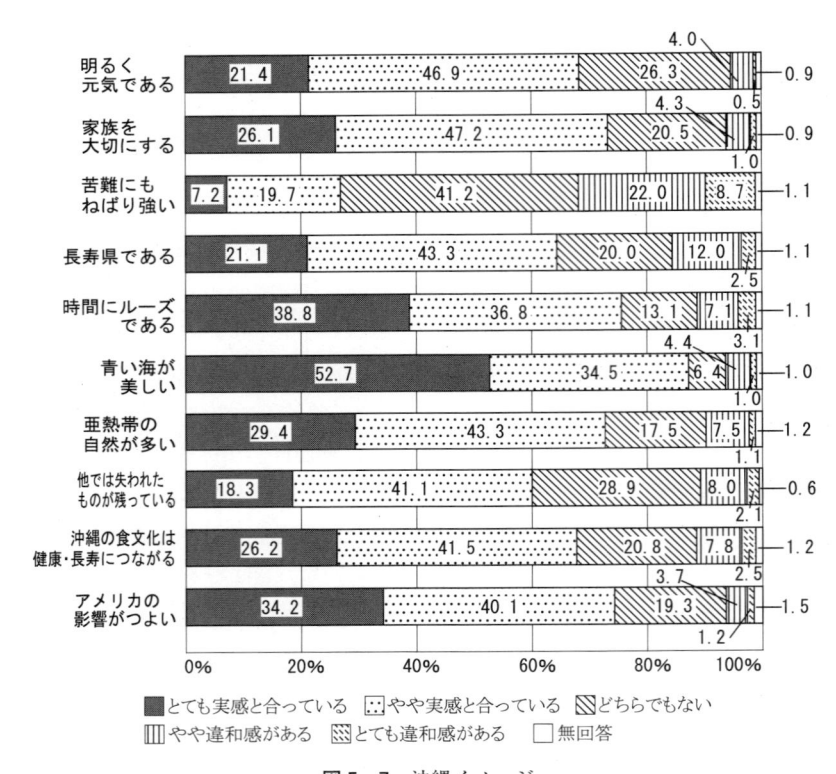

図5-7 沖縄イメージ

項目	とても実感と合っている	やや実感と合っている	どちらでもない	やや違和感がある	とても違和感がある	無回答
明るく元気である	21.4	46.9	26.3	4.0	0.5	0.9
家族を大切にする	26.1	47.2	20.5	4.3	1.0	0.9
苦難にもねばり強い	7.2	19.7	41.2	22.0	8.7	1.1
長寿県である	21.1	43.3	20.0	12.0	2.5	1.1
時間にルーズである	38.8	36.8	13.1	7.1	3.1	1.1
青い海が美しい	52.7	34.5	6.4	4.4	1.0	1.0
亜熱帯の自然が多い	29.4	43.3	17.5	7.5	1.1	1.2
他では失われたものが残っている	18.3	41.1	28.9	8.0	2.1	0.6
沖縄の食文化は健康・長寿につながる	26.2	41.5	20.8	7.8	2.5	1.2
アメリカの影響がつよい	34.2	40.1	19.3	3.7	1.2	1.5

凡例：■とても実感と合っている ┊やや実感と合っている ▨どちらでもない ▥やや違和感がある ▩とても違和感がある □無回答

ジ化が進む中で、いまやある面では、〈沖縄〉をまなざすときの「内」と「外」の明確な区別は、なくなってきている。沖縄県民も全国版の沖縄イメージにたえず身近にふれながら、よりローカルな自前の沖縄イメージをつくりあげ、対置することもある。ブーム以降に浸透・定着した沖縄イメージは、県民自らの生活文化やアイデンティティを立ち上げる際の、参照枠組みになってきてさえいるのである。

そこで本調査では、沖縄イメージについての質問を設けた。沖縄の県民性や自然・文化に関して、代表的な沖縄イメージ10項目を挙げ、それらのイメージが回答者の沖縄生活での「実感と合っている」か、「違和感がある」か、「どちらでもない」か、という聞き方をし、「とても」「やや」を入れて5

段階の選択肢から選ぶ形にした。

　沖縄イメージについての回答を全体的に見てみると,「苦難にもねばり強い」を除く9項目のすべてが,回答者の沖縄県民の生活実感と,程度の差はあれ合致しているという回答が過半数を占める結果となった（図5-7）。「明るく元気」「家族を大切にする」「長寿県」「時間にルーズ」といった県民性イメージや,「青い海が美しい」「亜熱帯」「他では失われたものが残っている」「健康・長寿の食文化」「アメリカの影響がつよい」といった自然・文化のイメージは,観光や全国メディアで外向けに盛んにアピールされている。これらが,沖縄での生活実感と多少なりとも合致しているとして,回答者の半数以上がイメージと実生活の合致を肯定的に回答する結果が,浮かび上がってきたのである。「健康・長寿の食文化」のように,客観的な実態は必ずしも,こうした県内外のイメージと対応しているとは限らないのだが,イメージ調査の結果としては,ポジティブな回答が引き出されてきた。諸々の沖縄イメージがいまや,県民の生活実感ともシンクロしてきている事態を,これらのデータからは読みとることができる。以下,個別に見てみよう。

（1）項目ごとの分析
（ア）明るく元気である
　2001年のNHKドラマ「ちゅらさん」に出てくる典型的な沖縄県民のイメージだが,「とても実感と合っている」21.4％,「やや実感と合っている」46.9％と,3人に2人は県民が「明るく元気である」というイメージが,生活実感と合っていると認めている。「やや違和感がある」「とても違和感がある」の違和感派は,合わせて5％に満たない。だが,「どちらでもない」が4分の1いることにも注意しよう。この中には,「明るく元気」かどうかは県民性というより,結局は個人の性格によって異なる,といった,ステレオタイプ的な見方を疑い相対化するような判断・立場も含まれているだろう。
　性別でみると,男女の間に差がある。女性の方が実感合致派が多く,4人に3人近くが沖縄の県民性を「明るく元気」ととらえている（男性は6割にとどまる）。一方,男性は「どちらでもない」が3割と,冷めている人が多い。

年齢別では，概して若い人ほど，「実感と合う」と答える人が多い。その一方，60歳代はケース数が少ないが，「やや実感と合っている」が53.7％と過半数を占め，「とても」と合わせた実感合致派が7割に達している。この数値には，この世代が実際に経てきた苦難と動乱の時代を，それでもたくましく生きてきたことへの自負が含まれているのかもしれない。

　（イ）家族を大切にする

　（ア）「明るく元気」と同様，違和感派はわずか約5％にとどまるが，「どちらでもない」は20％にも達し，個々の家庭によってケースバイケースと考える人たちが含まれているだろう。とはいえ，7割もの回答者が「家族を大切にする」県民性を認めている事実は，このイメージに対応する現実がまだまだ沖縄に残っていること，また生活の中である程度そう実感されていることを表すデータであるともいえよう。

　性別：（ア）と同様，女性の方が実感合致派が多くなっている。ただ男性も（ア）と比べると，「とても実感と合っている」の比率が23.8％と高くなっている（（ア）では17.6％）。「明るく元気」よりも，「家族を大切にする」という県民性イメージの方が，男性の生活実感にもフィットし，真実味をもつと感じられているわけである。

　年齢別：20歳代は「とても実感と合っている」30.2％，30歳代は「どちらでもない」27.3％，40～50歳代は「やや実感と合っている」が49.1％と55.1％とそれぞれ高くなっている。

　30歳代に比べて最近大人になった20歳代は，2000年代の「ちゅらさん」以降の沖縄イメージの影響を，より強く受けているのではないか。対して，30歳代に比べて40～50歳代の実感合致度が高いのは，実際に家族を大切にする（せねばならない）現実を，30歳代よりも長く切実に生きてきたからではないか。その意味で30歳代は，家族イメージの20歳代と，家族の現実の40～50歳代とのはざまで，家族のエアポケット状態を生きる世代と言えるのかもしれない。

　（ウ）苦難にもねばり強い

　他の項目とは異なり，わずかに違和感派が実感合致派を上回った。だが，それ以上に多いのが「どちらでもない」41.2％であり，10項目のうち最も

高い。これも個人によって異なるという判断もあるだろうが，特に比率が高いことを鑑みれば，特殊な要素がはたらいていると考えた方がよいだろう。例えば，「苦難にねばり強いウチナーンチュ」と，「ねばり強さがない（淡泊な）ウチナーンチュ」という逆の面と，両面のイメージが並存しており，どちらとも言えないと考えた人たちがいる可能性である。

　性別：「明るく元気」「家族を大切にする」では「どちらでもない」の回答に男女の性差が出ていたのに対し，「苦難にもねばり強い」では，「やや違和感がある」「とても違和感がある」に性差が表れ，男性の回答はそれらに集中し，積極的な違和感を表明している。「苦難にもねばり強いウチナーンチュ」像は，女性より男性にとって，しっくりいかないイメージなのだ。

　年齢別：興味深いことに，上の世代になるほど実感合致派の率が高くなる。これはやはり，沖縄戦や米軍統治，復帰など，沖縄の動乱と苦難の時代を生き抜いてきた実体験の反映だろうか。20歳代の実感合致派が突出して少なく，逆に違和感派が突出して多くなっている。だが，60歳代はケースが少ないながら，「どちらでもない」が突出して少なく，その分，実感合致派と違和感派の両極に分かれて回答が集まっている。

　（エ）長寿県である

　実感合致派が3分の2近くを占めた。実際に高齢者が多く，元気で大切にされている人も多い現実を反映しているだろう。だが，「明るく元気」「家族を大切にする」と比べれば，違和感派の割合も高くなった。特に近年，男性の平均寿命の全国順位が下がり，長寿県の危うさが叫ばれていることも影響していると思われる。「どちらでもない」も，20％に達した。

　性別：これまでと同様，男性より女性の方が実感合致派が多い。女性の方が実際に平均寿命が高く，全国1位を保持していることと関連しているのだろうか。

　年齢別：20歳代で「とても実感と合っている」が突出して多く，3割以上にも及ぶ点は興味深い（他の世代は2割以下）。これは，長寿県・沖縄のイメージやキャンペーンが広まった時期に大人になっているため，長寿の沖縄イメージを自明視していることの表れではないか。「どちらでもない」と冷めた30歳代が多いのは，「家族を大切にする」と似たような傾向だ。40歳

代以上では,「やや違和感がある」が下の世代より少し多めになった。健康・長寿ではない現実を,日常生活の中で身近に直視している人たちだろうか。

　（オ）時間にルーズである

　7割5分以上の回答者が実感合致派で,違和感派は1割,「どちらでもない」も13％台にとどまる。沖縄には,「ウチナータイム」という言葉がある。良くも悪くも,決められた約束の時間をきっちりと守らない,あるいはそのことを怒らずに寛容に受け入れて相手を待つような,沖縄独特の時間様式のことを指して使われている。「ウチナータイム」は,本土から押し付けられたイメージではなく,むしろ県内に根強く浸透した沖縄イメージであり,飲み会などの場で,実際にそうなる形で行われている人々の行動習慣である。この数値は,こうした県内の現実に裏付けられた結果であるといえよう。

　性別：性別では目立った差は見られず,男女ともに実感と合っていると答える人が主流を占める。ごくわずかながら,男性に「どちらでもない」が多く,女性に「やや違和感がある」が多い。時間にキッチリした女性が,確実にいることの表れだろうか。

　年齢別：若い世代ほど,実感合致派が多い。特に「とても実感と合っている」は,20歳代54.2％,30歳代48.6％と,とても高い。先にもふれたとおり,ウチナータイムは本土から割り当てられた沖縄イメージというより,県内で広く浸透し流通する,よりヴァナキュラーな語りである。特に20〜30歳代の若い世代ではますます,ウチナータイムの語りは説得力をもち,現実の時間感覚のユルさと呼応し,また次なる現実を生み出す役割を果たしているのではないか。言説が現実をつくる。あるいは,言説と現実との,循環的な構築の関係が,成り立っているような状況を示してくれるデータである。

　（カ）青い海が美しい

　これまでは県民性の項目だったが,ここからは自然・文化の項目である。「青い海が美しい」は,「とても実感と合っている」が52.7％の過半数,「やや実感と合っている」34.5％と,圧倒的多数の回答者が実感合致派であり,10項目のなかで最も多い。

　たとえ仮に,沖縄の観光に違和感をもつ人がこの中に多く含まれていたと

しても，観光にも使われる「美しい青い海」の沖縄イメージは，県民として自分が知る青い海の美しさと，合致することを認めざるをえない。美しい青い海は，県民にも観光客にも，端的にそこにある。だから，イメージ化されもする。そのことを表す数値である。

性別：女性の方が男性よりも「とても実感と合っている」の比率が高く，57.1％にまで達している。沖縄の海の美しさへの意識や関心は，女性の方が高いということだろうか。

年齢別：20〜50歳代で，年齢別の違いはほとんどない。60歳代はケースが少ないので単純に比較できないが，1人の無回答を除く40人全員が，「実感と合っている」と答えている。

（キ）亜熱帯の自然が多い

「とても」「やや」合わせて7割以上が実感合致派だが，（カ）の青い海の美しさと比べると低い。特に，「とても実感と合っている」の差は歴然である。「亜熱帯」という気候的・地理的な条件が，住民の視点よりは，外から見て他の地域と比較したときに明確になる，海に比べるとより抽象的で間接的な概念であることが，一因となっているだろう。

性別ではほとんど差は見られない。（カ）青い海では性差がやや見られたのに，亜熱帯では性差が見られないこと自体，興味深い結果である。年齢によっても，大きな特徴は見られない。

（ク）他では失われたものが残っている

（カ）（キ）と比べて実感合致派は6割とさらに減り，「どちらでもない」が28.9％にまで高まる。「他では失われたもの」への視点も，基本的には外からの視点であり，そもそも沖縄県民の側からすれば，他の地域で何が失われたのか，またそれが沖縄に残っているのかどうかを把握することは難しい。とはいえその割には，「他では失われたものが残っている」という沖縄イメージへの違和感派は10％にとどまり，むしろ実感合致派が6割を占めているのは，意外な結果でもある。沖縄が，他地域で失われたものをいまだ残した場所であるという見方は，県内でも一定程度受け入れられていることになる。

（ケ）沖縄の食文化は健康・長寿につながる

3人に2人が実感合致派である。実際には油ものの多い弁当やファストフー

ドなど，沖縄の食文化は必ずしも健康に良いとは限らず，こうしたイメージと実態との間にズレがあるはずだ。沖縄の食文化が健康・長寿と結びつけて語られてきたこと自体，1990年代後半からの最近の現象である。回答結果は，こうした県民の生活実感そのものが，ブームで高まった健康・長寿の沖縄食イメージの影響を受けてきたことを表してもいるだろう。

性別：大きな差は見られず，女性の「とても実感と合っている」人がやや多い程度である。一般的に，女性の方が食生活や健康への意識・関心が高い傾向の表れだろうか。

年齢別：30歳代だけ実感合致派が少なく，「どちらでもない」が突出して多く，3割近い（全体2割に対して）。(エ)「長寿県である」の回答にも見られた傾向だ。20歳代がブーム以降の長寿の沖縄言説を自明視している一方，40歳代以上がある程度長寿の沖縄食を自ら実践して生み出してきた世代だと考えれば，30歳代はちょうど両世代のはざまで，長寿の言説とイメージに乗らない，冷めた世代であるという仮説を立てることもできるだろう。

(コ) アメリカの影響がつよい

実感合致派が4分の3を占める。米軍基地はもちろん，消費文化の面でも，アメリカの影響は大きく，イメージと生活実感が合致しているといえる。ただし，「どちらでもない」も19.3％と，5人に1人はアメリカの影響をさほど感じていない。

年齢別：若い世代ほど，実感合致派の比率が高い。米軍統治時代の生々しいアメリカ支配をじかに知る50～60歳代よりも，復帰後のリアリティでほぼ完結している20歳代，30歳代の方が，逆にアメリカの影響を感じているという回答結果は，意外かつ興味深い。米軍統治時代を生きてきた世代だからこそ，あの時代がアメリカ1色ではなかったことを，肌で知っているのかもしれない。他方，米軍基地の存在は，沖縄本島（特に基地の近隣地域）に住んでいれば全世代が共通して感じているはずだが，20歳代において「とても実感と合っている」が突出し，4割を超えている点も興味深い。この中には，北谷の美浜アメリカンビレッジのような，テーマパーク的なアメリカイメージも含まれているのかもしれない。

地域別：市町村別にデータを見てみると，興味深い結果が出た（図5-8）。

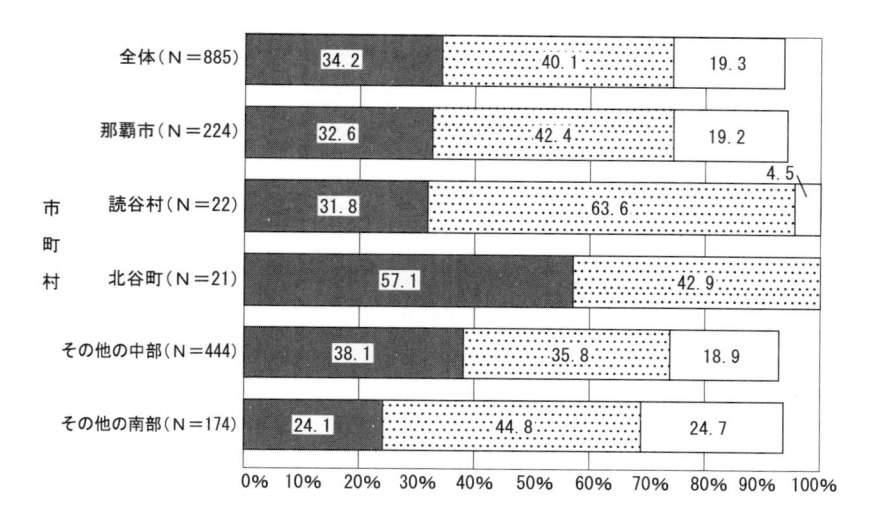

5章　ショッピングモールと沖縄イメージ　　　　　　　　119

市町村		とても実感と合っている	やや実感と合っている	どちらでもない
	全体(N＝885)	34.2	40.1	19.3
	那覇市(N＝224)	32.6	42.4	19.2
	読谷村(N＝22)	31.8	63.6	4.5
	北谷町(N＝21)	57.1	42.9	
	その他の中部(N＝444)	38.1	35.8	18.9
	その他の南部(N＝174)	24.1	44.8	24.7

■とても実感と合っている　　やや実感と合っている　□どちらでもない

図 5-8　沖縄イメージ「アメリカの影響がつよい」（違和感派を除く）

　北谷町と読谷村の実感合致派が，他地域に比べ突出して多いのである。北谷町は 21 人中全員が実感合致派で，うち過半数の 12 人が「とても実感と合っている」と回答している。他地域が全体の傾向とさほど変わらないのに対し，読谷と北谷の傾向は注目に値する。ケース数は大幅に異なるが参考のため，％の差を図示してみた。

　本島中部で，米軍基地の影響が同様に強い地域として沖縄市や嘉手納町があるが，これらはさほど目立った特徴はなかった。全体と変わらない那覇市，突出した読谷村・北谷町と比較して，その他の中部と南部を再コード化してみると，図 5-8 のようになった。中部と南部では，アメリカの影響に関する実感が，明らかにちがっている。北谷・読谷を除く中部の「とても実感と合っている」は 38.1 ％に対し，南部は 24.1 ％である。この差は，（中部に集中する）基地のリアリティのちがいを表してもいるだろう。

（2）項目間の関係
　さて，沖縄イメージに関するこれらの問いでは，回答者の属性との関連以

表5-1 イメージコミット型とイメージ退け型

	とても実感と合う		どちらでもない	
	全体	（ア）で選択の場合	全体	（ア）で選択の場合
（ア）明るく元気である	21.4	──	26.3	──
（イ）家族を大切にする	26.1	63.0	20.5	39.5
（ウ）苦難にもねばり強い	7.2	22.8	41.2	45.9
（エ）長寿県である	21.1	47.6	20.0	31.8
（オ）時間にルーズである	38.8	58.7	13.1	18.9
（カ）青い海が美しい	52.7	72.0	6.4	13.7
（キ）亜熱帯の自然が多い	29.4	51.9	17.5	24.5
（ク）他では失われたものが残っている	18.3	38.6	28.9	41.2
（ケ）沖縄の食文化は健康・長寿につながる	26.2	54.0	20.8	31.3
（コ）アメリカの影響がつよい	34.2	57.1	19.3	27.0

単位：％

表5-2 イメージ項目間の連関

	とても実感と合う				どちらでもない			
	前者	後者で選択の場合	後者	前者で選択の場合	前者	後者で選択の場合	後者	前者で選択の場合
（イ）と（ク）	26.1	59.3	18.3	41.6	20.5	31.6	28.9	44.8
（エ）と（ケ）	21.1	50.4	26.2	62.6	20.0	40.8	20.8	42.4
（カ）と（キ）	52.7	91.9	29.4	51.3	6.4	24.5	17.5	66.7
（カ）と（ク）	52.7	84.6	18.3	29.4	6.4	10.5	28.9	47.4

単位：％

上に，イメージの諸項目の回答同士のほうが，明らかに相関が高いようだ。

　すなわち，県民性の（ア）「明るく元気である」で「とても実感と合っている」を選んだ人は，後の項目でも「とても実感と合っている」を選んでいる比率が，単純集計の値より高い。また，（ア）で「どちらでもない」を選んだ人は，後の項目でも「どちらでもない」を選んでいる比率が高い（表5-1）。また逆の手順で，他の項目で「とても実感と合う」，「どちらでもない」

を選んだ人から，(ア)でも同じものを選んでいる人の比率を調べてみても，(ア)の単純集計の数値よりつねに高くなっている。

　このことは重要な示唆を与えてくれる。質問項目間の「実感と合う」，「どちらでもない」は互いに連動し合って，そのつど2つのタイプを形成する。よく言われる沖縄イメージが生活実感と合っている，とするイメージコミット型と，「実感合致か違和感か」という前提に乗らない，イメージ退け型である。

　「明るく元気」の沖縄イメージは，ポジティブで健康的なものである。これにコミットする人は，(イ)家族を大切にする，(ケ)沖縄の食文化は健康・長寿につながる，(エ)長寿県である，(ウ)苦難にもねばり強い，などの回答にも連動してコミットする傾向がある。また逆に，「明るく元気」の沖縄イメージを「そんなことはない」と退ける人は，「家族を大切にする」「長寿県」「健康食」なども，同様に退けてしまう可能性が高まる。質問項目間の相関は，イメージコミット型とイメージ退け型，両方の系列を含み込んでいるのである。

　同様に(ア)以外で，密接に関連しそうな2項目の組み合わせを挙げてみよう。(イ)「家族を大切にする」と(ク)「他では失われたものが残っている」，(エ)「長寿県である」と(ケ)「沖縄の食文化は健康・長寿につながる」，(カ)「青い海が美しい」と(キ)「亜熱帯の自然が多い」，(カ)「青い海が美しい」と(ク)「他では失われたものが残っている」で，表5-2のようになる。

　当然のことながら，(エ)と(ケ)の長寿県と健康食，(カ)と(キ)の青い海と亜熱帯は密接に関連しあう。これらは，イメージへのコミットの局面でも連動するが，イメージを退ける局面でもまた，互いに連動していくのである。

　ここで注記しておきたい点は，イメージへのコミットにせよ棄却にせよ，個々のイメージに対して判断・態度がとられる際には，つねに一定の文脈，コンテクストがはたらき，そのなかで判断が行われていることである。そこには，研究者の質問紙調査というコンテクストも含まれる。調査論的な考察を行うとき，たしかにそれは特殊な文脈を作り上げてしまうし，研究者はそのことに自覚的であらねばならないだろう。

　だが，調査状況でなくとも，イメージをめぐるコンテクストは，観光やメ

ディアをはじめ，つねに作用している。われわれが様々な沖縄イメージと向き合うとき，それをポジティブに受け入れる場合でも，否定する場合でも，そのイメージをとりまく具体的なコンテクストが，つねにはたらいている。個々の沖縄イメージは，そうしたコンテクストとセットになっているのである。

しかも，ここで重要なのは，例えば「明るく元気」のような個別のイメージそのものが，自ら新たなコンテクストを立ち上げ，別のイメージに対しても影響を与えていくことである。個々のイメージの記号群は互いに作用しあいながら，全体としての沖縄イメージを織りなしていくのである。

5-4　むすびにかえて：沖縄のローカリティとイメージをめぐる複雑な現実

本調査におけるショッピングモールと沖縄イメージの質問は，一方では沖縄における無徴性の広がりと，他方では沖縄であることの有徴性とに，ともに関連する問いであった。一見矛盾するかのようにみえるこうした沖縄の無徴性と有徴性は，県民の生活においては矛盾することなく，郊外化と観光立県という形で，沖縄の2つの重要な側面を形づくっている。

冒頭でも指摘したように，郊外化と観光，ショッピングモールと沖縄イメージを，県民の生活にとって外在的でよそよそしいものであるかのように，疎外論的な見方だけでとらえてしまっては，事の本質を見誤ることになるだろう。本章で分析してきたように，ショッピングモールはすでに多くの県民の生活の中にとけ込み，沖縄イメージは生活感覚ともフィットしてきてもいるのであった。

そもそも，沖縄のショッピングモールを経営する企業の1つであるサンエーは県内企業であり，大型店舗だからといって本土資本や外資だとは限らない。また，ショッピングモールを「無徴性のしるし」だと述べたが，店内ではもちろん，沖縄らしさをアピールする特産品，県産品も多く販売されている。ひとたび地域に根づけば，地元の人の伝統行事などにも活用され，ショッピングモールそのものが地域性をおびていく側面にも，注意を向けねばならな

い。

　他方,「明るく元気である」「青い海が美しい」などに代表される沖縄イメージは,たしかに県外発の観光やメディアのイメージでありながらも,単純に外から押しつけられるものではなく,県民の生活実感もそれと合致している面があることがわかった。とはいえ,そのイメージの内実はかなり異質なものを含み,より濃密だろう。県民の側の沖縄イメージは多くの場合,それに対応する現実の経験や記憶に基礎づけられているのであって,イメージだけで自己完結するものではない。

　例えば,筆者の八重山諸島でのフィールドワークに基づいて言うなら,西表島で漁業を営んでいた家族が,民宿・観光業に転じるプロセスがあった。彼らが観光で押し出す「青い海」は,漁業を通して熟知してきた海であり,子どもたちが身近に遊び育ってきた海でもあった。こうした局面での「青い海」の沖縄イメージは,観光によって新しく創り出されたというよりは,むしろ漁業から観光への連続性に基礎づけられていたものであった。このように,イメージの表面上の共通性の中に,ローカルな生活実践や記憶,感覚が刻み込まれていることにより,多様な差異や濃度を見てとることもできる。

　以上のように,郊外化と観光,ショッピングモールと沖縄イメージによって同時進行する沖縄の無徴性と有徴性は,地域に浸透し根づいていく中で,複雑な現実を展開していく。本章で行ってきたデータの分析と考察が,今日の地域の複雑なありようを考えていく上で,少しでも素材やヒントを提供することができれば幸いである。

付　記

　本章の知見は,平成 21〜23 年度文部科学省科学研究費補助金・若手研究(A)「観光・移住・メディアがもたらす地域イメージと文化変容に関する社会学的研究」(研究代表者・多田治)による助成を受けた成果を含んでいる。ここに記して,感謝の気持ちを表しておきたい。

注

1) ファスト風土化や郊外化については,三浦　展,2004,『ファスト風土化する日本』,

洋泉社新書，若林幹夫，2007，『郊外の社会学』ちくま新書，宮台真司，2000，『まぼろしの郊外』，朝日文庫，などを参照されたい。
2）こうした風景の知覚変容のとらえ方については，ヴォルフガング・シヴェルブシュ，1982，『鉄道旅行の歴史』，法政大学出版局，拙著，2004，『沖縄イメージの誕生』，東洋経済新報社，を参照されたい。
3）2000年代の沖縄ブームや，観光を超えた沖縄イメージの浸透についてのより詳細な記述は，拙著，2008，『沖縄イメージを旅する――柳田國男から移住ブームまで』，中公新書ラクレ，を参照されたい。
4）ここでは，基地問題については特に言及しない。これについては筆者の別稿，2010，「沖縄と平和――軍事大国アメリカとどう向き合うか」，平和と和解の研究センター／足羽與志子・濱谷正晴・吉田　裕［編］，『平和と和解の思想をたずねて』，大月書店所収，も合わせて参照されたい。普天間基地の移設・撤去がこの10年ほどでも一向に進まない状況は，ショッピングモールの乱立による地域開発とは対照的である。

Ⅱ部

社会福祉学からみた沖縄

6章　沖縄都市における地域生活と社会参加

川添雅由
安藤由美

はじめに

　本章では，主として住民と社会活動との関わりの実情等について報告する。沖縄の地域社会（特に，沖縄本島中南部地域）は本土復帰後，急激に都市化が進んできた。復帰後は沖縄振興開発計画に沿って実施された社会資本のインフラ整備の推進等に刺激を受けて湧き起った土地ブーム・住宅建築ブームにより築かれた新興住宅地や，無秩序に開発されていった農村など，戦前の集落にはみられない新たな形の地域が誕生するなどして，地域が都市化してきた。それらの都市化した地域には，旧来の村落出身者と他地域出身者とが混在し，生活するようになった。
　一般に，都市化した地域の住民には，地域への愛着度の低下，地域との関わりの希薄化，地域の活動への不参加，自己中心的活動などの現象がみられるといわれる。本章では，都市化した地域の住民が，上記の一般にいわれる現象を呈しているかについてあきらかにするために，住民の地域への愛着，地域との関わりの状況及び地域への貢献意識等についての調査結果をみていくことにする。

6-1　沖縄の都市化と地域生活・社会参加

　すでに1章で述べたように，沖縄総合社会調査2006の調査地域である沖縄本島中南部17市町村は，県全体からすると市部人口に若干偏っている。

しかし，このことを逆から見れば，本調査研究は，おもに沖縄県の都市エリアを対象としているということができる。しかも，そのほとんどが，戦後一貫して人口増加と都市化を経験してきた，「那覇都市圏」とよばれる圏域に含まれている[1]。

現在の那覇都市圏に含まれる地域は，古くから士族層や商人層が居住していた那覇市西部と首里城周辺といった一部を除き，戦前まではほとんどが農村であったところに，戦後，他地域からの流入者が旧集落のはざまに定住して形成されてきたものである（秋元 1995）。その面だけをみるなら，那覇都市圏は日本本土の都市と共通する形成過程をたどってきた部分もある。しかし，沖縄の都市の戦後形成過程は，いくつかの重要な点で本土のそれとはかなり異なっていたことに注意する必要がある。

鈴木広は，沖縄の都市社会は親族結合とシマ結合を再生産し再強化する共同態のモザイク的集積から成っており，それぞれのモザイクのなかには「きわめて強い平準的集団形成が展開」し，その「集団メンバーは物心両面にわたる助け合いをおこなっている」ととらえた（鈴木 1986：p. 415）。そのことは，旧住民が自治会組織を軸として村落的な社会関係を保っているばかりでなく，新住民のなかにも同郷出身者が集まって郷友会を組織し，故郷の社会関係を再生産している場合が少なからずあることから裏付けられる[2]。したがって，沖縄の都市の形成過程は，本土の都市にしばしばみられるように，人口流入と産業化によって，移動性が高く近代的・合理的価値観をもった流入層が，伝統的な地縁・血縁で結びつく土着層を，ときには対立も含みながら凌駕していくというのとは，かなり性格が異なるといえるのである。

もちろん，こんにちでは，戦後60年以上経過するなかで，沖縄社会の産業・職業構造が近代化するとともに，かつての流入層も世代交代を経験し，村落的な社会関係に含まれない住民も増えてきているはずである。鈴木が見いだした，集積体の単位であった共同態モザイクも，都市的世界の中に溶解してしまっている部分もあるだろう。

このような那覇都市圏の形成過程や構造は，当然，住民の行動様式や意識になんらかの特徴を与えていると考えられる。そこで以下では，定住意識，地域活動および社会貢献活動といった側面に関して，仮説的な見取り図を与

えてみよう。

　一般に，住民の地域・社会参加の態様が，都市化による社会と人間の統合とみなされるのか，それとも，解体の指標であるのかは，つとに大きな論争点であったが，都市社会学ではどちらかといえば，ワースのアーバニズム論の系譜をくんだ後者の議論が都市の社会学的実証研究を導いてきた。そこでは，集団構造に及ぼす都市化の影響を農村との対比でとらえるという方法論が採用された（園部 2002）。このようなパラダイムに則った日本の高度成長期以降の都市化の社会学的研究の一般的な知見を高橋（2002）に従って要約するなら，都市では生活の外部化（家族外委譲）と個人化によって，人々は家族や地域から相対的に離脱していくが，その一方で，1970年代以降に顕著に増加してきたボランタリーアソシエーションは，そうした外部化された世界と個人化（私秘化）された世界を一定程度媒介する役割を担うようになってきたといえる。

　このような議論に照らせば，村落的なゲマインシャフト的関係が支配する「シマ」社会（波平 2002）の集積としての那覇都市圏では，都市化が進行しても，生活の外部化や個人化が起こりにくい，いいかえれば，人々の地域集団への参加は相対的に顕著だという予想が成り立つかもしれない。だが，個々のモザイク的シマ社会ではそうであっても，那覇都市圏全体をそのように特徴づけることは留保しなければならないだろう。というのも，自治会への加入という面から見ても，たとえば那覇市では自治会への加入率が1990年代において30％台と低く，自治会が地域に存在していないか，あるいは存在していても加入していない世帯も少なからずあるからである（高橋 1995）。

　那覇都市圏にある地域自治会の多くは，農村の旧集落単位の自治会からの延長である。そうした土着的な地域では，自治会は原則，全加入であり，しかもそれは血縁的結合を基礎としている（谷 1988）。一方，新興住宅地で結成された自治会では，それを構成する家族世帯間に親族関係が包含されていることは少ないであろうし，自治会の役割も，より限定的かつ問題処理的（倉沢 1977）であると考えられる。

　では，那覇都市圏の大半を占める流入者たちが，ゲマインシャフト的な地域集団とは無縁でいるかといえば，さきに郷友会の存在にふれたことからも

わかるように，それは正しくはない。ただ，そうした人々が地域で例えば郷友会のような組織や親族結合を通じて鈴木が指摘したような共同態的な社会関係を再生産しているのか，それとも，地域や親族の繋がりをもたずに孤立した家族生活を営んでいるのかは，必ずしもこれまで明らかにされていない。

いずれにせよ，地域における集団参加の多様な状況は，定住志向に大きく影響するとともに，またパーソナルな知己や縁故を基盤とするような活動や，地域の祖神祭祀に関する活動への参加状況も規定してくるだろう。

上述のような沖縄都市の性格は，人々の社会貢献活動をどのように規定しているだろうか。たとえば，ボランティア行動者率（過去1年間にボランティア活動を行った者の率）は人口規模と反比例する関係が全国的には存在するが，沖縄は唯一例外を示していて，ボランティア行動者率が全国一低い県である（総務省「平成18年社会生活基本調査報告」）。ボランティアのような社会貢献活動は必ずしも居住地域に限定されないとはいえ，通常は日帰りで行き来できる地理的範囲を超えることはないと考えるならば，広く那覇都市圏のニーズの所在を反映するだろう。一般に，市民レベルの社会貢献活動は，親族集団や自治会などの帰属主義的な地域組織にせよ，行政や専門組織にせよ，フォーマルな組織体がニーズを満たせないところで盛んになると仮定するなら，沖縄県のボランティア行動が低調である理由は，社会貢献活動のニーズがこうした諸組織によって満たされているか，もしくはニーズそのものが存在しないか，あるいはニーズがあっても顕在化していないかのいずれかだろう。

沖縄の住民の社会貢献活動の参加様式は，さきほどの那覇都市圏の構造をふまえるなら，その人がどのような地域の社会的環境にいるかによっても規定されるだろう。自治会が保育所やカルチャー講座まで運営している地区に住んでいる人もいれば，市町村（その関連組織も含めて）のサービス以外に頼るほかないような地区の居住者もいるだろう。もっとも，そうした地域的環境の中で行われる社会貢献活動への参加が，伝統的社会関係を基盤としたものなのか，市民的参加型のヴォランタリーアクション（佐藤 1982：pp. 121-156）なのかは，精査してみなければわからないところである。

以上，はなはだ粗削りながら，沖縄の都市における地域生活と社会参加へ

6章 沖縄都市における地域生活と社会参加　　*131*

の視点をまとめてみたが，それ以上に，沖縄総合社会調査2006から観察される地域生活と社会参加は，きわめて限られた側面であることは否めない。本章では，上述のような問題群を将来的な課題として見越しながら，地域生活と社会参加の行動と意識について基礎的な事実を報告する。

6-2　地域への愛着

　まず，住民の地域への愛着の有無について性別，年齢階級別，住宅の所有の有無との関連でみていきたい（図6-1）。

　「現在住んでいる地域にそのまま住み続けたいか」という質問に対して，「なるべく住み続けたい」と回答したのが52.8％，「ぜひ，いつまでも住み続けたい」と積極的な居住意向を示したのが19.9％である。両回答を合わせて「積極的な居住希望者」ととらえると，それは全回答の7割以上を占めている。他方，「できれば移りたい」との回答は22.9％，「ぜひ移りたい」は3.5％である。その両回答を「消極的な居住希望者」とすると，その回答は26.4％で，全体の3割弱である。「積極的な居住希望者」について性別での差異はみられない。

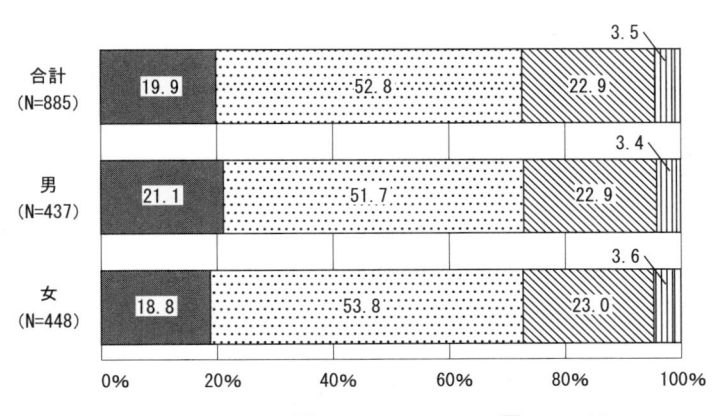

図6-1　居住継続意志　性別（N = 885）

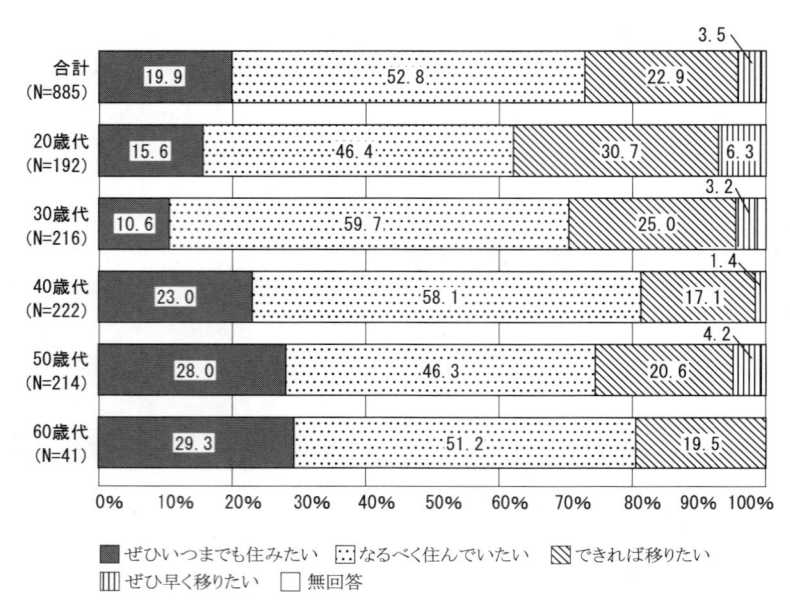

年齢	ぜひいつまでも住みたい	なるべく住んでいたい	できれば移りたい	ぜひ早く移りたい	無回答
合計 (N=885)	19.9	52.8	22.9	3.5	
20歳代 (N=192)	15.6	46.4	30.7	6.3	
30歳代 (N=216)	10.6	59.7	25.0	3.2	
40歳代 (N=222)	23.0	58.1	17.1	1.4	
50歳代 (N=214)	28.0	46.3	20.6	4.2	
60歳代 (N=41)	29.3	51.2	19.5		

図6-2　居住継続意志　年齢別（N = 885）

　年齢階級との関係でみると，「積極的な居住希望者」は，40歳代が81.1％で最も高く，次に60歳代が80.5％，3番目に50歳代が74.3％で続いている。40歳代以上の回答者にその割合が高くなっている。「消極的居住希望者」では，20歳代が37.0％で最も高く，次に30歳代の28.2％と続く。40歳代以上，つまり中高年の人に地域への「積極的な居住希望者」が強くみられるのは，仕事も定着し，子どもも通学・進学するなど，生活が地域に根付いているからであろう（図6-2)[3]。

6-3　地域の行事への参加

　ここでは，行政が主導する地域行事への住民の参加の実情をみていく（図6-3)。

　行政主導による「寄付や清掃などの地域の行事」への参加状況は，「ほとんど参加しない」の33.8％が最も多く，「あまり参加しない」が17.9％で

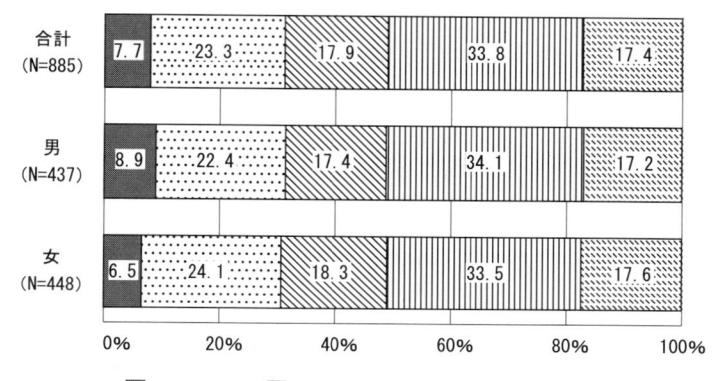

6章　沖縄都市における地域生活と社会参加

図6-3　行事参加頻度　性別（N = 885）

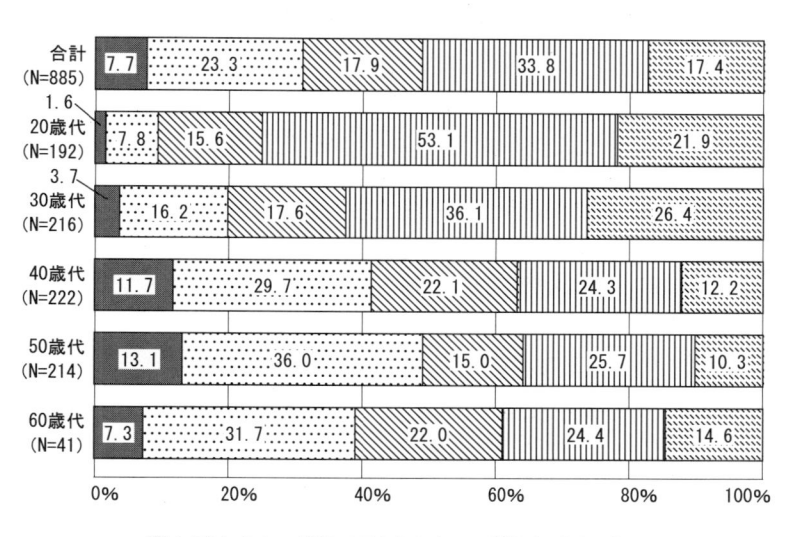

図6-4　行事参加頻度　年齢別（N = 885）

次に多い。3番目に「行事はない，または知らない」の17.4％が続いている。これらの上位3位までの回答の合計が全体の7割を占めている。このことから，全回答者の7割近くの人は行政主導で主催する「地域行事」への関わりは薄いと感じられる。この傾向は男女間でも同じである。

次に「よく参加する」と「ある程度参加する」を「参加する」とし，「あまり参加しない」と「ほとんど参加しない」をまとめて「参加しない」として，年齢階級別との関連でみてみよう（図6-4）。「参加する」との回答は，50歳代が49.1％で最も多く，以下，40歳代（41.4％），60歳代（39.0％）と続く。「参加しない」では，20歳代が68.7％で最も多く，次に30歳代（53.7％），40歳代と60歳代のそれぞれ46.4％と続いている。中高年層の「公共的な地域行事」への関わりをもつ者が4割台であるが，20歳代と30歳代の世代は「参加しない」が過半数を超えて多い。つまり，若い世代ほど地域行事への不参加者が多い。

6-4　祭りへの参加の度合い

近年，地域では「夏祭り」「エイサー祭り」「自治会まつり」などの様々な祭りを開催するところがみられる。

その「地域で行う祭りへの参加」についての参加状況は，「ほとんど参加しない」との回答が39.2％で最も多く，「ある程度参加する」が24.7％で次に続いている（図6-5）。

「あまり参加していない」と「ほとんど参加していない」をまとめて「参加しない」とし，「よく参加する」と「ある程度参加する」を「参加する」として，回答結果をみると，「参加しない」が55.6％，「参加する」は30.3％で，不参加者が過半数を占める。

回答の過半数を占める「参加しない」について性別間で比較すると，男性は56.3％，女性は54.9％で，両者間に特徴的な差異はみられない。「参加する」の場合も同様であった。

年齢階級別で「参加しない」の回答状況をみると，20歳代が65.6％で最も多く，以下50歳代（55.6％），30歳代（55.1％）と続く。概して若い世

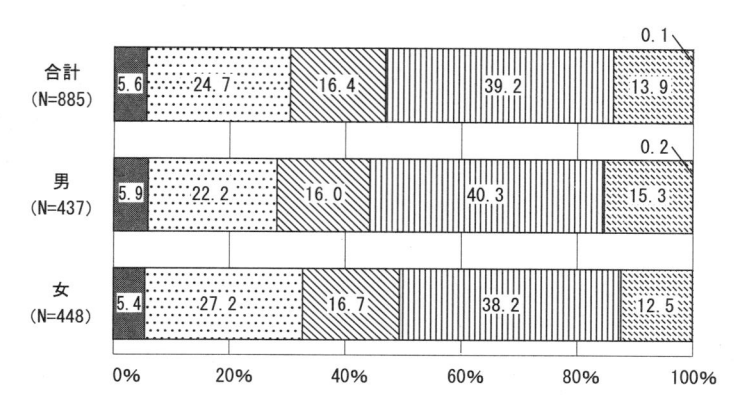

6章　沖縄都市における地域生活と社会参加

図6-5　祭り参加頻度　性別（N = 885）

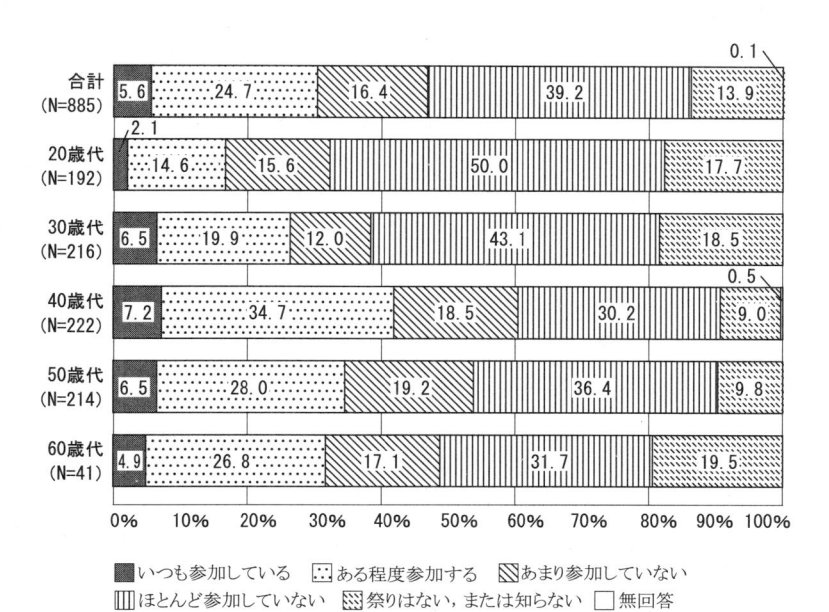

図6-6　祭り参加頻度　年齢別（N = 885）

代に不参加傾向がみえる（図6-6）。

6-5　加入している団体等

　自治会，サークルなどの地域の団体等への加入状況をたずねた結果，全回答者（885人）の79.9％（707人），つまり，8割の人が何らかの団体等に自主的に加入していることがわかった。そのうち，最も多い回答は「模合」[4]の40.9％で，以下，「自治会・通り会」の25.8％，「スポーツ・趣味サークル」の20.5％，「小・中・高の同窓会」の19.7％が続いている（図6-7）。

　男女別にみた場合，「模合」は男性（43.5％），女性（38.4％）ともに最も多い。その他には，女性の場合は，「PTA」（18.3％），「自治会・通り会」（27.7％），「婦人会・青年会・老人会」（18.3％），「生活共同組合」（18.3％）が，男性では「同業者組織・労働組合」（8.2％），「スポーツ・趣味サークル」（23.3％）が，それぞれ加入している人の割合が高い（図6-8）。

　年齢階級ごとに主な加入団体等をみてみよう（表6-1）。

　20歳代では「模合」が26.0％で最も多く，「スポーツ・趣味サークル」

表6-1　所属団体　年齢別（N = 885）（複数回答）

	N	自治会・通り会	PTA	婦人会・青年団・老人会	同業者組織・労働組合	生活協同組合	小・中・高の同窓会	スポーツ・趣味サークル
20歳代	192	5.7	1.0	2.1	1.6	3.1	17.2	18.2
30歳代	216	13.0	15.3	1.4	3.2	12.5	9.7	16.7
40歳代	222	36.9	34.7	5.0	8.6	15.8	24.8	24.8
50歳代	214	41.6	9.3	8.9	7.9	12.1	26.2	19.2
60歳代	41	43.9	0.0	9.8	4.9	17.1	22.0	34.1

文化・学習サークル	ボランティア	郷友会・県人会	政党・政治団体	模合	その他	無回答
2.6	4.2	0.0	0.5	26.0	5.7	38.5
2.3	2.3	0.5	0.5	37.0	4.6	26.9
7.2	4.1	4.1	0.9	50.0	4.5	8.1
6.1	7.9	8.4	1.9	48.1	4.2	12.1
4.9	12.2	17.1	0.0	43.9	12.2	4.9

単位：％

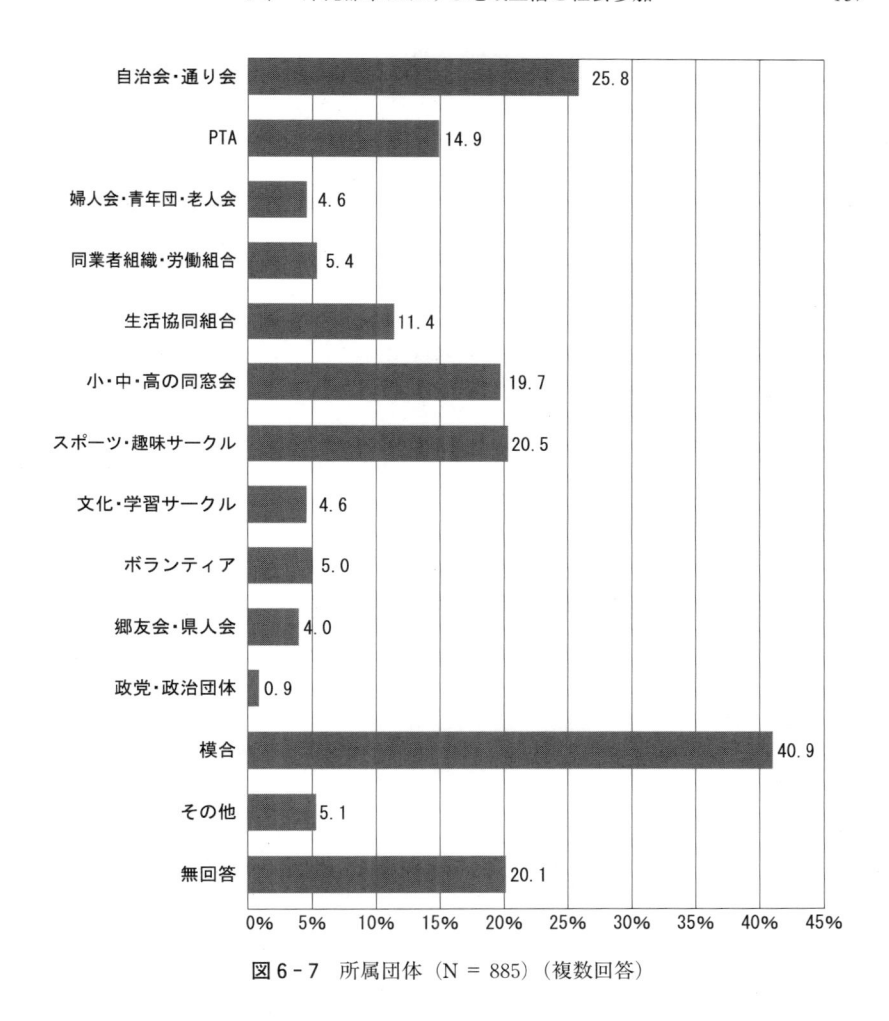

6章　沖縄都市における地域生活と社会参加

団体	%
自治会・通り会	25.8
PTA	14.9
婦人会・青年団・老人会	4.6
同業者組織・労働組合	5.4
生活協同組合	11.4
小・中・高の同窓会	19.7
スポーツ・趣味サークル	20.5
文化・学習サークル	4.6
ボランティア	5.0
郷友会・県人会	4.0
政党・政治団体	0.9
模合	40.9
その他	5.1
無回答	20.1

図6-7　所属団体（N = 885）（複数回答）

が18.2％で続いている。30歳代でも同様に「模合」（37.0％）と「スポーツ・趣味サークル」（16.7％）が目立つ。40歳代では「模合」が50.0％で最も多く，「自治会・通り会」が36.9％で次に多い。50歳代でも「模合」（48.1％）と「自治会・通り会」（41.6％）が上位2位までを占めている。60歳代でも「模合」（43.9％）と「自治会・通り会」（43.9％）が上位2位までを占めている。20歳代と30歳代の回答者は，「模合」を除くと地域の団

II部 社会福祉学からみた沖縄

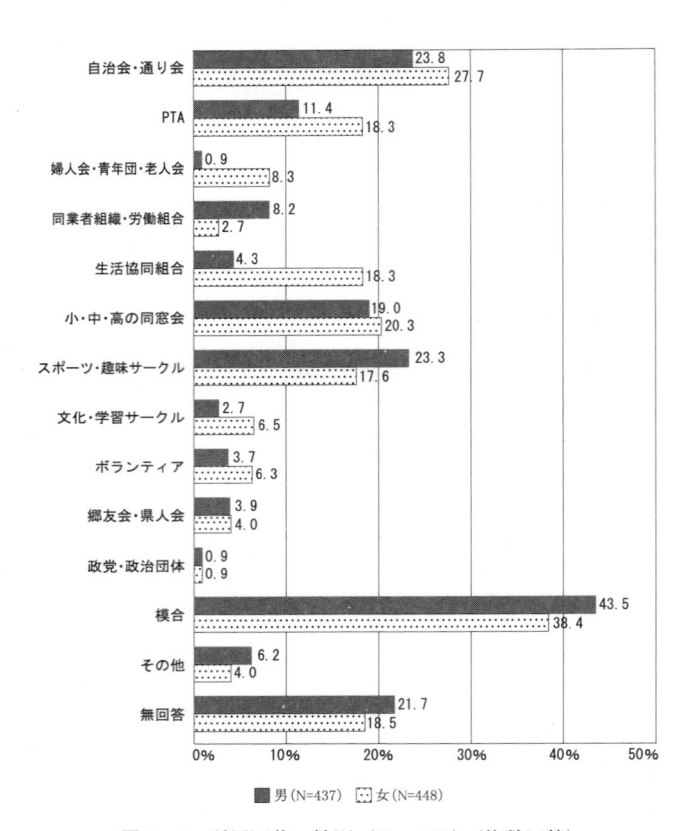

団体	男(N=437)	女(N=448)
自治会・通り会	23.8	27.7
PTA	11.4	18.3
婦人会・青年団・老人会	0.9	8.3
同業者組織・労働組合	8.2	2.7
生活協同組合	4.3	18.3
小・中・高の同窓会	19.0	20.3
スポーツ・趣味サークル	23.3	17.6
文化・学習サークル	2.7	6.5
ボランティア	3.7	6.3
郷友会・県人会	3.9	4.0
政党・政治団体	0.9	0.9
模合	43.5	38.4
その他	6.2	4.0
無回答	21.7	18.5

図6-8 所属団体 性別 (N = 885)(複数回答)

体等への加入状況は占有率が2割以下を占め低調である。これに対して，40歳代以上の中高年の場合は「模合」と「自治会・通り会」への加入が目立つ。20歳代・30歳代に比べると，40歳代以上の中高年者には地域の団体等への加入が多くなる傾向がある。また，「模合」については，占有率に高低はあるが，各年代で1位を占めている。

6-6 地域での社会活動経験の有無

環境美化活動等の，地域での社会活動への自主的参加の経験をたずねたと

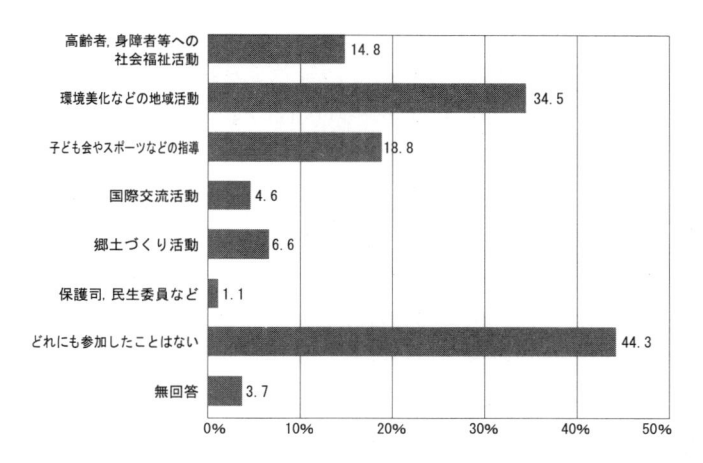

6章　沖縄都市における地域生活と社会参加　　139

図6-9　社会活動経験（N = 885）（複数回答）

表6-2　社会活動経験　年齢別（N = 885）（複数回答）

	N	高齢者,身障者等への社会福祉活動	環境美化などの地域活動	子ども会やスポーツなどの指導	国際交流活動	郷土づくり活動	保護司,民生委員など	どれにも参加したことはない	無回答
20歳代	192	24.5	21.9	9.4	8.3	6.3	1.6	47.9	5.2
30歳代	216	12.0	24.1	15.3	3.2	6.0	1.4	57.4	1.4
40歳代	222	9.9	42.8	32.4	1.8	5.4	0.9	39.6	3.2
50歳代	214	13.6	45.8	19.2	5.1	7.9	0.9	33.2	5.6
60歳代	41	17.1	43.9	4.9	7.3	9.8	0.0	41.5	2.4

単位：%

ころ，最も多かったのは，「どれにも参加したことはない」の44.3％（885人中の392人）で，回答者全体の4割強を占めている。この回答は，逆に，残りの回答者（493人），つまり全回答者中の過半数は社会活動に自主的に参加した経験がある，あるいは参加中ということになる（図6-9）。

参加経験のある社会活動では，「環境美化などの地域活動」が34.5％で最も多く，次いで「子ども会やスポーツなどの指導」（18.8％），「高齢者・身障者等への社会福祉活動」（14.8％）が続いている。性別間では大きな違い

はみられない。

　年齢階級別で「参加経験がない」の回答者をみると，30歳代が57.4％で最も多い。以下，20歳代の47.9％，60歳代の41.5％と続いている（表6-2）。このことから，社会活動へ参加経験のない年代は30歳代と20歳代が目立ち，社会活動への参加経験者は中高年者に多いことが明らかになった。

　年齢階級別に参加経験のある社会活動についてみると，20歳代では「社会福祉活動」が24.5％で最も多く，次に「環境美化などの地域活動」が21.9％で多い。30歳代では「環境美化などの地域活動」が24.1％で最も多い。40歳代では「環境美化などの地域活動」が42.8％で最も多く，次に「子ども会やスポーツなどの指導」が32.4％と多い。50歳代では「環境美化などの地域活動」が45.8％で最も多く，次に「子ども会やスポーツなどの指導」が19.2％と続く。60歳代では「環境美化などの地域活動」が43.9％で最も多く，次に「社会福祉活動」が17.1％となる。30歳代以上の年齢階級では，「環境美化などの地域活動」といった，地域に密着した活動への参加経験をあげる人の割合が高くなっている。

　先にみてきた「行政主導による寄付や清掃などの地域の行事への参加頻度」では，7割の回答者が不参加と回答していたが，プライベートの生活領域での社会活動には，6割の回答者が自主的に選択した活動に参加していることが明らかになった。

6-7　社会活動への不参加者の今後の意向

　前節でみたように，地域での社会活動への不参加者は，全回答者の4割強（885人中の392人）を占めていた。そこで，その回答者（392人）に「今後参加を希望する社会活動がありますか」と，今後の活動への参加の意向を問うてみた。その結果は，「参加を希望しない」が42.9％と最も多い回答となった。この占有率と「その他」の2.8％を加えると45.7％となる。しかし，それ以外の回答者は参加を希望している（図6-10）。

　今後参加を希望する活動分野としては，「環境美化などの地域活動」（23.0％）と「高齢者，身障者等への社会福祉活動」（13.8％），「子ども会やスポー

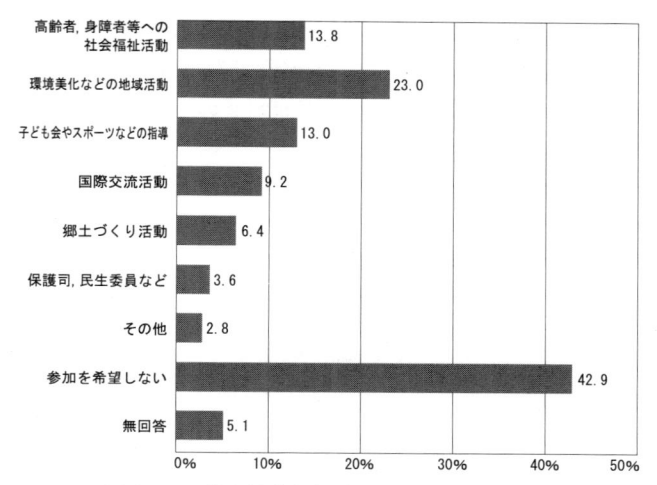

6章　沖縄都市における地域生活と社会参加

図6-10　社会活動意志（N = 392）（複数回答）

| | 高齢者,身障者 | | | | | | | |
	N	高齢者,身障者等への社会福祉活動	環境美化などの地域活動	子ども会やスポーツなどの指導	国際交流活動	郷土づくり活動	保護司,民生委員など	その他	参加を希望しない	無回答
20歳代	92	10.9	14.1	7.6	8.7	9.8	3.3	1.1	58.7	2.2
30歳代	124	14.5	21.8	15.3	10.5	4.8	4.0	3.2	41.9	5.6
40歳代	88	14.8	30.7	15.9	9.1	5.7	4.5	6.8	29.5	8.0
50歳代	71	15.5	26.8	14.1	9.9	7.0	2.8	0.0	36.6	5.6
60歳代	17	11.8	23.5	5.9	0.0	0.0	0.0	0.0	58.8	0.0

表6-3　社会活動意志　年齢別（N = 392）（複数回答）

単位：%

ツなどの指導」（13.0％）が上位3位までを占めている。性別間では大きな違いはみられない。

　年齢階級別に上記回答をみると，「環境美化などの地域活動」は各年齢階級で1位を占める。2位については，20歳代（10.9％），50歳代（15.5％），60歳代（11.8％）が「高齢者，身障者等への社会福祉活動」を，30歳代（15.3％）と40歳代（15.9％）は「子ども会やスポーツなどの指導」をあげている（表6-3）。

ところで，今回の結果から，188人が今後も社会活動への参加を拒み，204人が参加意向を示した。後者の数と前節でみた参加経験者数（493人）を加えると697人にのぼる。これは，全回答者の78.8％となる。つまり，社会活動への参加に前向きの人が約8割を占めるということである。

6-8　今後の生活のあり方

近年，生活に対する国民の意識が変化してきているといわれる。地域のまちづくりに関心を持つ人，地域の活動に参加する人，福祉の問題を身近に感じる人などが増えてきている。

この国民の生活意識の変化について，内閣府は長年調査を実施してきた。「今後の生活のあり方について」の質問もその一環であった。

内閣府の調査（平成18年10月実施）結果をみると，「今後は，心の豊かさやゆとりのある生活に重きをおきたい」（以下，「心の豊かさ」という）との回答が62.9％，「今後は，物質的な面で生活を豊かにする生活に重きを置きたい」（以下，「物の豊かさ」という）との回答が30.4％，「どちらとも言えない」が5.9％となり，国民の6割が「心の豊かさ」を重視していることを明らかにしている（『月刊　世論調査　国民生活』2007年4月号）。この設問を使用して，沖縄総合社会調査2006においてたずねたところ，「心の豊かさ」を重視するとの回答（58.3％）が最も多い。以下，「一概にはいえない」（31.0％），「物の豊かさ」を重視するとの回答（9.0％）と続く。ほぼ6割の回答者が「心の豊かさ」を重視している（図6-11）。

本調査でも「心の豊かさ」を重視する回答が多いのは，全国調査と同じ傾向である。これに対して，全国調査で2位を占めた「物の豊かさ」は，本調査では回答者の約1割と低い。それに代わって「一概にはいえない」が2位を占めている。それは，「物の豊かさ」を軽視するというのではなく，「心の豊かさ」と「物の豊かさ」の生活の両面とも重視すべきとの慎重な考えを反映した結果のあらわれと思われる。

年齢階級別に「心の豊かさ」の占める率を見ると，60歳代が75.6％，50歳代が62.6％，20歳代57.8％，40歳代57.7％，30歳代51.9％の順位とな

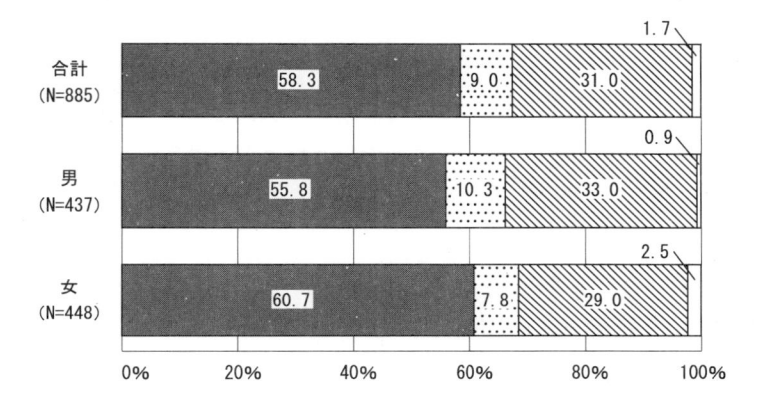

6章 沖縄都市における地域生活と社会参加　　　　　　　　　143

	心の豊かさ	物質的	一概にはいえない	無回答
合計 (N=885)	58.3	9.0	31.0	1.7
男 (N=437)	55.8	10.3	33.0	0.9
女 (N=448)	60.7	7.8	29.0	2.5

■今後は，心の豊かさやゆとりのある生活をすることに重きをおきたい
□今後は，物質的な面で生活を豊かにすることに重きをおきたい
▧一概にはいえない　□無回答

図6-11　今後の生活の仕方について　性別（N = 885）

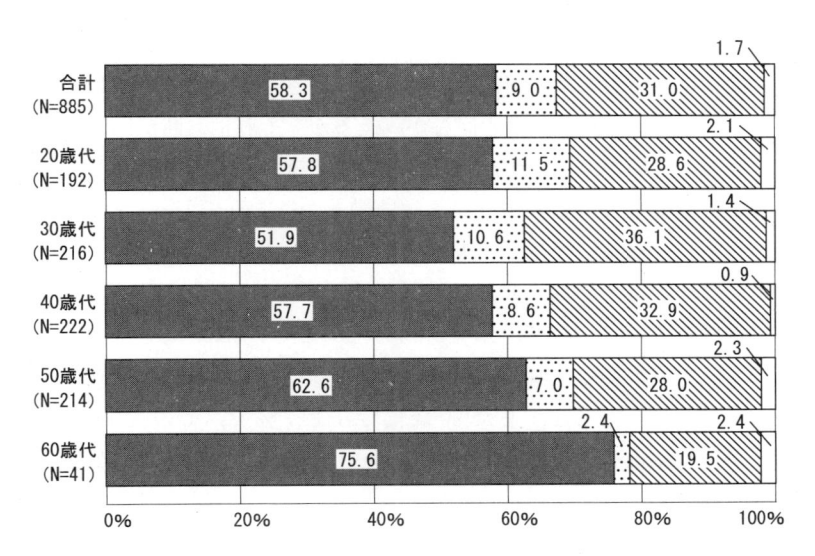

	心の豊かさ	物質的	一概にはいえない	無回答
合計 (N=885)	58.3	9.0	31.0	1.7
20歳代 (N=192)	57.8	11.5	28.6	2.1
30歳代 (N=216)	51.9	10.6	36.1	1.4
40歳代 (N=222)	57.7	8.6	32.9	0.9
50歳代 (N=214)	62.6	7.0	28.0	2.3
60歳代 (N=41)	75.6	2.4	19.5	2.4

■今後は，心の豊かさやゆとりのある生活をすることに重きをおきたい
□今後は，物質的な面で生活を豊かにすることに重きをおきたい
▧一概にはいえない　□無回答

図6-12　今後の生活の仕方について　年齢別（N = 885）

り，心の豊かさを重視する傾向は高年代の人に多い。しかし，すべての世代で，占有率が過半数を占めているのは注目に値する（図6-12）。

　他方，生活の両面を重視する「一概にはいえない」と回答したのは，30歳代が36.1％，40歳代が32.9％で，上位2位までを占めている。教育費，養育費等の費用が必要なライフステージにあると思われる若い世代が目立っている。

6-9　社会への貢献意識

　ここでは，社会への貢献に対する意向について聞いてみた。
　「社会の一員として，何か社会のために役に立ちたいと思っていますか」という質問に対し，「役に立ちたいと思っている」が50.2％，「あまり考えていない」が46.2％，「役に立ちたいとは思わない」が1.8％との回答順となっている（図6-13）。
　社会貢献について，半数の回答者が肯定的な意識をもっている。社会貢献に断定的に反対する人は，回答者の2％弱にすぎない。他方，半数近くの人に「あまり考えていない」との回答がみえるが，それは，断定的に否定するほどの意識はないが，そうかといって肯定するほど強く意識したこともないということであろう。このような人は，働きかけようによっては，「役にたちたい」という意識に変わる可能性をもつ人と捉えられる。
　肯定的な回答は，男性（49.4％）と女性（50.9％）では同じ傾向である。年齢階級別にみると，50歳代が53.7％，30歳代が52.3％，40歳代が51.4％と，上位3位までを占めている。いずれも50％台を維持している。
　他方，最も低い割合を示した20歳代でも42.7％で，その次に60歳代の48.8％が続く。最も低い回答でも40％台である。これらのことから，社会貢献への意欲を持つ人は決して少なくはないといえる（図6-14）。

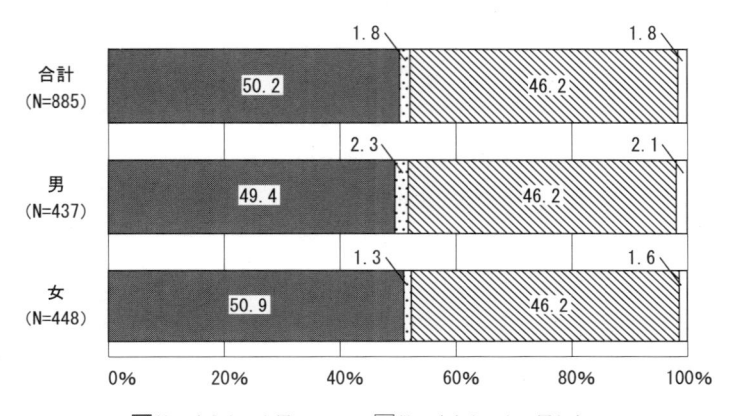

6章　沖縄都市における地域生活と社会参加

図 6-13　社会のために役に立ちたいか　性別（N = 885）

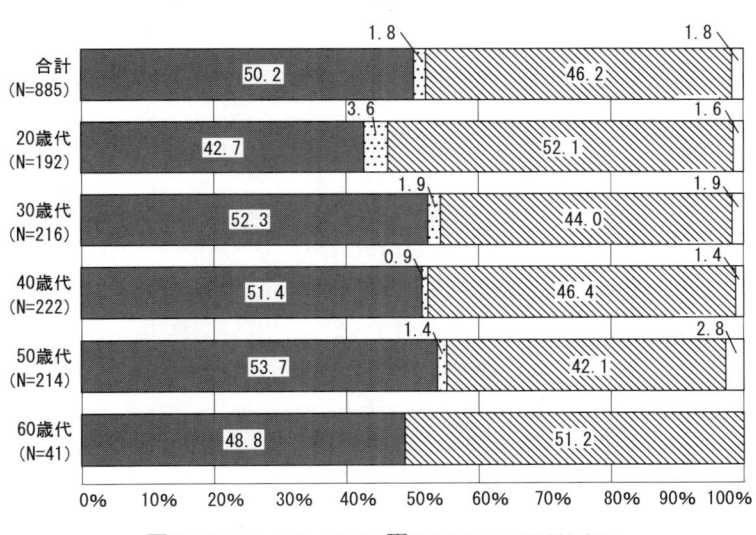

図 6-14　社会のために役に立ちたいか　年齢別（N = 885）

おわりに

　沖縄では都市化が進み，住民どうしの関係も希薄化し，住民と地域の間に懸隔が生じているといわれている。本調査では住民と地域との関係の実情を把握する目的で，地域活動への参加の行動と意識について探ってみた。

　まず，7割の回答者が「現在住んでいる地域にそのまま住み続けたい」と回答していることから，多くの人が地域への強い愛着をもっていることがわかった。積極的な居住希望者は中高年者の回答者に多くみられる。ライフステージの点からも，仕事も安定し，子どもも通学・進学するなどで，生活が地域に根付いているからであろう。

　次に，住民と地域との関係を把握するために地域活動への参加状況をみると，行政主導による地域行事への住民参加は7割弱の人が不参加者である。多くの人が行政主導型の地域活動との繋がりに一歩距離を置いている傾向がみられる。

　他方，環境美化などの地域での社会活動への自発的参加経験者は，全回答者の過半数を占めている。それに，これまでは不参加だったが，今後は機会があれば参加したいと考えている，いわゆる参加希望者を加えると，全回答者の8割となる。また，地域の団体に所属し，活動している人は8割にものぼっている。具体的には，模合，自治会，小・中・高の同窓会，スポーツ・趣味サークル等がある。特に，模合は各年代で最上位を占めており，沖縄の慣習の根強さもあらためて確認できた。また，中高年層では，自治会・郷友会への所属も，多数ではないが，一定程度認められた。

　以上の結果から，行政主導の地域主体の社会活動への参加は敬遠される傾向が強いが，伝統的な集団に参加したり，プライベートの生活領域で自発的に取り結ぶ人間関係を持っている人が多く，社会的に孤立している人は少ないことがわかった。

　こうした地域への参加の様式と意識の傾向を，地域社会の変容という観点から冒頭に提示した沖縄の都市化とからめて見てみよう。とりわけ40歳代以上の，模合や自治会といった地縁もしくはパーソナルな関係を基軸にした基礎的な集団への参加が顕著であるという行動様式と意識は，地理的景観や

職業構造が産業化している21世紀初頭の沖縄都市においても，依然ゲマインシャフト的な共同態モザイクが基礎的な社会関係として機能していることを示唆している。とはいえ，20・30歳代の若い層での参加が低調であるのが，ライフステージの要因なのか，それとも，ゲマインシャフト的な集団参加が近年少なくなってきているという時代的な変化なのかについては，今後も観察を続けてみる必要がある。

最後に，今後の生活のあり方については，「心の豊かさ」を重視するとの回答者が6割を占めている。その具現化の方法の1つに「社会への貢献」があげられるが，その考えをもっている人は，対象者の半数を占めている。これらの意識は，上記の自発的社会活動への参加の基盤をなしているように思われる。

以上みてきたように，多くの住民が，地域への愛着を持ち，「心の豊かさ」を重視し，社会への貢献意識を持ち，かつ社会活動への自発的参加に前向きであることから，地域社会が社会活動への住民参加促進の環境づくりをすれば，将来，社会活動への参加者が増え，住民どうしの関係が深まり，より住みよい社会が構築される可能性を示しているように思われる。

注

1) 鈴木広他は，那覇都市圏を，発展途上国におけるプライメイトシティにみられる「過剰都市化」の唯一の日本版であると論じている（鈴木 1986；谷 1989）。過剰都市化とは，鈴木によれば，高い失業率を特徴とする地域経済において，なお労働力人口が集中して起こる都市化についての比喩的な表現であるというが，その際重要なのは，この概念が，通常ならば起こりえない労働力及び人口の圏内滞留をもたらしている社会学的要因の解明を目的としたものであったことである。本章でその問題に立ち入ることはできないが，今回のデータは沖縄県の都市エリアの地域生活と社会参加についてとらえたものであり，したがって，それは沖縄の都市化の構造的文脈で解釈されなければならないことは確かである。
2) 鈴木広は，1980年代において那覇市内外に400〜600の郷友会があると推測している（鈴木 1986：p. 407）。なお，郷友会の社会学的考察の嚆矢として，石原（1986）も参照のこと。
3) こうした，定住についての意識は，性別，年齢別の傾向も含めて，先行調査と同様の結果となっている（沖縄県「第6回県民選好度調査」，2004年）。また，属性との関連については次章で取り扱われるので，そちらを参照されたい。
4) 頼母子講や無尽講の一種で，広く庶民に親しまれている相互扶助的な金融の仕組み

で，その構成単位には親族，友人，企業などさまざまなバリエーションがある（参考：『沖縄大百科事典』沖縄タイムス社，1983年）。

参 考 文 献

秋元律郎，1995,「那覇市の都市形成とその構造」, 山本英治・高橋明善・蓮見音彦［編］,『沖縄の都市と農村』, 東京大学出版会, pp. 153-178.

石原昌家，1986,『郷友会社会――都市の中のムラ』, ひるぎ社.

倉沢　進，1977,「都市的生活様式論」, 磯村英一［編］,『現代都市の社会学』, 鹿島出版会.

波平勇夫，2002,「沖縄社会の変容と現在」, 鈴木　広［監修］, 木下謙治・篠原隆弘・三浦典子［編］,『地域社会学の現在』, ミネルヴァ書房, pp. 150-165.

佐藤慶幸，1982,『アソシエーションの社会学』, 早稲田大学出版部.

園部雅久，2002,「アーバニズムとローカリティ」, 鈴木　広［監修］, 木下謙治・篠原隆弘・三浦典子［編］,『地域社会学の現在』, ミネルヴァ書房, pp. 91-109.

鈴木　広，1986,『都市化の研究』, 恒星社厚生閣.

高橋勇悦，1995,「都市社会の構造と特質――那覇市の「自治会」組織を中心に」, 山本英治・高橋明善・蓮見音彦［編］,『沖縄の都市と農村』, 東京大学出版会, pp. 179-220.

―――――, 2002,「都市社会的人間論」, 鈴木　広［監修］, 木下謙治・篠原隆弘・三浦典子［編］,『地域社会学の現在』, ミネルヴァ書房, pp. 45-59.

谷　富夫，1988,「大都市郊外のコミュニティ意識」, 鈴木　広［編］,『社会分析17　大都市コミュニティの可能性』, 社会分析学会, pp. 247-283.

―――――, 1989,『過剰都市化の移動世代――沖縄生活史研究』, 渓水社.

7章　沖縄県民の社会参加活動と地域帰属意識
――沖縄におけるソーシャル・キャピタルと
Social Determinants of Health への考察――

白井こころ

はじめに

　本章では、「沖縄総合社会調査 2006」による「地域生活」・「社会貢献」・「ウチナーンチュ意識」についての調査分野から主に報告を行う。本章では、6章の地域生活と社会参加についての報告を基礎として、沖縄県民の地域組織参加、社会参加活動の特徴とそれに関連する要因の検討を行う。本章では特に、ソーシャル・キャピタル（社会関係資本）の構成要素に影響を及ぼすものとして、地域組織の参加実態や地域への帰属意識について、Social Determinants of Health（健康の社会的決定要因）の視点から、探索的な検討結果を報告する。

　沖縄県は長らく長寿の島として知られてきた。しかし実は、集団の健康度や平均寿命はその社会の社会経済的位置づけによってある程度決定されると仮説する Social Gradient Theory（Evans R. G. 1994）に照らせば、沖縄の長寿は説明が難しい状況にある。すなわち、日本国内において所得水準が最も低く、失業率が最も高い沖縄県において、日本一の長寿が達成されていることは、この仮説に矛盾する（Cockerham W. C. et al. 2000）。しかし一方で、モディリアーニやデュゼンベリーが唱えた相対的所得仮説（1965）を健康の文脈に広げて考えれば、沖縄県内に存在する格差が可視化もしくは実感されにくい地域社会の環境や、社会経済的な不利益が健康に影響する経路を緩衝する社会資源の存在等、別の要因があることが仮説される。この根底に、沖縄に特徴的とも言われる地域への愛着や帰属意識の高さ、社会関係資本の豊

かさ等が存在すること，また自然崇拝や祖先崇拝等の生活意識の違いがあることも一説として考えられている。本章では，沖縄における健康長寿の要因仮説の1つとして，ソーシャル・キャピタル（社会関係資本）の概念をとり上げるが，諸説あるソーシャル・キャピタル論の中で，「人々の協調行動を活発にすることによって社会の効率性を高めることができる信頼・規範・ネットワークといった社会組織の特徴」と定義した，パットナム（1993）の議論に従う。その中で，沖縄県民の地域組織参加の現状と社会参加活動への意識について現状把握を行うと共に，地域への帰属意識との関連について探索的な検討を行う。また，沖縄県における組織参加や地域帰属の状況が，ソーシャル・キャピタルの視点を通して，沖縄県に特徴的な健康状態の社会的決定要因の1つとして，捉え直すことができるかの検討を試みる。

7-1 研究の背景と課題

（1）沖縄における人口動態と健康長寿

今回の分析の背景として，沖縄の特徴の1つである人口構成のユニークさと，その現象を理解する一助としての，社会疫学研究における健康長寿の要因仮説が挙げられる。沖縄は，長い平均寿命，人口10万人対の100歳長寿者の割合が高い長寿県としての性格がよく知られる。2010年現在の公表データでは，日本人女性の平均寿命は86.44歳，男性は79.59歳と，女性は23年連続で世界一の長寿を更新し，男女合わせても83歳と，世界1位である。その中でも特に，女性の平均寿命第1位（86.88歳）の沖縄県は，健康長寿国日本の中でも特別な地域として知られる。2010年度統計で，沖縄県の平均寿命は，女性86.88歳，男性78.69歳で，県別の平均寿命では長野に抜かれたが，いまだ女性の平均寿命は全国1位を保っている。また，2010年度統計で島根県，高知県に抜かれたが，2009年度までは100歳長寿者の数も全国一高く，現在も人口10万人当たり117.29人（女性），15.90人（男性）と高い水準で，長寿県としての面目を保っている。しかし，また同時に，15歳未満の年少人口比率が全国一高い県でもあり，数少ない人口増加県でもある。すなわち，全国一高齢者が長生きの県でありながら，子ども，若者の割

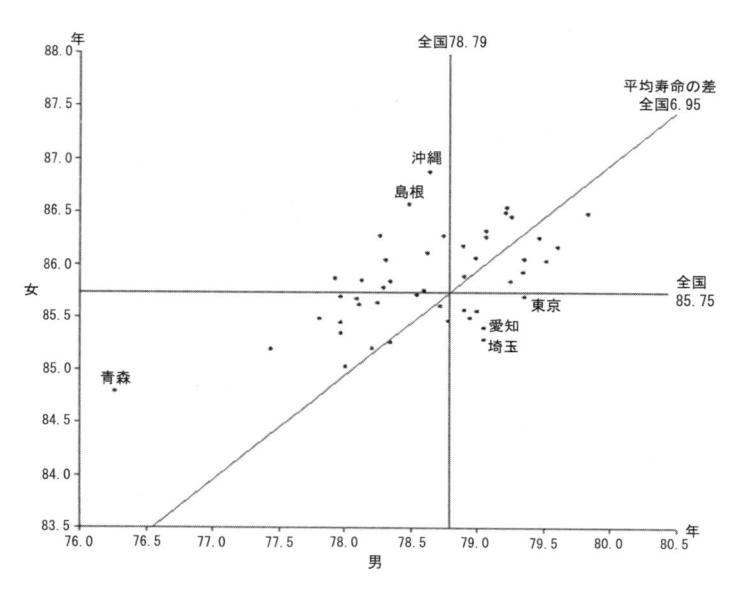

図7-1 平成17年度厚生労働省・都道府県別生命表の概況（平均寿命の男女比較）

合も全国一多い県なのである。長寿県でありながら高齢化率が低い沖縄社会の特徴は，長寿と子の生み育ての両立を可能にしたコミュニティの在り方とも考えられる。6章で論じられた，村落的なゲマインシャフト的関係が支配する「シマ」社会（波平 2002）としての沖縄は，地域凝集性が高く，その内に存在する高齢者を地縁・血縁の中で遇する術に長けている。現在，日本全国を見渡すと，高い平均寿命を達成する一方で，少子化の進行に歯止めがかからず，高齢者の増加や長寿化が，高齢化率の上昇，さらには社会保障負担の増大と直結して語られる現状がある。個人の高齢化と，社会の高齢化が，年老いる個人と高齢化する社会，どちらの側面からも否定的に捉えられ，長寿の達成が決してポジティブには理解されない状況ともいえる。個人の長命を支える地域文化や保健医療の進歩が可能にした高齢者の増加が"高齢者問題"として語られがちであり，否定的に捉えられる日本において，長寿と子の生み育ての両方の面で際立った特徴を持つ沖縄の現状は，その要因の考察を通して，日本社会が必要とする多くの示唆を与えるものではないかと考え

られる。

(2) 沖縄における男女間・世代間での健康格差

　沖縄における人口構成上のもう1つの大きな特徴は，男女間，世代間の格差である。沖縄では，健康状態，ひいては平均寿命の男女差が極めて大きく，男女の平均寿命の差は，2010年時点で8.24歳である（図7-1）。この差は，日本が1975年以降30年間かかって伸ばしてきた平均寿命の長さ，7.92歳よりも長く，決して小さな差とは言えない。沖縄の長寿は，かろうじて現在高齢期にある女性が支えている状況にあるといえる。沖縄では，1972年の本土復帰後，1975年度の政府統計以降，都道府県別の平均寿命が全国1位となり，以降30年以上にわたり全国1位の座を守ってきた。その間に，日本は平均寿命，健康寿命ともに世界一の長寿国として知られるようになり，沖縄は「健康長寿の島」としても，世界的に注目を集める場所となった。長寿を寿ぐ文化が生活の中に根付き，長寿の島としてのイメージが定着した沖縄において，この"健康長寿"は重要な観光資源の1つになってきた状況もある。しかしその一方で，実際の統計データによると沖縄の長寿の状況が変わりつつある様相も見て取れる。

　象徴的に「26ショック」という言葉で語られるように，2000年度統計では第1位であった沖縄県の男性の平均寿命は，2005年には全国26位となり，もはや沖縄県の男性は全国的にみて長寿とは言えない状況になった。女性では依然として平均寿命は長い傾向にあるが，県全体でみれば，平均寿命の伸長率は低く（平均寿命の伸長0.93歳，全国46位2006年統計），むしろ現在の長寿者コホート集団が担保した寿命の長さに比して，次代の中高年世代は全国平均よりも健康寿命が短くなる傾向が示されている。

　現時点では，男性においても依然として85歳以上の平均余命は長く，100歳長寿者の割合は全国的に見ても高い。しかし，中高年層の健康状態の悪化と寿命の伸びの鈍化に対して，後期高齢者の寿命の長さが沖縄県全体の健康長寿県としての性格を担保しているだけで，10年後に果たして沖縄県が健康寿命の地であると言えるか，疑問視される要因が山積する。

　沖縄の健康状態悪化の例として，生活習慣病の大きなリスク因子のひとつ

と考えられる BMI（肥満度指数：25 以上で肥満と判定）について，沖縄県は 2004 年以降，30 歳以上の世代で肥満者の割合が全国トップレベルで，特に男性では，BMI 25 以上の者が 2010 年度統計で 46.9％であり，各年齢層別に見ても，BMI 25 以上の肥満者の割合が 40％を超える年齢層が多く，緊急の対応が求められる。また肥満者の増加とともに，糖尿病による死亡率も上昇しており，年齢調整後の糖尿病死亡率では，人口 10 万人対の粗死亡率で 14 年連続ワースト 1 位の徳島県を上回る予測も報告されている。こうした中高年層を中心とした健康状態の悪化は，高齢者層との世代差を広げている。すなわち沖縄の長寿県としての特性を脅かしているのは，中年世代の健康状態の悪化と死亡率の高さであり，特に 45～59 歳の生活習慣病（脳卒中・心筋梗塞・肺がん・肺気腫・高脂血症・肥満・高血圧症・糖尿病）での死亡率・罹患率が軒並み全国ワースト 10 に入る状況が一因と指摘される。他にも，男性の自殺率の高さや事故死等による外因死の多さも，寿命短縮の 1 つの要因として報告されているが，いずれも中高年層に際立った課題である。

（3）沖縄県における健康の社会的決定要因

こうした地域の健康状態について，特定健診の保健指導等によるハイリスクアプローチを中心とした，高リスク者への働きかけを通し，個々人の生活習慣や意識付けによる変容は不可能ではない。しかし，健康状態の悪化を個人の責任に帰するだけではなく，社会における階層性や格差，またそこから生み出されるストレスや情報・リソースへのアクセスの制限等の社会的な要因が，生活習慣病や感染症の発症等を含む，国民の健康状態に大きな影響を与えることが改めて注目され，議論されている（Kawachi I. & Kennedy B. 2002, 川上・小林・橋本 2006）。

沖縄総合社会調査 2006 には，健康に関連する調査項目は含まれておらず，また Cross-sectional での調査結果のみを今回の報告のベースとするため，現在の沖縄県における健康状態に，沖縄総合社会調査の射程にある社会・心理的な諸相がどのように関連しているか因果関係の特定を含む検討を行うことは難しい。そのため，本章では因果関係の特定を伴う詳細な検討を行うことよりも，沖縄において健康の社会的な決定要因として考えられる社会・地域

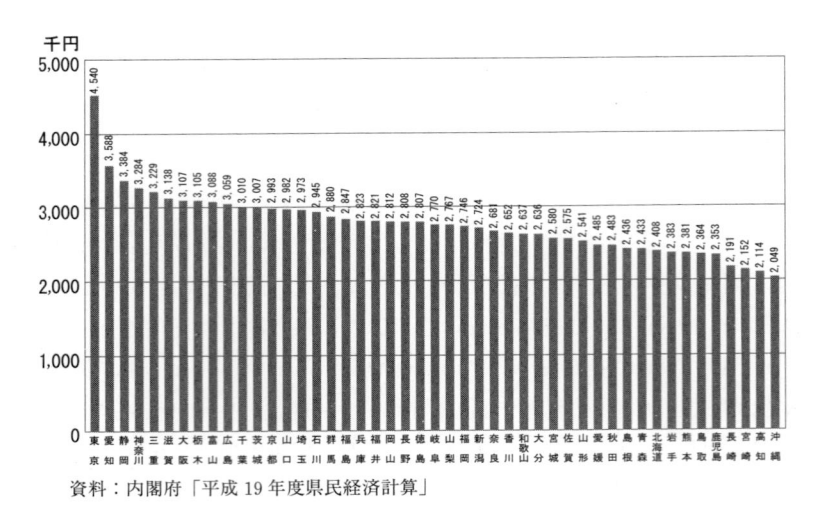

図7-2　1人当たりの県民所得ランキング

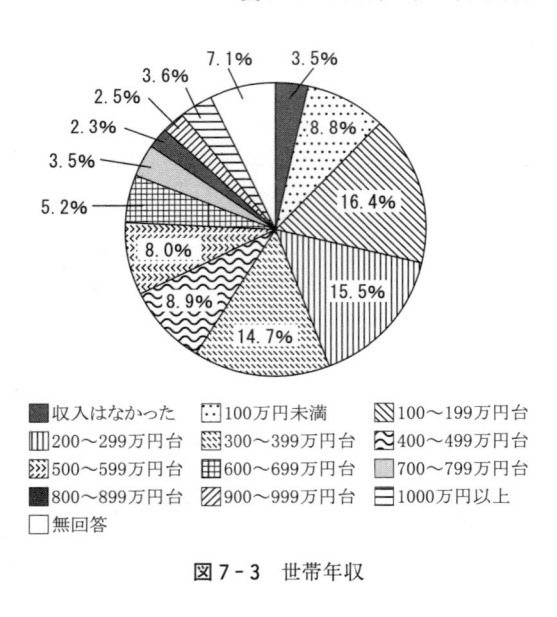

資料：内閣府「平成19年度県民経済計算」

図7-3　世帯年収

特性，また健康リスクを緩衝する要因として潜在的に捉えられるコミュニティ資源について，探索的な検討を行い今後の調査検討の可能性へ繋げることを趣旨とする。

健康の社会的決定要因の1つとして，Socio-economic Position(SEP), Socio-economic Status (SES)の指標として，主に職業階層や教育，収入に関連する指標が利用されることが多い。これに準ずる指標として，所得水準，失業率，教育水準，離婚率，一人親家庭率等の社会経済的な豊かさに関して，沖縄は日本国内で

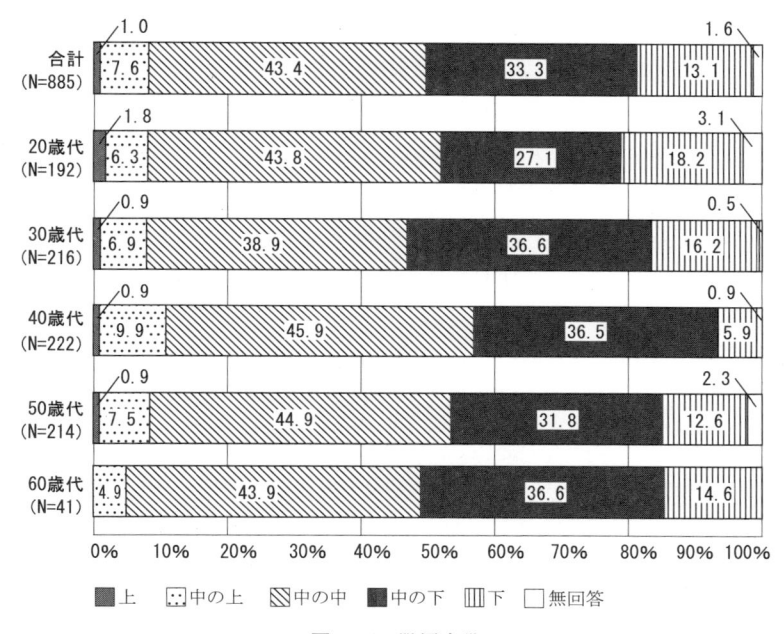

7章 沖縄県民の社会参加活動と地域帰属意識　　*155*

区分	上	中の上	中の中	中の下	下	無回答
合計 (N=885)	1.0	7.6	43.4	33.3	13.1	1.6
20歳代 (N=192)	1.8	6.3	43.8	27.1	18.2	3.1
30歳代 (N=216)	0.9	6.9	38.9	36.6	16.2	0.5
40歳代 (N=222)	0.9	9.9	45.9	36.5	5.9	0.9
50歳代 (N=214)	0.9	7.5	44.9	31.8	12.6	2.3
60歳代 (N=41)		4.9	43.9	36.6	14.6	

図7-4　階層意識

県別に考えた場合，最も厳しい状況にあるともいえる。例えば失業率は2010年度統計で7.5％（日本全体で5.1％）と，日本一高く，平均所得も209.93万円（日本全体で306.89万円）となっており，所得水準は最も低いという結果が報告されている。政府統計データに基づくこれらの指標をもとに，日本全都道府県を最もSESの高い県から低い県に順番に並べた場合，指標としての評価の正しさ等議論は残るが，日本国内における階層性の中で，沖縄は最も下位に位置するといえる（図7-2）。

沖縄総合社会調査によれば，調査対象集団の中では，自己申告による世帯収入は，100〜199万円までの層が16.4％で最も多く，次いで200〜299万円の層が15.5％となっている（図7-3）。相対的貧困ラインは，等価可処分所得の中央値の半分未満とされているが，同年の日本国内の等価可処分所得の中央値（254万円）の半分未満とは，例えば両親と子供の3人世帯では224万円に相当する。一方で階層意識としては，中の中と答えた者の割合が

全ての年代において最も多く，最も少ない30歳代で38.9％，最も多い40歳代で45.9％となっている。また，中の下と回答した者が二番目に多かったが，年代別にみると，20歳代で27.1％と最も少なく，60歳代で36.6％と最も多かった（図7-4）。

　また，各市町村ごとの市町村民1人当たり所得の分布について，県内での分布を検討するために，県の公開所得データを二次利用して，Spatial Analysisの手法により，地理的クラスター分析を行った。その結果，低所得地域の集積が北部地域に検出された。この結果は，島嶼部における分析であり，隣り合う市町村数が限られた地域における検討であり，また分析対象となる市町村数も，統計的手続き上十分ではないため，結果の一般化には課題が多いと考えられる。しかし，沖縄県による市町村所得に関する報告の結果とも合致しており，矛盾のない一定の傾向を示していることが示唆される。沖縄県による2008年度の統計報告によれば，県内で1人当たり市町村民所得を，北部・中部・南部・宮古・八重山と那覇の6地域に分けて，地域別に見ると，那覇が2,456,000円でもっとも高く，次いで八重山地域，中部地域，宮古地域，南部地域（那覇を除く），北部地域となっている。地域別の性年齢構成と周辺地域との関連性を検討した結果，北部地域に低所得クラスターが検出された今回の結果と一致する。また，住民数の少ない地域では人口の流動に大きく左右されるため，正確な指標とはいい難いが，各市町村別では，1人当たりの市町村民所得は，北大東村で最も高く2,861,000円，最下位の今帰仁村では1,424,000円となっており，県平均の所得を100％とすると，北大東村は141.5％，今帰仁村は70.5％という結果になっている。

　誤解を招く表現でないことを祈するが，沖縄県は日本国内における経済的階層性の中で，政府の公開統計上は最も下位に位置し，さらに都市部における格差と比すれば小さいが，県内における経済格差も存在していることがデータからは示される。すなわち相対的な貧困の状況が2重の構造で存在する地域になっていることも考えられる。

　所得や職業，教育歴等のSESとメタボリックシンドロームの有病率，肥満者の発生率，糖尿病死亡率，循環器疾患罹患・死亡率，肺がん死亡率，認知症発症のリスクなど，各種の健康状態のリスク上昇との関連については，

健康の社会的決定要因についてのWHO報告をはじめとして，世界中で多くの報告がされている（Marmot M. et al. 2004）。現在の沖縄県における中高年世代に顕在化する問題，すなわち生活習慣病の高い有病率と死亡率，また感染症に関する健康問題についても，SESとの関連が指摘される課題であり，現在の日本社会における沖縄の地理的・社会的分布の在り方が，その健康状況に大きな影響を与えていることが考察される。加えて，現在の状況だけでなく，沖縄は歴史的にも琉球王朝の後期より，中国，日本，アメリカの支配を受け続け，抑圧されてきた歴史がある。しかし，その一方で前述のとおり，代表的な健康状態の指標としての寿命の長さは，世界でも他に類を見ない水準で達成されている。ここに沖縄社会における，世代差，地域差等による矛盾した健康の二重構造が存在することが指摘される。

絶対的貧困，相対的貧困共に健康阻害の危険因子と考えられる要因が存在する一方で，世界的に著名な長寿を可能にしている沖縄において，では長寿達成の要因は何であると考えるべきなのだろうか。

7-2 研究の対象と枠組み

（1）健康と社会の関係を考える枠組みとしての社会疫学

この問いに答える仮説の1つとして，沖縄県に特徴的な食習慣の違いや，温暖な気候，沖縄県民に特有の長寿遺伝子の存在など多くの仮説が検討されてきた。こうした要因については，いずれも単独の因子として沖縄の長寿を説明するものではないが，有力な長寿要因の1つとして捉えられてきた。またこうした既存のリスクファクターに加えて，近年沖縄においても，社会関係資本やネットワーク資源等，地域における人と人との繋がりが，個人・地域の健康に与える影響について検討が進められている。

健康長寿の決定要因として，遺伝子要因，生活習慣，医療制度や保険制度を含む社会システム，大気汚染やアスベスト等の特定の要因へのExposure（暴露）（疫学用語で，ある一定の健康リスク要因にさらされる状態を指す）を含む環境要因，地理的アクセスや社会的貧困等を含む社会経済的要因など，様々な面からその要因が考えられる。またこれら個別の要因は，WHO健康

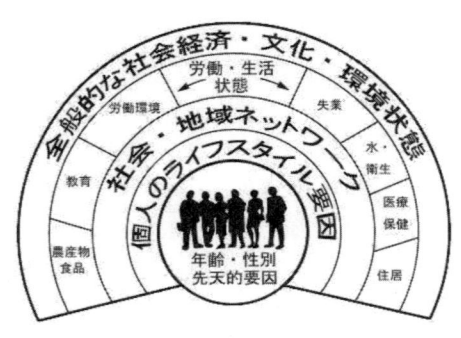

図7-5 WHOによる健康の社会的決定要因のモデル図

の社会的決定要因への提言（図7-5）にも見られるように、互いに影響し合って、個人を取り巻く幾重にも存在する層として個人の健康に影響を与えると捉えられる。

こうした目に見えやすいリスク因子、もしくは健康のEnhancement Factor（増進・促進の因子）に対して、身近な人間関係や地域における社会関係性等、伝統的な医学研究では観察されにくい要因が、社会の在り方もしくは個々人の生活の在り方に与える影響を通じて、健康の決定要因の1つとして機能していることが多く報告されるようになっている。

例えばメカニズムとして、社会経済的な弱者が、経済的な理由から、医療機関への受診が制限されたり正しい健康情報へのアクセスが制限されること、また日常の生活習慣についても安価な食材と健康によい食材を両立しにくい環境があることが、間接的・直接的に健康に与える影響は容易に想像される。こうした絶対的な貧困状態が健康に与える悪影響に加え、相対的な貧困や他者との関係性における階層の固定化等が、個人の健康に与える影響についても、その重要性が指摘されるようになっている。階層差の可視化や固定化等によりストレスが高まることや、自身の環境へのコントロールが減ること等もメカニズムの一つとして指摘される。すなわち、社会や国家全体の富の豊かさが個人の健康に与える影響だけでなく、社会の内部における不平等や格差が、複数の経路を経て個人の健康状態に影響を与えることが報告されている。ロホナーら（2001）は、National Health Interview Survey linked to National Death Index（NHIS-NDI）による546,888人の追跡調査データ（1987～1994）を用いて、個人の所得を調整した上でも、地域のGini係数の差により個人の総死亡リスクが上昇することを示している。この研究では、個人の所得が高い場合でも、地域内での経済格差が大きい地域に居住している場

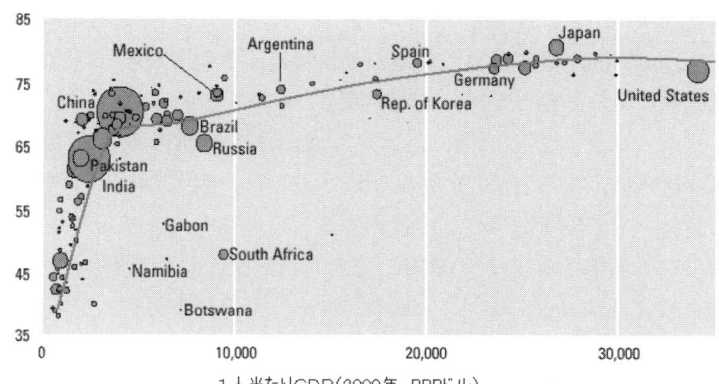

7章　沖縄県民の社会参加活動と地域帰属意識

注：曲線の当てはめは人口ウェイトを考慮し非変数的に行っている。国のプロットは人口規模に比例した円で行っている。
資料：世界銀行「世界開発報告 2006」

図7-6　世界開発報告（2006）による寿命と所得の相関関係

合，格差の小さい地域に居住した場合よりも死亡リスクが高くなることが示唆されている。社会経済的に不利な状況にあると考えられる"負け組"に所属する者だけでなく，経済的に豊かな"勝ち組"に所属する者においても，格差社会は健康状態への負の影響があると論じられる所以である。

　寿命や健康状態と所得等が示す物質的な豊かさは相関関係が強いが，その関係性が認められるのは個人1人当たり GDP 3,000ドル程度までで，その先は直線的な関係は見られなくなる（図7-6）。つまり，社会的なインフラ整備や衛生面の向上等についての改善を含め感染症対策が健康課題の中心である国においては，富の大きさそのものが健康状態の改善に大きく寄与することは示唆される。その後，急激な改善の段階を過ぎた後，富の大きさよりもむしろ分配の方法が，国民全体の健康状態に大きく影響することが議論されている。

　社会福祉的な観点からだけでなく，富の分配の不平等は医療経済学的な視点から検討した場合でも，決して効率的な医療アウトカムと保健医療システムを提供せず，不平等の再検討と解消に向けた社会政策的な介入が求められるといえるのではないだろうか。

個人，地域，国家，世界それぞれのレベルにおける，社会的関係性と健康の関係は，階層的差異が認められるのと同時に，その階層差・格差の大きさが健康状態に負の影響を与えることが考えられる。

　こうした，社会と健康の関係について，因果推論を伴う検討を中心とする社会疫学研究は，古くて新しい研究領域と言われ，個人の内因と環境要因との相互関係の中で疾病が発症し，進行するという基本的な考え方の中に，個人の内因にも影響を与える「健康の社会的決定要因」の存在を重要視する（Kawachi I., Subramanian S. V., Kim D. 2008）。人の健康保持と疾病の発症には，社会経済的な要因が大きく関わることは自明であり，発展途上国と先進諸国の乳幼児死亡率や平均寿命の違いを見ても，社会のインフラ整備を可能にする経済状況の良好さが，国民の健康状態を左右することは理解される。しかし，社会疫学分野における疾病や死亡のリスク検討は，社会全体の経済状態だけでなく，前述の社会的な格差や階層性，さらに社会心理的な要因，すなわち周囲との人間関係やサポートシステム，地域のソーシャル・キャピタルの豊かさなど，今まで医学研究が射程に入れてこなかったリスク（もしくは健康増進要因）についての研究を扱うことで，実社会の中で生きる人間の健康を，より実態に促した形で捉えようとする。その社会疫学研究の視点からも沖縄の地域は，人口構成，社会的地位の構成，社会関係資本や地理的分布など，既存の理論を自然実験的に実現している地域として捉えられ，その豊富な社会的資源とともに，沖縄は非常に興味深い重要な地域と理解されている。

　なおここで使われる方法としての「疫学」は実学であり，医学における科学的根拠を提供する因果関係（causal inference）の特定を主眼の1つとする領域であると言える。要因間の相関関係（関連の有無）を検討するだけでなく，原因と結果の関係を特定し，最終的には介入によってその要因を取り除くことで，存在する健康被害や不健康状態を軽減することを目的とする。例えば，肺がん死亡者の中で喫煙者がどれだけ多かったか，または喫煙者が25年後に肺がんを発症するリスクが，非喫煙者や途中禁煙者に比べてどれだけ高いかという相対危険度を統計的に示すことで，喫煙行動の結果，上昇すると考えられる肺がんのリスクを明らかにする。また，肺がん全体の発症

リスクのうち何割が，喫煙行動に寄与しているかについて示し，介入等により喫煙率を減らすこと，もしくは，はじめから喫煙しない人口を増やすことによって，肺がんの何割が予防できるか，死亡を抑制できるかという点も検討される。

　基礎的な医学研究分野において，健康の阻害要因，なかでも介入可能なリスク要因についての相対危険度・寄与危険度の検討の歴史は長い。いわゆるリスクファクター（危険因子）研究においては，個人レベルの生理的要因や，生活習慣等を対象にした研究の蓄積は多く報告されてきた。日本における研究では，喫煙者の肺がん発症の相対リスクは，非喫煙者に比べて扁平上皮がん・小細胞がんで5〜20倍，腺がんについては1.5〜3倍，肺がん全体では3〜5倍と報告されている（祖父江ら 1994）。米国では肺がん全体で10倍程度の違いがあることが報告されているが，いずれにしても，喫煙という行為そのものが，健康に与える影響が大きいことは報告されている。

　しかしその一方で，喫煙をしやすい層は，低所得者や教育歴の短い者に多く偏っており，禁煙についても，高学歴者や高所得者においてより成功率が高いことが示されている。個々人の意志や意識の問題だけではなく，社会階層的に喫煙を含む健康リスクが高く，死亡率や特定の疾病の有病率が高くなる危険性の大きい階層が存在すると考える。また，こうした層へのアプローチを考える際に，特定のハイリスク者を対象にして個人の態度変容や行動変容を求める介入を考えるハイリスクアプローチではなく，環境整備を含め，対象人口全体へ働きかけるポピュレーションアプローチが必要であることが指摘されている。このポピュレーションアプローチの考え方は，社会疫学的研究・実践においてもきわめて重要な視点であり，社会経済状態の改善や格差の縮小が，結果的に社会全体の健康状態改善に寄与すると捉える考え方にも通じる。この中で，社会関係資本は，格差進行の結果，減少し，健康や生活の質へのポジティブな影響を減らす要因，もしくは，逆に社会的な格差の状況が，個々人の健康状態にまで影響を与える経路（メカニズム）において，経済格差が健康格差に直結することを防いだり，その影響をある程度緩衝することのできる要因として理解される。

（2）沖縄地域におけるソーシャル・キャピタル

　格差とソーシャル・キャピタルの関係について，稲葉（2007）によれば，ウィルキンソン（2005）やアスレイナー（2002）らは，「平等なコミュニティの方が，所得・資産の格差が大きいコミュニティよりも，構成員が同じ価値観を共有することが容易であり，逆に同じ価値観を共有することが困難ならば階層間の協同作業への努力が損なわれる可能性が高い」ことを論じている。また，格差社会の進行により，社会の構成員間での情報の非対称性や，力関係の明確化が進むことが，階層間の社会的距離を増大させ，富裕層と貧困層の対決的な社会関係を生み，階層を超えた協調行動を困難にする可能性も指摘される（Wilkinson R. 2005）。すなわち，経済的不平等は持つ者，持たざる者の可視化により，持たざる者の自尊心や自律性を損ない，持つ者との協働によるコミュニティや社会への貢献へのインセンティブを減少させ，さらには情報の非対称性に起因する，社会の取引費用等によるコストの増大を招くと考えられる。

　社会関係資本については，格差が社会関係資本や一般的信頼感を棄損し，さらに格差を拡大させるという方向の議論（Uslaner E. 2008）と，逆に社会関係資本が格差の縮小や社会全体の経済状態の改善（Robinson L. J. et al. 2011）や健康状態の向上に寄与するとする議論の両方がある。健康への影響に関して言えば，社会的ネットワークやコミュニティレベルのソーシャル・キャピタル等，個人と個人，または社会と個人との関係性の在り方が，個々人の精神的な健康状態のみならず，身体的な健康にも，大きな影響があるとする考え方であり，多くの先行研究が報告されている（Kawachi I. & Berkman L. F. 2000）。ネットワークのレベルでは，ファウラーやクリスタキスを含め，多くの研究者によって，友人や知人らによるネットワークの豊かさが，直接的・間接的に健康に影響を与えることが報告されたり，ソーシャル・サポートのレベルでは，情緒的サポート，機能的サポート等の授受が健康に影響を与えることが内外で長く議論されている。また逆にネットワークが強固になったりコミュニティの凝集性が高まることで役割規範が強化されすぎたり，監視機能や排他性が強まることで健康にマイナスの影響を与える可能性も，負の側面として指摘される。

そのどちらに働くかは議論の余地があるが，沖縄の地域文化の中に残る組織形態やネットワークの在り方には，この仮説に合致して，健康や生活に影響を与えてきたと考えられるものが多い。

例えば，沖縄県には，「ユイマール」の意識や，「模合」組織など，地域社会の連帯感や関係性を示す概念や組織が多く残っている。また，祖先崇拝や自然崇拝の信仰も生活の中に根強く残っており，親戚・縁者・門中の繋がりを大切にする機会になる清明祭(シーミーサイ)や，旧盆行事のウンケー，ウークイなどの年中行事も数多く大切に守られている。

横の繋がりとしての地理軸による地域の繋がりと，祖先や過去からの繋がりを大切にする縦軸としての時間軸の両方で，沖縄における"繋がり"の強さは織りなされていると言えるかもしれない。日常生活の視点から地域を見回してみても，地域社会の信頼感や互酬性の規範の高さ，生活の中で社会関係資本の豊かさを実感する場面も多い。

沖縄地域における人と人との繋がり方，またコミュニティの在り方は，地縁型コミュニティの崩壊とともに，いわゆる課題別に組織されるテーマ型コミュニティの導入が官主導で行われた本土とは異なることが議論されている。沖縄におけるコミュニティの歴史的変遷もさることながら，現在残るコミュニティの高い凝集性と信頼性の規範，相互扶助の意識は，広い意味でのソーシャル・キャピタル資源として捉え直すことができると考えられる。地域資源の例としては，沖縄に特徴的な地域組織の1つとして，模合や郷友会の存在が指摘されるが，これは公的な金融システム発達が遅れた沖縄において，地縁・血縁による金銭的相互扶助組織として広く浸透し，それが目的や形を変えながら現在まで存続していると理解されている。こうした金銭的な相互扶助のシステムは，本土における頼母子講(たのもしこう)や無尽講等と似た形態の組織であると考えられる。しかしながら，こうした模合のシステムや歴史的変遷もまた，本土におけるそれとは異なることが指摘されている（生地 2001）。

模合について『日本民俗大辞典（下巻）』には，「沖縄における頼母子講・無尽講の一種で，普通ムエーと称される。親睦を目的とするものや知人・友人の苦境を手助けする個人的なものから企業の資金調達に用いられるものまで多様にある。個人的な場合は通例，一月に一回，五千円から三万円程度の

金額が多い。人数も普通十人前後である。今日では金銭のみが対象であるが貨幣経済が浸透する以前は米や砂糖などの生活用品が主な対象であった」（福田 2000）と記載されている。頼母子講とは「相互的な金融組合。組合員が一定の掛け金をなし，一定の期日に抽籤または入札によって所定の金額を順次に組合員に融通する組織。鎌倉時代から行われた。無尽。無尽講」と説明されており，機能上は，模合とよく似た性質を持つ集団組織と考えられる。模合の本質は，民間による金銭的相互扶助システムであり，担保なしで，墓の建造や結婚式の費用，牛舎や自宅の建設など一時的に必要な，額の大きなお金を工面するのに庶民の間で必要とされたシステムである。しかしながら，今日沖縄における模合について，金銭目的のものは減少傾向にあり，むしろ親睦を深めるための集まりを目的とした模合の方が多く行われていることが報告されている。

　沖縄における模合の歴史は古く，古く沖縄琉球王朝の歴史書である「球陽」に「初メテ模合法ヲ立テ以テ貴家ヲ助ク」（尚敬王21年）との記載がある。ここで指す「模合」とは，税金的な意味合いの強い供出金であり，民間からの拠出金を集めて，奨学資金として人材育成に充てたことが記されており（片多 2006），この尚敬王の策により有意の人材が多く輩出されたことが述べられているが，いわゆる今でいう民間融資としての模合とは機能・形態が異なるものであったと考えられる。

　「模合」の語源として，沖縄の方言ではもともと模合は，「ムエー」とか「ユーレー」と呼ばれていた。「ユーレー」とは寄り合いのことを指し，「ムエー」とは「催合」のことを指すといわれるが，沖縄語辞典によれば，「模合」「ムエー」「ユーレー」は区別されず，どれも共に「頼母子講」や「無尽」のことを指すと記されている。沖縄の共同慣行には，「モヤイ」・「ユイ」・「テツダイ」の3種があるが，「モヤイ」・「ユイ」は交換共同制のことを指し，「テツダイ」は無契約共同制のことを指す。

　すなわち，「テツダイ」はいわゆる本土の手伝いと同様に，契約を介さず発生する労力の提供を指す。一方，「モヤイ」と「ユイ」は，いずれも交換共同制を指すが，ユイの場合は，労働力の賃貸の関係が生じるのに対して，「モヤイ」は，より公共的な労務提供で労力の賃貸が生じない点が異なると

指摘される（片多 2006）。「ユイ（結い）」は，一家・個人の独力では遂行困難な仕事全般にわたって結ばれ，自宅の屋根葺きや農作物の借入，結婚式や葬式などの，生活上必要な場面での労力の提供を受ける。そして，その返済・交換は，物や金銭ではされず，必ず労力によって返済することになるのが特徴である。この「お返し」にあたる労力を「ユイ（結い）」によって返すことになり，最初に労力を提供した人に，お返しの「結いが回ってくる」ことになる。すなわち，労力の交換の循環を指し，現在の沖縄方言にある「ユイマール」という言葉に通じる。ユイマールとは，相互扶助を順番かつ平等に行っていくことを意味するとも解される。

　このユイマールは，現在もサトウキビの収穫の際等には行われるが，台風などの天災や戦災によって被害を受けたコミュニティで，仮設住宅を地域住民で助け合って建て合い，復興を支え合ったユイマールの記述等もある。現代社会においては，「地域社会における助け合いの規範」や，「繋がりの意識」等を指す意味合いの方が強いことが指摘されるが，それ以外にも各種の集団作業を指す用語としても定着しているという。

　一方「モヤイ」は，「ユイ」とは異なり，橋普請や道普請，神社の祭礼の実施など，より公共的な労務提供で，労力の賃貸の関係が生じないといわれる。出来上がった施設（道や橋）の利用や祭礼等への参加によって，その労務提供は相殺される。すなわち，より公共性の高い活動を目的とした「モヤイ」（市中方言で使われている「ムエー」）が，「模合」の語源であり，もともとは官主導，租税供出に近い形で進められたその歴史とも合致すると捉える解釈も成り立つ。また，私生活の相互扶助や親睦をはかるために行う「ユイ」（市中方言で使われている「ユーレー」）が「結」や「ユイマール」の語源であるとも解釈される。しかしながら，結局，模合の語源としては，ユーレーもムエーも，同様に模合のことを指し，その区別がないことは興味深い点であると同時に，現時点での模合の性格をより反映させた形は，この両者を融合した形であると理解することも可能かもしれない。

　この模合は，現代の形態のなかでは，金額の大小はあれ互いの信頼関係の中で成り立つ相互扶助のシステムであり，模合を組織する仲間に入ることで，コミュニティの成員としての役割が強化されたり，また定期的に集まって飲

食を伴う時間を共に持つことで，情報交換や親睦を深める機能を果たしていることが理解される。ここで強化されるネットワークや信頼感，互酬性の規範等が地域における互いの財として機能していることは，質的研究等においても報告されている。

　もともと高いソーシャル・キャピタルが存在する地域であるがゆえに，こうした模合組織が継続されているという側面も否定できないが，一方で模合や郷友会等の組織が，地域の中でソーシャル・キャピタルを強化・醸成する機能を果たしていると考えることもできる。もしくは，こうした模合組織の存在そのものが，ソーシャル・キャピタルの構成要素であると理解することも，その定義概念からは矛盾しないと考えられる。いずれにしても，沖縄における組織としての模合組織や，ユイマールの思想，結の意識の存在は，沖縄における豊かなソーシャル・キャピタルを語る際に重要な要素の1つであると考えられる。

　沖縄における現代の模合は，経済的な融資を主な目的とする高額な模合も場所によっては存在するが，その多くは，飲み会や親睦会としての役割の方が大きく，趣味の集まりの延長であったり，同窓仲間との交流会としての性格が強いことは前述した。定期的に仲間と会い，酒を酌み交わす機会となっており，個人レベルでのソーシャル・ネットワーク強化に貢献したり，情報交換や情緒的なサポートによる健康状態への肯定的な影響も小さくないことが報告されている。一例として，無尽講参加と健康の関係について検討した，山形県における研究成果では，無尽講組織への参加と健康状態へのポジティブな影響が報告されている（Kondo N. et al. 2007）。しかし一方で，健康への影響に関しては，模合参加時の多量飲酒の問題が，肝疾患や腎疾患，また事故等による外因死などに繋がり，別の健康問題を引き起こしているという指摘もある。そのため，健康への影響についてはポジティブな影響への期待がある一方で，ネガティブな影響との相互作用等についても，今後より精緻な調査検討と考察が求められている。沖縄のデータによる現段階での報告では，模合組織への参加，特に Bridging 型の模合参加は，飲酒や喫煙の影響を考慮しても，良好な健康状態と関連することが示されている（白井ら 2011）。しかしながら，結果は横断データでの検討であり，今後さらに検討が求めら

れると考えられる。
　では，実際に沖縄県における地域参加ならびに，模合参加の状況はどのようになっているのだろうか。以下の章で，その実態についての検討を行う。

7-3　ソーシャル・キャピタル（社会関係資本）の一形態としての地域組織参加状況

（1）地域における組織参加の状況
　地域関係や人間関係が健康に影響を及ぼすことは，前述のとおりであるが，同じ社会関係資本についても，同質な者同士が結び付く Bonding（紐帯／結束強化型）のものと異質な者同士を結び付ける Bridging（橋渡し型）のものとでは，異なる機能や影響を持つことが考えられる。また，組織の形態についてもいわゆる組織成員同士が横並びの関係にある，水平的組織参加と父系的関係や上下の関係を伴う垂直的組織参加では，その心身の健康状態への影響が異なることが海外のみならず，日本でも報告されている。
　地域におけるネットワークの多寡，社会関係資本の豊富さは，健康状態に正の影響を与えることが多いと報告されている。しかし，負の影響もあり，その関係性の質について影響の多寡や方向性が異なることも指摘される。
　沖縄における地域の組織参加の状況については，6章において既出のデータであるが，今回の調査結果において，分析対象者885人中79.9％の者が何らかの組織参加を行っていると回答している。複数回答の結果で，特に参加者が多かったのが，前出の模合参加であり，総数の40.9％，男性では43.5％，女性では38.4％が模合に参加していると回答している。次いで，2番目に参加していると回答した者の割合が高かったのは，「自治会・通り会」への参加であるが，全体の25.8％（男性23.8％，女性27.7％）の加入にとどまっている。自治会・通り会等は，参加者の年代に偏りがあり，20歳代，30歳代ではそれぞれ5.7％（男性6.0％，女性5.6％），13.0％（男性9.3％，女性16.7％）のみの参加である（図7-7，7-8）。
　一方で，模合組織の加入者は自治会組織への加入者を大きく上回り，また年代別の分布をみてもすべての年代で模合参加者が最も高い傾向を示してい

Ⅱ部　社会福祉学からみた沖縄

図7-7　年代別にみた地域における組織参加の割合

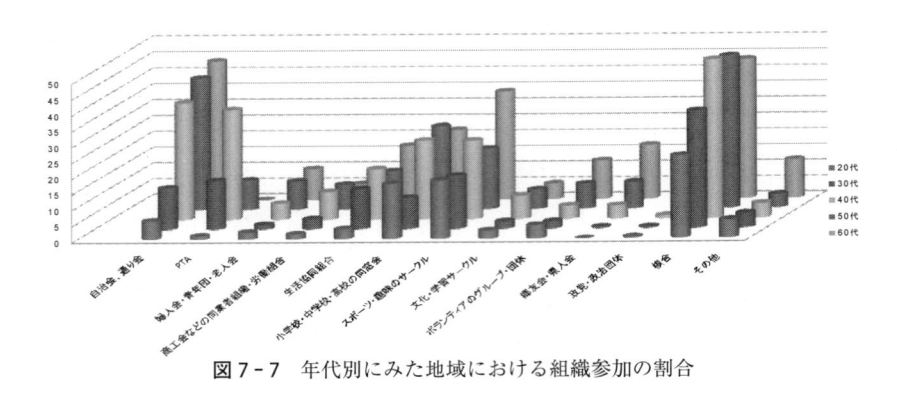

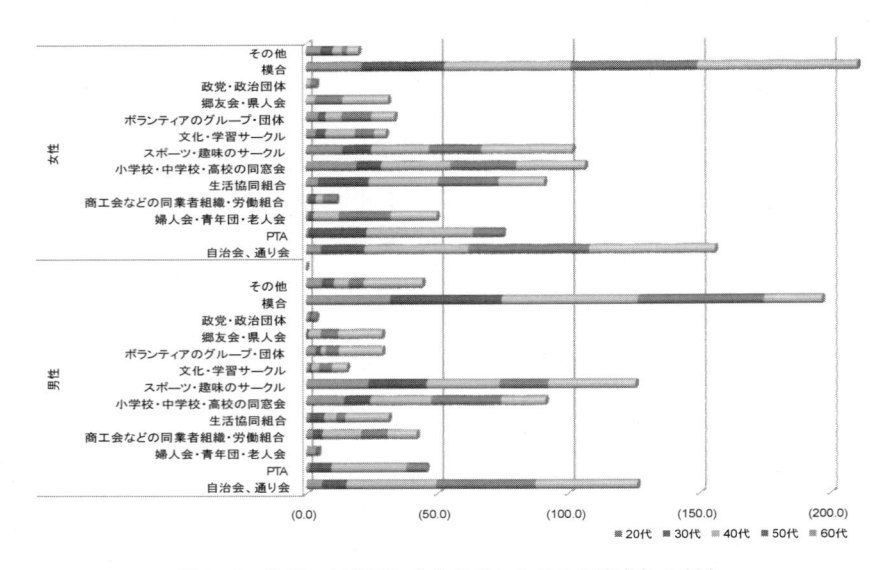

図7-8　性別・年代別にみた地域における組織参加の割合

る。模合参加者の割合は，20歳代でも26.0％（男性32.1％，女性21.3％），30歳代では37.0％（男性42.6％，女性31.5％）と高く，さらに50歳代では48.1％（男性47.9％，女性48.4％）の者が模合組織に所属していると回答している。先行研究における調査では，職域以外でのネットワークが弱いことが指摘されている50歳代の男性においても，沖縄では約3人に2人が

7章　沖縄県民の社会参加活動と地域帰属意識

表7-1　性別・年代別にみた地域における組織参加の割合

		20歳代	30歳代	40歳代	50歳代	60歳代	総数
男性	自治会・通り会	6.0	9.3	34.3	37.8	38.9	23.8
	PTA	1.2	8.3	28.7	7.6	0.0	11.4
	婦人会・青年団・老人会	3.6	0.9	0.0	0.0	0.0	0.9
	商工会などの同業者組織・労働組合	2.4	3.7	14.8	10.1	11.1	8.2
	生活協同組合	1.2	5.6	4.6	3.4	16.7	4.3
	小学校・中学校・高校の同窓会	14.3	10.2	23.1	26.9	16.7	19.0
	スポーツ・趣味のサークル	23.8	22.2	27.8	18.5	33.3	23.3
	文化・学習サークル	1.2	0.9	2.8	5.0	5.6	2.7
	ボランティアのグループ・団体	3.6	1.9	1.9	5.0	16.7	3.7
	郷友会・県人会	0.0	0.9	4.6	6.7	16.7	3.9
	政党・政治団体	1.2	0.9	0.0	1.7	0.0	0.9
	模合	32.1	42.6	51.9	47.9	22.2	43.5
	その他	6.0	4.6	5.6	5.9	22.2	6.2
女性	自治会・通り会	5.6	16.7	39.5	46.3	47.8	27.7
	PTA	0.9	22.2	40.4	11.6	0.0	18.3
	婦人会・青年団・老人会	0.9	1.9	9.6	20.0	17.4	8.3
	商工会などの同業者組織・労働組合	0.9	2.8	2.6	5.3	0.0	2.7
	生活協同組合	4.6	19.4	26.3	23.2	17.4	18.3
	小学校・中学校・高校の同窓会	19.4	9.3	26.3	25.3	26.1	20.3
	スポーツ・趣味のサークル	13.9	11.1	21.9	20.0	34.8	17.6
	文化・学習サークル	3.7	3.7	11.4	7.4	4.3	6.5
	ボランティアのグループ・団体	4.6	2.8	6.1	11.6	8.7	6.3
	郷友会・県人会	0.0	0.0	3.5	10.5	17.4	4.0
	政党・政治団体	0.0	0.0	1.8	2.1	0.0	0.9
	模合	21.3	31.5	48.2	48.4	60.9	38.4
	その他	5.6	4.6	3.5	2.1	4.3	4.0
総数	自治会・通り会	5.7	13.0	36.9	41.6	43.9	25.8
	PTA	1.0	15.3	34.7	9.3	0.0	14.9
	婦人会・青年団・老人会	2.1	1.4	5.0	8.9	9.8	4.6
	商工会などの同業者組織・労働組合	1.6	3.2	8.6	7.9	4.9	5.4
	生活協同組合	3.1	12.5	15.8	12.1	17.1	11.4
	小学校・中学校・高校の同窓会	17.2	9.7	24.8	26.2	22.0	19.7
	スポーツ・趣味のサークル	18.2	16.7	24.8	19.2	34.1	20.5
	文化・学習サークル	2.6	2.3	7.2	6.1	4.9	4.6
	ボランティアのグループ・団体	4.2	2.3	4.1	7.9	12.2	5.0
	郷友会・県人会	0.0	0.5	4.1	8.4	17.1	4.0
	政党・政治団体	0.5	0.5	0.9	1.9	0.0	0.9
	模合	26.0	37.0	50.0	48.1	43.9	40.9
	その他	5.7	4.6	4.5	4.2	12.2	5.1
		100.0	100.0	100.0	100.0	100.0	100.0

単位：％

何らかの地域組織に参加していることが示された（表7-1）。

（2）地域における参加組織の種類と特徴

　同じ組織参加においても，同種の人間の結びつきをより強固にするBonding型の組織参加と，異なる階層・異なる背景を持つ者の結びつきに働

表7-2 組織参加のパターンについての探索的因子分析

所属団体	第1因子 地域組織	第2因子 趣味組織	第3因子 同窓・友人組織	第4因子 職域組織	第5因子 政治的組織	共通性
自治会・通り会	0.63	0.19	0.10	0.23	0.04	0.44
PTA	0.53	−0.04	0.12	0.13	0.04	0.32
婦人会・青年団・老人会	0.65	0.07	−0.06	−0.16	0.04	0.47
生活協同組合	0.45	0.22	0.23	−0.03	−0.23	0.33
スポーツ・趣味のサークル	−0.16	0.57	0.42	0.00	0.04	0.51
文化・学習サークル	0.10	0.64	0.08	0.07	−0.12	0.42
ボランティアのグループ・団体	0.23	0.69	−0.16	0.09	0.16	0.59
模合	0.10	−0.07	0.64	0.24	0.07	0.49
その他	−0.05	−0.13	−0.60	0.19	0.16	0.44
小学校・中学校・高校の同窓会	0.13	0.09	0.47	0.20	0.29	0.34
商工会などの同業者組織・労働組合	0.01	0.12	0.17	0.74	−0.15	0.61
郷友会・県人会	0.10	0.02	−0.01	0.68	0.18	0.49
政党・政治団体	0.01	0.02	0.04	0.02	0.88	0.80
因子寄与	1.8	1.2	1.1	1.1	1.0	6.2
因子寄与率	13.6	9.3	8.8	8.5	7.9	48.1

KMO = 0.627
因子数は固有値1.00以上とし，主因子法による探索的因子分析を行った。
回転法：プロマックス回転

きかける，Bridging型の組織への参加では，個人並びに地域に及ぼす影響が異なることが指摘されている（Browing C. R., Cagney K. A. 2003）ことは前述した。すなわち，異種の人間を結び付ける働きを持つネットワークに所属することにより，情報アクセスの広がりや，資源分配の可能性が広がることが指摘され，いわゆるBridging型の組織への参加の方が，より健康状態へポジティブな結果をもたらしたことが報告されている。同様に，上下の組織内関係が規定される垂直型の組織と，趣味や友人などの同軸方向の情報や感情の伝達を主にする水平型の組織参加においても，内部構造や人間関係の力動は異なり，心身の健康への影響は異なることが議論されている（Aida J. et al. 2009）。

そのため，今回参加組織として想定した13項目の所属団体について探索的な因子分析を行い参加組織のパターンについて検討した。その結果，5つの因子が検出され，それぞれが「地域組織」，「趣味組織」，「同窓・友人組織」，「職域組織」，「政治的組織」と分類された。分析の結果，本来統計的に意味

のあるのは，第3因子までの項目と判断されるが，今回は探索的検討結果により，暫定的に第4・5因子についても他因子と同様の扱いとした（表7-2）。

　第1因子には，自治会・通り会や婦人会・青年団・老人会，またはPTAや生活協同組合など，居住地域を基礎とした組織への参加が検出された。この地域組織については，地域の祭り等の行事参加との関連も強いことが，分析により確認され，地縁との繋がりを示す組織参加因子であると考えられた。また，第2因子として，スポーツや趣味，文化，学習のためのサークル，ボランティアグループなど，学びたいものや趣味の活動など，趣味・嗜好を同じくする者の繋がりを基礎とする組織への参加が検出された。また，第3因子として，小学校・中学校・高校の同窓会や模合組織など，同窓・友人関係などの関係基盤を中心にする組織参加についての因子が抽出された。若い世代も含めた模合参加は，同窓生が集まって行うことも多い傾向にあることと矛盾しない結果となっている。同窓会の延長で続けられている模合組織が多いことからは，昔からの友人を含めた信頼関係の強い既存の仲間の中で模合活動が行われていることも考えられ，同窓・友人に関連する組織参加の因子と判断された。また第4因子は，商工会，労働組合，他県における郷友会，県人会など職域組織と関連した組織参加因子と考えられた。さらに政治に関連する組織への参加については，他項目から離れた組織参加志向がみとめられた。抽出因子数や他の条件を変えても，政治組織に関する項目は他項目とは異なった傾向を示したことから，政治に関する組織活動にはまた別の要因が潜在的に働いていることが考えられた。上記の結果から，沖縄における模合組織を考察すると，水平的組織傾向が強い一方で，いわゆる同質の者同士が集まる関係を強化するBonding型のソーシャル・キャピタルとしての性格が強いことが示唆されたのではないかと考えられる。しかし一方では，いわゆるスポーツ活動等趣味のクラブの延長での模合組織や，目的型のボランティア組織の中での模合継続も報告されており，Bridging型，Bonding型の両方の組織性格が混在していて，明確な区分は難しいと言えるかもしれない。また，模合組織は関係の継続に一役買うが，組織成員同士の関係性の在り方は，組織による多様性が大きいことが考えられた。

7-4 地域（沖縄）への愛着に関わる要因について

（1）地域への愛着意識としての居住継続意志

　地域への愛着は，地域のソーシャル・キャピタル醸成と強い関連を持つ要因であり，地域への愛着が強いコミュニティ成員が多い地域においては，信頼感や互酬性の規範，地域の凝集性が高くなることが報告されている。そのため，前述の組織参加に関して抽出された因子を基に，組織参加のパターンと地域への愛着の度合いについての検討を行った。愛着については，調査項目内で分析可能である沖縄県への今後の居住継続希望を，代理の指標として取り上げた。

　地域への愛着と「移動」の関係については，引越しや移民など社会的移動について着目され，居住継続との関係についても多くの報告がされている（Gustafson P. 2001）。地域への愛着（Place attachment）については，「所属意識（場所依存と機能的地域愛着）」（Place dependence, Functional place attachment）と，「地域認識（地域帰属意識と情緒的地域愛着）」（Place Identity,

表7-3　居住継続意志と組織参加との関連について

	n	Odds 比	95％信頼区間 Lower-Upper	p 値
居住継続希望者	643	1.00		
自治会・通り会	190	3.17	(1.52- 6.63) ‡	0.00
PTA	109	3.01	(1.35- 6.69) ‡	0.01
婦人会・青年団・老人会	38	6.30	(1.61-24.66) ‡	0.01
商工会などの同業者組織・労働組合	36	1.51	(0.58- 3.97)	0.40
生活協同組合	77	1.65	(0.73- 3.70)	0.23
小学校・中学校・高校の同窓会	132	1.94	(0.92- 4.07)	0.08
スポーツ・趣味のサークル	137	1.98	(0.96- 4.09)	0.06
文化・学習サークル	35	3.25	(1.09- 9.71) †	0.04
ボランティアのグループ・団体	38	3.68	(1.21-11.20) †	0.02
郷友会・県人会	26	1.43	(0.50- 4.10)	0.50
政党・政治団体	4	0.49	(0.10- 2.40)	0.38
模合	283	2.71	(1.37- 5.38) ‡	0.00

注： 1) 調整変数：性・年齢・世帯年収・住居形態・組織参加数・沖縄出身か否か
　　 2) $0.1<*$, $0.05<†$, $0.01<‡$

Emotional Place attachment）の2種が議論されるが，いずれの形態の地域への愛着についても，愛着が強いほど，地域資源への配慮行動が増加し（Vaske J. and Kobrin K. 2001），場所を共有する個人間の信頼が増加する（Payton M. 2005）等，地域へのポジティブなフィードバックが調査結果より報告されている。

　すなわち，地域への愛着を含む地域に対する感情的な紐帯は，所属地域への積極的な関与行動を促し，個人のコミュニティや地域社会への繋がりに影響を及ぼすことが考えられる（Low S. and Altman I. 1992）。また，地域への愛着は，個々人の繋がりやコミュニティの結束と相互に影響しあう因子であり，地域活動への関与に影響を及ぼし，社会的な繋がりを強く感じることで，地域の成員は，地域との心理的な繋がりをさらに強め，その地域における居住継続とコミュニティへの所属継続を希望することも指摘されている（Hummon D. M. 1992）。また一方で，居住継続については，経済的状況や世帯の状況，居住年数，また住居が持ち家か否か等の状況に影響を受けることが考えられ，性・年齢とともに世帯年収，居住形態，世帯状況，出身地等についても調整を行った。また，組織の参加数によって，個々の組織参加が持つ意味も異なることが予想されるため，組織の参加数についても調整を行った上で検討を進めた（表7-3）。

　現在住んでいる地域への居住継続を希望するかを問うた結果，総数の52.8％が「なるべく住み続けたい」と回答し，19.9％が「ぜひ，いつまでも住み続けたい」と回答した。全体では，両回答を合わせて7割以上が積極的な居住継続意思を示したことが示唆され，「なるべく住み続けたい」「ぜひ，いつまでも住み続けたい」の両回答を合わせ「積極的居住希望」状況として検討を行った。なお，性差による差異は見られなかったため，以下の検討も総数で検討を継続している。

　結果として，沖縄に今後も住み続けたいと考える「積極的な居住希望」の状態と有意な関連を示した組織参加について，自治会・通り会の組織参加者は，非参加者の3.17倍，PTAでは3.01倍，婦人会・青年団・老人会では6.30倍，居住継続の意思が高かった（$p<0.01$）。これは，地域でのこうした組織への参加者が，子どもが学校に通う学齢期であることや，老人会に所属

する年齢であることの結果とも解釈できるが，年齢や世帯の形態の影響を調整しても，こうした組織への参加は居住継続意志の強さと関連しており，もともと地域への愛着が高い人がこうした組織への参加を行うことが予想される一方で，地縁が強い者が集まり，またさらに内部での地域凝集性を高めていることも想像された。また，文化・学習サークルに入っている者はそうでない者に比べて3.25倍，ボランティアグループは3.68倍，居住継続意志が高かった（$p<0.05$）。模合参加については，参加者は非参加者に比べて2.71倍（$p<0.01$）居住継続意志が高く，地域への愛着ならびに住みやすさの度合いと，地域社会との繋がりを示す組織参加の間に，関係性があることが示唆されたと考えられる。

　加えて，組織参加の内容と居住継続意志の検討に際して調整要因として扱った前提条件について，生活状況の中では，県内の居住希望に関連する要因として，20歳代に比べて，30歳代で1.61倍，40歳代では約2.32倍，県内居住志向が高く，子育て世代やある程度生活の安定している年代において，居住継続意志が高いことが見られた。また，民営・公営にかかわらず賃貸住宅に住んでいる者よりも，持家居住者で当然のことながら居住継続意志が高く，就業者でも居住継続意志が高いことが示された。すなわち，家と仕事が揃った安定層では，そうでない層に比べて，居住継続意志が高いことが認められた。しかし，その一方で，経済状況や出身地等は居住継続意志とは関連しておらず，地域における安定や根付きの要件がおぼろげに示された結果とも解釈される。また，組織の参加数が多い者ほど，居住継続意志が高い結果も示された。

（2）地域への愛着意識としてのウチナーンチュ意識

　沖縄方言で，沖縄人と本土からの流入者をそれぞれ「ウチナーンチュ」と，「ナイチャー」もしくは「ヤマトンチュ」と呼んで区別する表現がある。いわゆるナイチャーとは内地の人を指し，ヤマトンチュとは大和の人を指す。いずれも沖縄地域以外の県外出身者を区別する表現であるが，外と内をわける規範が強いほど，内部における凝集性が高まることは，動物行動学者のティンバーゲンらの分類を含め多くの報告がある。沖縄県民は，移民の歴史が長

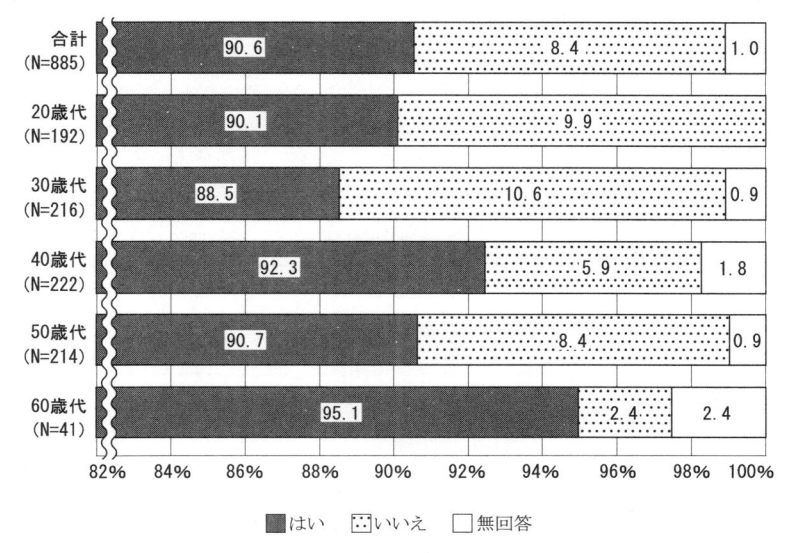

7章　沖縄県民の社会参加活動と地域帰属意識

区分	はい	いいえ	無回答
合計 (N=885)	90.6	8.4	1.0
20歳代 (N=192)	90.1	9.9	
30歳代 (N=216)	88.5	10.6	0.9
40歳代 (N=222)	92.3	5.9	1.8
50歳代 (N=214)	90.7	8.4	0.9
60歳代 (N=41)	95.1	2.4	2.4

図7-9　自分はウチナーンチュか

く，中南米やハワイを中心に多くの沖縄系移民の子孫が生活している。既に2世，3世の世代も多いが，ウチナーンチュ意識を保持しているコミュニティが少なくない。華僑と同様に琉僑という表現もあるが，沖縄人としてのアイデンティティとネットワークを大切にしていることが特徴の1つと報告されている。2011年10月には第5回世界のウチナーンチュ大会も開催されたが，ここに集う人たちは，沖縄での居住経験のない，2世，3世が多いと予測される。では，いわゆるウチナーンチュという表現においては，何が人を沖縄人たらしめている要素と理解されているのであろうか。

　自分自身のことをウチナーンチュであると回答した者の割合は，回答者全体の90.6％（N = 802）にあたり，回答者のほとんどが自分をウチナーンチュと認識している結果が示された。年代別にみると，60歳代でウチナーンチュであると回答した者の割合が最も高く，95.1％であった（図7-9）。

　また，自分がウチナーンチュであると回答した者802名について，そのうち53.2％が自身がウチナーンチュであることを「とても誇りに思っている」と回答している。「ある程度誇りに思っている」と回答した36.5％と合わせ

Ⅱ部　社会福祉学からみた沖縄

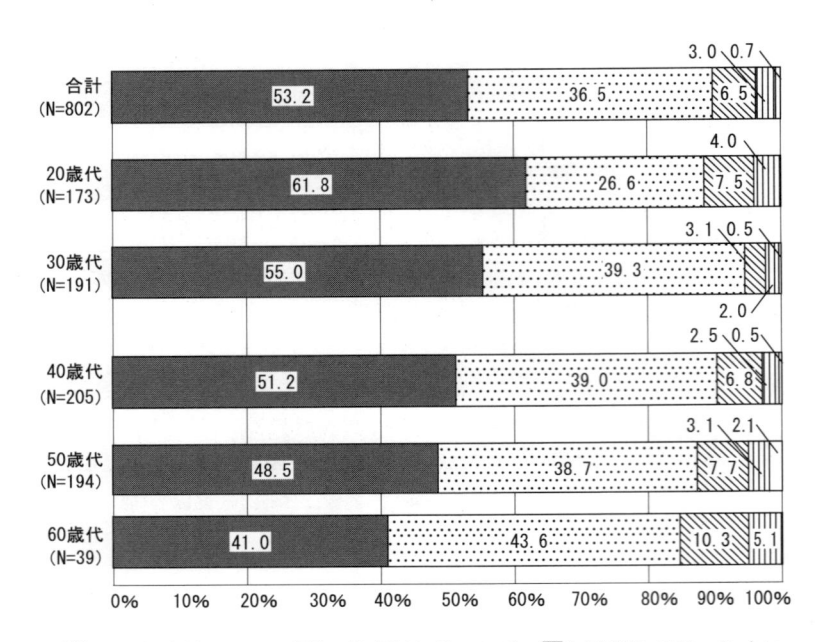

区分	とても誇りに思っている	ある程度誇りに思っている	あまり誇りには思っていない	ほとんど、またはまったく誇りには思っていない	無回答
合計 (N=802)	53.2	36.5	6.5	3.0	0.7
20歳代 (N=173)	61.8	26.6	7.5	4.0	—
30歳代 (N=191)	55.0	39.3	—	3.1	0.5
40歳代 (N=205)	51.2	39.0	6.8	2.5	0.5
50歳代 (N=194)	48.5	38.7	7.7	3.1	2.1
60歳代 (N=39)	41.0	43.6	10.3	5.1	—

図7-10　ウチナーンチュであることへの誇り

て，89.7％の者がウチナーンチュであることに誇りを持っていることが示された（図7-10）。

また，自身がウチナーンチュであるか否かの意識について，沖縄県内出身者と県外出身者に分けて，関連のある項目についての探索的な検討を行った（表7-4）。人数的にもかなり限られており安定性を欠く結果であるが，多変量解析の結果，沖縄県内出身者では，沖縄で生まれたこと，沖縄が好きなこと，沖縄の文化や歴史を詳しく知っていること，また「自分はウチナーンチュだ」と思っていることなどが，自身をウチナーンチュと認識することに影響する項目として関連性が示された。自己アイデンティティとウチナーンチュ要件としての他者規定が一致している結果とも理解できると考える。一方で，沖縄が好きなこと，沖縄の歴史や文化を詳しく知っていることをウチナーンチュの要件と考える人は，逆に自分のことをウチナーンチュだと思わない結

7章　沖縄県民の社会参加活動と地域帰属意識

果が見られ，歴史や文化を知っているという条件についても，ウチナーンチュであれば，琉球の歴史や文化をもっと知っているべきだと考える理想が高く，そのレベルには合致しない自分に対しては，ウチナーンチュであるとは考えられないとする解釈も成り立つかもしれない。

一方で，県外出身者で，自分をウチナーンチュだと認識している者は，69名中16名であった。県外出身者については，沖縄で生まれたことをウチナーンチュの要件と考える人は，自身がウチナーンチュではないと判断する一方で，自分をウチナーンチュだと思う条件について，はっきりとした関連要因は検出されなかった。すなわち県外出身者は，沖縄生まれであることがウチナーンチュの必須要件とは考えない一方で，はっきりとした規定要因を示せるほどに，確信を持ってウチナーンチュの条件を意識できていないと考えら

表7-4　自分を「ウチナーンチュ」だと認識することに関連する「ウチナーンチュ」条件

	沖縄県内出身者				県外出身者			
			95%信頼区間				95%信頼区間	
	n	Odds比	Lower-Upper	p値	n	Odds比	Lower-Upper	p値
総数	793				69(4)*3)			
自分を「ウチナーンチュ」だと認識している	775				16(2)*3)			
沖縄で生まれた	601	3.18	1.12　9.00	0.03†	7	0.03	0.00　0.40	0.01‡
沖縄で幼少期を過ごした	231	1.93	0.40　9.28	0.41	1	0.39	0.03　5.55	0.49
親のどちらかが沖縄出身	231	3.41	0.39　29.58	0.27	3	3.14	0.32　30.47	0.32
先祖が沖縄／離島出身	240	2.00	0.40　9.94	0.40	4	0.52	0.08　3.64	0.51
沖縄に住んでいる	372	1.03	0.37　2.87	0.96	5	3.70	0.56　24.30	0.17
沖縄が好き	366	0.26	0.08　0.84	0.02†	7	0.85	0.13　5.39	0.86
「自分はウチナーンチュだ」と思っている	359	6.04	1.61　22.66	0.01‡	6	1.55	0.24　9.84	0.64
沖縄の文化や歴史を詳しく知っている	119	0.21	0.06　0.70	0.01‡	5	4.73	0.61　36.79	0.14
方言を少しは話せる	174	1.31	0.36　4.77	0.68	2	4.49	0.29　69.58	0.28
沖縄に貢献しようという気持ちがある	255	1.76	0.53　5.81	0.35	6	0.82	0.11　6.38	0.85

注：1）性別・年齢調整
　　2）0.1<*，0.05<†，0.01<‡
　　3）県外出身者には海外出身者を含む。（　）内表示

れるかもしれない。

7-5　考　察

　前述のとおり，本章では，健康の社会的決定要因への考察に繋げることを目標として，組織参加の形態，地域居住継続意思，地域への愛着，地域住民としてのアイデンティティ（ウチナーンチュ意識）の強さ等について，地域の結束や社会関係資本に影響を与えるものとして，現状と関連要因についての探索的検討を行ってきた。沖縄県内におけるコミュニティの希薄化や，住民の地域愛着意識が近年薄れていく傾向にあることが指摘されているが，その中にあっても地縁・血縁を中心とした地域組織活動への加入や，地域への愛着意識はまだ豊かである現状が垣間見えたと考える。
　いわゆる地域コミュニティ，もしくは地縁型のコミュニティにおいては，生産・労働・祭祀・教育活動を一定の居住空間において共に行い，共同体内における成員の健康管理も（感染症との疾病対策等において，時に集団の健康を個人の健康よりも優先しながら），労働力の確保という意味を含めて集団で行ってきた歴史がある。すなわち運命共同体として，大量の人手を必要とする農作業が求める共同作業を担う人材の教育と健康管理を行ってきた経緯があるとも考えられる。こうしたコミュニティの存在がある程度担保してきた，地域住民の集団としての健康は，近代に入って自主的コミュニティとしての地域共同体が崩壊するなかで，その担い手が変更されたと理解されてきた。いわゆる，地縁型コミュニティが職業選択や居住地選択の自由化が進む中で崩壊し，地縁以上の結束を持たないコミュニティとなる中で，国家や社会がその責任を肩代わりし，公衆衛生という言葉の下に衛生行政・保健所行政を展開してきた歴史がある。
　しかし，その一方で，地縁型コミュニティの事実上の崩壊後も，近代国家構築のために精神的な紐合を求めやすい単位として，その役割は依然として大きく，地縁コミュニティを基礎としつつも，そこに性別・年代別・課題別に組織させるテーマ型コミュニティを隣保共助の担い手として組織する必要性が生まれたことが議論されている。政府による婦人会・青年団・老人会等

の各種団体が各地に発足し，固有の役割を持った官製組織として地域に成立し，こうしたテーマ型コミュニティが現在の自治会や町内会として機能している組織となっていった経緯がある。しかしながら，沖縄県内の組織参加については，琉球王府の影響下で形成されたいわゆる内地とは別の意味での官製テーマ型コミュニティ運営のための組織が，地元密着型の組織参加へと結合しており，地域組織の担い手が，地域における社会関係資本の柱となっている状況も窺われた。いわゆる地縁コミュニティがその機能分担の範囲は変えつつも，地域におけるある種のセーフティネットとして機能し，地域住民の幸福や健康をある程度担保している状況が，ひとつのソーシャル・キャピタルと健康の関係性と捉えることができると示唆されたと考える。

　パットナムやハルパーンらによるソーシャル・キャピタル論の概念は，近年健康に関連する分野において多用され，1997年以降急激に学術雑誌への論文掲載数が増加し，因果関係を伴ったソーシャル・キャピタルと健康との関連が報告されている。しかしながら，それ以前からソーシャル・キャピタルの概念については，長い議論の歴史がありその概念整理についてもまだ諸説整理されていない状況にある。本章では，パットナムらの定義を基本として，ソーシャル・キャピタルを互酬性の規範・信頼感・ネットワークから構成されるものと定義して使用した。また，今後の健康長寿要因への影響検討を視野にいれた，ソーシャル・キャピタルに繋がる要因として，地域社会参加活動や地域帰属意識の関連要因について，検討を試みた。しかし限界として，地域帰属意識を直接的に評価しておらず，地域への居住継続意志やウチナーンチュとしての意識を代替の概念として検討したが，地域の凝集性に関連して，ソーシャル・キャピタルに繋がりうる地域帰属意識として理解されうるものなのかについても，検討の余地は十二分に残されており，今回の分析はあくまでも限定的な試案であると言わざるを得ない。今後，健康に関するアウトカムを伴う検討を進める可能性も含め，より精緻な概念検討を伴う調査検討を進め，本当の意味での社会関係資本と社会経済的階層性，また地域資源と個人資源が沖縄の健康に与える影響について，改めて考える機会があることを祈念する。

　一部ではあるが，本章における分析を通して，沖縄住民の組織参加につい

て，年代や生活状況を考慮した上でも，独立した要因として特定の組織参加活動が，地域への愛着と関連を示すなど，特徴的な傾向のいくつかが理解され，今後の社会的ネットワーク分析，もしくはソーシャル・キャピタル検討について，ヒントとなり得るいくつかのポイントが抽出されたと考えている。今後，沖縄に特徴的な高齢者世代の長寿要因と，逆に全国と比しても顕著になっている40〜50歳代の健康状態の悪化について，既存の健康資源だけではなく，沖縄住民の心理社会的な資源等，地域組織に根ざした新たな資源の掘り起こしとともに，研究・実践活動への展開が急務であると考えられる。

一方で，ソーシャル・キャピタル研究については，我が国においても2000年以降俄かに"流行"していると言えるほど，複数の領域において関心を集めているが，定義や概念については，まだ整理が十分にされていないことがたびたび指摘されている。この定義や操作概念の曖昧さが，逆に領域横断的な関心と協同研究・実践等を生んでいるとの解釈もできる。また一方で，これは，格差社会という言葉が定着し，貧富の差や機会の差の拡大が可視化する社会情勢の中で，地域コミュニティの力に期待したいという気持ちの表れが一役買っているとも考えられるかもしれない。しかしながら，「少ししか分かっていないことで，あまりに多くのことを説明しようとしすぎている」との指摘も受けるほど，幻想としての期待だけがソーシャル・キャピタル研究を取り巻いているとも考えられる。

沖縄におけるソーシャル・キャピタル研究は，概念整理もはっきりと行われないまま，イメージだけが先行している状況にあり，まだ緒に就いたばかりであると考えられる。今後，ソーシャル・キャピタルの概念整理と正しい評価測定を伴う調査検討を進め，今後の沖縄における健康長寿の維持・増進に資するエビデンス提供と実践への展開を目標にしたいと考える。

おわりに

人と社会の関係性がその健康状態や寿命の長さに関連している。それは，至極当然のことと受け止める向きもあれば，その関係の科学的な実証が可能になりつつあることに驚く向きもある。本章において検討した地域組織参加

や，地域愛着感については，まだ検討の余地はあるが，沖縄における地域の特徴的な状況であり，個人の身近な社会との繋がり方の密接さが，沖縄の人口構造や社会状況と関連している可能性が示唆されたと考えられる。

　本来，長寿は人類が有史以来達成を目指してきた願望の1つであり，日本国内には，各地で個人・コミュニティ・社会がそれぞれに長寿を祝福する習慣が残っている。身近な例では，数え年で長寿を祝う還暦（61歳），古希（70歳），喜寿（77歳），傘寿（80歳），米寿（88歳），卒寿（90歳），白寿（99歳），茶寿（108歳），皇寿（111歳）等の表現と風習が存在する。同様に，沖縄においても数え年でその長寿を祝う風習があるが，本土とはその年齢と祝い方が少し異なる。沖縄では，生年祝（トゥーシビー）の習慣があり，十二支に従って，数え歳で12年ごとに，生まれ年を祝う。すなわち，13歳，25歳，37歳，49歳，61歳，73歳，85歳，97歳にそれぞれお祝いをするが，特に97歳の生年祝，カジマヤーのお祝いは地域をあげて盛大に執り行われる。長寿者の多い沖縄では，還暦くらいではまだ祝われるべき年齢に達していないのだろうか？　97歳を迎えた高齢者が，真っ赤なちゃんちゃんこを着て，風車を手に持ってオープンカーに乗り，町内を回り，長寿の喜びをコミュニティの中で分かちあい祝福しあう行事で，多くの地域で毎年旧暦の9月7日に行われる。カジマヤー祝いの語源と由来には諸説あり，カジマヤーという言葉も，琉球の方言で，「風車」のことを意味するが，集落の「十字路」のことを指す意もある。97歳になり純粋無垢な童心に戻って，カジマヤー（＝風車）と遊ぶことを意味するという説や，回転する風車が輪廻転生を表すという説等があるが，一方ではまた，97歳の長寿を祝って，馬車や飾り駕籠に高齢者を乗せて，集落の7つのカジマヤー（＝十字路）を巡らせる習わしがあったことに由来するという説等々，諸説がある。また古くは，模擬葬儀として，死装束を身につけた高齢者とともに，集落の7つのカジマヤーを巡り，一門の墓まで行列したことに由来するとする説もある。現在は祝賀行事として執り行われるが，大宜味村や国頭村などの一部の地域では，カジマヤーの行事は死と再生を意味する行事として，祝賀行事ではなく，生前葬儀の体で執り行われた記録が残っていることが報告されている。

　現代では高齢者の長寿祝いとして定着しており，親戚一同が集まって，孫

やひ孫がステージ上で歌や踊りの出し物をしたり，結婚式場等を借り切ってお祝い会を盛大に催すことも少なくない。また，長寿者，高齢者の多い沖縄においては，88歳（トーカチ）の祝いは，親戚や家族内だけでの祝い事として行い，97歳のカジマヤー祝いは，最も盛大に地域をあげて，長寿を祝う習わしとなっていると聞く。

米(ユニ)のトーカチや
切り升(マシ)どやゆる
盛着(ムティ)のカジマヤゆう願げさびら
　　琉歌（詠み人知らず）

　上記の琉歌は，88歳のトーカチ祝いでは，升にすり切りくらいの米を盛っているだけだが，次のカジマヤー祝いには，もっと溢れるほど米を盛ってお祝いをしようと，さらなる長命と一族の繁栄を祈った歌といわれる（トーカチ祝いでは，升に米を盛って，米の升切りに使う竹製の斗掻を立て，来訪者に配る風習があったことに由来）。
　疾病を克服し健康長寿を願い，医療システムや社会システムを発展させながら，結果として増加した個人や社会の老いを引き受けきれずにいる現代社会において，生活空間における老いの受容と地域社会のシンボルとしての長寿の祝福が身近にある沖縄社会は，今後の持続発展可能な社会の在り方を示しているとも捉えられる。
　沖縄においては，長寿者がコミュニティの中に多く存在し，生活の中に老いと生がともに根付いている状況が指摘される。野生の生物の多くが，生殖年齢の終了後には生を終了する一方で，人間には生殖年齢後の生存期間を長くして，「老い」の存在を可能にした現代文明社会があり，その役割は，老いと社会の関係のなかでも問い直される必要がある。老いをきちんと引き受けられる社会こそが健康な社会と捉えるならば，沖縄の日常から学ぶべき点，考えさせられる点は多いと考えられる。ゆるやかならせんを描く時間観を伴う南型の知を持つ沖縄人の知恵であり，ヴィーゴのいうシンボリズム，コスモロジー，パフォーマンスの概念にも沖縄文化の中にみる要素は合致する。

本章では，社会と人間の健康の関係について問いを考えてきたが，個人間の戦略的信頼（Strategic trust），社会全般に対する道徳主義的信頼（Moralistic trust），同じバックグラウンドを持つ者に対する特定化信頼（Particularized trust），異なるバックグラウンドを持つ者全般に対する普遍化信頼（Generalized trust）など，信頼関係の中においても，その効果と関係性は異なることが指摘されている。こうした地域における信頼感について，沖縄における特定化信頼感の高さを感じるなかで，長寿を寿ぎ高齢者に役割を与えつつ，地域社会が老いと子の生み育ての両方を引き受けられる，地域関係の豊かさこそが，沖縄におけるソーシャル・キャピタルの結果指標の1つと考えられるのではないかと感じている。高齢者の地域組織への参加は，既存の先行研究によって支持されている受領的なソーシャル・ネットワーク，ソーシャル・サポートの醸成だけでなく，むしろ提供的ソーシャル・サポートの醸成を通して，周囲へのサポート提供による，自己有用感や自己効力感等の内的心理資源を高める効果も期待される。今後，高齢者をサポートを受ける存在として捉えるだけでなく，サポートを提供する社会資源として考え，地域における組織参加を通じた健康増進や長寿振興についても考える可能性も検討すべきと考えられる。現在膨らみつつある課題の解決に向けて，沖縄における既存資源の豊かさの正しい評価と，その活用の方法について，今後さらに分野横断的に検討を進め，政策展開へ繋げていく可能性の段階まで，複眼的な視点から検討する必要があることが示唆されたと感じている。

謝　辞

　日本版 General Social Surveys（JGSS）は，大阪商業大学 JGSS 研究センター（文部科学大臣認定日本版総合的社会調査共同研究拠点）が，東京大学社会科学研究所の協力を受けて実施している研究プロジェクトである。本章の執筆に当たっては，東京大学社会科学研究所附属日本社会研究情報センター SSJ データアーカイブからデータの提供を受けたことをここに記し，深謝する。

引用文献

Aida J., Hanibuchi T., Nakade M., Hirai H., Osaka K., Kondo K., 2009, The different effects of vertical social capital and horizontal social capital on dental status: a multilevel analysis, *Soc Sci Med.*, 69: pp. 512-518.

Berkman L. F., Class T., 2000, Social integration, social networks, social support, and health, in Berkman L. F. & Kawachi I. eds., *Social Epidemiology*, Oxford University Press, pp. 137-173.

Berkman L. F., Kawachi I. eds., 2000, *Social Epidemiology*, New York: Oxford University Press.

Bourdieu P., 1986, The forms of capital, in J. Richardson ed., *Handbook of theory and research for the sociology of education*, Greenwood Press, pp. 241-258.

Browning C. R., Cagney K. A., 2003, Moving beyond poverty: neighborhood structure, social processes, and health, *J Health Soc Behav.*, 44: pp. 552-571.

知念良雄, 1995, 「模合考 (ユーレーとは)」, 片田　順, 2006, 福岡大学研究部論集, A5(6): pp. 81-111.

Cockerham W. C., Yamori Y., 2001, Okinawa: an exception to the social gradient of life expectancy in Japan, *Asia Pac J Clin Nutr.*, 10: pp. 154-158.

Evans R. G., Barer M. L., Marmot T. R. eds., 1994, *Why are some people healthy and others not? The determinants of health of populations*, Aldine de Gruyter.

福田アジオ, 神田より子他[編], 2000, 『日本民俗大辞典』, 吉川弘文館.

Gustafson P., 2001, Roots and Routes; Exploring the relationship between place attachment and mobility, *Environment and Behavior*, 33(5): pp. 667-686.

Halpern, David, 2005, *Social Capital*, Polity Press, Cambridge.

萩原　烈, 1991, 「宮国における相助組織――ユズと模合のネットワーク」, 『文化人類学調査実習報』, 国際基督教大学人類学研究室.

柊山幸志郎[編], 2000, 『長寿の要因――沖縄社会のライフスタイルと疾病』, 九州大学出版会.

Hummon D. M., 1992, Community Attachment: local sentiment and sense of place, In I. Altman and S. Low Eds., *Place Attachment*, New York, Plenum Press.

稲葉陽二, 2007, 『ソーシャル・キャピタル――「信頼の絆」で解く現代経済・社会の諸課題』財団法人社会経済生産性本部.

川上憲人・小林廉毅・橋本英樹 [編], 2006, 『社会格差と健康：社会疫学からのアプローチ』, 東京大学出版会.

Kawachi I., Kennedy B. P. eds., 2002, *The health of the nations: why inequality is harmful to your health*, The New Press.

Kawachi I., Subramanian S. V., Kim D., 2008, *Social Capital and Health*, Springer Science+Business Media.

Kawachi I., Kennedy B. P., 1997, Health and social cohesion: why care about income inequality?, *British Medical Journal*, 314: pp. 1037-1040.

Kondo N., Minai J., Imai H., Yamagata Z., 2007, Engagement in a cohesive group and higher-level functional capacity in older adults in Japan: a case of the Mujin, *Soc Sci Med.*, 64: pp. 2311-2323.

Lochner K., Pamuk E. R., Makuc D., Kennedy B. P., Kawachi I., 2001, "State-level income inequality and individual mortality risk: A prospective, multi-level study", *Am J Public Health*, 91: pp. 385-391.

Low S. and Altman I., 1992, Place attachment a conceptual inquiry, In I. Altman and S. Low Eds., *Place Attachment*, New York, Plenum Press.

Moriguchi E. H., Moriguchi Y., Yamori Y., 2004, Impact of diet on the cardiovascular risk profile of Japanese immigrants living in Brazil: contributions of World Health Organization CARDIAC and MONALISA studies. *Clin Exp Pharmacol Physiol.*, 31 Suppl 2: pp. S5-7.

Marmot M., 2004, *The Status Syndrome: How Social Standing Affects Our Health and Longevity*, Henry Holt and Company.

生地 陽, 2001, 「模合の履歴」, 『国立歴史民俗博物館研究報告』第91集 第一法規出版.

波平勇夫, 2002「沖縄社会の変容と現在」, 木下謙治, 篠原隆弘他［編］『地域社会学の現在』, ミネルヴァ書房.

沖縄地域科学研究所［編］, 1985, 『沖縄の県民像――ウチナンチュとは何か』, ひるぎ社.

Payton M., Fulton D. and Anderson D., 2005, Influence of Place Attachment and Trust on civic action: A study at Sherburne National Wild Refuge, *Society & Natural Resources*, 18: pp. 511-528.

Putnam R. D., 1993, *Making Democracy Work: Civic Traditions in Modern Italy*, Princeton University Press.

Putnum R. D., 2000, *Bowling Alone: The Collapse and Revival of American Community*, New York, Simon & Schuster.

Robinson L. J., Siles M. E., Jin S., 2011, Social capital and the distribution of household income in the United States: 1980, 1990, and 2000, *Journal of Socio-Economics*, in press.

崎原盛造・芳賀 博［編著］, 2002, 『健康長寿の条件――元気な沖縄の高齢者たち』, 株式会社ワールドプランニング.

白井こころ, 等々力英美, Ichiro Kawachi et al., 2011, 沖縄地域におけるソーシャル・キャピタル(SC)と主観的健康状態との関係, 沖縄県公衆衛生学会誌, 43: p. 19.

Sobue T., Suzuki T., Fujimoto I., Matsuda M., Doi O., Mori T., Furuse K., Fukuoka M., Yasumitsu T., Kuwahara O., et al., 1994, Case-control study for lung cancer and cigarette smoking in Osaka, Japan: comparison with the results from Western Europe, *Jpn J Cancer Res.*, May; 85(5): pp. 464-473.

Uslaner E., 2008, Corruption, *Inequality, and the Rule of Law*, Cambridge University Press.

Vaske J. and Kobrin K. 2001. Place attachment and environmental responsible behavior, *The Journal of Environmental Education*, 32(4): pp. 16-21.

Wilkinson RG., Pickett KE., 2006, Income inequality and population health: a review and explanation of the evidence, *Soc Sci Med.*, 62: pp. 1768-1784.

8章　精神障がい者に対する沖縄県在住者の意識

水 野 良 也

はじめに

　国は『精神保健医療福祉の改革ビジョン』(2004) において，おおむね10年間の方向性として「入院医療中心から地域生活中心へ」という基本的な方策を定めた。そこでは，精神疾患や精神障がいに関する正しい理解を国民に促すと共に，精神保健医療福祉体系の再編を図った上で，受け入れ条件が整えば退院可能な者（全国の入院患者の3分の1に相当する7万人）について退院を促進していくことが目標に掲げられていた。その後，国はこのビジョンの中間点を迎えるにあたって，新たに『今後の精神保健医療福祉の更なる改革に向けて』(2009) をとりまとめて，医療体系の再編や福祉的支援のあり方等の提案をしている状況にある。

　精神障がい者の地域生活を支える条件として，行政や病院および福祉施設等の専門機関の存在と共に，地域で接する多くの人々の協力も不可欠であることは論を待たない。この事業の推進においても，家族の理解を前提としながら，たとえば地域の住宅提供者やNPO等の民間部門の活用にも期待がかけられており，公私の連携をめぐるあり方について議論がなされている（厚生労働省 2007）。しかしながらそれらの基盤ともいえる地域住民の理解には，日本の精神医療が院内処遇を中心としてきた歴史的背景もあって，スティグマや偏見が根強く残っていると指摘されている。精神障がい者を住民がどのように見ているのかについては，退院や地域生活の行方を左右する1つの大きな鍵である。

　沖縄総合社会調査 2006 の中の精神障がい者福祉に関わる質問項目は，そ

のような問題認識から，県内在住者の精神障がい者観を主要なテーマとしてその意識を探った[1]。そのアンケート結果のいくつかについて，類似の代表的な調査結果にも触れながら，本章にて紹介していくことにする。

　住民の精神障がい者観に関する全国規模の調査として有名なものには，まず1971年に総理府によって行われた『精神衛生に関する世論調査』があり，次に全国精神障害者家族連合会（以下，全家連と略す）による1997年の『精神障害者観の現況'97――全国無作為サンプル2000人の調査から』があげられるだろう。

　前者は全国規模で行われた一般国民を対象とした精神保健福祉に関わる我が国初の調査である。調査項目には，調査対象者自身の精神不安についての認識や態度，精神障がい者に対する意識，施設に関する認識や諸施策への要望等が含まれている。「精神病患者」のイメージについては「気の毒だ，かわいそうだ」が69％にのぼり，「おそろしい，こわい」は16％，「嫌だ，気味が悪い」は10％であると報告されている。

　後者の調査は，メンタルヘルスへの関心，精神障がい者等に関する知識や接触体験，イメージの形成や内容および変化の契機等について詳しく調べている点に特徴がある。精神障がい者に「出会ったことがある人」は42％であり，精神障がい者については，「変わっている」（37％），「こわい」（34％），「くらい」（22％）といったイメージが多く選ばれている。またイメージづくりやその変化に影響を与えているものとして接触体験が示唆され，大半はそれによってプラスの方向に変わったという結果が出ている。

　その後の調査動向としては，地域型へと移行する精神医療政策の影響や，専門教育の効果検証等も含めて，精神障がい者に対する意識について様々な調査研究が行われている。しかしながら，沖縄県においてこの種の量的調査が過去に行われた例はほとんど存在しない。沖縄における精神障がい者観を調査する意義の1つもそこにあると考える。

　以下では，沖縄総合社会調査2006において扱った調査項目の中から，特に精神障がい者観に関わる表8-1の4つの質問の回答結果に絞った報告を行い，他の調査と比較できるものがある場合はそれを交えて分析を進めたい。

8章　精神障がい者に対する沖縄県在住者の意識

表8-1　沖縄総合社会調査2006の中から本章で取り上げる項目

項目名	質問文	回答肢
接触体験	あなたは，精神に障がいを持っていると思われる人（精神障がい者）[1]と，ふだん（過去に）どのような関わりがありますか（ありましたか）。（○は1つだけ）	精神障がい者の知り合いはいないし，つきあったこともない／ほとんど顔をあわせることはないが，知っている人がいる（いた）／挨拶程度の付き合いはある（あった）／グループや地域活動で一緒に参加することが時々ある（していた）／学校や職場等で日常接している（いた）／近い親族や家族または友人にそのような人がいる（いた）／自分自身が患っている（いた）
精神障がい者に対するイメージ	精神障がい者に対するあなたのイメージは，次のどれに当てはまりますか。あてはまるものすべてに○をつけてください。（○はいくつでも）	変わっている／まじめ／にぶい／周囲に気をつかう／明るい／くらい／気が変わる／正直／こわい／お人よし／やさしい／敏感／普通の人と変わらない[2]
精神障がい者に関する知識やイメージの入手先	精神障がい者に関するあなたの知識やイメージは次のうち主にどこで得たものですか。（○は1つだけ）	直接会って（自ら経験して，も含む）／テレビや新聞等を通して／学校教育や本を読んで／わからない
精神障がい者の地域居住における抵抗感	精神障がい者が入院生活を終えて，あなたの住んでいる地域で暮らすことに対して，あなたは抵抗感がありますか，ありませんか。（○は1つだけ）家族やご自身が障がいをお持ちの方は，他人が暮らすことを想定してお答え下さい。	まったくない／あまりない／どちらともいえない／少しある／かなりある

注：1）調査票には，精神障がい者の語義を「統合失調症（精神分裂病）や気分障がい（躁うつ病）などで，長期にわたり日常生活又は社会生活に相当な制限を受ける人」と説明した。
　　2）これらの項目は，全家連（1997）調査の回答肢と同じイメージを用いた。

8-1　接触体験

　精神障がい者観を形成する1つの前提として，精神障がい者との関わりや付き合いについて質問した結果，3人に1人が「精神障がい者の知り合いはいないし，つきあったこともない」と答え，最多となった（図8-1）。精神障がい者との関わり状況を把握するために，他の選択肢である「ほとんど顔

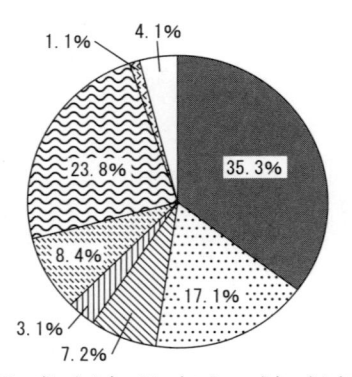

190　　　　　　　　　Ⅱ部　社会福祉学からみた沖縄

[円グラフ]
- 35.3%
- 17.1%
- 7.2%
- 3.1%
- 8.4%
- 23.8%
- 1.1%
- 4.1%

■ 精神障がい者の知り合いはいないし、つきあったこともない
▨ ほとんど顔をあわせることはないが、知っている人がいる(いた)
▨ 挨拶程度の付き合いはある(あった)
▥ グループや地域活動で一緒に参加することが時々ある(していた)
▨ 学校や職場等で日常接している(いた)
☑ 近い親族や家族または友人にそのような人がいる(いた)
▨ 自分自身が患っている(いた)　□ 無回答

図8-1　精神障がい者との関わり (N = 885)

を合わせることはない…」と「挨拶程度の付き合い…」も加えて合計すると、全体の6割にものぼる人が接触体験の乏しい状態にあるという現状が浮かび上がってくる。

　他の回答の選択結果は、「学校や職場、地域活動等の公的な場所で共に活動した経験のある」人たちが1割弱、「グループや地域活動で一緒に参加することが時々ある(していた)」は極めてわずかであった。このことからも推察できる通り、現状における精神障がい者の社会参加はまだまだ限定的でありごく一部にとどまっている状況と言えそうである。

　精神障がい者を理解する方法の1つが、共に活動するような接触体験であると考えるならば、この調査結果は課題が多い私たちの社会状況を映し出しており、今後は接触の機会を増やしていく方策をまずは検討すべきではないかと思われる。

8-2　精神障がい者に対するイメージ

　沖縄県は、県民の行動や意識が「やさしい」「情が濃い」と評されたり、ユイマールの言葉で表されるように地域共同体の精神も強いといわれたりする土地柄である。またかつては、精神病者を「サーダカマウリ(精高生まれ)」(霊的能力が高い)とか、「カミダーリィ(神垂り)」(神がかり)と捉え、何

らかの役割を担うものとして共同体の中で疎外せずに受容していたとも指摘されている（原田他 2004）。そういった県民性ないし独特の精神的・文化的風土や歴史が，心の病を持つ人に対する見方に影響しているのであれば，全国と比して何らかの特徴的な傾向が表れてくるかもしれない。

　沖縄総合社会調査 2006 はそのようなテーマを直接的な関心とはしていないものの，精神障がい者に対するイメージについて既存の全国調査（全家連 1997）や A 県調査（谷岡他 2007）と同じ 13 項目の回答肢を用意して，当てはまるものすべての選択を求めている。

　調査間の比較にあたって 1 つ留意しなければならない点は，この両調査が精神障がい者を最初に意識した時にどのようなイメージを持ったのかと尋ねているのに対して，沖縄調査の方ではアンケート全体の構成上そのようには時期を限定していない違いがある。この相違が回答結果に影響してくることは，解釈や分析にあたって考慮しておかなければならないだろう。

　複数回答による結果を比較した中での興味深い点は，沖縄調査ではほとんどのイメージにおいて選択された割合が高かったことである（表 8-2）。1 項目当たりの選択比率の平均を調査ごとに求めてみると，沖縄調査 20.2％，全国調査 13.9％，A 県調査 7.7％となって，その違いが顕著である。A 県調査との比較に限れば全ての項目において沖縄調査の方の選択比率が高く，全国調査との比較でも 2 項目を除いて沖縄の方の選択割合が軒並み高かった。

　解釈については後ほど触れることにして，まずはイメージごとに分析してみたい。もっとも多く選ばれたイメージは，沖縄を含めてすべての調査において「変わっている」であり，精神障がい者のイメージの代表的なものとして一般に受け止められていることがわかる。しかし沖縄では第 2 位のイメージに，第 1 位とほぼ同じ 3 人に 1 人の割合で「敏感」も選択された。ところが他県の両調査ではこの「敏感」は揃って 6 番目の順位に過ぎず 1 割程度の回答でしかなかった。他県の両調査での第 2 位に選択されたのは，沖縄では第 4 位に選ばれた「こわい」であった。これらの結果をまとめてみると，3 つの調査とも第 1 位のイメージは「変わっている」であって同じであったものの，第 2 位の違いを重ね合わせてみれば，「変わっていて敏感である」と受け止める沖縄調査と，「変わっていてこわい」と認知する他県とは，精神

障がい者の捉え方およびそれに基づく対応の仕方に微妙な違いがあると予想できるだろう。

表8-2からわかる通り，他県調査との比較で沖縄の人が多く選んだイメージを挙げるならば，「敏感」「気が変わる」「まじめ」「普通の人と変わらない」「正直」「やさしい」「明るい」などである。いずれもが肯定的ないし中立的な価値を含むものと見なされる点が特徴的である。他方，全国調査よりも沖縄が低い比率だったのは，否定的なイメージである「こわい」だけであった。

以上の結果に対して，どのような解釈が可能だろうか。

ほとんどの項目における選択比率が全国調査等の選択よりも高いことについては，先にも触れたように沖縄調査の質問文が精神障がい者を最初に意識した時のイメージに限定していないことがその理由の1つとして考えられる。初期のイメージが関わりの程度に応じて変化し増えていくことは想像に難くない。精神障がい者との関わりが増加したり情報に触れたりしていくうちに次第に多様な印象を持つに至り，多くのイメージを選んだという推測が成り立つ。

表8-2　精神障がい者イメージ

	沖縄総合社会調査 (2006)	全家連の全国調査 (1997)	谷岡他のA県調査 (2007)
変わっている	35.8	36.6(1)	19.9(1)
敏感	35.4	13.0(6)	10.2(6)
気が変わる	29.0	17.3(4)	10.9(4)
こわい	26.8	34.2(2)	15.7(2)
くらい	21.4	21.7(3)	10.3(5)
まじめ	20.9	7.0(8)	3.4(8)
普通の人と変わらない	19.8	11.9(7)	5.5(7)
正直	17.6	5.0(10)	3.3(9)
周囲に気をつかう	16.0	15.6(5)	11.0(3)
やさしい	15.9	4.8(11)	2.3(12)
にぶい	9.0	6.0(9)	3.2(10)
明るい	7.9	3.6(13)	1.8(13)
お人よし	6.3	4.0(12)	2.3(12)

単位：%，（　）内は選択順位

しかしまた別の解釈としては，精神障がい者に対するイメージを豊かにするような考え方や文化的風土が影響した結果であるとも考えられる。否定的な項目選択が全国調査などからみれば低く，中立的あるいは肯定的なイメージも比較的選ばれていることは，精神障がい者のイメージが浅薄でも一面的でもないことを伝えている。既に触れたが，沖縄は，精神病を単なる病気として捉え治療の対象とだけするのではなく，霊的な意味や価値をもつものとして受け止めてきた歴史がある。かつての沖縄では精神症状や心理状態を細やかに峻別して表現する方言が豊富にあって，その多様な語彙の存在こそが古琉球の精緻な精神世界を物語るとも指摘されている（高江洲 1989）。精神症状を「カミダーリィ」として自他ともに認知することで，精神異常者・精神病者の烙印を押されずに，社会復帰が容易になるとも言われている（大橋 2004）。

比較する調査形式の違いがあったとしても，沖縄調査が精神障がい者に対する多様なイメージや肯定的な見方を示した点は興味深いし，特徴的な障がい者観の可能性を残している。

このような沖縄の回答傾向について，いくつか評価めいたコメントを付け加えたい。

そもそも精神障がい者に対するイメージが調査される背景には，当然のことながらスティグマ（汚名・不名誉）が問題にされているわけであるが，否定的なイメージが減って肯定的なものばかりが増えればスティグマが解消されたのかといえば，それは単純すぎる見方と言わざるをえない。現実に心の病に苦しむ人と関わり付き合ってみれば，一口に精神障がいといってもいろいろな側面があることがわかり，その人間的な面に触れるにつれて単純な形容をしがたいことに気づく。当然のことながら一人ひとりに個性の違いがあり性格も多様であるため，そのイメージを一括りで表現することなどは容易ではないことを感じていくはずである。そう考えてみた時に，今回の沖縄の結果，つまりそれなりに多くのイメージが選ばれている点は，あえていうならば，精神障がい者観についての1つの望ましい傾向が沖縄において表れていると考えることもできるかもしれない。もちろん肯定的なものがどの程度まで増えればバランスのとれた理想的なイメージと言えるのかについては，

今後も検討していかなければならないが，他県の調査よりもスティグマの解消に向かう可能性を感ずる結果と判断できそうである。
　しかしここでもう1つ注意しなければならないのは，そういったイメージがあくまでも精神障がい者との関わりが十分にあった上での，ある程度定まった見解にまでなっているかどうかである。もしも確たる印象もなく何となく選んだイメージに過ぎず上滑りな見方である場合には，容易に変わりやすいと思われる。沖縄の場合がどうかといえば，前節で明らかになった通り，精神障がい者との関わりが十分にあるとは言いにくい。そのような状況を鑑みた時に，この調査結果をどのように評価すべきかはやはりあくまで慎重でなければならないだろうし，精緻な調査を待って再度分析していく必要があると考える。

8-3　精神障がい者の知識やイメージの入手先

（1）精神障がい者の知識やイメージの入手先
　精神障がい者に関する知識やイメージの入手先について4つの選択肢の中から単一回答式で尋ねた結果，半数近くの人が「直接会って（自ら経験して，も含む）」を選んだ。次に多かったのは「テレビや新聞等を通して」と答えた3割，「わからない」が1割程度，「学校教育や本を読んで」はごくわずかな数に過ぎなかった。
　年代別の比較（図8-2）では，「直接会って（自ら経験して，も含む）」が30歳代から50歳代にかけてやや多い傾向をみせている。20歳代は「学校教育や本を読んで」知識やイメージを持ったとする割合が他と比べて高い。教育の場や本に触れる機会の多い就学年齢に近いためにこのような結果が出ているのかもしれない。また60歳代においては「テレビや新聞等を通して」知識やイメージを入手した比率が高かった。年配者ほど新聞を読む時間が長いという調査結果（11章参照）と関連性があるとの見方も成り立つであろう。

（2）入手経路別の選択イメージ
　続いて，入手経路の違いによる選択イメージの特徴について見てみる。

8章 精神障がい者に対する沖縄県在住者の意識

	直接会って	テレビや新聞等	学校教育や本	わからない	無回答
合計 (N=885)	48.8	31.5	4.7	11.1	3.8
20歳代 (N=192)	43.8	27.1	9.4	16.1	3.6
30歳代 (N=216)	50.5	32.4	3.7	10.2	3.2
40歳代 (N=222)	51.8	32.0	2.3	9.0	5.0
50歳代 (N=214)	50.0	33.2	4.7	8.9	3.3
60歳代 (N=41)	41.5	36.6	2.4	14.6	4.9

■直接会って（自ら経験して，も含む）　⋮⋮テレビや新聞等を通して
◩学校教育や本を読んで　▥わからない　□無回答

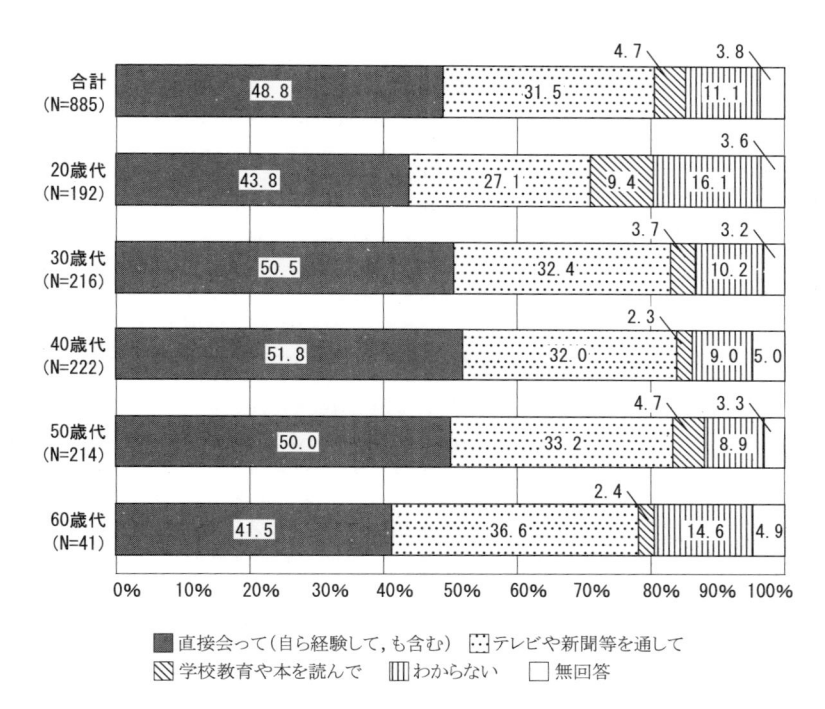

図8-2　精神障がい者イメージの入手先　年齢別（N = 885）

「直接会って（自ら経験して，も含む）」の人たちが多く選んだイメージは，「敏感」「変わっている」「気が変わる」であった（表8-3）。他の入手経路よりも高い比率を示したイメージは13項目のうち8つにものぼり際立った違いを見せた。このことから，直接会っているがゆえに他の入手経路よりも印象的なイメージを持ちやすいという推測もできるが，詳しいことはわからない。その中でも5ポイント以上高かったものは「気が変わる」「まじめ」「正直」「やさしい」「明るい」「お人よし」であった。直接会うことからは肯定的な印象を持ちやすい傾向が窺える。

「テレビや新聞等を通して」イメージを入手した人が多く選んだのは「変わっている」「こわい」「敏感」であった。そして他の経路との比較において高比率であったのは，「変わっている」「くらい」「こわい」であり，低かったものは，「ふつうの人と変わらない」である。これらの結果は「直接会っ

て（自ら経験して，も含む）」の回答傾向と比べ，まさに対称的である。一般的に言って，テレビや新聞では事件等がセンセーショナルに扱われがちで，それが精神障がい者の知識やイメージを強烈に印象づけ悪化させる問題点がしばしば指摘されるが[2]，今回の調査結果もその見方を補強していると言えよう。

次に「学校教育や本を読んで」というイメージの入手先について見てみよう。「学校教育や本を読んで」イメージや知識を入手した人たちは，「普通の人と変わらない」と「敏感」を多く選んだ。他の入手先と比較すると，特に「普通の人と変わらない」を選んだ比率が高い点が特徴的である。学校教育はノーマライゼーションや共生を謳う人権意識が強調されたりするので，ポジティブなイメージを植えつけやすいと考えるのが自然であろう。しかし先行研究をみてみると，教育の有効性については肯定的なものばかりではなく，否定的なものもあって，双方の見方が報告されている（深谷 2004）。たとえば，学校教育によってイメージを抱いた人はそうでない人よりも悪いイメージを持つ傾向があることを，木子他（2007）は指摘している。しかし沖縄総合社会調査2006をみる限り，学校教育や本については，肯定的な影響を与

表8-3 精神障がい者に対するイメージ（入手経路別）

	変わっている	敏感	気が変わる	こわい	くらい	まじめ	普通の人と変わらない	正直	周囲に気を使う	やさしい	にぶい	明るい	お人よし	無回答	合計
直接会って（自ら経験して，も含む）	162	171	144	96	95	121	107	108	74	88	51	50	43	3	432
	37.5	39.6	33.3	22.2	22.0	28.0	24.8	25.0	17.1	20.4	11.8	11.6	10.0	0.7	
テレビや新聞等を通して	113	95	72	105	63	37	31	27	40	31	24	15	8	4	279
	40.5	34.1	25.8	37.6	22.6	13.3	11.1	9.7	14.3	11.1	8.6	5.4	2.9	1.4	
学校教育や本を読んで	8	15	11	7	5	8	16	8	9	5	1	1	1	1	42
	19.0	35.7	26.2	16.7	11.9	19.0	38.1	19.0	21.4	11.9	2.4	2.4	2.4	2.4	
わからない	30	24	25	27	21	19	19	10	15	14	3	3	3	5	98
	30.6	24.5	25.5	27.6	21.4	14.3	19.4	10.2	15.3	14.3	3.1	3.1	3.1	5.1	
合計	313	305	252	235	184	180	173	153	138	138	79	69	55	13	851

単位：上段は人，下段は％

えているものと評価して差し支えなさそうである。ただし，サンプル数がやや少ないので慎重に見なければならない点と，そのイメージが表面的であり変わりやすいものか，それとも深く刻まれたようなものであるのかについては明確にはなっていない。

イメージの入手先が「わからない」人たちについては，「変わっている」をもっとも多く選択した。どちらかと言えば否定的なイメージを多く選択したようにみえる傾向から推測できるのは，自分の知識やイメージの入手先について不明瞭な人たちには，漠然とした印象として精神障がい者は変わっているというイメージがあると言えるのかもしれない。あるいは，無自覚でいるとそのような意識形成をしやすい環境が私たちを取り巻いているとも考えられる。この点についても，引き続き研究していく必要があろう。

8-4　精神障がい者の地域居住における抵抗感

（１）精神障がい者の地域居住における抵抗感

入院生活を終えた精神障がい者が自分の住む地域で暮らすことに対する抵抗感の度合いを5件式で調べたところ，結果は大きく片寄ることなく意見が分かれた。全体的な回答状況をみるために5つの選択肢を3分類し，①抵抗感「低」群（「まったくない」と「あまりない」の回答の合計），②中間（「どちらともいえない」），③抵抗感「高」群（「かなりある」と「少しある」の回答の合計）としてみると，3カテゴリーはおおよそ3割前後に分かれて拮抗している様相をみせた。

類似の他の調査で比較できるものが乏しいこともあり，この結果の評価は簡単ではないが，退院促進事業などを通して地域へと移り住むことが今後多くなることを思えば，精神障がい者に関する一層の理解を住民に求めていく方策は必須であると言わざるをえない。内閣府（2007）の調査『障害者の社会参加促進等に関する国際比較調査』によると，精神に障がいのある人の近隣への転居について，ドイツとアメリカでは7割以上が『意識せず接する』と答えたのに対して，日本では同じ7割以上が逆に『意識する』と回答した。精神障がい者に対する意識は，沖縄のみならず日本が抱える1つの大きな課

題である。

（2）接触体験別の抵抗感

　抵抗感が「かなりある」と「少しある」を合わせた抵抗感「高」群を接触体験別に比べてみると，ほとんどすべてで3割台の高い結果を示すなど，接触体験ごとの違いは明確にはならなかった（表8-4）。

　唯一の例外は，「グループや地域活動で一緒に参加することが時々ある（していた）」人たちが他と比べて半分ほどの抵抗感しか示さなかった結果である。これは，その種の活動によって抵抗感が下がったのか，それとも最初から抵抗感が少ないからその種の活動に参加したのかについては，別の調査分析を待たなければならない。

　「精神障がい者の知り合いはいないし，つきあったこともない」人たちは，わずかながらもっとも強い抵抗感を示した。これは接触体験がきわめて乏しいために生じた傾向と考えるべきだろうが，それとはまったく別の説明が必要な結果として，接触体験が多いはずの「学校や職場等で日常接している（いた）」や，もっとも近い関係を有している「近い親族や家族または友人にそのような人がいる（いた）」もまた同様に3割台の抵抗感を示している。つまり，日常的に接触している頻度や回数が多いからといって，それが必ずしも抵抗感を弱めることにはつながらない結果を本調査は示したことになろう。

　すでに紹介した通り，全国調査（全家連 1997）の方では，接触体験がイメージづくりや変化に概ねプラスの影響を与えていることが示唆されている。精神障がい者との接触について内外の文献を調べた深谷（2004）も，精神障がい者との個人的な接触がある人はない人よりも精神障がい者に対してより肯定的な態度を示す報告が多いと伝えている。しかし深谷は同時に，海外の複数の調査結果をもとに，接触の質や接触体験に対する感じ方の違いによって異なった態度が生まれる可能性があることにも触れている。その見解は大島他（1989）も同様で，日常的によく接触するほど具体的な知識があり，具体的な知識を有するほど社会的距離（social distance）[3] が縮小していることを調査によって明らかにしながらも，概して有効であるはずのそのような接触

表 8-4 精神障がい者の地域居住に対する抵抗感（接触体験別）

		まったくない	あまりない	どちらともいえない	少しある	かなりある	合計
精神障がい者との接触体験	精神障がい者の知り合いはいないし，つきあったこともない	35	56	102	94	24	311
		11.3	18.0	32.8	30.2	7.7	100.0
	ほとんど顔をあわせることはないが，知っている人がいる（いた）	13	42	43	39	12	149
		8.7	28.2	28.9	26.2	8.1	100.0
	挨拶程度の付き合いはある（あった）	11	17	14	15	6	63
		17.5	27.0	22.2	23.8	9.5	100.0
	グループや地域活動で一緒に参加することが時々ある（していた）	9	8	6	4	0	27
		33.3	29.6	22.2	14.8	0.0	100.0
	学校や職場等で日常接している（いた）	7	17	23	22	4	73
		9.6	23.3	31.5	30.1	5.5	100.0
	近い親族や家族または友人にそのような人がいる（いた）	33	63	51	50	14	211
		15.6	29.9	24.2	23.7	6.6	100.0
	合計	108	203	239	224	60	834
		12.9	24.3	28.7	26.9	7.2	100.0

$p<0.05$　　　　　　　　　　　　　　　　　　　　　　単位：上段は人，下段は％

体験も中身次第で拒否的に変化しうる微妙な点にも言及している。

　本調査においても単純な接触体験の頻度や度合いが抵抗感を減じているわけではない知見が得られた以上，接触体験の中身あるいは別の要因が影響を与えていることを考慮に入れながら，新たな調査がなされる必要性が明らかになったといえよう。

（3）イメージの入手先別の抵抗感

　分析の結果，「テレビや新聞等を通して」知識やイメージを入手した人たちはもっとも高い抵抗感を示すことがわかった（表 8-5）。既に触れた通り，「テレビや新聞等を通して」の人たちは否定的なイメージを選ぶ傾向が強かっ

表8-5 精神障がい者の地域居住に対する抵抗感（イメージの入手別）

		精神障がい者の地域居住に対する抵抗感					
		まったくない	あまりない	どちらともいえない	少しある	かなりある	合計
精神障がい者イメージの入手先	直接会って（自ら経験して，も含む）	68	120	114	101	29	432
		15.7	27.8	26.4	23.4	6.7	100.0
	テレビや新聞等を通して	21	49	88	96	23	277
		7.6	17.7	31.8	34.7	8.3	100.0
	学校教育や本を読んで	9	18	6	5	4	42
		21.4	42.9	14.3	11.9	9.5	100.0
	わからない	12	17	38	28	3	98
		12.2	17.3	38.8	28.6	3.1	100.0
	合計	110	204	246	230	59	849
		13.0	24.0	29.0	27.1	6.9	100.0

$p<0.01$　　　　　　　　　　　　　　　　　　　　　　　　　単位：上段は人，下段は％

たことからも，抵抗感が高いという結果も納得しやすいといえよう。

　入手先が「わからない」と「直接会って（自ら経験して，も含む）」は，抵抗感が中程度と判断できる。

　しかしこの2つを子細にみてみると，「直接会って」の人たちは抵抗感が「あまりない」をもっとも多く選んだのに対して，入手先が「わからない」人たちが一番多く選んだものは「どちらともいえない」である点に違いがある。精神障がい者イメージの入手先が不明な人たちは，抵抗感の度合いについてどちらにも転化しうるような状態なのかもしれない。

　「学校教育や本を読んで」を知識やイメージの入手経路とした人たちは，抵抗感が「まったくない」と「あまりない」を合わせて実に6割を超える人が，抵抗感の低い状態であることを示した。教育現場で正しいとされるような望ましい結果であることには疑いがないが，反証を含む先行研究を考え合わせた時に，果たして現実の行動選択に繋がるような確信的な信念であるのかどうかについては，知識やイメージのところで述べたようにまた別の調査が必要となろう。

おわりに

　最後に，精神障がい者への理解を促す際の課題について，異なる角度から推察したものを加えてまとめとしたい。

　精神障がい者の知識やイメージは「直接会って」形成した人が半分近くに及んでおりもっとも高い割合を示した。その経路によって選ばれたイメージは，多様でバランスがとれている傾向もある程度確認できた。直接に出会うという経験は，マスメディアや書籍等の経路で伝えられる観念的な単一情報とは異なり，生身の人間存在に触れた実感の伴う経験であるがゆえに，多面的な印象や理解に繋がりやすいのだと思われる。このようなことからも，精神障がい者との関わりが豊かにあることが理解を深めていく上で理想的であると考えるが，沖縄の現状は6割もの人が関わりの乏しい状況にあると答えている。偏ったイメージによるスティグマを取り除いていくために，より多くの，実際に接触する関わりの場が求められているのではないだろうか。

　もう1つ気になる点は，自分の住む地域で精神障がい者が暮らすという想定質問に対して，3分の1の人が抵抗感ありと回答していたことである。しかも，接触体験が多いはずの「学校や職場等で日常接している（いた）」や，もっとも近い関係を有している「近い親族や家族または友人にそのような人がいる（いた）」であっても，接触体験の乏しい（「精神障がい者の知り合いはいないし，つきあったこともない」）人たち同様の抵抗感を示した点に注意が必要である。つまり，日常接触している頻度や回数が多いからといって必ずしもその体験が抵抗感を弱めるとは限らないことが，本調査においても確認できた次第である。

　ある意味で矛盾したようなこれらの調査結果をどのように考えればよいのだろうか。

　既に知られているように，現在の日本においては社会資源等の不足から，精神障がい者の生活の地域移行がけっしてスムーズに進んでいるわけではない。そのため，精神障がい者と共に過ごす時間が多ければ多いほど精神障がい者の暮らしの実態が透けてみえ，その苦労や大変さを間近にみて，共に負担しなければならない立場であれば，抵抗感が高く維持されたままであるこ

とは想像に難くない。結局，精神障がい者の暮らしにくさを生む現状の改善や社会資源の充実がない中では，いくら接触体験を増やしても抵抗感の減少には繋がらないのではないだろうか。つまり接触の機会を増やす方策に加えて重要なことは，精神障がい者の社会的環境を改善する政策的な努力であり，それ抜きには抵抗感を減らすことは難しいのであろう。この当たり前ともいえる現実を私たちの社会が抱えていることを，今回の調査結果はあらためて示しているように筆者には思える。

　退院促進を進める今後の精神保健福祉動向の中で，精神障がい者が自分の地域で生活することに対する抵抗感を持つ人が3分の1である結果は，けっして低い値とはいえない。この意識を少しでも変えて精神に障がいをもつ人への理解者を増やしていかなければならない。そのために精神障がい者との望ましい接触の機会を創出し活用していくこと，それと同時に，精神障がい者が活用できる社会資源を増やし環境を改善していくことが，行政施策の1つの方向性として明らかになっているといえよう。

注

1) 具体的な質問項目は，「生活保障の責任所在および公的支出への意識，精神障がい者との接触体験，精神障がい者に対するイメージ，精神障がい者に関する知識やイメージの入手先，精神障がい者の地域居住における抵抗感，精神疾患に関する認識」。
2) たとえば，今後の精神保健医療のあり方等に関する検討会，2009，『精神保健医療福祉の更なる改革に向けて』，厚生労働省，52頁では，新聞記事を対象とした調査結果において，統合失調症そのものや地域支援に関する報道の増加傾向はあるものの，精神科や統合失調症が犯罪や事件と関連づけて報道される傾向があることや，他の疾患に比べ予防や研究に関する報道が少ない傾向の問題点も指摘されている。
3) アメリカの社会学者Bogardusが操作化した概念で，他集団に対して社会関係の中でどの程度距離を置こうとするのか，その遠近が親近感の強弱を表すという考え方である。

参 考 文 献

安藤由美・鈴木規之[編]，2009，『沖縄総合社会調査2006——第二次報告書』，沖縄総合社会調査2006委員会.
深谷　裕，2004，「精神障害者に対する社会的スティグマの除去」『精神障害者とリハビリテーション』，日本精神障害者リハビリテーション学会，8(2)，pp. 173-179.
原田正純・下地明友，2004，「沖縄における精神医療の歴史と現状」『社会福祉研究所報』，

熊本短期大学付属社会福祉研究所, 32, pp. 167-208.

木子莉瑛・旭　紗世・西　真季江・前田由紀子・梅木彰子・東　清己・木原信市, 2007,「大学生の精神障害者に対するイメージおよび認知度の実態——学校教育と接触体験別による検討」『熊本教育実践研究』24号, pp. 83-90.

厚生労働省（精神保健福祉対策本部）, 2004,『精神保健医療福祉の改革ビジョン』.

厚生労働省（今後の精神保健医療福祉のあり方等に関する検討会）, 2009,『精神保健医療福祉の更なる改革に向けて（今後の精神保健医療福祉のあり方等に関する検討会報告書)』.

内閣府, 2007,『障害者の社会参加促進等に関する国際比較調査』.

日本精神保健福祉士協会, 2007,「精神障害者の退院促進支援事業の手引き」（平成18年度障害者保健福祉推進事業「障害者自立支援調査研究プロジェクト」）.

大橋英寿, 2004,「野のカウンセラー——シャーマンと地域社会」, 大橋英寿［編］,『フィールド社会心理学』, 放送大学教育振興会, pp. 62-78.

総理府, 1971,『精神衛生に関する世論調査』.

鈴木規之（研究代表者）, 2008,『沖縄の社会構造と生活世界——二次利用として公開可能なミクロデータの構築をめざして　沖縄総合社会調査2006』, 平成17～19年度文部科学省科学研究費補助金研究成果報告書, 研究課題番号 17330118.

高江洲義英, 1989,「日本精神医学風土記　第5回　沖縄県」『臨床精神医学』18(12), 国際医書出版, pp. 1923-1931.

谷岡哲也・浦西由美・山崎里恵・松本正子・倉橋佳英・多田敏子・眞野元四郎・山崎正雄・友竹正人・松下恭子・上野修一・大森美津子・大浦智華, 2007,「住民の精神障害者に対する意識調査：精神障害者との出会いの経験と精神障害者に対するイメージ」『香川大学看護雑誌』第11巻第1号, pp. 65-74.

全国精神障害者家族連合保健福祉研究所, 1997,『精神障害者観の現況'97——全国無作為サンプル2000人の調査から』, 全家連 精神障害者社会復帰促進センター.

9章　子育て支援状況に対する意識より みる沖縄県の今後の課題
——地域で支えあえる体制作りを中心にして——

本村　真

9-1　課題と方法

　沖縄県は2008年度において，人口1,000人に対する出生数12.2で全国1位（全国平均8.7），合計特殊出生率においても1.78で全国1位（全国平均1.37）であり（沖縄県 2009），「子宝の島」としてのイメージが先行する。しかしこの数値がただちに「子どもを大切にする十分な子育て支援体制があるから，子どもが多く生まれる」ということを意味するわけではない。特に，地域で子育てを支えあえる体制が，現在の沖縄県においても十分に存在するという調査報告はみられない。

　親族による子育て支援に関しては，その存在が沖縄の全国と比較しての出生率の高さに寄与している可能性について論じた報告はみられる（嘉数他 2003b, 高橋他 2008）。しかし，大都市圏である東京都との比較において，近隣にサポートしてくれる人はいないと判断される回答が，沖縄県においても東京都と同様に半数近くみられたという報告がある（高橋他 2008）。子育て支援の不十分さの1つの指標とも考えられる児童虐待相談件数に関しては，1997年度から2006年度の10年間で4倍以上に増加している（沖縄県福祉保健部青少年・児童家庭課 2010）。

　本章では，今回の調査で得られた子育て支援に関連する様々な意識に関して，他の調査結果や研究報告との比較も行いながら沖縄県の特徴について考察し，今後の課題について検討する。特に，地域で支えあう体制に対する意

識の特徴を明らかにし，新たな体制作りに向けて今後どのようなことが課題となるのかという点を含めて検討していく。

そのために，まず子育てを行っていく上での環境的基盤の充実度に関する意識について，（ア）近隣の支援体制，（イ）身近な遊び場，（ウ）保育所等の公的支援体制，（エ）子育てサークル等の私的支援体制の4つを取り上げ，それぞれの充実度に関する意識の比較を試みる。加えて，これらも踏まえた全般的な子育て環境の充実度をとりあげる。

つぎに，子育ての実施主体に関する意識についても，他の調査結果との比較も含めつつ，沖縄県の特徴の把握を試みる。ここではまず，子育ての実施主体として，地域社会が子育て支援活動に関わる必要があるかどうかに関する意識と，このような総論的意見とは別に，各論として自分自身が実際に地域社会の一員として子育て支援活動へ参加することに対してどのように考えるのかについてみていく。次に，適切な養育環境にない児童に対して，実親に代わって子育てを実施する社会的養護の一環としての里親制度についてもとりあげ検討する。沖縄県は全国と比較すると里親制度の活用が盛んな地域とされてきたが，昨今ではそうともいえない状況となっていることを示すデータも出始めている。住民の意識として里親制度を充実させることについてどのように考えているのか，また，自分自身が里親として適切な養育環境にない子どもの養育に実際に参加することに関してどう考えるのかをみていき，今後の沖縄県における里親制度充実の可能性について検討する。

最後に，これまでみてきたような様々な支援策も含めて，子育て支援対策への政府の支出の状況に関する意識を取り上げて沖縄県の特徴を検討する。

9-2 子育てに必要な環境の充実度

沖縄総合社会調査2006では，子育てに必要な環境の充実度に対する意識を知るために，上述の4つの関連項目ごとに，その充実度を「とても充実している」，「どちらかといえば充実している」，「どちらともいえない」，「どちらかといえば不足している」，「とても不足している」の5段階でたずね回答を求めている。

9章　子育て支援状況に対する意識よりみる沖縄県の今後の課題

なお，全国に居住する15歳以上75歳未満の男女を対象とした『平成17年度 国民生活選好度調査』において，「安心して子どもを生み育てられる環境が整っていること」という項目に関して，「きわめて重要」「かなり重要」と回答した者の割合はそれぞれ51.6％，37.8％と合計して89.4％となり，「さほど重要ではない」「まったく重要ではない」（各1.3％，0.8％，合計2.1％）を大きく上回っている（内閣府国民生活局 2006：p.45）。子育てに必要な環境が充実しているかどうかは国民の高い関心事となっている。

(ア) 近隣で子育てを支えあう体制

「近隣で子育てを支えあう体制」の充実度については図9-1にみられるように，男女とも約4割（男性38.0％，女性41.5％）が「どちらかといえば不足している」「とても不足している」と不足していると感じており，「とても充実している」「どちらかといえば充実している」と充実しているとする回答（男性13.9％，女性15.2％）の2.5倍以上高くなっている。

年齢別でみると，「20歳代」において不足していると感じている割合が45.3％と，「40歳代」（42.8％）とともに他の年齢階層に比較して高い割合となっている。「40歳代」に関しては充実しているとする回答も17.6％と，

	とても充実している	どちらかといえば充実している	どちらともいえない	どちらかといえば不足している	とても不足している	無回答
合計(N=885)	2.7	11.9	41.7	25.3	14.5	4.0
男(N=437)	2.7	11.2	44.4	23.8	14.2	3.7
女(N=448)	2.7	12.5	39.1	26.8	14.7	4.2

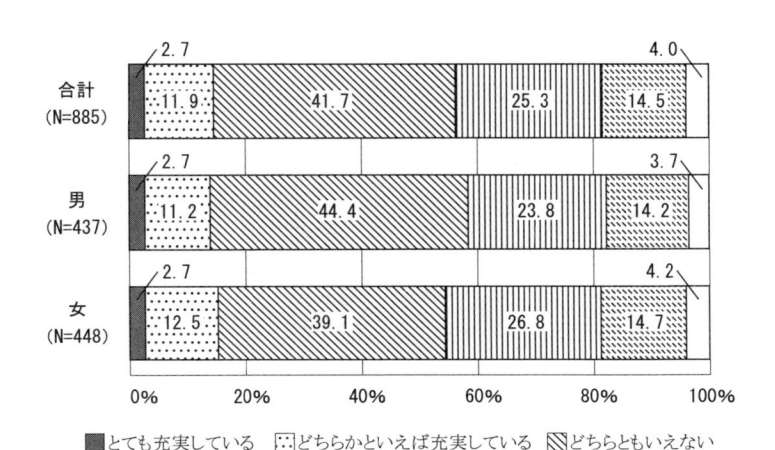

図9-1　子育て環境充実度（ア）近隣で子育てを支えあう体制　性別（N = 885）

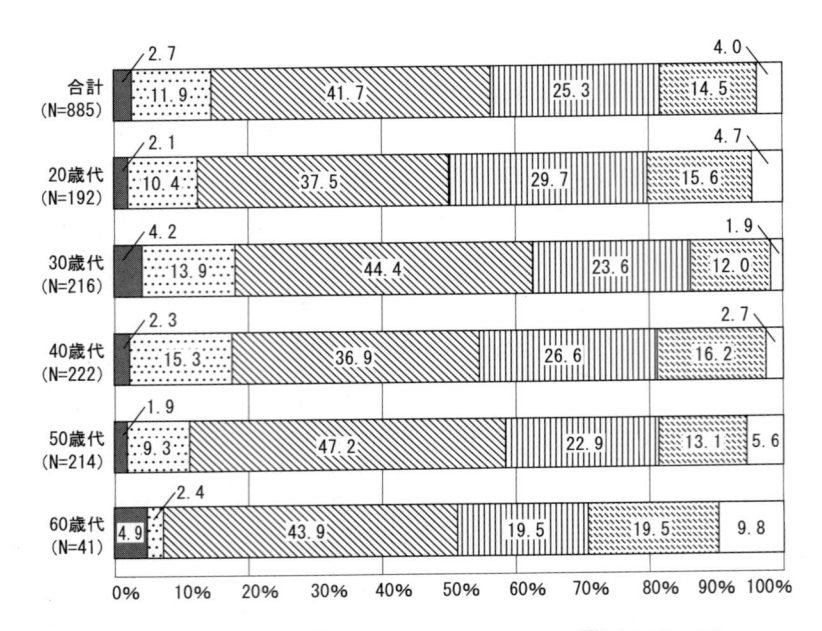

II部　社会福祉学からみた沖縄

図9-2　子育て環境充実度（ア）近隣で子育てを支えあう体制　年齢別（N = 885）

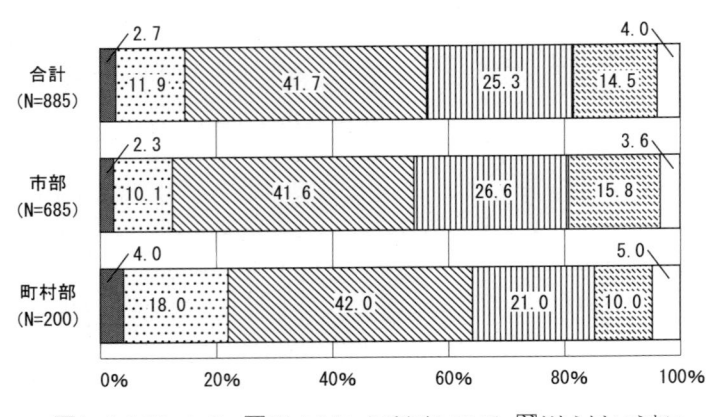

図9-3　子育て環境充実度（ア）近隣で子育てを支えあう体制　市部・町村部別（N = 885）

「30 歳代」(18.1 %) とともに高い割合となっている。実際に乳幼児等の子育てを行っている割合が高いと考えられる「20 歳代」において，不足していると感じている割合が高くなっている理由としては，若い世代における近隣とのコミュニケーションスキル不足の影響も考えられ，若年世代の親が気軽に利用できるような，近隣で子育てを支えあう体制が特に不足している可能性も考えられる（図9-2）。

図9-3にみられるように，この「近隣で子育てを支えあう体制」の充実度に関して，市部（那覇市，浦添市等の8市）と町村部（読谷村，嘉手納町等9町村）という回答者の居住地区で分けて比較すると，町村部の方が「充実している」（「とても充実している」「どちらかといえば充実している」）とする回答が9.7ポイント高く，逆に「不足している」（「どちらかといえば不足している」「とても不足している」）とする回答が11.4ポイント低くなっており，町村部においてこの体制がより充実していると感じられていることがわかる。

(イ) 身近な公園等の遊び場

「身近な公園等の遊び場」の充実度については図9-4にみられるように，男女とも約4割（男性36.9％，女性40.4％）が「どちらかといえば不足している」「とても不足している」と不足していると感じているが，同時に男女とも3割以上（男性32.1％，女性34.1％）が「とても充実している」「どちらかといえば充実している」と，充実しているとする回答を行っている。これは近くに公園がある地域に居住している（していた）などの，回答者の居住地域の特性に依存している可能性も考えられる。この充実しているとする回答の割合は，ここで取り上げている4種類の項目の中では最も高い割合となっており，身近な公園等の遊び場に関する充実が最も実感されているといえる。

年齢別でみると，不足していると感じている割合は，「30歳代」において42.6％と，他の年齢階層に比較して高い割合となっており，「20歳代」においては35.9％と低い割合となっている（以上，図9-5）。

210　Ⅱ部　社会福祉学からみた沖縄

	とても充実している	どちらかといえば充実している	どちらともいえない	どちらかといえば不足している	とても不足している	無回答
合計 (N=885)	6.1	27.0	24.9	23.1	15.6	3.4
男 (N=437)	5.3	26.8	27.9	22.9	14.0	3.2
女 (N=448)	6.9	27.2	21.9	23.2	17.2	3.6

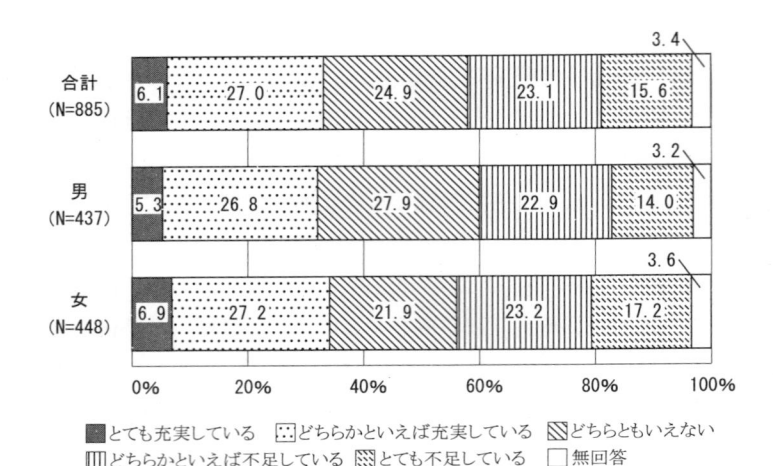

図9-4　子育て環境充実度（イ）身近な公園等の遊び場　性別（N = 885）

	とても充実している	どちらかといえば充実している	どちらともいえない	どちらかといえば不足している	とても不足している	無回答
合計 (N=885)	6.1	27.0	24.9	23.1	15.6	3.4
20歳代 (N=192)	5.2	26.6	28.1	25.0	10.9	4.2
30歳代 (N=216)	6.5	22.7	26.4	24.1	18.5	1.9
40歳代 (N=222)	6.3	30.6	24.3	20.3	16.2	2.3
50歳代 (N=214)	4.7	28.0	23.4	23.4	15.9	4.7
60歳代 (N=41)	14.6	26.8	12.2	22.0	17.1	7.3

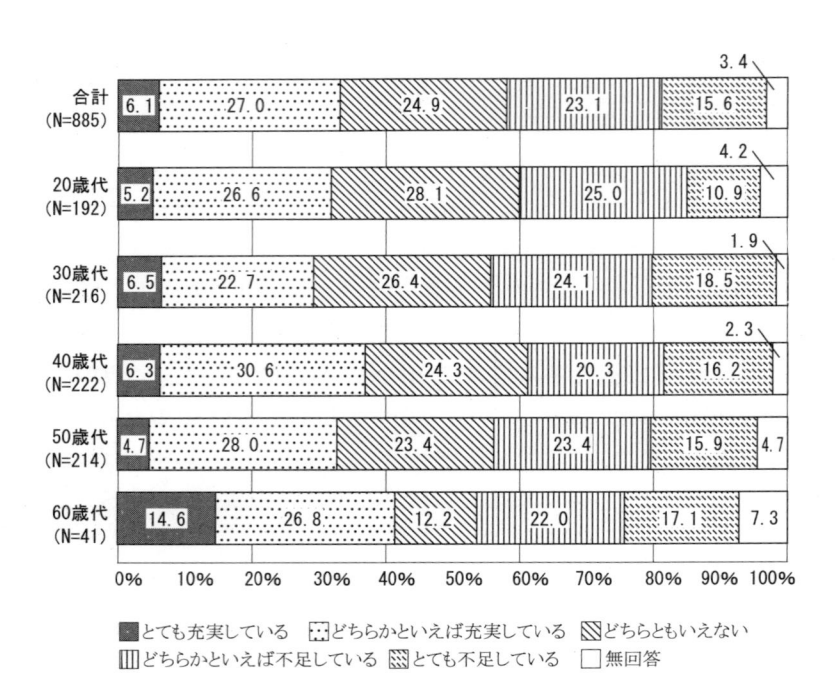

図9-5　子育て環境充実度（イ）身近な公園等の遊び場　年齢別（N = 885）

（ウ）保育所等の公的な育児を支える体制

「保育所等の公的な育児を支える体制」の充実度については，図9-6にみられるように男女とも約4割（男性42.8％，女性41.3％）が「どちらかといえば不足している」「とても不足している」と不足していると感じている。「とても充実している」「どちらかといえば充実している」と，充実しているとする回答は約2割（男性20.1％，女性19.6％）となっており，近隣で子育てを支えあう体制に比べると幾分充実しているとする回答の割合は高くなっているが，それでも不足しているという回答の方が2倍高くなっている。

年齢別でみると，不足していると感じている割合は，「60歳代」においては約5割（48.8％）と他の年齢階層に比較して高い割合となっており，充実していると感じている割合は，「40歳代」において23.9％と他に比較して高い割合となっている。「60歳代」に関しては，孫の子育てに関わっている割合が高いと考えられるが，祖父母としての立場から保育所等の公的育児支援の不足を実感している可能性が考えられる（図9-7）。

『平成17年度 国民生活選好度調査』において，「保育所が充実していること（時間帯・設備など）」という項目に関して，「十分満たされている」「かなり満たされている」と回答した者の割合はそれぞれ2.7％，14.5％と合計して17.2％となり，「どちらともいえない」は60.5％，「あまり満たされていない」「ほとんど満たされていない」は各15.4％，5.1％，合計20.5％となっている（内閣府国民生活局 2006：p.49）。調査方法の違いもあり単純に比較することはできないが，今回の調査結果との比較からみられる沖縄県の特徴として，充実しているとする回答は全国とほぼ同様の割合を示す一方で，不足している（満たされていない）とする割合が全国の約2倍みられることがあげられる。これは，沖縄県内の保育所待機児童問題が，県民の意識の面からみても引き続き深刻な課題ととらえられていることの表れと考えられる。

これを実際の数値でみると，2007年3月1日現在で，沖縄県の認可保育所数は353ヶ所，定員は27,792人，在籍人数は31,390人となっている（厚生労働省大臣官房統計情報部 2008）。その後2010年3月1日現在では，認可保育所数は369ヶ所，定員は30,007人，在籍人数は34,321人となっている（厚生労働省大臣官房統計情報部，2011）。内閣府の経済社会総合研究所では

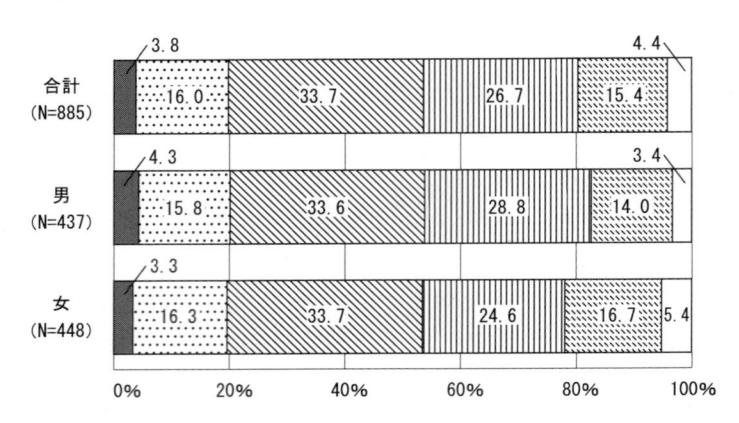

212　Ⅱ部　社会福祉学からみた沖縄

図9-6　子育て環境充実度（ウ）保育所等の公的な育児を支える体制　性別(N = 885)

	とても充実している	どちらかといえば充実している	どちらともいえない	どちらかといえば不足している	とても不足している	無回答
合計 (N=885)	3.8	16.0	33.7	26.7	15.4	4.4
男 (N=437)	4.3	15.8	33.6	28.8	14.0	3.4
女 (N=448)	3.3	16.3	33.7	24.6	16.7	5.4

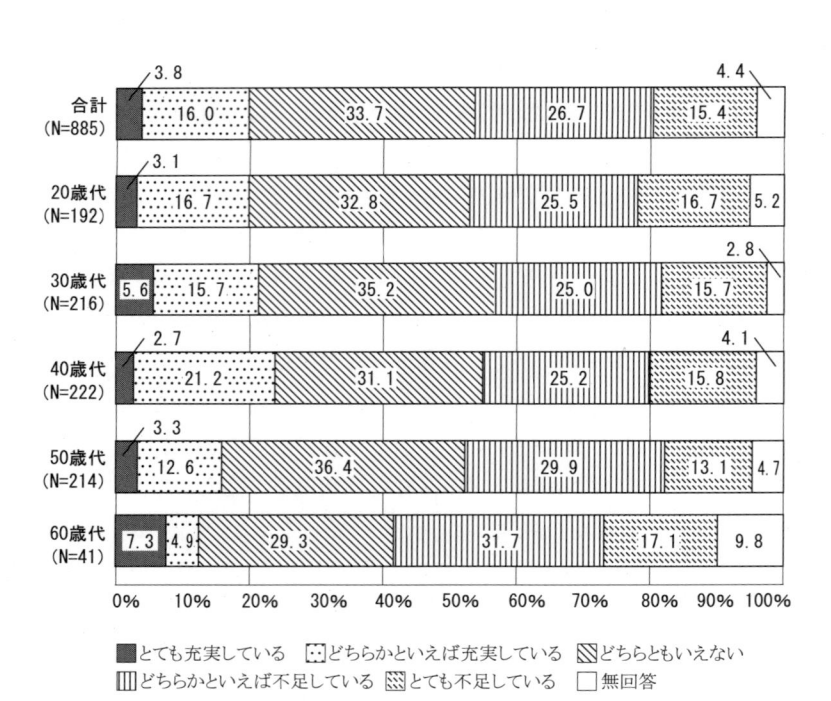

図9-7　子育て環境充実度（ウ）保育所等の公的な育児を支える体制　年齢別（N = 885）

	とても充実している	どちらかといえば充実している	どちらともいえない	どちらかといえば不足している	とても不足している	無回答
合計 (N=885)	3.8	16.0	33.7	26.7	15.4	4.4
20歳代 (N=192)	3.1	16.7	32.8	25.5	16.7	5.2
30歳代 (N=216)	5.6	15.7	35.2	25.0	15.7	2.8
40歳代 (N=222)	2.7	21.2	31.1	25.2	15.8	4.1
50歳代 (N=214)	3.3	12.6	36.4	29.9	13.1	4.7
60歳代 (N=41)	7.3	4.9	29.3	31.7	17.1	9.8

9章　子育て支援状況に対する意識よりみる沖縄県の今後の課題　　213

2004年に,「沖縄県は待機率(待機児童数／保育所定員数)でみて,最も待機児童問題が深刻な都道府県の1つである。また認可外保育所の利用者が約半数に上っていること,出生率や離婚率が高く,潜在的な保育サービス需要が高いことなど,日本全体が近い将来直面するような課題を既に内包している」としている。そして,このような問題意識のもと,沖縄県内各市町村へのアンケート調査を実施し,その分析等により公立保育所の効率化の推進や,認可保育所の規制緩和徹底による競争条件の整備・新規参入の促進等を柱とする提言を行っている(内閣府経済社会総合研究所 2004)。また,沖縄県としても,認可保育所定員の増加に向けた取り組みを実施しているが(琉球新報2006),2007年4月1日現在で全国の保育所待機児童数は17,926人,そのうち沖縄県は1,850人であり(厚生労働省 2007),県民の意識からみても,この問題が解消されたとはいえない状況が続いていることがわかる。なお,2008年4月1日現在の同数値は全国で19,550人であり,全国的には5年ぶりの増加(1,624人増)に転じている。そのうち沖縄県の待機児童数は1,808人であり,沖縄県に関しては42人の減少である(厚生労働省 2008)。その後2009年4月1日現在の同数値は全国で25,384人と引き続き増加し,沖縄県に関しては1,888人と80人の増加に転じ(厚生労働省,2009),2010年4月1

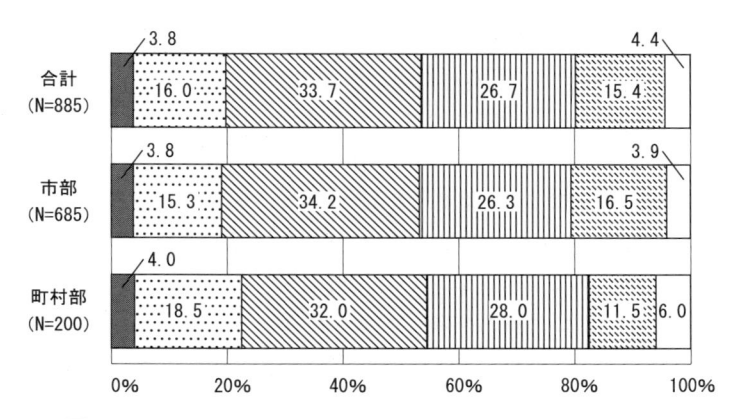

図9-8　子育て環境充実度(ウ)保育所等の公的な育児を支える体制　市部・町村部別(N=885)

日現在では，全国で 26,275 人と 3 年連続の増加となり，沖縄県は 1,680 人と前年度より 208 人の減少となっている（厚生労働省，2010）。

　図 9-8 にみられるように，この保育所等の公的な育児を支える体制の充実度に関して，市部と町村部という回答者の居住地区で分けて比較すると，市部の方が「どちらかといえば充実している」とする回答で 3.2 ポイント低く，逆に「とても不足している」とする回答で 5.0 ポイント高くなっており，市部において充実度が低いと感じられている割合が高い結果となっている。「児童福祉法の一部を改正する法律」（平成 15 年法律第 121 号）により，2004 年 4 月 1 日において待機児童が 50 人以上いる市区町村は，保育事業等の供給体制の確保に関する「保育計画」を策定することとされ，本調査を実施した 2006 年の 4 月 1 日現在で全国の 81 市区町村が該当していた。沖縄県においては，待機児童数が県内で最も多い浦添市（270 人）や，それに続く那覇市（237 人）など 8 市町村が該当していたが，読谷村（80 人）と西原町（56 人）の 2 町村以外は市部であった（厚生労働省，2006）。ただし，全国の該当 81 市区町村のうち，市や特別区以外の町村としてこれに該当するのは沖縄県の読谷村と西原町の 2 つの町村のみであり，このように市部以外の町村が該当していることは沖縄の待機児童問題の深刻さの 1 つの表れであるといえる。その後，2010 年 4 月 1 日現在では全国で 101 市区町村がこれに該当している。沖縄県においては宜野湾市（235 人）や沖縄市（223 人）など 10 市町村が該当し，読谷村（96 人）と西原町（88 人）に北谷町（61 人）を加えた 3 町村が市部以外の該当町村となっている。全国で，この 3 町村以外でこれに該当する町村は宮城県の富谷町（66 人）のみである（厚生労働省，2010）。また，那覇市において 2010 年 9 月 1 日〜20 日に那覇市在住者を対象に実施された（1,888 人から回答，回収率 37.8 ％）市民意識調査においても，小学校就学前までの子育て支援策について，優先的に取り組んでほしい施策についての回答（3 つまでの複数回答）の第 1 位が公立保育所や認可保育所の受入児童数の拡大（25.1 ％），第 2 位が保育，教育に関する経済的負担の軽減（18.3 ％）と，保育所等の公的な育児を支える体制に関する要望が上位 2 つを占めている状況となっている（那覇市 2010：p. 58）。

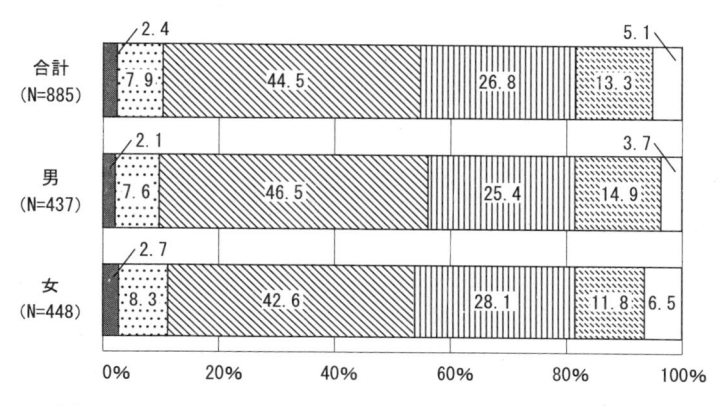

9章 子育て支援状況に対する意識よりみる沖縄県の今後の課題　　*215*

図9-9　子育て環境充実度（エ）子育てサークル等の私的な育児を支える体制　性別（N = 885）

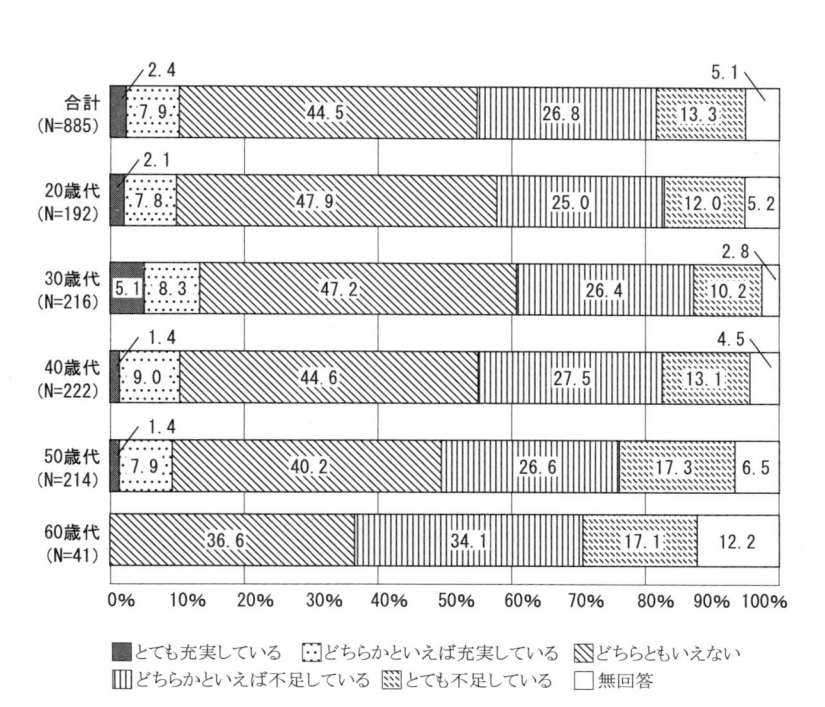

図9-10　子育て環境充実度（エ）子育てサークル等の私的な育児を支える体制　年齢別（N = 885）

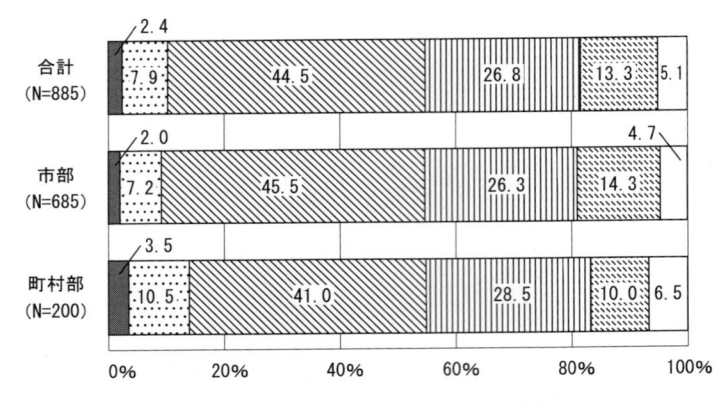

Ⅱ部　社会福祉学からみた沖縄

```
合計        2.4
(N=885)  7.9  44.5    26.8    13.3  5.1

市部       2.0                            4.7
(N=685)  7.2  45.5    26.3    14.3

町村部      3.5
(N=200) 10.5  41.0    28.5    10.0  6.5

         0%  20%   40%   60%   80%  100%
```

■とても充実している　　どちらかといえば充実している　　どちらともいえない
　どちらかといえば不足している　　とても不足している　　□無回答

図9-11　子育て環境充実度（エ）子育てサークル等の私的な育児を支える体制　市部・町村部別（N＝885）

（エ）子育てサークル等の私的な育児を支える体制

「子育てサークル等の私的な育児を支える体制」の充実度については，図9-9にみられるように男女ともに4割以上（男性46.5％，女性42.6％）が「どちらともいえない」という結果となっている。同時に，男女とも約4割（男性40.3％，女性39.9％）が「どちらかといえば不足している」「とても不足している」と，不足していると感じている。「どちらともいえない」の高い回答割合に関しては，子育てサークル等の活動自体の存在は知ってはいるが参加していないので充実度についてはわからないという状況や，あるいは，その活動の内容（参加者の構成内容も含む）によって充実度に差があると感じている状況等も反映している可能性があると考えられる。

年齢別でみると，「保育所等の公的な育児を支える体制」同様，不足していると感じている割合は，「60歳代」において51.2％と，他の年齢階層に比較して高い割合となっており，充実していると感じている割合は「30歳代」において13.4％と，他に比較して高い割合となっている（図9-10）。

図9-11にみられるように，この体制の充実度に関して市部と町村部という回答者の居住地区で分けて比較すると，町村部の方が「充実している」と

する回答で4.8ポイント高く，逆に「とても不足している」とする回答で4.3ポイント低くなっており，前述した「近隣で子育てを支えあう体制」と同様の結果が示されている。

9-3 全般的にみた子育てに必要な環境

　全般的な子育てに必要な環境の充実度については，図9-12にみられるように男女ともほぼ同じ割合となっており，4割5分（男性46.0％，女性46.4％）が「どちらかといえば不足している」「とても不足している」と，不足していると感じており，4割強（男性42.6％，女性40.6％）が「どちらともいえない」とし，充実している（「とても充実している」「どちらかといえば充実している」）とする回答は1割に満たない（男性8.4％，女性8.7％）。
　年齢別でみてもほぼ同様の傾向がみられるが，「50歳代」「60歳代」において，「どちらかといえば不足している」「とても不足している」と，不足しているとする回答がそれぞれ49.5％，48.7％と5割近くとなり，他の若い年齢階層に比較して高くなっている。先述したように，この年齢階層は祖父母として子育てに関わっている者の割合が高くなっていると考えられるが，か

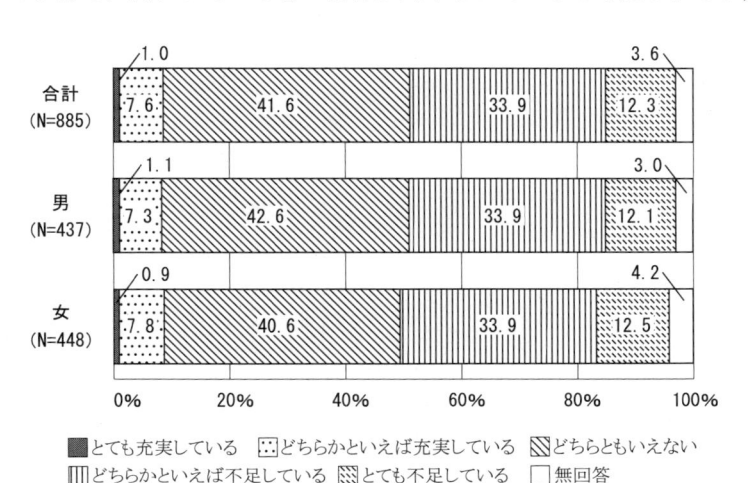

図9-12　子育て環境充実度　全般　性別（N=885）

II部 社会福祉学からみた沖縄

区分	とても充実している	どちらかといえば充実している	どちらともいえない	どちらかといえば不足している	とても不足している	無回答
合計 (N=885)	1.0	7.6	41.6	33.9	12.3	3.6
20歳代 (N=192)	0.5	8.3	43.2	33.9	11.5	2.6
30歳代 (N=216)	1.9	7.4	43.1	32.4	12.5	2.8
40歳代 (N=222)		9.5	43.7	30.6	14.0	2.3
50歳代 (N=214)	1.9	6.5	35.5	38.8	10.7	6.5
60歳代 (N=41)			46.3	34.1	14.6	4.9

■とても充実している　⋯どちらかといえば充実している　⧄どちらともいえない
▥どちらかといえば不足している　▩とても不足している　□無回答

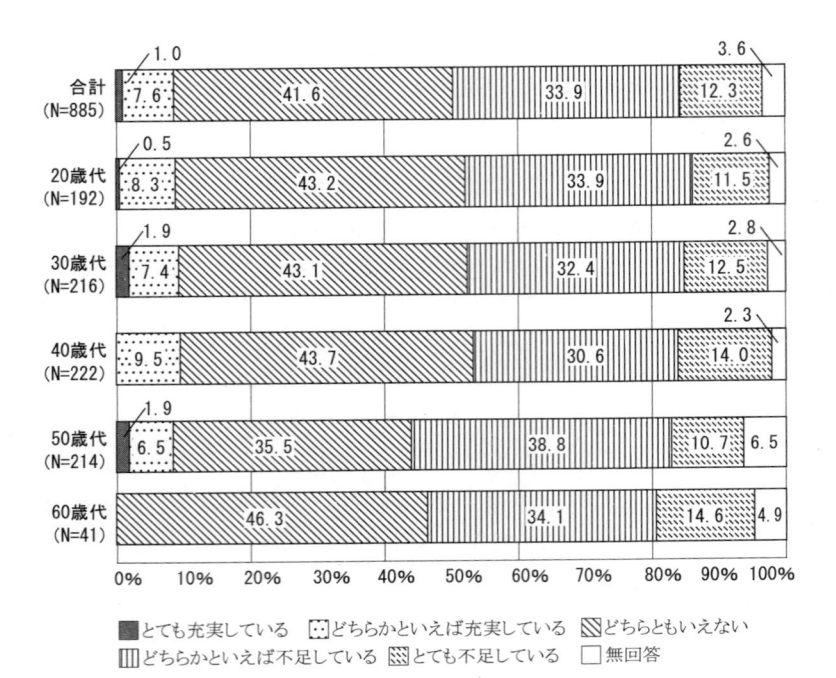

図 9‐13　子育て環境充実度　全般　年齢別 （N = 885）

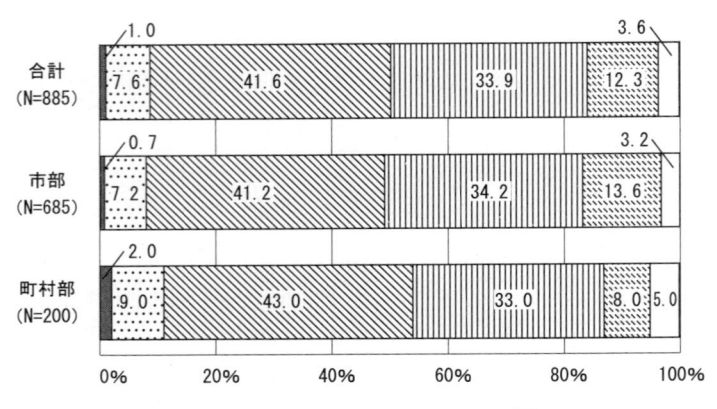

区分	とても充実している	どちらかといえば充実している	どちらともいえない	どちらかといえば不足している	とても不足している	無回答
合計 (N=885)	1.0	7.6	41.6	33.9	12.3	3.6
市部 (N=685)	0.7	7.2	41.2	34.2	13.6	3.2
町村部 (N=200)	2.0	9.0	43.0	33.0	8.0	5.0

■とても充実している　⋯どちらかといえば充実している　⧄どちらともいえない
▥どちらかといえば不足している　▩とても不足している　□無回答

図 9‐14　子育て環境充実度　全般　市部・町村部別 （N = 885）

つて自分たちが子育てをしていた時の状況と比較して，沖縄における子育てを行うための環境の充実度が低下していると感じていることが，この回答割合の高さに繋がっている可能性も考えられる（図9-13）。

『平成17年度 国民生活選好度調査』において，「安心して子どもを生み育てられる環境が整っていること」という項目に関して，実際にそれが満たされているかどうかについての回答として，「十分満たされている」「かなり満たされている」と回答した者の割合はそれぞれ2.2％，13.5％と合計して15.7％となり，「どちらともいえない」は47.5％，「あまり満たされていない」「ほとんど満たされていない」は各26.9％，8.7％，合計35.6％となっている（内閣府国民生活局 2006：p.56）。調査方法の違いもあり単純に比較することはできないが，今回の調査結果との比較からみられる沖縄県の特徴として，充実しているとする回答は全国のほぼ半数の割合しかみられず，不足している（満たされていない）とする割合が全国より10ポイント近く高くなっている。既述した保育所待機児童問題等も含めて，この傾向に繋がる要因の分析を引き続き行っていく必要性が感じられる。

なお，図9-14にみられるように，この全般的な充実度に関しては今回調査を実施した市部と比較すると町村部の方が「充実している」とする回答で3.1ポイント高く，逆に「不足している」とする回答で6.8ポイント低くなっている。これまでみてきた「近隣で子育てを支えあう体制」，「保育所等の公的支援体制」，「子育てサークル等の私的な育児を支える体制」への回答と同様の傾向が，全般的な環境充実度でも示されている。

9-4 子育ての実施主体

沖縄総合社会調査2006において子育ての実施主体に関する意識についてたずねた質問項目は，調査票でたずねた順に，地域社会も子育て支援活動に関わる必要があるかどうかに関する意識，自分自身が実際に地域社会の一員として子育て支援活動へ参加することに関する意識，社会的養護の一環としての里親制度を充実させることに関する意識，および回答者自身が里親として適切な養育環境にない子どもの養育を実際に行っていくことに関する意識

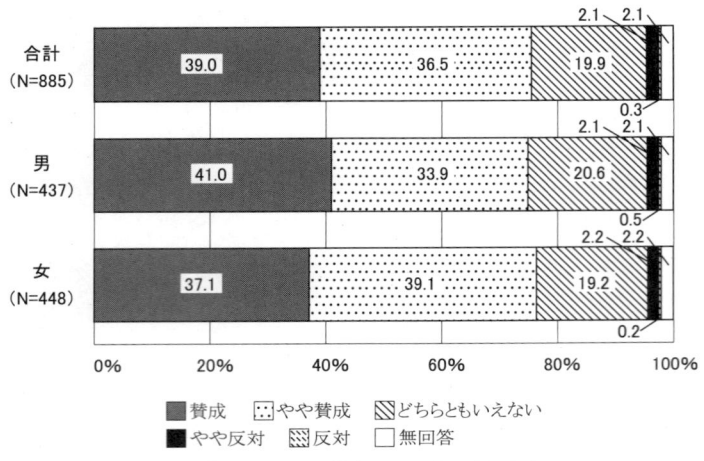

220　　　　　　　　　Ⅱ部　社会福祉学からみた沖縄

図9-15　子育てへの地域社会の関わり　性別（N = 885）

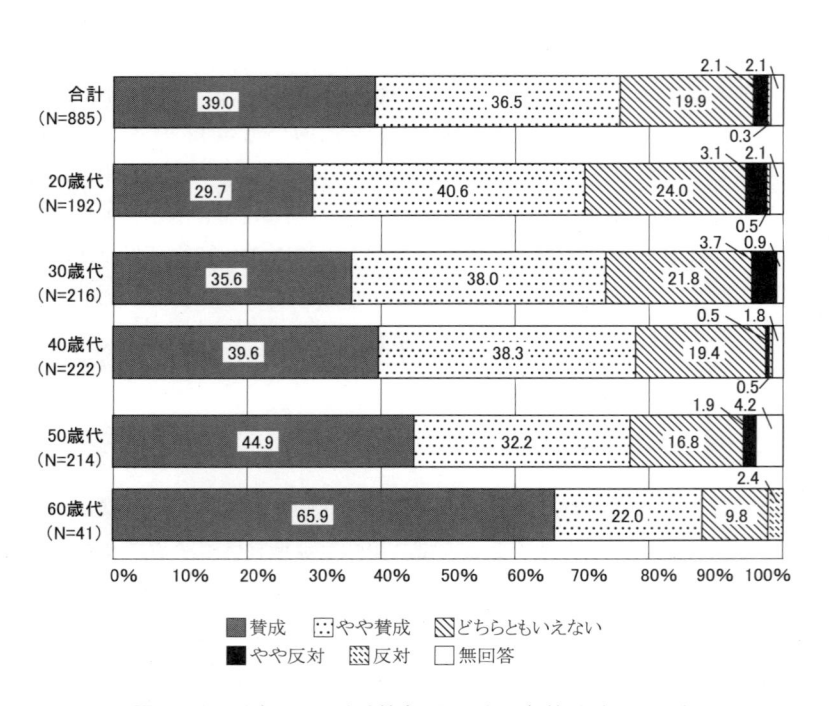

	賛成	やや賛成	どちらともいえない	やや反対	反対	無回答
合計（N=885）	39.0	36.5	19.9	2.1	2.1	0.3
男（N=437）	41.0	33.9	20.6	2.1	2.1	0.5
女（N=448）	37.1	39.1	19.2	2.2	2.2	0.2

図9-16　子育てへの地域社会の関わり　年齢別（N = 885）

	賛成	やや賛成	どちらともいえない	やや反対	反対	無回答
合計（N=885）	39.0	36.5	19.9	2.1	2.1	0.3
20歳代（N=192）	29.7	40.6	24.0	3.1	2.1	0.5
30歳代（N=216）	35.6	38.0	21.8	3.7	0.9	
40歳代（N=222）	39.6	38.3	19.4	0.5	1.8	0.5
50歳代（N=214）	44.9	32.2	16.8	1.9	4.2	
60歳代（N=41）	65.9	22.0	9.8		2.4	

であった．これらに関する回答結果を他の全国調査等の結果と比較することにより，沖縄県における子育ての実施主体に関する意識の特徴について以下でみていく．

(1)「子育ては，その実親のみでなく近隣も含めた地域社会も関わりながら行っていくべきである」

この項目については図 9-15 にみられるように，男女とも 7 割 5 分（男性 74.9％，女性 76.2％）が「賛成」「やや賛成」と賛成している．総論でみると，子育ての実施主体として実親のみでなく，地域社会も参加することに対して基本的に住民の合意が得られているといえるであろう．

年齢別でみると，年齢階層が高くなるにつれて賛成とする回答の割合が高くなっており，「20歳代」が 70.3％であるのに対して，「30歳代」73.6％，「40歳代」77.9％，「50歳代」77.1％，そして割合が最も高い「60歳代」は 87.9％と 9 割近い回答となっている．別の視点からいえば，若い世代になるほど子育てへの「地域からの関わり」を肯定する者の割合が減る傾向にあるといえる（図 9-16）．

(2) 自分自身が，近隣における子育て支援活動に参加することについて

次に，実際に近隣における子育て支援活動へ自分自身が参加することに関する意識については図 9-17 にみられるように，女性の「是非参加したい」「どちらかといえば参加したい」と参加意思を持つ者の割合が 49.6％となり，男性（46.4％）よりも若干高くなっているが，どちらも約半数の割合で肯定している．

年齢別でみると，前項目の子育てへの地域社会の関わりに関する意識と類似した傾向を示しており，体力的な面で参加が難しくなると考えられる「60歳代」を除くと，年齢階層が高くなるにつれて参加の意思を持つ者の割合が高くなっており，「20歳代」が 44.8％であるのに対して，「30歳代」46.3％，「40歳代」50.4％，「50歳代」51.4％と，「40歳代」と「50歳代」では 5 割を超えている．ここでの回答の傾向に関しては，若い世代になるほど自分自身が現在子育てを行っている最中であり，他の子育てへ関わる余裕がないこ

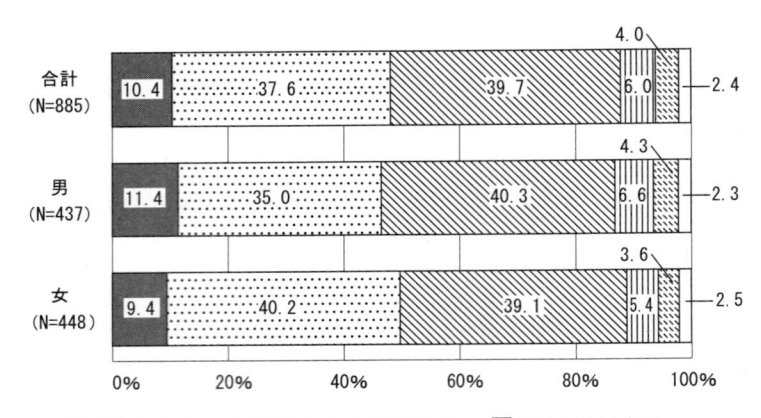

222　　Ⅱ部　社会福祉学からみた沖縄

図9-17　子育て支援活動参加意志　性別（N = 885）

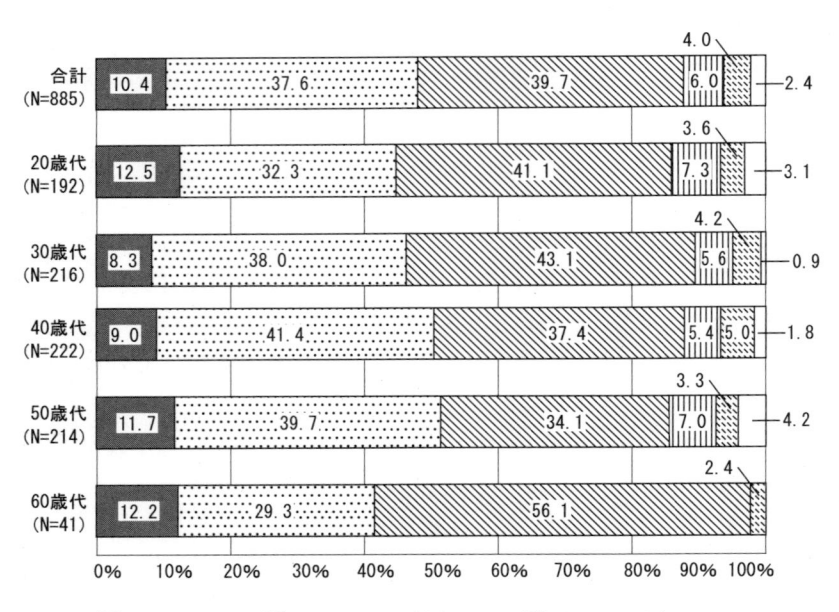

図9-18　子育て支援活動参加意志　年齢別（N = 885）

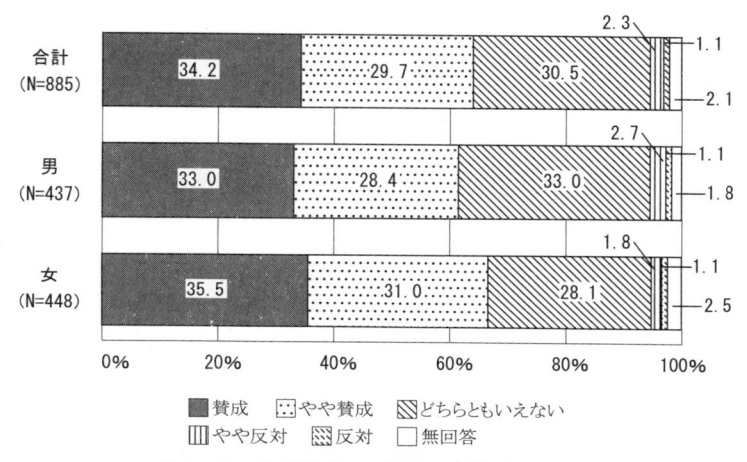

9章 子育て支援状況に対する意識よりみる沖縄県の今後の課題　　*223*

図9-19　里親制度への賛否　性別（N = 885）

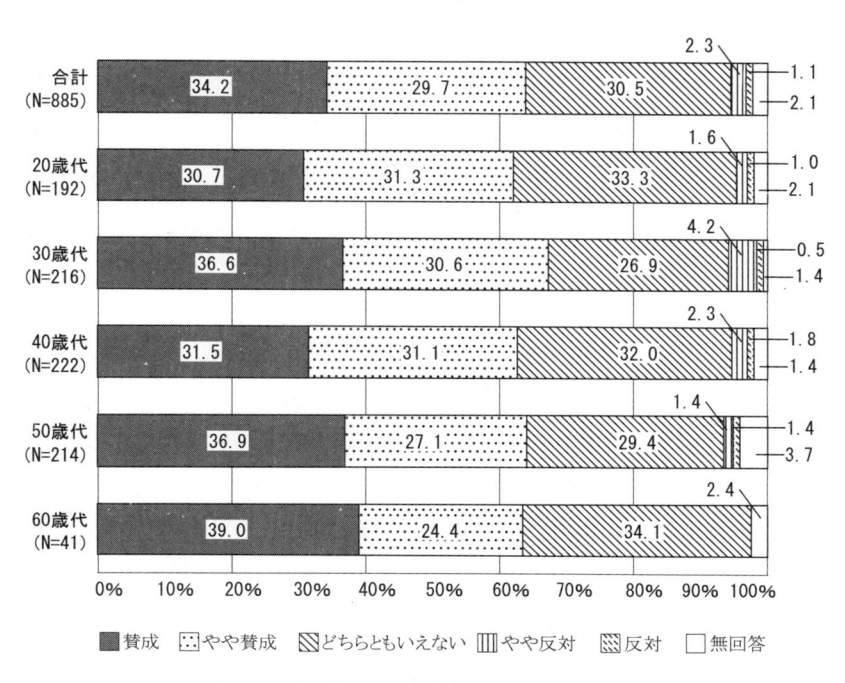

図9-20　里親制度への賛否　年齢別（N = 885）

とも影響していると考えられるが，しかし，「是非参加したい」とする割合は逆に「20歳代」が12.5％と最も高い割合となっている（図9-18）。

　なお，ボランティア全般への参加意思に関する全国調査によると，「ボランティア活動には積極的に参加したい」について尋ねたところ，「積極的に参加したい」（「全くそうである」「どちらかといえばそうである」）と回答した人の割合は63.6％となっている。これを性別年齢層別に見ると，男女とも30歳代以降年齢が上がるとともに，概ねボランティア活動への参加意欲も高まる結果となっている（内閣府国民生活局 2006：p.23）。本調査においては，「近隣における子育て支援」と活動を限定した設問となっているが，30歳代以降年齢が上がるとともに参加意欲が高まる傾向は類似していることがわかる。

　（3）里親制度を充実させることについて
　適切な養育環境にない子どもを，血縁関係にない世帯（里親世帯）に公的に委託する里親制度の充実に関する意識については図9-19にみられるように，6割以上の者が充実させることに「賛成」「やや賛成」と賛成している。男女での差をみると，女性において賛成する者の割合が66.5％となり，男性（61.4％）よりも高くなっている。また，「どちらともいえない」とする回答が約3割を占めており，この制度の実情に関する情報が十分にないことがこの回答に繋がっている可能性も考えられる。

　年齢別でみると，「30歳代」で賛成する割合が67.2％と，他の年齢階層と比較して高い傾向があり，それ以外の年齢階層では約63.0％前後の値となっている。ただし，「30歳代」に関しては「やや反対」「反対」と反対する意見も4.7％と最も高くなっている（図9-20）。

　（4）自分自身が里親世帯となることについて
　次に，実際に自分自身が里親となって養育を行うことに関しては図9-21にみられるように，「どちらかといえば参加したくない」「参加したくない」と参加に否定的意識を持つ者の割合が4割強（43.8％）と高い割合となっており，「どちらともいえない」とする回答も4割強（41.2％）であり，

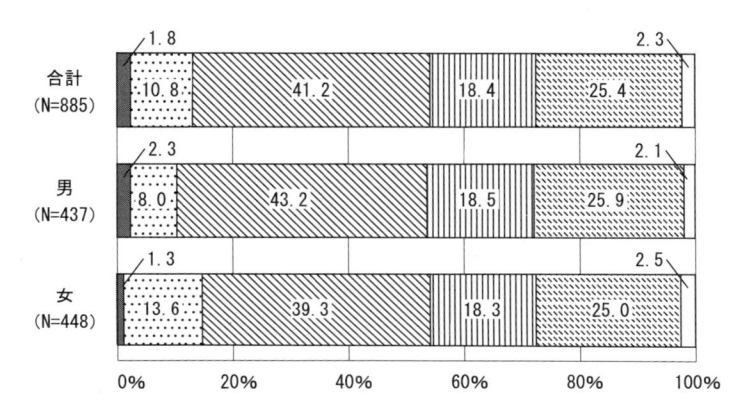

9章　子育て支援状況に対する意識よりみる沖縄県の今後の課題　　　　225

合計 (N=885): 1.8 | 10.8 | 41.2 | 18.4 | 25.4 | 2.3
男 (N=437): 2.3 | 8.0 | 43.2 | 18.5 | 25.9 | 2.1
女 (N=448): 1.3 | 13.6 | 39.3 | 18.3 | 25.0 | 2.5

■是非やってみたい　□どちらかといえばやってみたい　▨どちらともいえない
▥どちらかといえばやりたいとは思わない　▧やりたいとは思わない　□無回答

図 9-21　里親世帯意志　性別（N = 885）

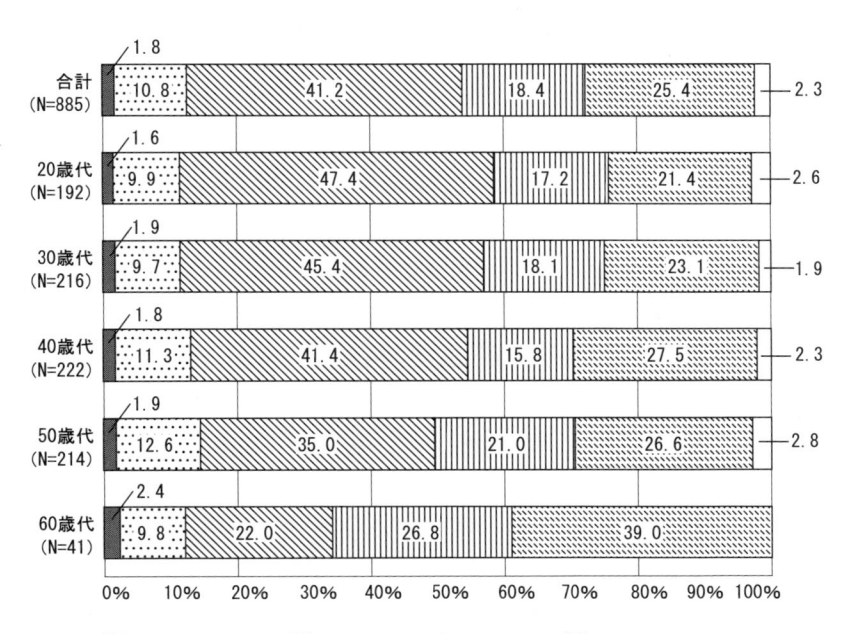

合計 (N=885): 1.8 | 10.8 | 41.2 | 18.4 | 25.4 | 2.3
20歳代 (N=192): 1.6 | 9.9 | 47.4 | 17.2 | 21.4 | 2.6
30歳代 (N=216): 1.9 | 9.7 | 45.4 | 18.1 | 23.1 | 1.9
40歳代 (N=222): 1.8 | 11.3 | 41.4 | 15.8 | 27.5 | 2.3
50歳代 (N=214): 1.9 | 12.6 | 35.0 | 21.0 | 26.6 | 2.8
60歳代 (N=41): 2.4 | 9.8 | 22.0 | 26.8 | 39.0 | —

■是非やってみたい　□どちらかといえばやってみたい　▨どちらともいえない
▥どちらかといえばやりたいとは思わない　▧やりたいとは思わない　□無回答

図 9-22　里親世帯意志　年齢別（N = 885）

「是非参加したい」「どちらかといえば参加したい」と参加の意識を持つ者の割合は1割強（12.6％）となっている。この参加に肯定的な意識に関して男女での差をみると，女性において参加の意識を持つ者の割合が14.9％となり，男性（10.3％）よりも高い傾向がみられる。この項目においても前項同様に「どちらともいえない」という回答が高い割合となっている。自分自身が実際に参加したいかどうかの判断においては，前項のように総論的に賛否を決定するよりもさらに多くの里親制度に関する情報が必要とされるが，ここでも里親制度に関する情報不足がこの回答に影響を与えている可能性が高いと考えられる。

年齢別でみると，前述した「（2）自分自身が，近隣における子育て支援活動に参加することについて」における回答と類似した傾向を示しており，体力的な面で参加が難しくなると考えられる「60歳代」を除くと，年齢階層が高くなるにつれて参加の意識を持つ者の割合が若干高くなる傾向がみられ，「20歳代」が11.5％，「30歳代」11.6％，「40歳代」13.1％，「50歳代」14.5％となっている。しかし，「どちらかといえば参加したくない」「参加したくない」と参加に否定的意識を持つ者の割合も，「20歳代」38.6％，「30歳代」41.2％，「40歳代」43.3％，「50歳代」47.6％，「60歳代」は65.8％と年齢階層が高くなるにつれて高くなる傾向がみられることは，自分自身の近隣における子育て支援活動への参加意識とは異なっている（図9-22）。こ

表9-1　登録里親数等の変化に関する全国と沖縄県の比較

		登録里親数	人口10万人あたりの里親数	児童が委託されている里親数	児童が委託されている里親の割合	委託されている児童数
2000年3月末	全　国	7,446人	5.90人	1,687人	22.7％	2,122人
	沖縄県	233人	17.92人	60人	25.8％	84人
2007年3月末	全　国	7,882人	6.17人	2,453人	31.1％	3,424人
	沖縄県	249人	19.15人	70人	28.1％	118人
伸び率	全　国	105.9％	104.6％	145.4％	137.0％	161.4％
	沖縄県	106.9％	106.9％	116.7％	108.9％	140.5％

備考：厚生労働省大臣官房統計情報部（2000）『平成11年度　社会福祉行政業務報告』及び，厚生労働省大臣官房統計情報部（2008）『平成18年度　社会福祉行政業務報告』掲載の関連データより作成

れは，自分の状況に合わせて様々な参加方法があるとイメージできる「近隣における子育て支援活動」への参加に比べて，実際に子どもを自身の世帯に受け入れて養育する里親制度の身体面・精神面での厳しさに対するイメージの現れであると想定される。しかし，このような厳しい活動と予想される里親制度であっても「是非参加したい」と回答している者の割合が，全体平均で約1.8％はみられる。沖縄県全体でみると20～69歳人口は約86.3万人（2006年3月末）であり，その1.8％は約1.6万人となる。この積極的に参加の意識を持つ者に対して，どのように働きかけるのか，特に，意思決定に必要な制度の詳細に対する情報をどのように提供していくのかは，里親制度をさらに充実させて，実際に必要としている子どもたちと結び付けていく上で重要な課題といえよう。

　この里親に関する現状を数値でまとめ，2000年3月末から2007年3月末

表9-2　里親世帯意志と各種地域活動参加状況との関連

		是非やってみたい	どちらかといえばやってみたい	どちらともいえない	どちらかといえばやりたいとは思わない	やりたいとは思わない	無回答	全体平均
1	自治会・通り会	18.8%	21.9%	25.2%	34.4%	24.0%	10.0%	25.8%
2	ＰＴＡ	12.5%	17.7%	11.8%	16.6%	18.2%	10.0%	14.9%
3	婦人会・青年団・老人会	6.3%	4.2%	3.8%	6.1%	5.3%	0.0%	4.6%
4	商工会などの同業者組織・労働組合	0.0%	15.6%	4.7%	4.3%	4.0%	0.0%	5.4%
5	生活協同組合	0.0%	18.8%	11.2%	12.3%	9.8%	0.0%	11.4%
6	小学校・中学校・高校の同窓会	6.3%	24.0%	19.7%	19.0%	18.7%	25.0%	19.7%
7	スポーツ・趣味のサークル	0.0%	21.9%	22.7%	20.9%	17.3%	20.0%	20.5%
8	文化・学習サークル	0.0%	9.4%	4.9%	3.7%	3.6%	0.0%	4.6%
9	ボランティアのグループ・団体	6.3%	10.4%	4.9%	7.4%	1.3%	0.0%	5.0%
10	郷友会・県人会	0.0%	5.2%	3.8%	4.9%	3.6%	0.0%	4.0%
11	政党・政治団体	0.0%	1.0%	0.8%	0.6%	1.3%	0.0%	0.9%
12	模合	25.0%	44.8%	41.6%	44.2%	36.4%	45.0%	40.9%
13	その他	12.5%	7.3%	3.3%	3.7%	8.0%	0.0%	5.1%

における伸び率を示しているのが表9-1である。全国と比較して沖縄県は，登録里親数及び人口10万人あたりの里親数に関しては，全国の伸び率を若干上回る程度の伸びを示しているが，児童が委託されている里親数やその割合，委託されている児童数に関しては，全国の伸び率を20～30ポイント下回る伸び率しか示していない。実際に里親へ委託できる環境を整備するための1つの方策として，実際に児童を委託することが可能な新規の里親開拓は重要な位置を占めると考えられ，本項目において里親を「是非やってみたい」と回答している者のように，里親制度に対する興味関心が高い県民をどのようにこの制度に結び付けていけるのか，重要な課題と言える。

　里親世帯意志への回答と実際に参加している地域活動との関連をみると，「どちらかというとやってみたい」と里親を引き受けることへ前向きな回答を示した者は，「8 文化・学習サークル」や「9 ボランティアのグループ・団体」のみでなく，「4 商工会などの同業者組織・労働組合」や「5 生活協同組合」等の幅広い活動に対して，全体平均と比較して高い割合で参加している（表9-2）。里親制度に対する広報活動を行う場合に，これらの組織，団体も含めて幅広く情報提供を行っていく必要性のあることが窺われる。また，里親家庭の新規登録に向けての情報提供等の活動として，以下のような具体的指摘もみられる。「新規里親開拓活動では，里親PRとして里親会，児相や市町が共同で制度説明にあたり里親による体験発表を組み合わせることが多いが，これで新たな里親を得られることは僕の体験では少ないように思う。里親の体験談に感動し，発表の後，僕のところに来て，私もやってみたいと言う人が3～4人も出ることがある。しかし登録まで到ることはごく限られている。そこを突破するためには，うちへ訪ねてきてもらい，私たちの様子，中でも里子の生の姿を見てもらうしかない。また，里親がいろいろな場所で活発な活動をしている姿，発信するものをじかに見られること，里親が楽しんでいる様子が見られることも有効であると思う」（大森 2008：pp. 84-85）。ここで述べられている具体的な方法を含めて，沖縄県の実情にあった新規開拓のための活動の展開が求められる。

9-5 子育て支援対策への政府の支出

　子育て支援対策への政府の支出の現状に関する意識については図9-23にみられるように,「少なすぎる」とする回答の割合が58.9％で最も高くなっている。この意識に関して男女での差をみると,男性において「少なすぎる」とする意識を持つ者の割合が62.2％となり,女性（55.6％）よりも高くなっている。

　年齢別でみると,「60歳代」で48.8％,「20歳代」で55.2％と「少なすぎる」とする割合が他の年齢階層と比較して低くなっており,それ以外の年齢階層では約60.0％前後の値となっている。「60歳代」と「20歳代」に関しては「わからない」とする回答の割合が他の年齢階層と比較して高くなっていることが（「60歳代」39.0％,「20歳代」30.7％）,この低さに影響を与えていると考えられる（図9-24）。

　全体平均で6割弱の者が現状の子育て支援対策への政府の支出について「少なすぎる」と回答しており,子育てに必要な環境の充実度に関する意識において不足しているとする回答が多くの項目で4割ほどみられたことと関連性を示していると考えられる。

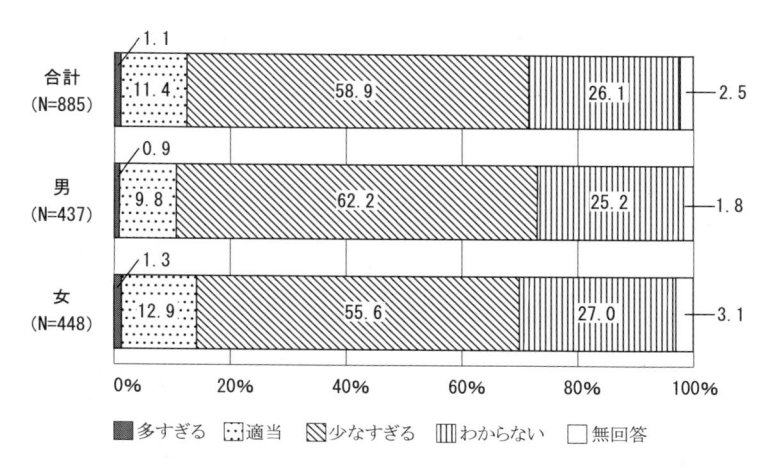

図9-23　子育て支援対策への政府の支出について　性別（N = 885）

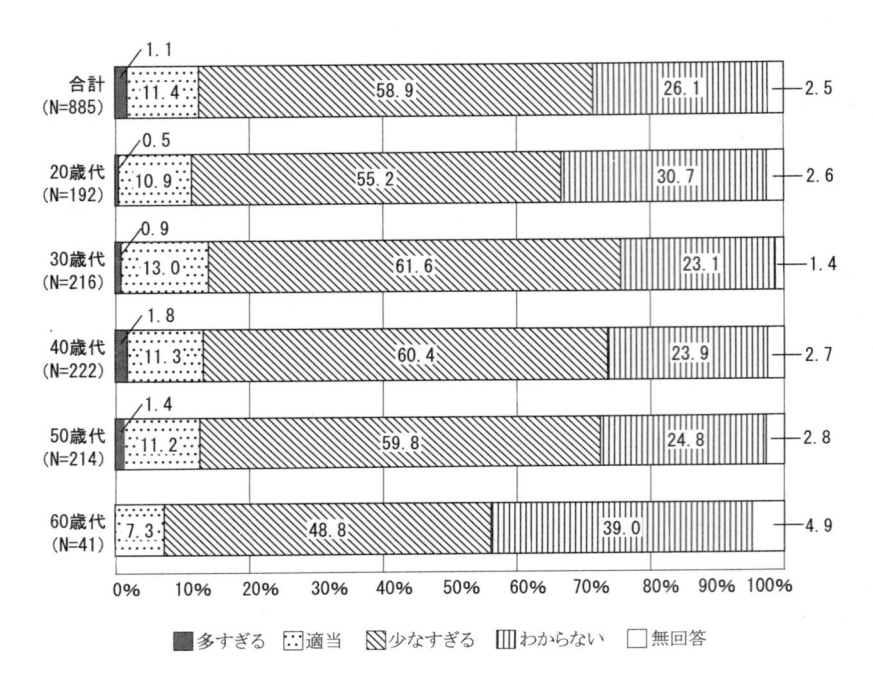

図9-24 子育て支援対策への政府の支出について 年齢別（N = 885）

まとめ

　沖縄県における子育てに必要な環境の充実度に関する意識に関して5項目からみてきた。「身近な公園等の遊び場」に関しては3割強，「保育所等の公的な育児を支える体制」に関しては2割の「充実している」とする回答があるが，全般的な充実度に関しては「充実している」とする回答は1割に満たない。また，すでに自分自身の子どもの子育てを終えていると考えられる年齢階層（「50歳代」「60歳代」）においてさえ，「不足している」とする回答が最も高くなっている項目も多く，子育てに必要な環境に関しては，実際に今現在自分自身の子どもの子育てを行っている年齢階層のみでなく，祖父母として関わっている場合も含めて，すべての年齢階層において関心が高くなっている状況であると考えられる。先述したように，沖縄県は保育所への待機

率（待機児童数／保育所定員数）の高さでみると，最も待機児童問題が深刻な都道府県の1つである。加えて，認可外保育所利用者の割合が高いことや，出生率や離婚率が高いことに起因する潜在的な保育サービス需要も高いということが特徴として指摘される。これらの沖縄県の保育所に関連する問題状況はマスメディアによる報道も数多くなされており，この問題に対するすべての年齢階層の県民意識の高さに繋がっていると考えられる。また，今回の結果からは，「保育所等の公的支援体制」よりも，「近隣で子育てを支えあう体制」や「子育てサークル等の私的支援体制」の方が，充実しているとする回答の割合は低くなっている。保育所の整備というハード面を中心とした改善と同時に，人と人との繋がりを中心にしたソフト面での改善も，沖縄の子育てに必要な環境の充実のためには必要となってくると考えられる。ただし，ここで考慮すべきことは，『平成16年度 国民生活選好度調査』において，子育ての際に頼る支援として，「親」以外でみると「公的な子育て支援サービス」とする回答が26.9％と最も高いという結果である（内閣府国民生活局 2005）。地域コミュニティにおける人間関係が疎遠となっている現状では，子育て中の保護者が地域での支えあいを活用しようとする際には，状況によってはその活用のための行動を起こすこと自体がストレスであると感じられてしまう可能性も窺われる。目指すべき方向として人と人との繋がりを中心にしたソフト面での改善を目指すと同時に，状況によっては，より活用が容易となる「公的な子育て支援サービス」も同時に充実させることの必要性も理解しておく必要がある。その点で，参加者が主体となった地域の繋がりを意識しつつ，公的な場の提供と，公的な専門職員によるサポートによる支援活動を展開した，沖縄県内における幼稚園を開放した取り組み（嘉数他 2003a，吉葉 2007）は，今後もその展開が期待される効果的な取り組みであると考えられる。

　直接的な公的子育て支援サービスの必要性も踏まえた上で，地域における支えあい等の改善を目指す際には，地域住民の地域における子育て支援活動への参加が1つの鍵となり，子育ての実施主体に関する住民の意識が重要となってくる。実施主体に関して，実親のみでなく地域社会も参加することに対しては，今回の調査結果にもみられているように基本的に住民の合意が得

られている状況にあるといえる。また，各論として近隣における子育て支援活動や里親制度へ自分自身が参加するかどうかという意識に関しては，体力的な面で参加が難しくなると考えられる「60歳代」を除くと，年齢階層が高くなるにつれて参加の意識を持つ者の割合が高くなる傾向がみられた。このような，実際の活動に対して自ら参加意識がある者に対して，個々人の状況に適する子育て支援活動への参加形態を整備していくことが重要となる。

また，適切な養育環境にない子どもを，血縁関係にない世帯（里親世帯）に公的に委託する里親制度に関する意識に関しては，「どちらともいえない」という回答の割合の高さから，制度の具体的内容の周知度が低い可能性が示唆された。このような状況を改善するための制度に対する理解を住民が深めるための働きかけと同時に，現状においてもすでに平均して1.8％は存在する「是非参加したい」と回答している者が，里親登録等の具体的な活動参加へ繋がっていけるように，どのように働きかけていくのかが今後重要になってくる。また，里親制度と地域における子育て支援との関連に関しては，日本の里親制度の現状に対する以下の指摘が示唆に富む。宮島による「里親養育が『地域のニーズを地域で充たす』という視点を失った運用」（宮島 2008：p.8）となっているという指摘である。里親制度の活用の仕方によっては，地域における支えあいの一形態として里親制度が活用されうる可能性を持ちながら，このような視点の欠如により，特別な篤志家が特別な子どもを養育するという，地域とは分離された制度運用がされているのが，確かに日本の実情と考えられる。このことは，里親と市町村行政機関の以下のように指摘される関係によってさらに助長されてしまう。「里親と市との関わりの現状を一言で表現するなら，『一番近くて遠い存在』と言えるのではないかと思う。距離的に近くにいながら，少しよそよそしい関係である。前述した通り，里親登録後の里親研修会や各里親会の事務局は，所管の児童相談所が担当している。このことは，今まで市として里親と積極的に関わりを持つ努力をしてこなかったことと無縁ではないだろう」（関根 2008：pp.90-91）。今後の里親制度の展開を考える上では，先述した新規開拓方法の工夫のみならず，地域における子育ての支えあいの一形態としての里親制度の位置づけも再検討しつつ進めていくことが重要である。

最後に子育て支援対策への政府の支出についてである。以上みてきたような，子育てに必要な環境に対して住民に充実度の低さを感じさせる沖縄県の状況は，全体平均で6割弱が現状の子育て支援対策への政府の支出について「少なすぎる」とする回答結果にも繋がっている。本章で指摘した様々な今後の対策を実施する上では，公的支出が不可欠であるものが多い。例えば，先述した幼稚園の開放による子育て支援の事例においては，午後も利用したいというニーズがあるにもかかわらず，人員配置がないことによって実現できないことが課題として示されている（嘉数他 2003a）。子育てに必要な環境のハード面での整備やソフト面での支援も含めて，子育てに対する地域による支えあいが充実し，その効果が住民にとって実感されるようになるための公的資金のさらなる投入を，昨今の世界的な大不況の中どのように実現していくのか大きな課題の解決が求められる。

引用・参考文献

網野武博他，1998,「里親制度のあり方に関する研究――里親制度及びその運用に関する研究」『日本子ども家庭総合研究所紀要』35, pp. 181-208.

岩波成行，2006,「里親制度の活用に向けて――中絶される生命を生かすために」『立法と調査』260, pp. 84-89.

嘉数朝子，上地亜矢子，新城直美他，2003a,「沖縄県の未就園児を持つ保護者の子育て支援ニーズ：公立幼稚園における子育て支援――未就園児親子登園」『琉球大学教育学部障害児教育実践センター紀要』5, pp. 13-21.

嘉数朝子，服部章吾，2003b,「沖縄県の少子化傾向と背景要因――人口動態研究」『琉球大学教育学部紀要』62, pp. 155-167.

嘉数朝子，服部章吾，玉城三枝子他，2003c,「沖縄県の3～5か月児を持つ母親の育児不安」『沖縄の小児保健』30, pp. 3-9.

川崎道子，宮地文子，佐々木明子，2008,「育児不安・育児ストレスの測定尺度開発に関する文献検討（1983年～2007年）」『沖縄県立看護大学紀要』9, pp. 53-60.

厚生労働省，2003,「児童養護施設入所児童等調査結果の概要（平成15年2月1日現在）」厚生労働省 HP http://www.mhlw.go.jp/houdou/2004/07/h0722-2.html

厚生労働省，2006,「保育所の状況（平成18年4月1日）等について」厚生労働省 HP http://www.mhlw.go.jp/topics/2006/09/tp0915-1.html

厚生労働省，2007,「保育所の状況（平成19年4月1日）等について」厚生労働省 HP http://www.mhlw.go.jp/topics/2007/09/tp0907-1.html

厚生労働省，2008,「保育所の状況（平成20年4月1日）等について」厚生労働省 HP http://www.mhlw.go.jp/houdou/2008/08/h0828-1.html

厚生労働省，2009,「保育所の状況（平成21年4月1日）等について」厚生労働省 HP

http://www.mhlw.go.jp/houdou/2009/09/h0907-2.html
厚生労働省，2010，「保育所の状況（平成 21 年 4 月 1 日）等について」厚生労働省 HP
　　http://www.mhlw.go.jp/stf/houdou/2r9852000000nvsj.html
厚生労働省大臣官房統計情報部，2000，『平成 11 年度 社会福祉行政業務報告』，財団法人厚生統計協会．
厚生労働省大臣官房統計情報部，2007，『平成 17 年度 社会福祉行政業務報告』，財団法人厚生統計協会．
厚生労働省大臣官房統計情報部，2008，『平成 18 年度 社会福祉行政業務報告』，財団法人厚生統計協会．
厚生労働省大臣官房統計情報部，2010，『平成 20 年度 社会福祉行政業務報告』財団法人厚生統計協会．
厚生労働省大臣官房統計情報部，2011，『平成 21 年度 社会福祉行政業務報告』
　　http://www.e-stat.go.jp/SG1/estat/GL02020101.do?method=extendTclass&refTarget=toukeihyo&listFormat=hierarchy&statCode=00450046&tstatCode=&tclass1=&tclass2=&tclass3=&tclass4=&tclass5=（HP「政府統計の総合窓口」）
馬居政幸，与那嶺涼子，2007，「少子社会における育児支援の課題：沖縄県内自治体を事例に」『静岡大学教育学部研究報告 人文・社会科学篇』57，pp. 33-66．
馬居政幸，与那嶺涼子，2008，「少子社会における育児支援の課題：沖縄県内自治体を事例に(2)」『静岡大学教育学部研究報告 人文・社会科学篇』58，pp. 29-57．
宮島　清，2008，「里親と児童相談所と市町村――共に関与することで初めて可能となる里親養育」『里親と子ども』3，pp. 6-12．
本村　真，2001，「今後の日本における里親制度推進の条件」，『琉球大学法文学部 人間科学科紀要 人間科学』7，pp. 43-72．
那覇市，2010，『平成 22 年度（第 19 回）那覇市民意識調査報告書』．
　　http://www.city.naha.okinawa.jp/sisei/kaiken/y2011/m01/stuff/0126siryou_01.pdf
内閣府編集，2005，『平成 17 年版 国民生活白書』，内閣府．
内閣府経済社会総合研究所，2004，「沖縄県における保育サービス供給の実証分析――「沖縄県における保育サービス市場研究会」報告書』．
内閣府国民生活局，2005，『平成 16 年度 国民生活選好度調査』．
内閣府国民生活局，2006，『平成 17 年度 国民生活選好度調査』．
大森健太郎，2008，「地域に支えられた里子養育」『里親と子ども』3，pp. 79-85．
沖縄県，2009，『沖縄県の母子保健（平成 20 年度資料）平成 21 年度刊行』
　　http://www3.pref.okinawa.jp/site/view/contview.jsp?cateid=80&id=22067&page=1 より
沖縄県福祉保健部青少年・児童家庭課，2010，『平成 22 年度版児童相談所業務概要』．
琉球新報，2006，「認可保育所定員 916 人増　県，待機児童解消へ」（2006 年 4 月 18 日付記事 琉球新報 Web 版）．
関根水絵，2008，「市町村にとって里親とは」『里親と子ども』3，pp. 86-92．
ソーシャル・サポートにおける CMC 研究グループ［編］，2004，『ステップファミリーにおけるソーシャル・サポートの研究 改訂版』，明治学院大学 社会学部付属研究所．
高橋道子，園田陽子，2008，「育児への肯定的感情にソーシャル・サポートが与える影

響:東京・沖縄における調査」『東京学芸大学紀要 総合教育科学系』59, pp. 171-181.
吉葉研司, 2007, 「地方の子育ての現状と公的保育の危機――沖縄からの発信(特集/崩壊する地域のなかで教育の希望を探る)」『教育』57(11), pp. 68-74.
財団法人全国里親会, 2003, 『里親制度の拡充・整備に関する研究会報告書(平成15年3月)』, 財団法人全国里親会.

10章　沖縄県における車社会からの脱却
――公共交通機関の構築を目指して――

高嶺　豊

はじめに

　沖縄県の車社会の弊害が指摘されて久しいが，その車社会がもたらす結果は，単に車の渋滞による経済的損失や，市街地の衰退，住民の健康被害及び安全問題だけに留まるものではない。車は炭素社会の象徴であり，2007年に，ICPP（気候変動に関する政府間パネル）によって指摘された地球温暖化問題に深く関わっている。この報告書によると，地球温暖化は，これまでの人類の行為によることが原因であることが科学的に指摘され，今人類が行動を起こさない場合は，今世紀末には，地球の平均気温が上昇し，異常気象による台風の大型化，海面上昇等，様々な気候変動が起こることが予想されている。そのため地球温暖化対策の国際的な合意が形成されつつある。特に地球温暖化の原因となるCO_2排出量の規制は，今後益々厳しくなってくることは明らかである。

　沖縄県においては，他の都道府県に比較してCO_2排出量が急速に増加している。その多くが自動車による排出だと言われており，CO_2排出量の削減には，車社会からの脱却が大きな課題となっている。

　日本は，他の先進国と共に，今後CO_2の排出量削減目標を具体的に設定することが必要となってくるが，沖縄県もそれに従って，具体的な削減目標をたてて実現していくことが必要になる。その中でも大きな課題が，車からのCO_2排出量削減である。世界では，炭素社会から脱出するために，CO_2を排出する行為には，炭素税のような仕組みが導入されているが，早晩，日本においても，このような税が課せられてくることは間違いない。沖縄県だ

けに排出量削減枠の軽減措置は，もはや想定できない状況にある。このような状況下では，CO_2を排出しない行為を行う以外に，税から逃れる術はないと思われる。

車社会の弊害は，もちろん，地球温暖化問題だけで語られるものではない。沖縄県においては，経済的な側面，特に本県の主な産業である観光産業への影響は甚大であり，また，長寿社会を自負してきた県民の健康や安全な生活の維持への警鐘にもなっている。さらに，車を運転しない高齢者や障がい者の移動・交通権の保障にも関わる問題である。このように見てくれば，車社会からの脱却は，沖縄県の将来の死活問題であることがわかる。

本章は，このような観点から，車社会から脱却するための方策を論ずるものである。沖縄県において，車社会から脱却するためには，自家用車に代わる交通手段として，現在の公共交通機関を整備しつつ，新たな公共交通機関の開設が必要であるというのが筆者の意見である。そのために，文献等の二次資料と同時に，筆者が沖縄総合社会調査2006の一部として担当した「沖縄における移動交通に関する調査研究」の結果を織り交ぜながら論を進めていく。

10-1 沖縄県の車社会の現状

まず，沖縄県における車社会の現状を，地球温暖化，経済的問題，健康・安全問題の順に具体的に見て行きたい。

（1）地球温暖化問題

沖縄県の温室効果ガス排出量は 12,840,000 t-CO_2 で，そのうちの9割を二酸化炭素が占めている。また，沖縄県における1990年から2000年にかけての二酸化炭素増加量は33.0％で，全国の同期間における増加量10.5％をはるかに上回っていることがわかる。さらに，沖縄は地理的，需要規模の理由などから，水力，原子力発電所の立地が当面困難であるため，電力のエネルギー源は石油や石炭などの化石燃料に頼らざるを得ない状況にあるのが現状である。そのような中，沖縄県として温室効果ガス総排出量を2010（平成22）

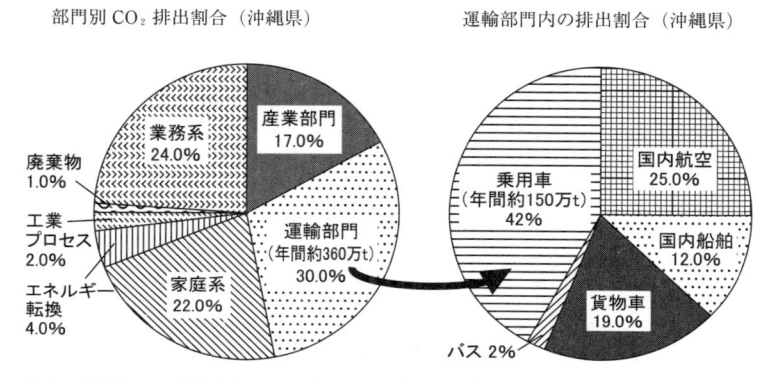

10章　沖縄県における車社会からの脱却

部門別CO₂排出割合（沖縄県）　　　運輸部門内の排出割合（沖縄県）

業務系 24.0%
産業部門 17.0%
廃棄物 1.0%
工業プロセス 2.0%
エネルギー転換 4.0%
家庭系 22.0%
運輸部門（年間約360万t）30.0%

乗用車（年間約150万t）42%
国内航空 25.0%
国内船舶 12.0%
貨物車 19.0%
バス 2%

出典：沖縄県文化環境部環境政策課，2005,「ちゅら島が危ない！」

図10-1　沖縄県の部門別CO₂排出割合

年度までに2000（平成12）年度レベルから8％削減を目指している。しかし，車依存社会である沖縄のCO₂排出量は増え続けている[1]。

図10-1に示すように，沖縄県において，CO₂排出量がもっとも多いのは運輸部門で，総排出量の約3割を占め，乗用車によるCO₂排出量はその中でも42％に達する。また，バスによる排出量は2％にすぎない。すなわち，県内のCO₂排出量のうち約13％が，乗用車に由来している。そのため，脱車社会が大きな課題になっていることが窺える。

（2）車依存社会の実情
（a）自家用車保有台数の増加と路線バス利用者の減少

沖縄県は日本国内でも有数の車依存社会であり，結果，那覇市や沖縄市といった都市中心部で深刻な交通混雑が起きている。近年，車保有台数の増加は著しく，沖縄県における自動車保有台数は1985年から2003年までの19年間に，47万6千台から89万5千台にほぼ倍増しており，同期間の人口増加率1.1％を大幅に上回っている（図10-2）。

1世帯当たりの車両保有数をみても，沖縄は1.78台と，東京や全国のそれをはるかに上回っている（表10-1）。同時に，沖縄県における自動車免許保有者数も増加の傾向を示している（図10-3）。

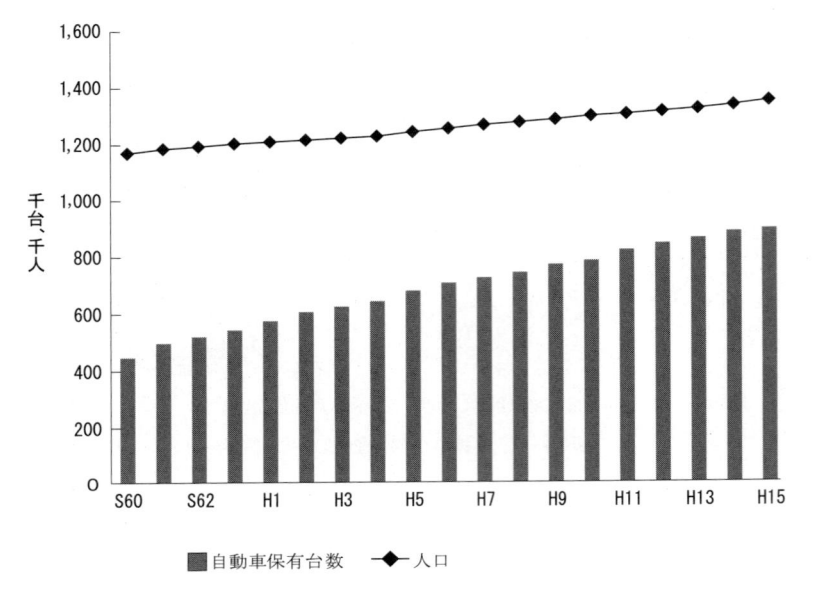

240　　Ⅱ部　社会福祉学からみた沖縄

図10-2　沖縄県の人口・自動車保有台数の推移

出典：沖縄の統計（沖縄県），財団法人自動車検査登録協会（全国）

表10-1　人口における1世帯車保有台数

	人口	世帯数	1世帯平均構成人員	保有者台数	1世帯当たり車両数
沖縄	1,359,000	501,093	2.72	892,000	1.78
東京	12,387,000	5,776,805	2.09	4,608,000	0.80
全国	127,687,000	49,837,731	2.54	77,390,000	1.55

出典：自動車交通局，総務省　平成16年10月現在

　また，沖縄県民が日常生活で使用する交通手段も過去20年の間に公共交通手段から自家用車に移行している。15歳以上の通勤・通学者が利用している交通手段を見ると，自家用車利用の割合は，1980年では全交通手段の39.2％を占めていたのに対し2000年では65.2％へと大幅に上昇している（図10-4）。買い物に行く際に使用する交通手段の中での自家用車の割合も1981年の33.4％から1998年には74.1％と約2.2倍になっており（図10-5），

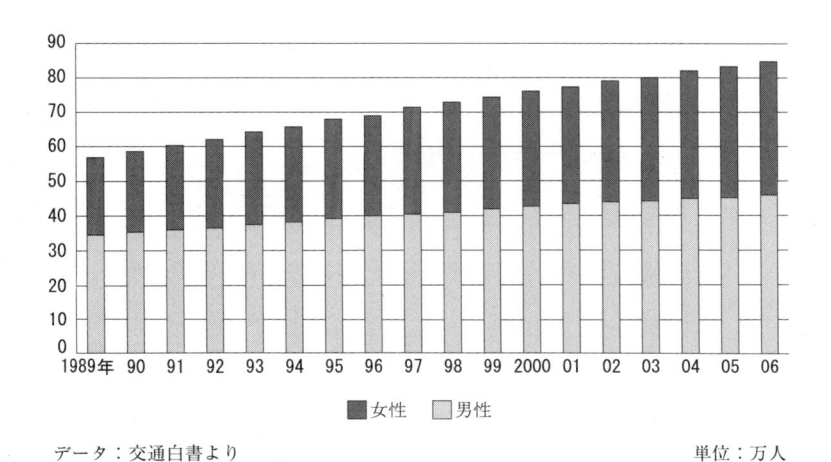

10章　沖縄県における車社会からの脱却　　　241

図10-3　沖縄県における自動車運転免許保有者数の推移

データ：交通白書より　　　　　　　　　　　　　　　　　　単位：万人

県民が車に依存した生活を送るようになった推移が窺える。

図10-4及び図10-5で示されている路線バスの割合に注目すると，通勤，通学に使用される路線バスの割合は25.2％（1980年）から9.9％（2000年）になっており，また，日常の買い物に使用されている交通手段の中での路線バスの割合は19.7％（1981年）からわずか5.1％（1998年）となり，バスの利用が著しく減少している。またこの傾向は，路線バスの年間輸送人員の減少にも如実に現れている（図10-6）。

車社会への傾向は，筆者が行った「沖縄における移動交通に関する調査研究」の調査結果とも一致している。筆者の調査は，本学の社会学専攻課程が行った「沖縄県民の生活・福祉・社会意識についてのアンケート」の一部で，沖縄本島中南部17市町村に居住する満20～64歳の男女（2006年9～10月現在）が対象であった。本調査は，2006年11月23日から2007年2月20日までの期間実施された。有効標本データセットは885サンプルであった。

本調査では，車の運転の有無について，「あなたは日頃，車を運転していますか（○は1つだけ）」という問い（問39）に対して，以下のような結果が得られた。

車の運転をしている人が8割5分で，運転していないと答えた人は，14.5

	徒歩	公共バス	自家用車	二輪車	その他
1980	21.2	25.2	39.2	8.0	6.4
1990	16.8	16.0	52.3	9.9	5.0
2000	12.7	9.9	65.2	9.7	2.5

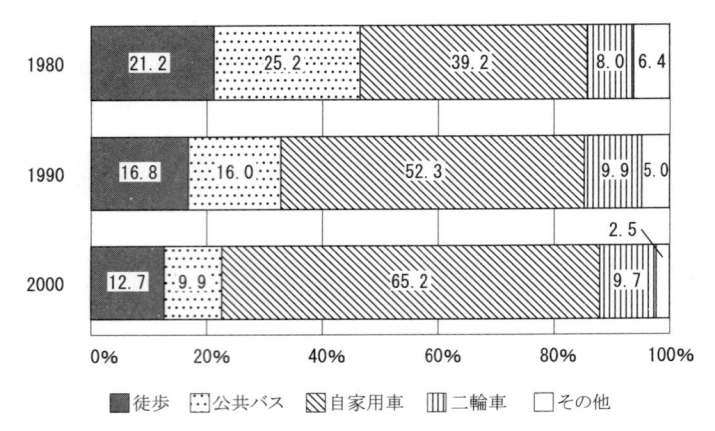

出典：沖縄県

図10－4　通勤・通学者の利用交通手段別推移

	徒歩	路線バス	自家用車	二輪車
1981	39.2	19.7	33.4	5.3
1998	14.6	5.1	74.1	5.2

出典：沖縄県

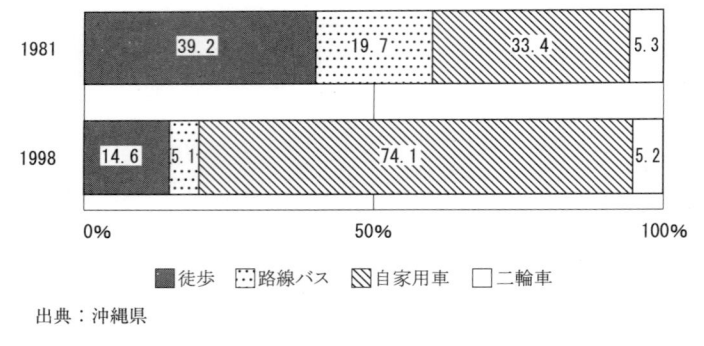

図10－5　買い物交通手段の推移

％しかいなかった。性別でみると，男性の9割が運転をし，女性では8割が運転をしていることが分かった（図10－7）。

次に路線バス利用頻度（問40）については，以下のようであった（図10－8）。

この設問には，「ほとんど毎日」，「週に3，4回」，「週に1，2回」，「月に1，2回」，「ほとんど利用しない」の5つの選択肢を提供した。路線バスを「ほとんど利用しない」と答えた人が8割を占めた。他の選択の内訳は，「月

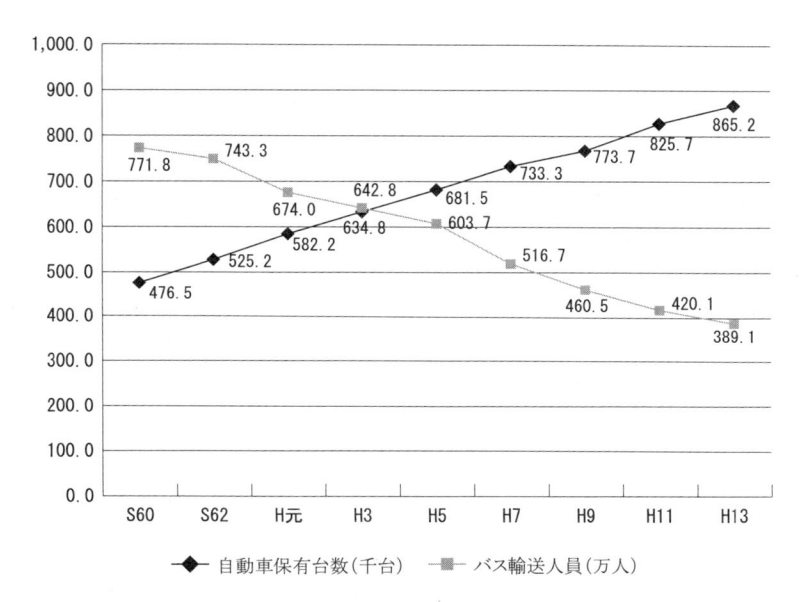

10章　沖縄県における車社会からの脱却

図10-6　公共交通利用者と自動者保有台数

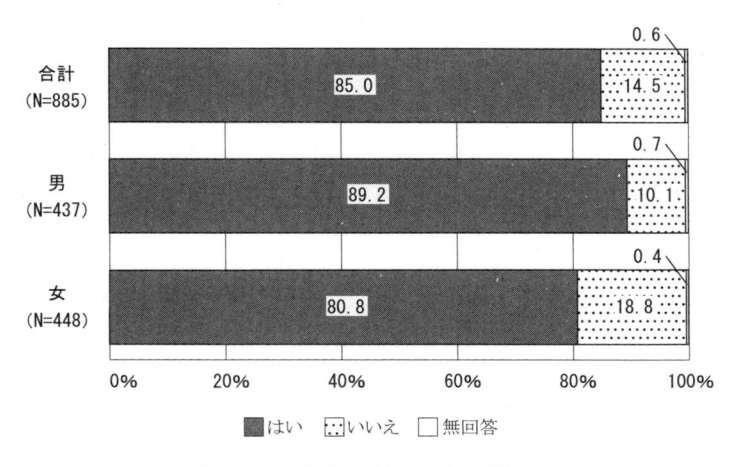

図10-7　自動車運転の有無（問39）

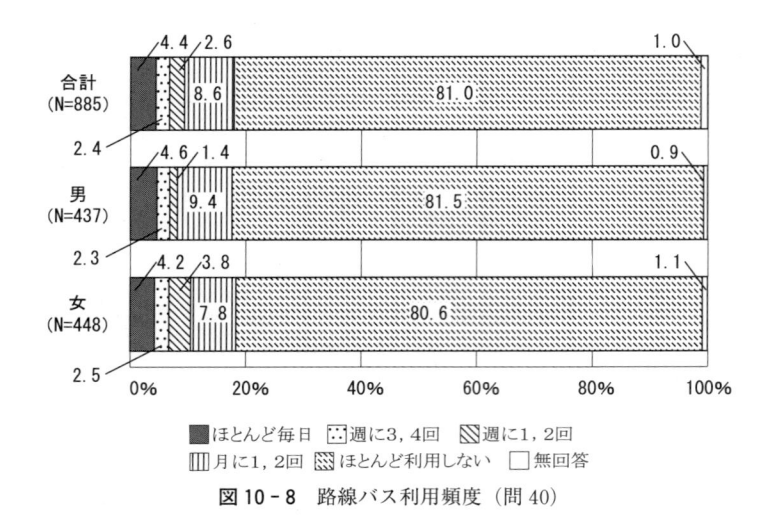

244　　Ⅱ部　社会福祉学からみた沖縄

図10-8　路線バス利用頻度（問40）

に1, 2回」が8.6％, 次いで「ほとんど毎日」が4.4％で, 残りは,「週に3, 4回」と「週に1, 2回」が2％程度であった。性別の差はほとんどなかった。

　問39の車を運転する率と問40の路線バスの利用率を比較すると, この2つは, 反比例していることが分かる。問39では, 車を運転する人が8割5分おり, 問40の路線バスを利用しない人が約8割であった。

　このように自家用車の保有台数の増加と路線バスの利用者の減少には相関関係がみられた。では, このように車の数が増加することによりどのような弊害が生じているのであろうか。次に経済的な損失から検証する。

（b）道路の渋滞による経済的損失

　沖縄県では, 都市部による交通渋滞が大きな社会問題となっている。とりわけ, 那覇市内の国道・県道の24時間平均交通量は2万台を超え, 東京や大阪, 名古屋などの大都市圏並みの交通量である（図10-9）。交通量は増加の一途をたどっており, 交通渋滞による時間的・経済的損失, 精神的・肉体的疲労, 環境の悪化等が顕在化し,「交通渋滞の解消」が県民の重大な関心ごとになっている。

　そして高い交通密度・混雑度のもとにあって, ピーク時の交通流の平均旅

10章　沖縄県における車社会からの脱却

行速度は極端に低下し，交通渋滞は日常化している（図10-10）。

このような道路状況で，車の渋滞による，住民の時間の損失が甚大である。表10-2は，沖縄県内の特に混雑の激しい交差点での損失時間を大きい方から示している。県全体では，県民1人当たりの年間損失は47時間にもなると推定されている[2]。

沖縄総合事務局が発表した交通渋滞による経済損失についての初の県内地域別分析結果によると，渋滞による年間の損失は中南部に集中し，県都・那覇を含む南部が788億円で最も多く，中部698億円，北部94億円の順である。那覇都市圏の人口1人当たりの損失額は16万円で，県民平均所得（219万円）の7％に相当する。沖縄県の道路1キロ当たりの年間損失額は東京，大阪に続く全国3位で2,206万円。県全体では全国24位の1,606億円となり，狭い地域に多くの車が集中していることがわかる。1人当たりの渋滞損失額は，県平均12万円で，那覇市を含む南部が15万円，中部が12万円，北部8万円となり，南部は北部の2倍近い[3]。

さらに，自家用車1台の年間維持費（10年間使用する場合を想定）が，約60万円かかると試算されている（表10-3）。全国でも一番所得の低い沖

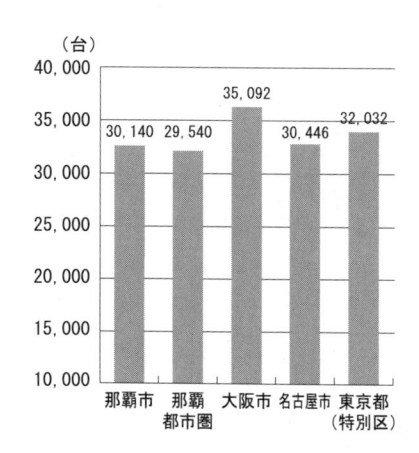

出典：沖縄総合事務局　平成11年度道路交通センサス

図10-9　一般道路の24時間平均交通量

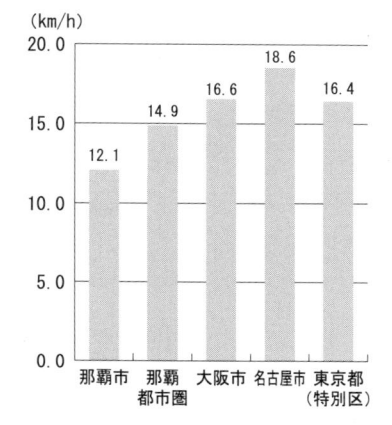

出典：沖縄総合事務局　平成11年度道路交通センサス

図10-10　一般道路の混雑時平均旅行速度

表 10-2　沖縄県における主な道路における年間損失時間

順位	路線	区間	損失時間
1	県道 39 号線	字松尾	160.9 万人時間／年／km
2	県道 39 号線	字安里	149.9 万人時間／年／km
3	国道 58 号	久茂地 2 丁目	103.6 万人時間／年／km
4	県道 42 号線	久茂地 1 丁目	96.5 万人時間／年／km
5	国道 58 号	旭町	85.6 万人時間／年／km

出典：沖縄県総合事務局　2005 年度道路交通センサス

表 10-3　自家用車 1 台にかかる維持費用[4]

内訳		年額	備考
所有	保険料	¥120,000	（車両保険込みで月額 10,000 円として）
	駐車代	¥120,000	（月額 10,000 円として）
	車検	¥40,000	（2 年毎に 80,000 円として）
	高速代	¥28,800	那覇〜沖縄南（往復 800 円）を月 3 往復として
	自動車税	¥34,500	1,000 cc〜1,500 cc の場合
	自動車重量税	¥18,900	1,000 cc〜1,500 cc の場合
	自賠責保険料	¥4,570	36 ヶ月で 13,710 円…沖縄本島の場合
	小計	¥366,770	→所有するだけで 1 日 1,000 円！
使用	燃料代	¥108,000	走行距離 500 km/月、10 km/リッター、180 円/リッターとして
	その他雑費	¥10,000	コインパーク利用料や洗車等
	小計	¥118,000	→使うとさらに 1 日 300 円！
購入費用	車両価格	¥100,000	
	消費税	¥5,000	車両価格の 5％
	自動車取得税	¥5,000	車両価格の 5％
	小計	¥110,000	→購入費用も 1 日 300 円！
合計		¥594,770	→1 日あたり約 1,630 円！

新車を 100 万円で購入し、10 年使う場合

縄で、自家用車 1 台の維持費が家計に大きな負担になっていることは想像に難くない。表 10-1 では世帯平均所有台数が 1.78 台とあるが、これで計算すると県内の 1 世帯の車にかかる年間平均負担額は、約 106 万円にもあがる。今後、さらに燃料費が高騰するようになると負担はますます増えていくことになる。

車を維持する経費について，筆者の調査では，図10-11のような結果であった。「車を維持する経費が高すぎるか」という問いに，結果は，「そう思う」が54.2％で，「どちらかといえばそう思う」を含めると8割以上が車を維持する経費が高いと感じていた。特に女性で「そう思う」が男性より高い率を示しており，家計を預かる立場からの思いが現れていると思われる。

(c) 健康および安全への影響

車の維持費が沖縄経済や世帯の家計に多大な負担を強いていることがわかったが，影響は，それだけではない。全国的に人口の高齢化率が年々高まる中，自家用車のような私的移動手段に依存する車社会は，公共交通機関を衰退させ，車を運転しない高齢者や障がい者の移動・交通機会を狭めている。さらに，短い距離の買い物などにも車で行くような習慣は，歩行による運動の機会を奪う結果にもなっていると推測される。このことは，沖縄県民のメタボリック症候群の増加に繋がり，また，全国的に車による死亡事故は，減少はしているが，事故による怪我人の数は，増加の傾向にある。

この点について，筆者の調査では，以下のような回答結果を得た。

「交通事故，酒酔い運転等の問題が多いかどうか」の問いには，「そう思う」が72.9％で，断然多く，「どちらかといえばそう思う」（20.2％）を含める

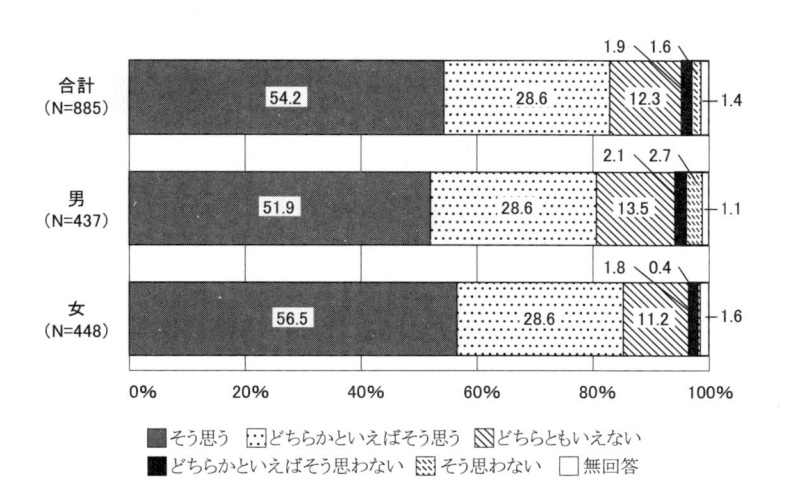

図10-11 車を維持するための経費が高すぎるか（問37エ）

合計 (N=885): 72.9 / 20.2 / 4.2 / 0.5 / 0.8 / 1.5
男 (N=437): 72.3 / 19.2 / 5.3 / 0.5 / 1.5 / 1.6
女 (N=448): 73.4 / 21.2 / 3.1 / 0.4 / 0.4 / 1.3

■そう思う ┆どちらかといえばそう思う ▧どちらともいえない
■どちらかといえばそう思わない ▩そう思わない □無回答

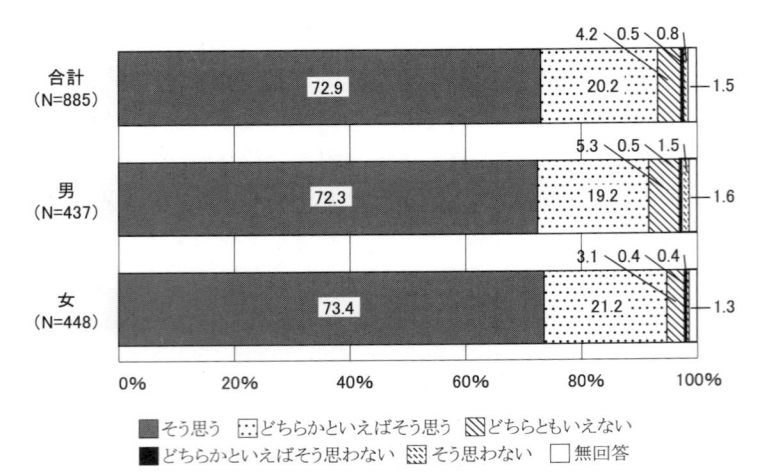

図 10-12　交通事故，酒酔い運転等の問題が多いと思うか（問 37 オ）

合計 (N=885): 45.4 / 31.0 / 16.0 / 3.7 / 1.8 / 2.0
男 (N=437): 43.9 / 30.7 / 16.5 / 4.3 / 2.5 / 2.1
女 (N=448): 46.9 / 31.3 / 15.6 / 3.1 / 1.1 / 2.0

■そう思う ┆どちらかといえばそう思う ▧どちらともいえない
■どちらかといえばそう思わない ▩そう思わない □無回答

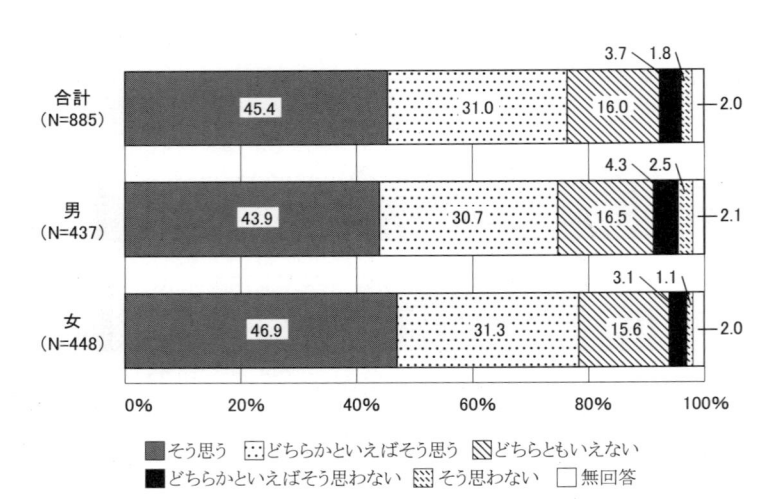

図 10-13　高齢者や障がい者の交通利用は困難であると思うか（問 37 ウ）

と9割以上が，車が原因による交通事故や酒酔い運転等の問題が多すぎると認識していることが窺われる。一方，「そう思わない」と，「どちらかといえばそう思わない」は合わせて1％強でしかなく，交通事故や酒酔い運転が多いことを否定する人はほとんどいないことがわかる。また，性別ではほとんど差がないのもこの回答の特徴である（図10－12）。

最近，高齢者や障がい者のことを交通弱者と呼ぶことがあるが，そのようなグループへの認識をきいてみた（図10－13）。交通機関の利用が難しいとする回答は，「そう思う」が45.4％で，「どちらかといえばそう思う」を合わせると約7割5分が，高齢者や障がい者は交通機関を利用することが難しいと認識していることがわかる。特に女性は「そう思う」46.9％で，男性（43.9％）より若干同情的である。

本節では，車社会がもたらす様々な問題点を振り返った。道路の渋滞に伴う時間のロスなどによる経済全体への悪影響，車の維持費が家計を圧迫していること，運動不足を引き起こすほどの車への依存，また交通事故の多発や酒酔い運転による事故など多岐に及ぶが，これ以外にも，大気汚染や車の廃棄処理など課題が多い。しかし，今，世界的に注目を浴びているのが，地球温暖化問題であろう。この問題は，世界的な関心事で，各個人，自治体，国家が，具体的な行動をとることが求められている。沖縄県においては，温暖化問題は多くのCO_2を排出する車社会の問題と切り離しては考えられないであろう。次節では，このような弊害をもたらす車社会から脱却するための方策を検証したい。

10－2　車社会からの脱却に向けて

地球温暖化問題が，沖縄が車社会から脱却する第1の要因になると述べたが，車社会の弊害が一番酷い那覇市においては環境問題に取り組むために「環境モデル都市提案書」[5]を作成している。それによると，この提案書は，3つの側面から構成される。①交通環境の変革，②生活環境の変革，③自然環境の保全・創造。その中でも交通環境の変革は，大きな比重を占めている。①では，環境モデル都市として，次のように位置付けている。

「戦災で軌道交通が破壊され，戦後はバスやタクシーなどの公共交通機関しかなかった本市では，自家用車による移動習慣が定着し，交通量の増加にともなって交通渋滞が慢性的に発生している。このため，路線バスなどの定時性が確保されず，そのことが自家用車による移動習慣をさらに助長し，渋滞とそれにともなう温室効果ガスの排出量を増大させるという悪循環となっている。

　そこで，モノレールの延長やLRT（Light Rail Transit：近代型路面電車）の導入，バス再編などの公共交通体系の整備を図るとともに，平成19年より実施しているカーフリーデーや，トランジットモールを通じ，市民に公共交通を見直すことを促す等，公共交通の復権へ向け，クルマに頼らずとも快適な都市生活を送ることを啓発するなど，交通の観点から地球温暖化の問題に対処するための交通環境の変革の取組みを行う。さらに，ロードプライシングの導入等自動車流入の規制や，フリンジパーキングの整備を行うとともに，2050年までには沖縄県全体でクリーンエネルギー自動車の普及を行い，自動車における温室効果ガス排出ゼロの亜熱帯地域における先進モデルを目指す」

那覇市は，2050年までの長期温室効果ガス削減目標を基準年（2000年）レベルから50％以上とし，中期目標を30％に設定している。そこで，特に，運輸部門のうち9割（2004年：282千t）を占める自動車から排出される温室効果ガスにおいて，以下のような目標を定めている。

［中期2030年］
　　自家用車利用率 52％（2006年）→ 29％（−23％）
　　　　削減目標 − 44％
　　自家用車利用率削減による温室効果ガス282千tの44％減
　　　　削減目標 124千t（2000年レベルから）
　　（参考）クリーンエネルギー自動車導入率 目標50％
［長期2050年］
　　自家用車利用率 52％（2006年）→ 26％（−26％）

削減目標 − 50 ％
自家用車利用率削減による温室効果ガス 282 千 t の 50 ％減
削減目標 141 千 t（2000 年レベルから）
（参考）クリーンエネルギー自動車導入率 目標 100 ％

また，中・長期的な目標達成手段として以下を挙げている．
- モノレールを補完する新たな公共交通として LRT を導入し，バス路線の再配置，駅までの端末手段の強化により，自動車から公共交通への転換を図る．
- 安全で快適な歩行環境・自転車利用環境の整備により，自動車から徒歩・自転車への転換や公共交通機関との分担と連携を図る．
- 低公害車・低燃費車の導入や自動車から排出されるガスの処理など，新技術を活用する．
- 自動車交通の抑制や自動車保有の抑制，走行の抑制等を図り，市民意識を啓発する．

具体的な方策として，以下を挙げている．

　　（a）モノレールの延長
　　（b）LRT の導入
　　（c）バス路線網再編
　　（d）パーク＆ライド駐車場の整備
　　（e）歩行空間の整備
　　（f）自転車走行環境の整備
　　（g）1 人乗り，または 2 人乗り自動車の乗り入れ規制
　　（h）ナンバープレートによる隔日乗り入れ規制
　　（i）ロードプライシングの導入
　　（j）フリンジパーキングの整備
　　（k）電気自動車等や低公害バスの普及促進

以上のようないくつかの斬新な方策を含めて，那覇市は提言しているのであるが，では，現在の那覇市民の交通政策に対する意識はどのようなものであるのか．

図10-14は，那覇市が2007年に行った「都市交通市民意識調査」で公共交通や車に対する取り組みとして期待するものを尋ねた調査結果である。

　この調査結果からわかることは，「公共交通共通割引券」や「バスとモノレールの乗継割引」など，具体的にすぐ取り組める政策が，5割程度の支持を得て優先順位が高いことである。その次に，4～5割の支持を得て，「モノレールの延長」，「バス路線網再編」や「運賃の値下げ」など，実現に時間がかかりそうな政策が続く。さらに，3割の支持を得て，「路面電車の新設」，「道路整備」，「駐車場の整備」，「市内へのクルマの乗り入れ制限」等が続く。これらの調査結果と，那覇市の「環境モデル都市提案書」で提言されている交通問題解決策を比較すると，那覇市の今後の取り組みについていくつかの示唆が得られると思われる。

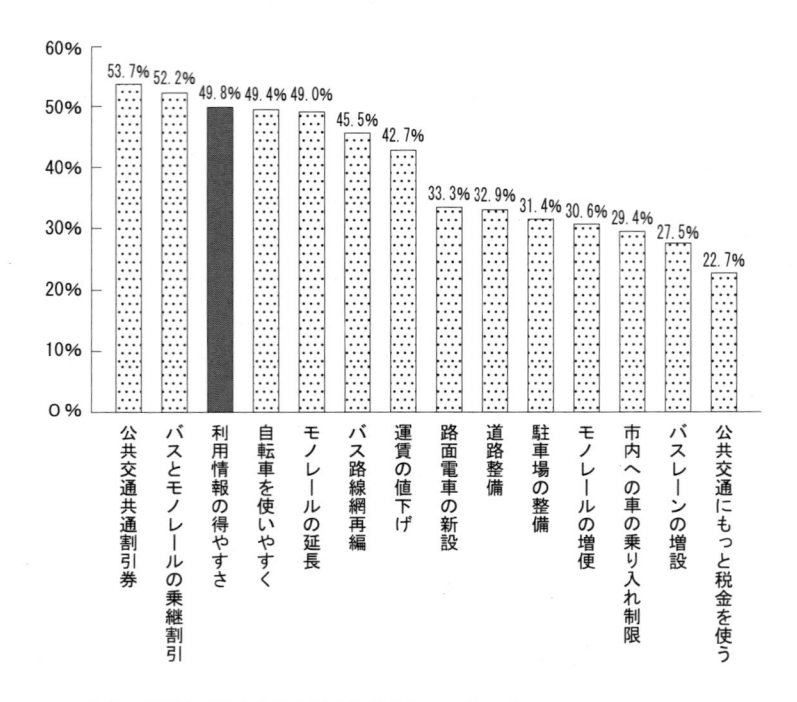

出典：那覇市「都市交通市民意識調査」2007年9月

図10-14　那覇市内の交通対策として望むこと

項目	割合
公共交通共通割引券	53.7%
バスとモノレールの乗継割引	52.2%
利用情報の得やすさ	49.8%
自転車を使いやすく	49.4%
モノレールの延長	49.0%
バス路線網再編	45.5%
運賃の値下げ	42.7%
路面電車の新設	33.3%
道路整備	32.9%
駐車場の整備	31.4%
モノレールの増便	30.6%
市内への車の乗り入れ制限	29.4%
バスレーンの増設	27.5%
公共交通にもっと税金を使う	22.7%

まず，(a)モノレールの延長，(c)バス路線網再編，(f)自転車走行環境の整備は，那覇市民への調査でも45～50％の支持を得ているので，比較的，市民の協力が得やすいであろうと思われる。(b)LRTの導入については，「路面電車の新設」が，33.3％の支持を得ており，市が積極的な取り組みをすれば，実現可能なように思われる。次に，(g)1人乗り，または2人乗り自動車の乗り入れ規制，(h)ナンバープレートによる隔日乗り入れ規制，(i)ロードプライシングの導入に関してはどうであろうか。市民意識調査では，「市内への車の乗り入れ制限」は，29.4％の支持を受けているだけであり，市民を説得するには，いくらかの困難があると思われる。

そこで，筆者の行った調査の結果を紹介しながら，交通問題の解決への取り組みを検討してみよう。筆者の調査は，那覇市を含む南部及び中部の主な市町村を含むもので，沖縄県の交通問題の解決策への傾向は示唆できるものと思われる。まず，公共交通機関の利用に関しては，次のような回答があった。

「公共交通機関（路線バス等）が便利であれば，車より公共交通機関をつかいたいか」という問いに対して，「そう思う」が33.9％で，「どちらかといえばそう思う」が19.3％，合わせておよそ5割が便利であれば公共交通機関をつかうことを希望していた。「どちらともいえない」が2割ほどいた。2割5分ほどは，公共交通機関を使うのに否定的である（図10‐15）。

しかし，「既存の公共交通機関網（路線バス，モノレール等）をさらに整備する」という政策に対しては，次のような回答であった。

公共交通機関を整備するべきかという質問について，「そう思う」という回答が5割（50.3％）あり，一番多く，次に「どちらかといえばそう思う」が25.8％で，合わせて7割5分が賛成であった。多くの回答者が公共交通機関の整備を望んでいることが分かる。反対する人は，5％程度である。性別では，男性の方が「そう思う」が52.6％で5ポイントほど女性より多く，女性より積極的に思える（図10‐16）。

「都市の道路の拡張や駐車場を増やす」という問いに対しては，「そう思う」が約4割（41.8％）で，「どちらかといえばそう思う」が2割強（23.5％）あり，この取り組みに肯定的な回答は6割強になる。車社会の弊害が認識さ

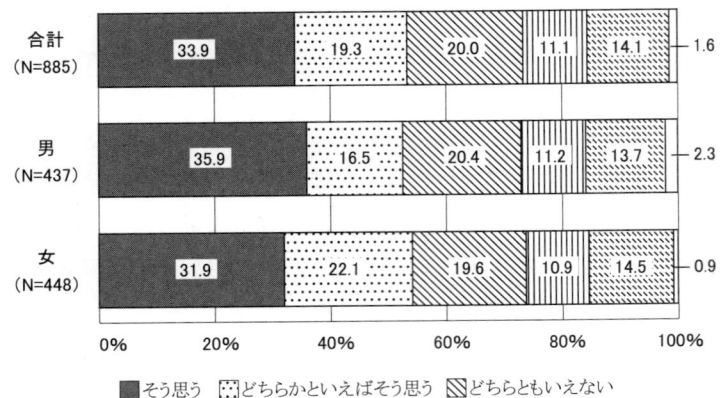

254 Ⅱ部　社会福祉学からみた沖縄

	そう思う	どちらかといえばそう思う	どちらともいえない	どちらかといえばそう思わない	そう思わない	無回答
合計(N=885)	33.9	19.3	20.0	11.1	14.1	1.6
男(N=437)	35.9	16.5	20.4	11.2	13.7	2.3
女(N=448)	31.9	22.1	19.6	10.9	14.5	0.9

図10-15　公共交通機関（路線バス等）が便利であれば，車より公共交通機関をつかいたいか　性別（N＝885）

れているにもかかわらず，車による渋滞対策としての道路の拡張や，駐車場の整備に賛成している人が多い。道路の拡張が渋滞を解消すると思う人が過半数いるということがわかる。沖縄県では，本土他府県に比べて，道路の整備が進んでいないと思っている人がまだ多いのかもしれない。しかし，「どちらともいえない」が2割強（22.5％）あり，態度を決めかねている人もいることが窺われる。また，道路の拡張や駐車場の増設に反対する人が1割はいる。性別では，男性の方が女性より反対意見が若干多い（図10-17）。

　沖縄の交通問題を解決する方法の1つとして提言されているのが路面電車の導入である。旧来の路面電車と比較して，近年の電車は，郊外では高速運転が可能で，低床のモデルが多く高齢者，児童，障がい者にとってバリアフリー対応になっており，LRTと呼ばれている。

　LRT導入をすべきかについて，「そう思う」が28.1％で，「どちらかといえばそう思う」が15.1％で，合わせて4割強が賛成である。それに対して「そう思わない」が17.4％，「どちらかといえばそう思わない」が9.8％で，合わせて3割弱が反対である。また，26.1％が態度を決めかねている。LRTの導入については，那覇市長が前回の選挙で国際通りに路面電車を敷くことを公約に挙げたが，まだ，どの市町村でも具体的な事業は提案はされていな

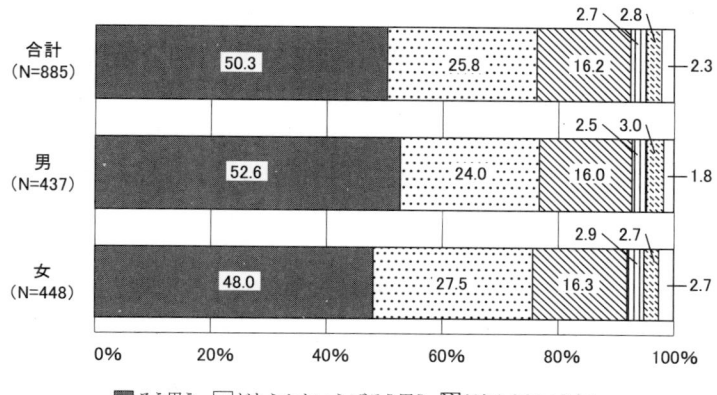

10章　沖縄県における車社会からの脱却

図10-16　既存の公共交通機関網（路線バス，モノレール等）を更に整備するべきであるか　性別（N = 885）

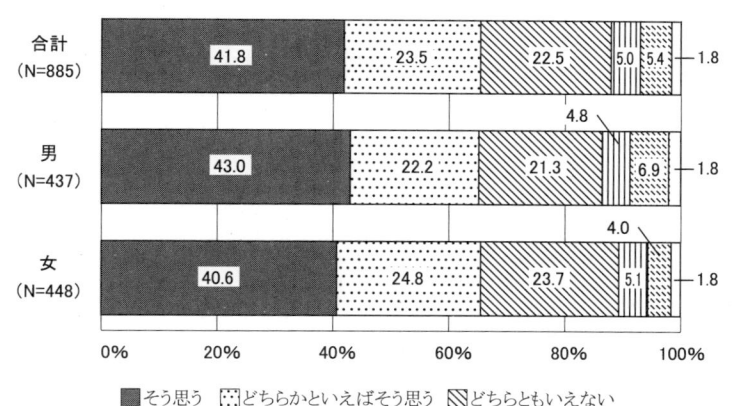

図10-17　都市の道路の拡張や駐車場を増やすべきであるか　性別（N = 885）

い．それでも，すでに4割強の人が導入を肯定的にみていることは，今後政策を実行する時に追い風になると思われる．

　性別では，回答に大きな違いがある．男性は，33％が「そう思う」で，

「どちらかといえばそう思う」が 17.4％である。合わせると 5 割が賛成である。それに比して，女性は，「そう思う」が 23.4％で，「どちらかといえばそう思う」が 12.9％で，合わせると 3 割 5 分強が賛成で，15 ポイントの差がある。また女性は，「どちらともいえない」が 31.3％あり，男性の 20.8％と比べて 10 ポイント多い。この取り組みに関しては，男性が積極的に支持しているが，女性のほうは，おそらく LRT に対する情報が少なく，理解が進んでいないと思われる（図 10 - 18）。

この結果と那覇市の意識調査の結果（路面電車の新設 33.3％）を比べると，本調査のほうが，10 ポイントほど支持が高いことがわかる。また，本調査では，この問いに関しては，男女間の意見の差異が大きいことがわかった。女性の方が，賛成者は少なく，どちらとも決めかねる人が多い。このことからは，LRT に対する情報を女性に積極的に提供していくことで，今後 LRT への理解が高まり賛同者が多くなることが期待されるのではないか。

市街地への車の乗り入れを制限することについては，那覇市の市民意識調査では，「市内への車の乗り入れ制限」を，望まれる交通政策として 29.4％の人が挙げている。筆者の調査で「市街地への車の乗り入れを制限する」べきかどうかを聞いてみた。結果は，「どちらともいえない」が 35.5％で一番多かった。車の市街地への乗り入れに対して態度を決めかねている人が 3 分

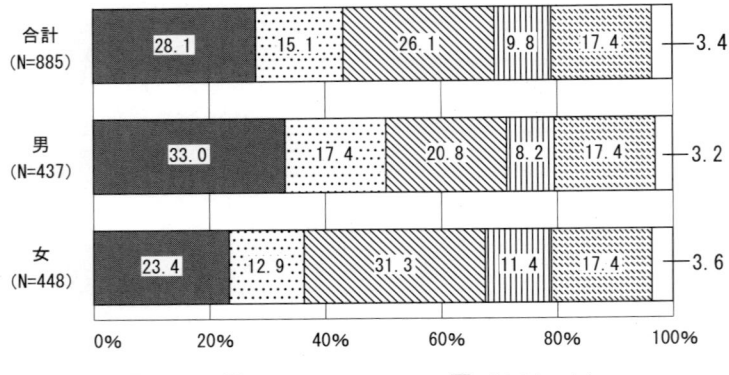

図 10 - 18　新たに路面電車(LRT)を導入するべきであるか　性別　（N = 885）

10章　沖縄県における車社会からの脱却

区分	そう思う	どちらかといえばそう思う	どちらともいえない	どちらかといえばそう思わない	そう思わない	無回答
合計 (N=885)	11.9	15.4	35.5	14.8	19.8	2.7
男 (N=437)	14.6	16.2	31.6	13.5	22.2	1.8
女 (N=448)	9.2	14.5	39.3	16.1	17.4	3.6

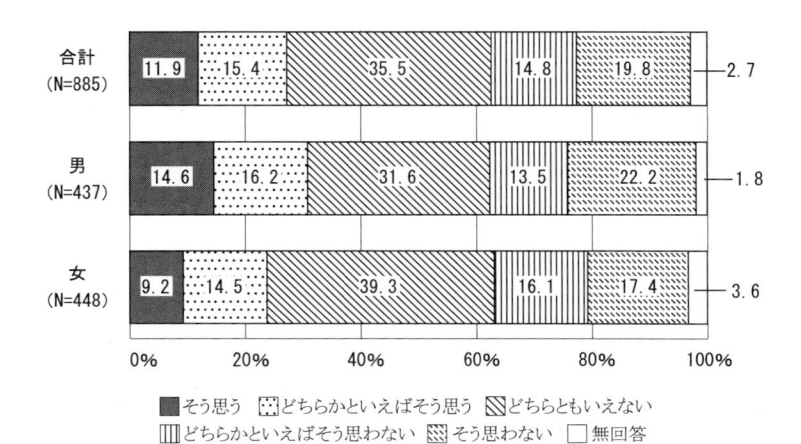

図 10-19　市街地への車の乗り入れを制限するべきか　性別（N = 885）

の1もいることがわかる。市街地への車の乗り入れ制限をすべきかどうかに，「そう思わない」(19.8％)，「どちらかといえばそう思わない」(14.8％) を含めると反対意見の方も3割5分になる。それに対して，「そう思う」は1割強 (11.9％)，「どちらかといえばそう思う」は15.4％で，賛成する人は約2割5分であった。車の乗り入れ制限に関しては，反対意見の人が，3割5分おり，賛成者より1割多いことが分かった。しかし，態度保留の人も3割5分おり，今後の状況により，意見がどちらへも変わる可能性がある。

性別では，反対意見が多いのは男女同じであるが，男性の場合は，「そう思う」が3割，「そう思わない」が3割5分，「どちらともいえない」が3割と，3つの意見が3等分に近い。しかし，女性の場合は，賛成意見は少ないが，「どちらともいえない」が4割近く (39.3％) になり，女性のほうが態度を決めかねている人が多いことが窺われる（図10-19）。

この交通政策に関しては，那覇市は，(g)1人乗り，または2人乗り自動車の乗り入れ規制，(h)ナンバープレートによる隔日乗り入れ規制，(i)ロードプライシングの導入，(j)フリンジパーキングの整備を提言しており，今後市民の理解が大いに必要な政策であるといえる。ところで，筆者の調査では，この問いに関しては，態度を保留している人が多いことから，市による，

本格的な意識啓発キャンペーンが必要になると思われる。またこれらのキャンペーンは，LRT の導入やバス路線の再編などにより，公共交通機関の利便性を高める政策と同時に行う必要があろう。それによって，自家用車から公共交通機関の利用へのスムーズな変換が可能になるからである。

おわりに

　本章では，まず，沖縄県における車社会の現状を，地球温暖化，経済的問題，健康・安全問題の順に具体的に検討した。そして，このような観点から，車社会から脱却するためには，自家用車に代わる交通手段として，現在の公共交通機関を整備しつつ，新たな公共交通機関を開設し，同時に自家用車の利用を抑制する施策を進めることが必要であることを検証した。本章では，文献等の二次資料と同時に，筆者が沖縄総合社会調査 2006 の一部として担当した「沖縄における移動交通に関する調査研究」の結果を織り交ぜながら論を進めた。

　県民の多くが，現在の交通事情に関して問題を感じており，そのため公共交通機関の再編への期待は高く，また，LRT のような新しい公共交通機関の開設に対しては，態度保留の人が 2 割強いるが，確実に理解が深まりつつある。しかし，痛みを伴う，車の市街地への乗り入れ制限に関しては，まだ否定的な人が多いことも事実である。

　このような中，沖縄における CO_2 排出量の増大が全国平均の 3 倍にあたるなど，温暖化対策への取り組みの弱さが指摘されており，その原因である車社会からの脱却が行政の喫緊の問題になっている。そのため，沖縄県においては，LRT のような新しい公共交通機関の開設を早急に実行すると同時に，自家用車の市街地における利用制限の一大キャンペーンを積極的に進めることが求められている。

注

1）慶應義塾大学大沼あゆみ研究会エネルギー班，「沖縄県車社会脱却に向けて——LRT の導入」http://www.f.waseda.jp/akao/InterCollegeSeminar05/KU-2.doc（2011 年 2 月 28

日参照）
2）谷田貝　哲, 2009,「クルマ社会からの脱却と公共交通の再評価」. 2009 年 10 月 11 日那覇市で開かれた「第 7 回全国バスマップサミット in おきなわ」での発表論文.
3）琉球新報, 2001,「交通渋滞の年間経済損失, 南部で 788 億円」, 12 月 5 日.
4）谷田貝　哲, 前掲論文.
5）http://www.kantei.go.jp/jp/singi/tiiki/siryou/pdf/472018.pdf（2011 年 2 月 28 日参照）

Ⅲ部

マスコミ学からみた沖縄

11章　沖縄県民の政治傾向とマス・メディア接触

比嘉　要

はじめに

　本章では筆者も共同研究者として参加した沖縄総合社会調査2006における「マス・メディア」と「政治意識」の調査領域から，県民の政治傾向とそれに関連するマス・メディア接触の特色を特に抽出して分析する。沖縄総合社会調査2006の第1次報告書では上記項目の単純集計結果と性別・年齢とのクロス集計の結果について述べた（鈴木［編］2008）。

　これらをさらに発展させる形で，本章では沖縄総合社会調査2006の政治意識に関する4つの質問から政治傾向を示す指標を作成し，個人の属性ならびにマス・メディア接触との関係をみることを主たる目的とする。まず，本章で用いる指標の規定変数となる沖縄総合社会調査2006の政治意識に関する調査結果の概要を述べたうえで，次に指標の作成過程を説明し，被調査者の基本属性と指標との関係をみることで指標の有効性を検討する。その指標をもとに，米軍普天間基地の移設問題への態度やメディア接触と政治的態度傾向との関連を考察していく。

　結論から先に述べると，本章での分析により限定的ながら次のような知見が得られた。それは，県民の政治的態度，特に軍事・戦争といった問題に対する態度は所謂「リベラル」な傾向が強いこと，この傾向は教育レベルが要因となっているらしいこと，「リベラル」な層ほど支持政党をもたない人が多いこと，米軍の普天間基地移設問題に対して「保守的」な人の間で意見が割れていること，テレビ視聴時間とインターネット利用頻度には関連があること，インターネットの利用と政治的態度にも関連があることなどである。

では，以下順を追って分析結果について述べていきたい。

11-1 憲法9条，米軍基地，自衛隊，日米安保

(1) 憲法9条

沖縄総合社会調査 2006 では，憲法9条の改正への賛否，米軍基地，自衛隊，安保に対する評価を質問している。本章ではこれらの質問への回答結果から後述するリベラル・スコアを算出して分析に用いるがその前に各項目に関する沖縄総合社会調査 2006 の単純集計結果を概観してみたい。

これら4項目は軍事・戦争といった国政や社会のあり方に大きく関わる事項であり，かつ争点を有する社会問題でもあるため，個人の政治的態度を推測，測定するのに有効な質問と思われる。

はじめに，憲法9条の改正問題に関する調査結果をみると「改正すべきでない」(36.9％) が最も多く，次に「改正すべきである」(16.9％) となっているが，「わからない」との回答も 42.9％あり，県民の態度は大きく割れているといえよう (図 11-1)。

この結果を 1982 年に沖縄県民を対象に行われた琉球大学の調査 (大田 1984) と比較してみたい。ただし，1982 年調査では第9条に限定せず，「憲法改正について」の意見を問うている。回答比率は「絶対に改めなければならない」が 5.1％,「ゆくゆくは改めるべきだ」23.7％,「現状のままでよい」24.9％,「絶対に改めるべきでない」8.6％,「DK・NA (わからない・無回答)」37.7％となっている。最も多いのが DK・NA だが，これは「わからない」が4

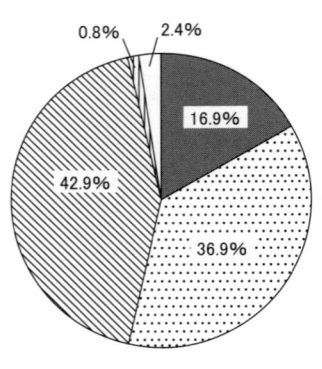

図 11-1 憲法9条の改正是非 (N = 885)

割を超える沖縄総合社会調査2006と同様の傾向と言え，賛否が複合しているというより，改憲議論が県民レベルでは熟していない状況が長期にわたり継続していることを示している。

(2) 米軍基地

次に沖縄にとって長年にわたる最大の社会問題とも言える米軍基地に対する県民世論をみる。1995年の米兵による暴行事件以降，沖縄が抱える米軍基地の問題が広く日本全国に知られるようになった。

1982年の大田らの調査（大田 1984）では「即時全面撤去」が20.2％，「できるだけ早く撤去」が27.5％，「本土並み整理縮小」32.5％，「現状どおり」10.2％，「もっと増強すべき」0.8％，「DK・NA」8.9％となっている。即時撤去と早期撤去を合わせると47.7％と，半数近くが基地の撤去を望んでいることになる。1982年の調査時には他の世論調査でも「撤去」よりも「本土並み整理縮小」の意見が1972年の復帰時の調査よりも増え始めていた。しかし，これは沖縄に基地を存続させることを希望する者が増えてきていることを意味するのではないと宮城は次のように述べている。

> ただ，両調査（引用者注：1972年と1982年のNHKによる世論調査）からはっきりいえることは「本土並み縮小」が増えていることである。しかしこれは必ずしも撤去を望む人が減少したことを意味するものではない。「本土並み縮小」という表現には全国の人口の1パーセントしかない沖縄に全国の米軍基地の50％前後の基地が存在していることへの強い不平等感が込められているからである。「本土並み」という言葉は内容が明確にされないまま使用されてきた。米側では，それは基地削減を意味するものではなく，単に安保・事前協議制の適用とう(ママ)法律的意味に解していたという。しかし政府はそれが基地の縮小を含むような印象を県民に与えてきたし，県民側も常にそう解釈してきた。世論調査の「本土並み縮小」という表現もそのような意味で使用されている。もし沖縄の基地が人口もしくは面積に比例して本土並みのものとなるとすれば，殆ど全面撤去に近い形になるであろう（宮城 1984：p.39）。

復帰前から現在に至るまで，沖縄の世論の趨勢は常に米軍基地の存在に対して否定的である。1967年10月の沖縄タイムスの世論調査では基地「不必要」40％に対し「必要」が28％と，その後のNHKなどの調査でも「不必要」が5〜6割で推移しているのに対し「必要」が3〜4割と，年を追うごとに「不必要」が減少し「必要」が増加する傾向がみられるが，保坂は世論調査の時系列比較のデータをもとに次のように述べ，米軍基地に反対する県民世論が一貫していることを指摘している。

　（略）沖縄県民の米軍基地に対する態度は，復帰前後を通して一貫して「不必要」を示している。確かに「必要」「不必要」の統計的差違は，近年とみに近似してきたが，それでも「必要」という意見が「不必要」を上回ったことは一度もなかった。すなわち，米軍基地に対する県民世論は「否定」的ということである（保坂 1997：pp.24-25）。

　1995年のいわゆる「少女暴行事件」後の同年12月と翌1996年12月に行われた琉球大学による調査（江上 1997）でも，米軍基地の現状改善を望む声が多い。同調査によると「沖縄の米軍基地の規模について，あなたのお考えをお聞かせ下さい」との質問に対する回答は次のようなものであった（カッコ内は1995年調査結果－1996年調査の結果）。
「拡張すべき」（1.2％－1.3％）
「現状のままでよい」（8.2％－14.1％）
「縮小すべき」（55.1％－43.3％）
「撤去すべき」（27.5％－28.7％）
「わからない」（7.9％－12.3％）
（1996年調査のみ無回答が0.3％）（江上 1997）
　事件直後の調査より1年後の調査では「縮小すべき」が12ポイント近く減少してはいるが，依然として7割以上が基地の「縮小・撤去」を求めている。
　沖縄総合社会調査2006における米軍基地に関する質問では，約半数にあたる49.0％が「本土並みに整理縮小すべき」と答え，撤去を求める「即時

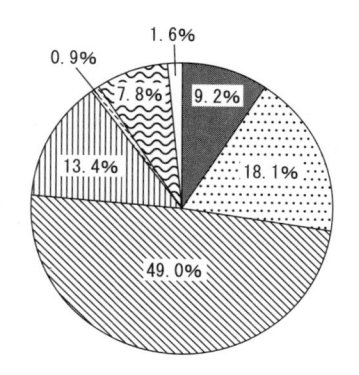

全面撤去すべき」（9.2％）と「できるだけ早く全面撤去すべき」（18.1％）を合わせると66.3％が，何らかの形で米軍基地の縮小・撤去を望んでいることがわかる。米軍基地は交付金や借地料などの収入基盤ともなるという側面をもつため県経済にとって基地は必要とする意見もあるが，この調査では6割を超える者が米軍基地の撤去もしくは整理縮小を望んでおり，「現状のままでよい」とするものは13.4％にすぎないという結果となった（図11-2）。

図11-2 沖縄米軍基地について（N＝885）

県内にある特定の米軍施設に対する世論に限定されるが，2010年4月に『沖縄タイムス』により行われた米軍普天間基地の辺野古移設に関する電話世論調査では，移設先として「グアムなど海外」との回答が71.3％で，次いで「沖縄県以外の国内」が18.5％となった（『沖縄タイムス』2010年4月20日）。これらを合わせると9割弱が普天間基地の県外への移設を望んでいることになる。世論は常に変動するものだが，この時期にみられる県外移設に対する要求の高まりは，普天間基地移設問題を同年5月に決着させると明言した鳩山首相（当時）への県民の期待の表れであろう。

（3）自衛隊

沖縄戦において，壕からの追い出しやスパイ容疑での殺害など日本軍から様々な被害を受けた沖縄では，戦後になっても日本の軍隊＝自衛隊に対して否定的にとらえる傾向があった。保坂は世論調査の結果をもとに，沖縄県民の自衛隊に対する意識の変化を1966年から1997年まで3期に分類している。

それによると，第1期は，1966～1967年の「自衛隊容認期」，第2期は1971～1974年の「自衛隊の沖縄配備反対期」，第3期は1975～1997年の再度の「自衛隊容認期」となる。1980年代以降は，自衛隊は「必要」とする回答が約6割の水準を維持している。1995年5月にNHK沖縄放送局が実施した世論調査でも自衛隊の支持は66％となっている（保坂 1997：p.27）。

1984年に実施された琉球大学による調査（大田 1984）では，自衛隊の沖縄配備について，賛成が47.9％，反対が34％，DK・NAが18.1％という結果が出ている。自衛隊への肯定的評価には，「日本の安全にとって必要」（15.3％），「日本の安全のためにしかたがない」（24.2％），「沖縄の安全に役立つ」（7.1％），「もっと増強」（1.3％）というものがある。反対に自衛隊に対する否定的評価は，「日本の安全のため必要ない」（4.2％），「日本の安全にかえって危険」（6.8％），「沖縄の安全に役立たない」（8.2％），「沖縄から撤去」（14.8％）などがある。自衛隊に肯定的な意見が否定的意見を上回ったことに対して宮城は，賛成派の中の半分以上が「しかたがない」という消極的な現状追認であることや他府県においては80％以上が自衛隊を肯定している点を考えると沖縄県民の対自衛隊観はまだきびしいと述べている（宮城 1984）。

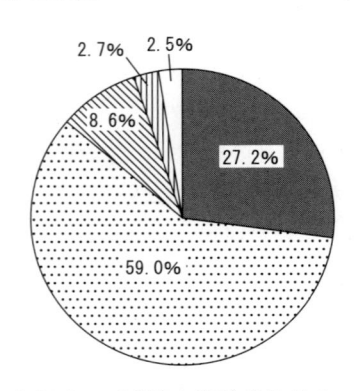

■ 日本の安全にとって自衛隊は必要な存在である
⋮ 日本の安全のためには自衛隊はやむを得ない存在である
▧ 日本の安全にとって自衛隊は必要でない
⫴ 日本の安全にとって自衛隊はかえって危険である　□ 無回答

図11-3　自衛隊について（N = 885）

では，沖縄総合社会調査2006ではどうであろうか。自衛隊の存在について約6割の者が「日本の安全のためには自衛隊はやむを得ない存在である」と現状容認とも受け取れる回答をしている。これと「日本の安全にとって自衛隊は必要な存在である」（27.2％）を合わせると容認派が86.2％となり，大多数の者が自

衛隊の必要性を認める結果となっている。「日本の安全にとって自衛隊は必要でない」(8.6％),「日本の安全にとって自衛隊はかえって危険である」(2.7％) という否定派は全体の1割程度しかなく,復帰後月日が経つにつれ,沖縄も日本本土と似た傾向になりつつあることが示された (図11-3)。

(4) 日米安保

最後に,日米安全保障条約に関する調査結果だが,過半数の52.5％が「やむを得ない」との「消極的肯定派」であり,「必要である」と答えたのは26.0％であった。これらを合わせて安保肯定派と考えると,全体の8割近くが日米安保条約の必要性を認めていることになる (図11-4)。

日米安保に対する県民世論は,復帰後,常に「日本の安全のためになる」との評価が「ためにならない」を上回っていた (保坂 1997)。しかし,米兵によるいわゆる「少女暴行事件」が発生した直後の1995年10月に『沖縄タイムス』が行った世論調査ではこれが逆転する結果が見られた。これについて保坂は,次のように述べている。

(略) 復帰後に行なわれた (1972年7月) 世論調査以後は,安保は日本の安全に「役立つ,必要」だと回答するものが,「役立たない,不必要,危険」をしのぎかなりの安定を見せていた。しかし,1995年10月調査では,「ためにならない」と回答したものは38％,「ためになる」と回答したものは23％となり,数字が逆転している。ここから,95年調査の回答傾向は,1969年9月に実施された時点の世論調査の傾向へと後退し,一時的か長期的かという判断は別として世論動向に著しい動揺が起こっている (保坂 1997：pp.20-21)。

日米安保がもたらす米軍基地の提供,そこから派生した米軍人による人的被害に対して,沖縄県民が安保条約に対する疑念を抱き始めたことが窺える。1995年と1996年の琉球大学による調査 (江上 1997) では,「これより将来,日米安保条約はどうなっていくべきであると考えますか」との質問を投げかけ,以下のような回答を得ている (カッコ内は1995年調査の結果-1996年調

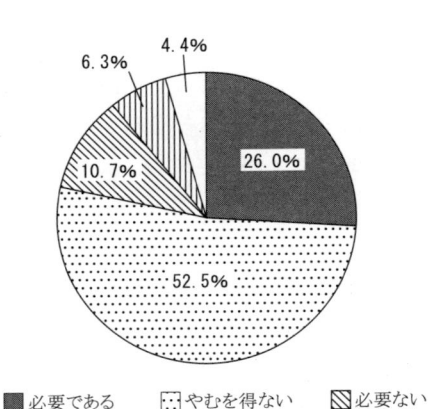

査の結果)。

「日米安保条約を廃棄する」(11.9％－10.8％)

「日米安保条約を見直しする」(57.2％－59.2％)

「日米安保条約については現状のままでよい」(5.8％－8.1％)

「日米安保条約を強化する」(3.3％－1.8％)

「わからない」(21.2％－20.2％)

(1996年調査のみ無回答が0.3％)(江上 1997)

図 11-4 日本の安全にとっての日米安全保障条約の必要性 (N = 885)

凡例: ■必要である ⋯やむを得ない ⧄必要ない ∥かえって危険である □無回答

割合: 26.0％、52.5％、10.7％、6.3％、4.4％

これから明らかなように，安保条約の「廃棄・見直し」(7割弱)が「現状維持・強化」(1割弱)を大きく上回っている。現在の国際的な安全保障体制における日米安保条約の存在意義を認めながらも，将来の望ましいあり方としては「廃棄・見直し」を求める者が多いことがわかる。

11-2 政治傾向

これまでみた沖縄総合社会調査2006の単純集計結果から県民の政治傾向を類推すると，県民の多数を占める政治的態度は「憲法9条の改正については判断保留で，在沖米軍基地の縮小・返還を望むものの，自衛隊と日米安保の必要性は認める」といったものであろう。しかしこれは個別の質問から多数派像を推測したにすぎず，妥当性が全くないとはいえないまでも，単純化しすぎるきらいがあり，県民の政治特性を把握するには，不十分である。

そこで，先の4つの質問に対する回答の結果から，政治的態度の傾向を示す便宜的指標を設け，その値を仮にリベラル・スコア(LS)と呼び，これをツールとして分析を行うことにする。もとより「リベラル」という用語は

11章　沖縄県民の政治傾向とマス・メディア接触

多くの同意が得られるような定義づけが困難なもので,「保守・革新」といった意味が曖昧な語と同様に,避けるべき用語かもしれない。また,スコア化するための質問内容がいずれも戦争・軍事に関連する項目であるので,単にこれらの問題への回答をもって「リベラル」と規定するのは粗雑で一面的すぎるとも思われる。しかし,このような難点がありながらも,ある種の政治的傾向（俗に「革新」と呼ばれるような）に対して,本章で「リベラル」と名付けるのは,ひとえに何らかのラベリングをする必要があるからであって,それは他に適切な呼称があれば置換が可能なものであるにすぎない。どちらかといえば日常的に用いられる「革新」という概念が適切かもしれないが,後述するLSの高い人物像と低い人物像から,具体的イメージを持っていただければ幸いである。

　ラベルの是非は別にして,15年戦争（第2次世界大戦・太平洋戦争）における地上戦,その後27年間にわたる米軍統治,施政権返還後の米軍基地の存在などを経験している沖縄県において,戦後60年以上経た現時点で,戦争・軍事に関連した政治問題に対する県民の態度傾向を測定する試みは意義のあることであると思われるので,粗雑なツールであることを了解しながらもあえてこれを使用するものである。

　ある種の政治的傾向を示す指標を作成する場合,人口学的要因である個人の属性を規定変数として使用することがあるが,本章ではLSを作成するにあたって政治的争点に対する態度を規定変数として用いた。調査結果のデータとして明確になった被調査者の政治的態度を元に,ある政治タイプの人々がどのようなマス・メディア接触を行っているのかが把握でき,さらには基本的属性に帰さない可能性がある政治的態度の要因を推測できるかもしれないからである。

　LSの設定は以下のように行った。まず,先述の4つの質問に対する回答内容に応じて,リベラル度が高いと思われる回答を1点,リベラル度が低いと思われる回答を3点,そのいずれともいえないものを2点として配点した。各回答に対する具体的な配点は表11-1の通りである。4つの設問の得点を合計したうえで,合計点が4～6点を「LS高」,7～9点を「LS中」,10～12点を「LS低」として分類した。なお,各質問で1問でも「無回答」がある

表11-1 リベラル・スコア（LS）の配点

憲法9条改正	改正すべき	すべきでない	わからない	その他		
配点	3	1	2	2		
米軍基地	即時撤去	早く撤去	整理・縮小	現状維持	増やす	わからない
配点	1	1	1	3	3	2
自衛隊	必要	やむを得ない	必要ない	危険		
配点	3	2	1	1		
日米安保	必要	やむを得ない	必要ない	危険		
配点	3	2	1	1		

者にはLSの配点を行わず，今回の分析の対象から除外した。

　これにより4点をLSの最も高い者とし，12点をLSの最も低い者とした。LSの最も高い者は次のような人物としてイメージすることができる。「憲法9条の改正に反対で，沖縄の米軍基地は撤去・整理縮小されるべきと考え，自衛隊は必要なく，日米安保も必要ないと考える者」。

　それに対してLSが最も低い者は「憲法9条は改正すべきで，在沖米軍基地は現状維持もしくは増強すべきと考え，自衛隊も日米安保も必要とする者」である。

　このLSの得点を元に，被調査者を得点順に3グループに分類し，LSの得点4～6点を「LS高」，7～9点を「LS中」，10～12点を「LS低」とした。被調査者全体に占めるLSの各グループの分布は，図11-5に示されるように，「LS高」が全体の30.2％，そして「LS中」52.2％，「LS低」11.8％となっている。「LS中」が全体の半数を占めるが，これをLSスケールの中間とみなした場合，その両極にある「LS高」と「LS低」では，「LS高」のほうが「LS低」より20ポイント近く上回っている。この結果から，軍事・戦争といった問題に対しては比較的「リベラル」志向が強いという沖縄の政治傾向を窺い知ることができる。

　なお，これ以降の分析においては統計的処理の有効性を優先するため「無回答」を除いてLSを用いた分析を行うこととする。

　LSのグループと人口学的要因の関連をみると，性別，年齢，職業，収入

に関して沖縄総合社会調査2006では有意な相関は認められなかった。これは軍事・戦争といった問題に対する態度決定要因としてこれらの属性以外に主要因があることを示唆するものである。実際にLSの相関があったのは最終学歴で，χ^2検定により，有意水準0.05％以下で統計的有意差が認められた（図11-6）。

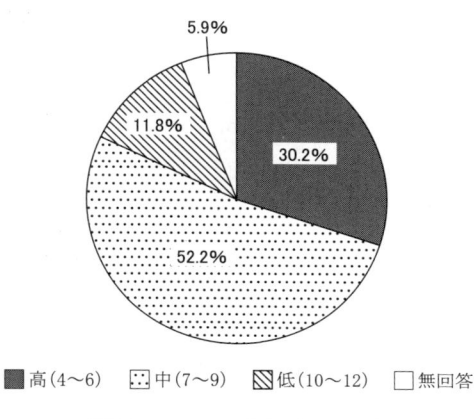

図11-5 LSの分布（N = 885）

図11-6にみられるように，最終学歴が高くなるにつれLSも高くなる傾向があり，逆にわずかな傾向ではあるが，最終学歴が低くなるほどLSも低くなることも見て取れる。これは「リベラル」的政治傾向が性別や年齢，職業，収入といった属性よりも，教育レベルによる影響を強く受けていることを示唆するものである。

最終学歴以外にLSと関連する属性としては「支持政党」が挙げられる。この場合，沖縄総合社会調査2006ではサンプル数が少ないグループが存在するために断定はできないものの，ほぼ有意差があるとみられる結果となった（図11-7）。クロス集計の結果によると，LSが低くなる，換言すればいわゆる「保守的」な政治態度が強くなるほど自民党支持者が多くなる傾向にあることがわかる。これだけでは，指標としてのLSの妥当性を示しこそすれ，常識的な結果にすぎないといえるが，興味深いのはLSと「支持政党なし」と答えた者との関連である。

支持政党を尋ねる質問では，回答の過半数（54.2％）を「支持政党なし」が占めている。その「支持政党なし」におけるLSグループの分布は「LS高」が36.7％，「LS中」53.9％，「LS低」9.4％となっており，この数字だけでは「無党派層は政治的中道の立場の者が多い」と解釈できるが，LSのグループごとにクロス集計してみると無党派層に関する別の傾向が見えてく

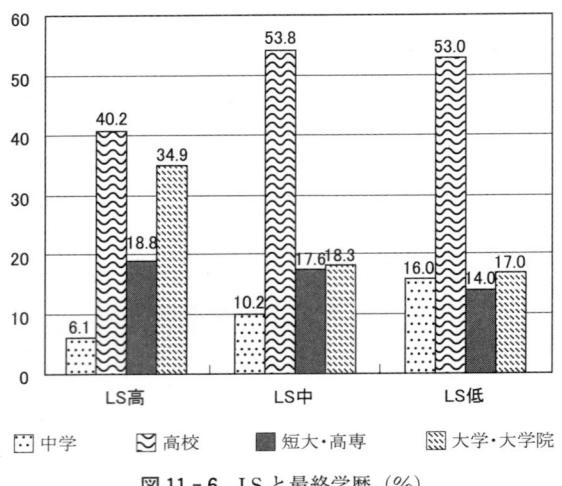

図11-6 LSと最終学歴（%）

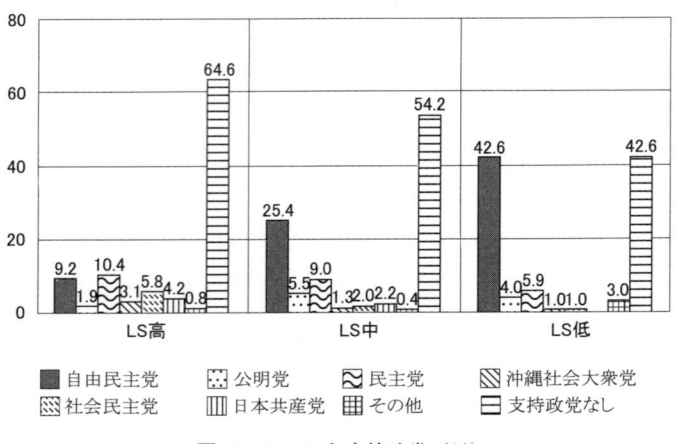

図11-7 LSと支持政党（%）

る（図11-7）。

　このグラフからわかるのはLSが高いグループほど「支持政党なし」の割合が多いことである。この結果は有意水準0.05％以下で統計的有意差が認められた。これから推測されるのは,「リベラル的」政治傾向を持つ者ほど,

保革を問わず既存政党に対する不満を持つ者が多く，支持を表明するに足る政党がないと考えているのではないかということである。沖縄における無党派層の政治的態度は「中道」というよりはむしろ，「リベラル的」な傾向をもつように思われる。

11-3　普天間基地移設問題

在沖米海兵隊の普天間基地を沖縄本島北部の辺野古へ移設する計画に対して，沖縄総合社会調査 2006 では「辺野古へ移すべき」(9.9％)，「辺野古以外の県内へ移設すべき」(3.5％)，「本土へ移設すべき」(16.8％)，「外国へ移設すべき」(36.8％)，「現状のままでよい」(5.6％)，「わからない」(24.0％)，「その他」(1.8％)，無回答 (1.5％) という結果になった。

これをよりわかりやすくグループ化し，「移設容認」(「辺野古へ移設すべき」「辺野古以外の県内へ移設すべき」) と「県内移設反対」(「本土へ移設すべき」「外国へ移設すべき」「現状維持」)，そして「わからない」の3つに大別すると，図11-8のようになった。

「移設容認」が 13.4％，「県内移設反対」が 59.3％，そして「わからない」が 24.0％，「その他・無回答」が 3.3％である。これからわかるように全体の6割弱が移設に反対しているが，態度を決めかねている者が4分の1近く存在している。

では次に，この普天間基地移設への態度と LS とのクロス集計結果をみてみよう (図11-9)。なおここでは「その他・無回答」を除いて集計している。

図11-9で明らかなように，LS が高いほど普天間基地移設に対して反対の態度をとる者が多く，逆に LS が低い者ほど移設容認が増える傾向にある。この結果は χ^2 検定により，有意水準 0.05％以下で有意差が認められた。また，LS が低いグループでは「移設容認」「移設反対」「わからない」がほぼ同じ割合となっている。これらのことから，普天間移設問題に関しては「LS 高」の中では基地移設反対が 8 割を超えて圧倒的多数を占めているが，LS が低い，換言すれば，いわゆる「保守的」な人々の間では，移設問題に関して意見が割れていることが窺える。

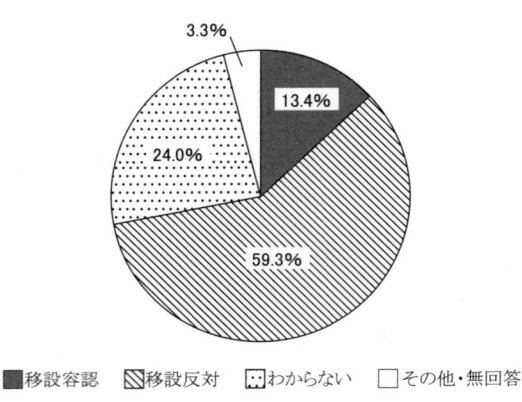

図 11-8　普天間基地移設への態度（％）

移設容認 13.4%／移設反対 59.3%／わからない 24.0%／その他・無回答 3.3%

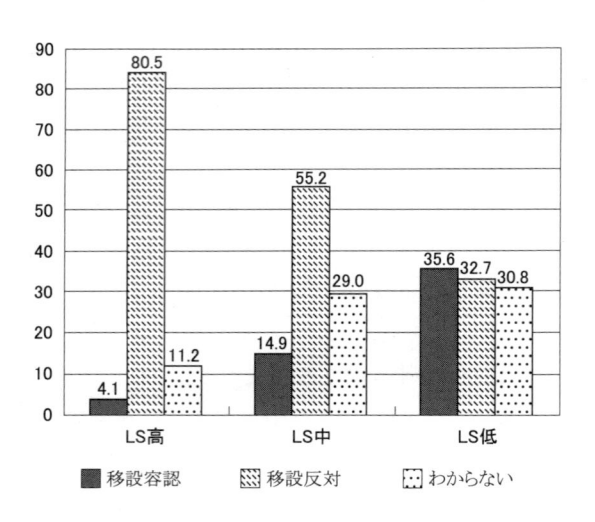

図 11-9　LSと普天間基地移設への態度（％）

	移設容認	移設反対	わからない
LS高	4.1	80.5	11.2
LS中	14.9	55.2	29.0
LS低	35.6	32.7	30.8

LSの規定要素は，「憲法9条改正」「在沖米軍基地」「自衛隊」「日米安保」への態度といった比較的抽象度が高い設問への回答をもとにしている。これら抽象度が高い質問群に比較すると普天間基地の移設問題は現在進行中の身近な具体的社会問題であり，新基地建設に伴う環境破壊等さまざまな問題に

ついて地元マス・メディアによって関連ニュースが日々報道されている。このため，米軍基地の存在や自衛隊，日米安保を肯定的に評価するLSの低い間でも，現実の諸問題を考慮して意見が多様化しているのではないかと推測される。

11-4 マス・メディア接触

　新聞とインターネット（インターネットがマス・メディアか否かについては議論のあるところだが，ここではマス・メディアの1つとして扱っておく）への接触行動を規定する主たる要因に「年齢」がある。単純化すると，年配者ほど新聞を読む時間が長く，若年者ほどインターネット利用頻度が高い傾向にあるということである。しかし，同じマス・メディアでもテレビ視聴に関しては沖縄総合社会調査2006の結果からは年齢との間に統計的に有意な関係は確認されなかった。これはテレビが特定の年齢層でなく，あらゆる層の人々に視聴されていることの表れであろう。

　本章では新聞，テレビ，インターネットに対する接触時間・接触頻度をもとにメディア間での関連を分析した。その結果，統計的に有意な関係が認められたのは「インターネット利用度」と他のマス・メディア利用との関係であり，「新聞閲読時間とテレビ視聴時間」には関連が認められなかった。

　先に述べたように，新聞とインターネットに関しては年齢が接触行動に影響を与える重要な変数となっている。従って「インターネット利用度と新聞閲読時間」の間には有意な関係が見られるものの，年齢という媒介要因を考慮して，この件を除き，本章ではインターネットとテレビ視聴時間のみを取り上げることとする。

　分析に際してはテレビの利用度を視聴時間をもとに次の3レベルに分類した。

　テレビ視聴「低」…視聴時間がゼロから1時間未満
　テレビ視聴「中」…視聴時間が1時間以上3時間未満
　テレビ視聴「高」…視聴時間が3時間以上

　それぞれの分布状況は表11-2の通りである（無回答除く）。過半数を占

表 11-2 テレビ視聴程度

テレビ視聴「低」	24.4 (216)
テレビ視聴「中」	55.1 (488)
テレビ視聴「高」	19.1 (169)

単位：％，度数

表 11-3 インターネット利用度

ネット利用「高」	26.4 (234)
ネット利用「中」	17.4 (154)
ネット利用「低」	54.0 (478)

単位：％，度数

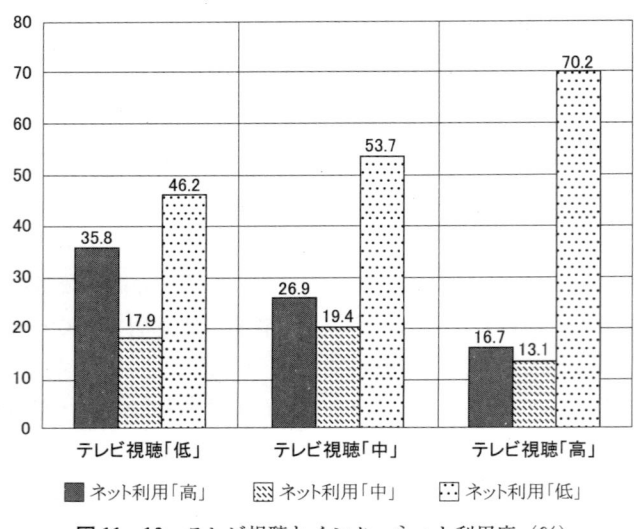

図 11-10 テレビ視聴とインターネット利用度（％）

めているのはテレビ視聴「中」だが，これは日本人の平均テレビ視聴時間の約3時間と符合するものである。

　テレビ視聴と同様にインターネット利用頻度もその程度に応じて3レベルに分類した。

　インターネット利用「高」…毎日利用

　インターネット利用「中」…2〜3日に1度，週に1度利用

　インターネット利用「低」…月に1度利用，ほとんど利用しない，まったく利用しない

　それぞれの分布状況は表11-3の通りである（無回答除く）。ほとんどインターネットを利用しない者が全体の54％存在するが，利用している者の

うち6割は毎日利用しているので、インターネット利用が分極化していることがわかる。

この「テレビ視聴程度」と「インターネット利用度」の結果をクロス集計したのが図11-10である。

図11-10からわかるように、テレビ視聴時間が増えるほどインターネット利用程度は低くなる（インターネットを利用しない人が増える）傾向にあることがわかる。テレビ視聴時間と年齢との間に有意な関連は見られないので、このテレビ視聴とインターネット利用の関係は年齢以外の要因があると思われるが、メディア接触が競合して排他的接触傾向がみられるとの予測はたつものの、その妥当性については現段階で確認できない。

今後さらにインターネットの普及が高まるにつれてこのようなテレビ離れの傾向が強まるのか否かということもテレビ・メディアの将来を予測する上で興味深い点であり、追跡調査に値する課題だと思われる。

11-5 政治傾向とマス・メディア接触

次に、LSとマス・メディア接触をみることにより、政治的傾向とメディア接触に関連があるかを検討する。当初、LSがメディア接触（特に新聞閲読時間）と関連があるとの予測のもとに分析を行っていたが、新聞閲読時間、テレビ視聴時間ともLSとの関係は見いだせなかった。しかし、インターネット利用に関しては有意水準0.05％以下で有意な関係が認められた。LSは年齢との関連がないので、この関係は政治的傾向とインターネット利用との間に何らかの関係があることを示す結果と思われる（図11-11）。

グラフで示されるように、LSの各レベルにおいて、インターネット利用度が高い者の割合に大きな差はない（「LS高」31.2％、「LS中」25.3％、「LS低」31.4％）が、インターネットをほとんど利用しないインターネット利用「低」の割合は、LSが低くなるに従って増える傾向にある。また、これとは逆にインターネットを2～3日に1度か週に1度程度しか利用しないインターネット利用「中」の割合はLSが低くなるにつれ減少している。このことから、インターネットを毎日利用する者はLSのどの層にもほぼ均等に

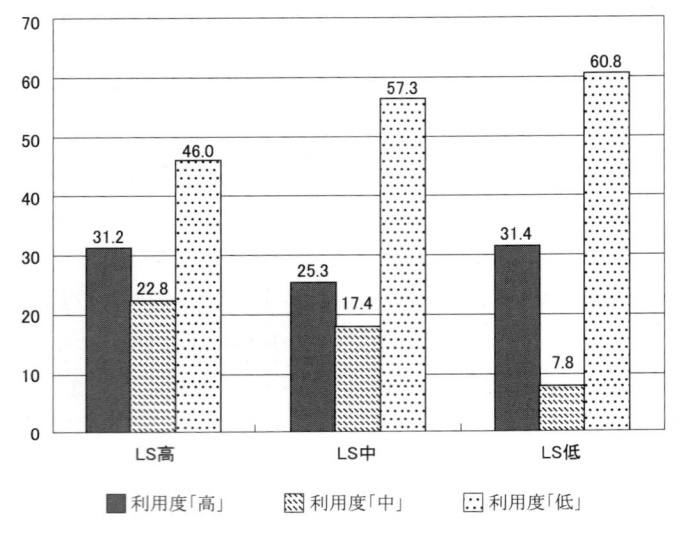

図11-11 LSとインターネット利用度（％）

存在するが，LSが低くなるに従って，ネット利用度が低い者が増える傾向にあるといえよう。

おわりに

本章の前半では沖縄総合社会調査2006の結果の分析を元に，いくつかの社会的争点に関する沖縄県民の意識を過去の世論調査データも参考にしながら論じてきた。これらは後半で県民の政治傾向を論じる際の基礎的なデータでもあった。ここで改めてLSと他の政治的態度，属性，メディア接触との関連について述べてきたことをまとめると次のようになる。

① 県民の政治的態度，特に軍事・戦争といった問題に対する態度は所謂「リベラル」な傾向が強い
② この傾向は教育レベルが要因となっているらしい
③ 「リベラル」な層ほど支持政党をもたない人が多い
④ 米軍の普天間基地移設問題に対して「保守的」な人の間で意見が割れ

⑤ テレビ視聴時間とインターネット利用頻度には関連がある
⑥ インターネットの利用と政治的態度に関連がある

　これらはいずれも沖縄総合社会調査2006のデータをもとにした限定的な分析結果にすぎず，本章での分析結果のみをもって，その一般性と妥当性を主張できるものではない。本章は限られたデータから県民の政治傾向とメディア接触の関連を素描したものであり，他データとの比較検討，分析ツールの精緻化，理論的検討など課題を多く抱えることは言うまでもない。

　最後に，本文では触れられなかったが，政治意識の形成とマス・メディアとの関連について触れておきたい。沖縄総合社会調査2006の分析結果において，LSと新聞接触に関連が見られなかったことは興味深い。なぜなら，沖縄県民の「革新的」政治傾向は，地元新聞による「マインドコントロール」の結果であるという論調が一部保守系論者のなかにあるように，特異な新聞が沖縄の世論を形成しているという認識を持つ者がいる。しかし，沖縄総合社会調査2006の結果では既述のとおり，新聞接触と「リベラル」的態度の間に関連はみられなかった。だが，このような結果が出たとはいえ，それが新聞のイデオロギー性の欠如を示しているわけでも，読者に対する長期的影響力の不在を意味するのでもあるまい。タックマンはニュース制作者に対する偏向批判に関して次のように述べている。

　　彼ら（引用者注：ニュース制作者）によれば，ニュースを批判する人々は，プロのニュース制作者たちの偏見を彼らの個人的，そして必然的な偏見に置き換えようとしているにすぎない。批判者がニュース制作者たちをイデオロギー的だと非難するとき，「私の偏見がそちらの偏見よりはましだ」と言っているのと変わりないというのだ。
　　一方ニュース制作者たちは，往々にして，ニュースが異なる組織によってそれぞれ独自につくられたものであり，個人的な偏見は含まれないから真実であるという自己満足に陥っている。職業上の偏見や階級的な偏見を問われれば，ニュース制作者は自分たちが情報を集めニュースとして評価する方法が客観性を保障していると主張する（タックマン　1991：p.242）。

「偏見」は否定的意味合いが強い言葉だが，ある種の価値観に基づくものの見方と捉えるならば，「偏見」なしに物事を伝えることは不可能であると言うこともできる。

マクネアは，一連の推測や信条や価値観などの脈絡化なしに，いかなるストーリーを語ることも，出来事を説明することもできない。これがストーリーテリングの本質であるとしたうえで，ジャーナリズムを次のように定義している。

> ジャーナリズムはそれゆえ，人間の作った他のあらゆる物語と同様に，本質的にイデオロギー的である――（意図的であろうがなかろうが）それは事実そのものではなく，ある世界観から導き出され，その世界観を表出する，送り手の推測や意見や信条や価値観をオーディエンスに伝えるための，コミュニケーションメディアである（マクネア 2006：pp.16-17）。

上記のような意味で，沖縄の地元紙はイデオロギー的であり，他の地方紙や全国紙もまたイデオロギー的である。問題は厳密な中立性の検証や偏向批判ではなく，その報道の寄って立つ価値観と読者に及ぼす影響であろう。

2004年8月に普天間基地所属の海兵隊ヘリコプターが沖縄国際大学に墜落した際，本土マス・メディア（特にテレビ）はこれを大きく取り上げなかった。何がニュースになるのかを決定するのは報道現場で職務権限が与えられた個人であるが，結局のところ個人や報道組織を含むその社会が，ニュース価値規範を決定していると言える。タックマンは社会構造が規範を生み，ニュースの定義はそれに左右されるという。その意味で「ニュースは社会を反映する」（タックマン 1991：pp.247-248）。

沖縄と日本本土の間に，ニュース構造の規定に関連するような社会構造上の差違があるのだろうか。仮に，基地問題に関する本土と沖縄の「温度差」が社会構造に起因するのであれば，沖縄側は何をもって社会構造を変革すればよいのだろう。タックマンは社会にとってのニュースの定義が変わるには，社会構造と社会制度がまず変わる必要があるといい，「一定以上の人が逸脱した行動を行えば，社会構造は手直しされてニュースの定義も変わるかもし

れない。この見方によれば，ニュースの定義はニュース制作者やニュース組織の活動ではなく社会構造に左右され続けることになる」と述べている（タックマン 1991：p. 248）。

社会変革が逸脱行動によってのみもたらされるとしても，その効果をジャーナリズムは倍増することが可能なはずである。少なくとも逆機能的行動に走ることをしなければ。中東でソーシャル・メディアが独裁的政権の打倒に寄与し，社会変革を促すメディアとなっている時代に，移り行くメディア環境の中で日本のマス・メディアは，今後どのように沖縄の期待に応えていくのだろうか。

参 考 文 献

江上能義（研究代表者），1997，『現代沖縄の政治と社会――1996 年衆議院選挙前後の政治意識分析を中心に』平成 7 年度・平成 8 年度文部省特定研究費成果報告書，琉球大学法文学部．
保坂廣志，1997，「沖縄県民と世論」，江上能義（研究代表者），『現代沖縄の政治と社会――1996 年衆議院選挙前後の政治意識分析を中心に』平成 7 年度・平成 8 年度文部省特定研究費成果報告書，琉球大学法文学部．
ブライアン・マクネア，小川浩一他［監訳］，2006，『ジャーナリズムの社会学』，リベルタ出版．
宮城悦二郎，1984，「復帰後 10 年目の沖縄県民の意識」『復帰後における沖縄住民の意識の変容』昭和 58 年度科学研究費補助金（一般研究 B）研究成果報告書，琉球大学法文学部社会学科広報学研究室．
大田昌秀，1985，「戦後主要問題と新聞の論調」『昭和 59 年度特定研究紀要　戦後沖縄における社会行動と意識の変動に関する研究』，琉球大学法文学部．
大田昌秀（研究代表者），1984，『復帰後における沖縄住民の意識の変容』昭和 58 年度科学研究費補助金（一般研究 B）研究成果報告書，琉球大学法文学部社会学科広報学研究室．
鈴木規之［編］，2008，『沖縄の社会構造と生活世界――二次利用として公開可能なミクロデータの構築をめざして』，平成 17〜19 年度文部科学省科学研究費成果報告書．
ゲイ・タックマン，鶴木　眞他［訳］，1991，『ニュース社会学』，三嶺書房．

12章　総　　括

鈴木規之

　沖縄研究は近年ますます盛んになり，文化論，歴史論，移住論，経済論など花ざかりである。本土の出版社によるものだけでなく，沖縄の出版社によるものも数多い。なかでも基地問題は喫緊の課題であり，さまざまな視点から相次いで出版されている。沖縄社会の問題性を総合的に扱ったまとまった社会科学的研究としては，宮本憲一・川瀬光義[編]『沖縄論──平和・環境・自治の島へ』（岩波書店，2010年）や西川潤・松島泰勝・本浜秀彦[編]『島嶼沖縄の内発的発展──経済・社会・文化』（藤原書店，2010年）がある程度である[1]。この2冊に掲載されている論文では，フィールドワークやキーパーソンへのインタビュー調査，マスコミによる世論調査からの引用は行われているが，自前の社会調査による一次データの裏付けがないものがほとんどである。その意味で，本書の論文は「自前の社会調査による一次データの裏付け」という他にはない特徴をもつものである。

　1章「沖縄総合社会調査2006の概要」（安藤由美）では，沖縄総合社会調査2006の目的が大きく2つあったことを示す。1つは，戦後60年ないし本土復帰後三十数年を経た沖縄の社会構造と意識を，県民（住民）の統計的調査から明らかにすること，もう1つは，沖縄についての，二次利用が可能な公開個票データセットを構築することである。これらの目的を果たすために，筆者らは沖縄県本島中南部において調査（有効回答者数：885人）を実施し，本書はその分析結果を報告するものである。ここでは，本調査研究プロジェクトの背景，ねらい，基本デザイン，サンプル特性について述べ，本書の概要となっている。

　2章「沖縄の家族意識──全国データとの比較を通して──」（安藤由美）

では，これまでの沖縄の家族論，家族意識研究をふまえて，変化しつつある沖縄の家族意識の傾向を沖縄総合社会調査を全国データと比較することで，沖縄の家族意識の特徴を浮き彫りにすることを目的としている。家族意識については，沖縄データでは，結婚の必要性，理想とする子ども数，老親の扶養，3世代同居といった，今回扱ったほとんどの項目で，全国データよりも高い肯定率を示した。そして，沖縄の人々は相対的に家族に対して高い価値を置いていること，その一方で，若い年代ほど，家族意識が薄まりつつある傾向があることを明らかにしている。

3章「沖縄における開発・発展をめぐる県民の意識――沖縄総合社会調査2006を中心として――」（鈴木規之）では，アジア，とくにタイにおいて内発的発展やオルターナティブな開発・発展のあり方を研究してきた筆者の視点から，沖縄の開発・発展をめぐる県民の意識を分析したものである。調査結果によれば沖縄の人々は復帰後に国が進めてきた開発のあり方によって沖縄は良くなったと楽観的に考え，この5年間の暮らし向きはあまり良くなっていないものの沖縄の将来のイメージはどちらかといえば明るいと，ここでも楽観的に考えている。開発・発展と環境との関係では，理念としては経済発展よりも自然環境を重視するものの，電化製品の購入のように実際の消費行動になるとより現実的な選択をしてしまうため，サステイナビリティーについては懸念されることが示された。そして，本土との格差にとらわれず沖縄自身が主体性を持った内発的発展を打ち出すべきだと結論づけている。

4章「沖縄における外国人に対する意識」（野入直美）では，沖縄総合社会調査2006で得られたデータを，JGSS（日本版総合社会調査）2006などの全国データと対比させることで，全国と沖縄の対外国人意識における共通点，相違点を明らかにしている。そこでは，「外国人と接触経験があるほど地域における外国人の増加に対して肯定的になる」という〈接触仮説〉が，全国と沖縄に共通して確かめられた。一方で，性別・年齢別の分析からは，在日米軍基地の集中する沖縄に特徴的な傾向，すなわち，女性と若年層において外国人との接触経験が大きく，対外国人意識が肯定的であるという傾向も見いだされた。さらに，沖縄における，外国人と沖縄県外出身者に対する意識の比較を行い，沖縄県民の中に，マイノリティー全般に対して閉鎖的な性・

年齢カテゴリーがあるのではなく，対象によって関係と意識が変わってくるということを明らかにしている。

5章「ショッピングモールと沖縄イメージ——郊外化と観光の浸透にともなう県民の生活実感——」（多田　治）では，ショッピングモールと沖縄イメージの項目を中心に分析を行い，ショッピングモールと沖縄イメージの関係性や，両者が浸透した沖縄の日常とその意味について，考察を行っている。その結果，この10年ほど，沖縄で進んだショッピングモールによる郊外化は，沖縄に全国のどこにでもある風景・空間を浸透させたという意味で，沖縄の無徴化，無徴性の広がりという現象としてとらえることができること，一方で観光の文脈の中では沖縄のイメージ，沖縄らしさ，沖縄が沖縄であることの固有性が盛んにアピールされ，沖縄の有徴性が際立たされていることを明らかにしている。

6章「沖縄都市における地域生活と社会参加」（川添雅由・安藤由美）では，都市化した地域社会における住民と社会活動との関わりについて，一般に，都市化した地域の住民には，地域への愛着度の低下，地域との関わりの希薄化，地域の活動への不参加，自己中心的活動などの現象がみられるといわれる中で，住民の地域への愛着，地域との関わりの状況及び地域への貢献意識等について分析している。その結果，地域主体の社会活動への参加は敬遠される傾向が強いが，社会活動への参加を通してプライベートな生活領域で自発的に取り結ぶ人間関係を持っている人が多く，社会的に孤立している人は少ないことが明らかになった。多くの住民が地域への愛着を持ち，「心の豊かさ」を重視し，社会への貢献意識を持ち，かつ社会活動への自発的参加に前向きであることから，地域社会が社会活動への住民参加促進の環境づくりをすれば，将来，社会活動への参加者が増え，住民どうしの関係が深まり，より住みよい社会が構築されるという可能性を示唆している。

7章「沖縄県民の社会参加活動と地域帰属意識——沖縄県におけるソーシャル・キャピタルと Social Determinants of Health への考察——」（白井こころ）では，社会疫学をその専門の1つとする筆者が，沖縄県の長寿の謎とも関連するかもしれないと考えられる，ソーシャル・ネットワークやソーシャル・キャピタルの豊かさについて考える足がかりとして，沖縄県における各人の

地域組織参加や，今後の参加意向，また地域への帰属意識等についての検討を行っている。その結果，地域帰属意識の一部としての地域への居住継続意志やウチナーンチュとしての意識が，地域の凝集性に関連するソーシャル・キャピタルに繋がりうる地域帰属意識として理解されうる可能性のあること，沖縄住民の組織参加について特徴的な傾向のいくつかが理解され，今後の社会的ネットワーク分析，もしくはソーシャル・キャピタル検討について，ヒントとなり得るいくつかのポイントが抽出されたと論じている。

8章「精神障がい者に対する沖縄県在住者の意識」（水野良也）では，これまでは調査が行われていなかった沖縄県民の精神障がい者観について，「接触体験」と「精神障がい者の知識やイメージの入手」「その入手先」「抵抗感」の4点に関しての分析と検討を行っている。その結果，接触体験の増加は肯定的なイメージを一定程度もたらすものの，それが同じ地域に住む抵抗感の減少に単純に結びつくわけではないことを明らかにしている。また，「テレビや新聞等を通して」イメージや知識を得た人は，否定的なイメージを選ぶ比率が相対的に高くて抵抗感も強い。その一方，「学校教育や本を読んで」イメージや知識を得た人は，選択イメージについては特に目立った傾向は見られないものの抵抗感については低いことを明らかにし，教育の場で精神障がい者に関する理解を進める意義があることを示唆している。県外との比較では，接触体験が十分にあるとはいえない中でも多様なイメージが高い比率で選択されている結果を考察して，沖縄の特徴的な傾向の可能性を論じている。

9章「子育て支援状況に対する意識よりみる沖縄県の今後の課題——地域で支えあえる体制作りを中心にして——」（本村　真）では，子育て支援に関連する様々な意識に関して，他の調査結果との比較も行いながら，沖縄県の特徴について考察するとともに，地域での支えあいのための体制作りを考える上で，今後どのようなことが課題となるのかという点を中心に検討している。そのために，子育てを行っていく上での環境的基盤の充実度，全般的な子育て環境の充実度，子育ての実施主体に関する意識について沖縄県の特徴の把握を試み，最後に，子育て支援対策への政府の支出の状況に関する意識を取り上げて考察している。その結果，子育ての環境的基盤が不足し，全

般的な子育て環境が充実していないこと，地域における支えあい等の改善を目指す際には，地域住民の地域における子育て支援活動への参加が１つの鍵となり，子育ての実施主体に関する住民の意識が重要となってくること，子育て支援対策への政府の支出が，子育てに対する地域による支えあいが充実し，その効果が住民にとって実感されるようになるためにさらに必要であることを明らかにした。

　10章「沖縄県における車社会からの脱却――公共交通機関の構築を目指して――」(高嶺　豊)では，まず，沖縄県における車社会の現状を，地球温暖化，経済的問題，健康・安全問題の順に具体的に検討し，このような観点から，車社会から脱却するためには，自家用車に代わる交通手段として，現在の公共交通機関を整備しつつ，新たな公共交通機関を開設し，同時に自家用車の利用を抑制する施策を進めることが必要であることを検証している。県民の多くが，現在の交通事情に関して問題を感じており，そのため公共交通機関の再編への期待は高く，また，LRTのような新しい公共交通機関の開設に対しても確実に理解が深まりつつある一方，痛みを伴う，車の市街地への乗り入れ制限に関しては，まだ否定的な人が多いことを明らかにしている。そして，沖縄における温暖化対策への取り組みの弱さやその原因である車社会からの脱却が行政の喫緊の問題になっている中で新しい公共交通機関の開設の早急な実行と，自家用車の市街地における利用制限の一大キャンペーンを主張している。

　11章「沖縄県民の政治傾向とマス・メディア接触」(比嘉　要)では，憲法９条の改正への賛否，自衛隊，安保，米軍基地に対する評価という政治意識に関する４つの質問から政治傾向を示す指標（リベラル・スコア）を作成し，個人の属性ならびにマス・メディア接触との関係をみることを主たる目的としている。その結果，県民の政治的態度，特に軍事・戦争といった問題に対する態度は所謂「リベラル」な傾向が強いこと，この傾向は教育レベルが要因となっている可能性が高いこと，「リベラル」な層ほど支持政党をもたない人が多いこと，米軍の普天間基地移設問題に対して「保守的」な人の間で意見が割れていること，テレビ視聴時間とインターネット利用頻度には関連があること，インターネットの利用と政治的態度にも関連があることな

どを明らかにしている。

　そもそも本書の企画は，戦後 60 年間を経過した沖縄の社会構造を，これまでの変動過程も視野に入れながら，住民意識調査によって得られた統計的なデータに基づいて明らかにすることを目的として立ち上げられたものである。本土復帰後，沖縄社会はあらゆる面できわめてドラスティックな変動を遂げてきたが，かならずしも社会学的調査のデータとして蓄積されてきたとは言えない。「はしがき」でも述べられているように社会学的調査としては 1971〜1973 年の九学会連合の沖縄調査，1984 年の特定研究経費による「戦後沖縄における社会行動と意識の変動に関する研究」（研究代表者伊江朝章），また本研究チームの一部のメンバーが参加した 1995〜1996 年の「中央政界の再編に対する沖縄政治の対応について」（研究代表者江上能義，研究成果は江上（1998））がある程度である。

　これらの先行研究は，複数の研究者がそれぞれの個別のアプローチで得た知見を持ち寄るという共同研究の形をとっている。それに対して本研究は，これらの先行研究の蓄積を踏まえつつも，共同研究によって沖縄県民の住民意識調査を行い，統計的な情報を共有し，それに基づいて多様な角度からの分析を行うという点で，全くこれまでの先行研究には見られなかった新たな地平を沖縄の社会構造及び変動の研究に切り開こうとするものである。

　企画が立ち上げられた 2005 年は，沖縄社会にとって戦後 60 年という大きな節目の年であり，沖縄社会を構造変動論的に総合的に分析しようとする本研究は，社会的にも大きな意義を持つと考えられた。また，本研究では二次利用として公開可能なミクロデータを構築することをめざし，このことは，沖縄に関心を持つ研究者に大きく寄与することが可能であると考えたのである。

　そして，本研究チームは 2004 年度に平成 16 年度琉球大学重点化経費「戦後 60 年沖縄社会の構造変動と生活世界」，2005 年には平成 17〜19 年度文部科学省科学研究費（基盤（B）一般）「沖縄の社会構造と生活世界——二次利用として公開可能なミクロデータの構築をめざして」を得て 3 冊の報告書を作成してきた[2]。

　沖縄は 2007 年には復帰 35 年，この 2012 年には復帰 40 年，来る 2015 年

12章 総括

には戦後70年とつねに日本本土やアメリカとの関係性の中で語られる。換言すれば，「捨て石」とされ「米軍統治」の体験というポストコロニアルな文脈の中に依然として置かれている。復帰35年を迎えた沖縄では，都市化が進み，本書の各章で触れられているような変動が社会を構成する各要素で生じているのである。

2009年から2010年にかけては普天間基地の移設の問題に翻弄され，その背後にある本土との格差の問題ともからんで沖縄の人々の不満が噴出した。本書の主要部分である沖縄の人々の「意識」のデータはこれらの沖縄社会の諸問題の研究に貢献するであろう。積極的な二次使用を是非望みたい。また，本書のデータは一部他の統計調査と比較しうるが，総合的な比較ができるものではないことをお断りしておきたい。

本書のもとになった「沖縄総合社会調査」は，変動する沖縄社会のリアリティーをとらえるために継続的に実施する必要がある。2006年の調査では，琉球大学法文学部社会学専攻のスタッフの専門分野を考慮して社会学，社会福祉学，マスコミ学の3つの視点で調査設計を行い，調査表を作成した。そのため，沖縄の地域社会，教育，環境，観光など重要性を認識しながらもカバーしきれない分野があった。また，調査地域を沖縄の本島中南部に限定せざるを得なかった。もし，2006年の調査から10年たった2016年に第2回の調査が可能であれば，これらの課題を克服するような調査が実施できれば幸いである。

注

1）社会学者による沖縄社会の構造と変動を扱った総括的かつ実証的な研究は山本英治・高橋明善・蓮見音彦［編］，『沖縄の都市と農村』まで遡らなければならない。同書でも，自前の社会調査による一次データの蒐集は行われていない。
2）報告書は，琉球大学法文学部人間科学科社会学専攻（2005），鈴木［編］（2008），安藤・鈴木［編］（2009）の3冊である。

参考文献

安藤由美・鈴木規之［編］，2009，『沖縄総合社会調査2006——第二次報告書』，沖縄総合社会調査2006委員会．
江上能義［編］，1998，『現代沖縄の政治と社会——1996年衆議院選挙前後の政治意識分析を中心に』，平成7年度・8年度文部省特定研究費成果報告書．

宮本憲一・川瀬光義[編],2010,『沖縄論——平和・環境・自治の島へ』,岩波書店.
西川　潤・松島泰勝・本浜秀彦[編],2010,『島嶼沖縄の内発的発展——経済・社会・文化』,藤原書店.
琉球大学法文学部人間科学科社会学専攻,2005,『戦後60年沖縄社会の構造変動と生活世界』,平成16年度大学教育研究重点化経費報告書（研究代表者　鈴木規之）.
鈴木規之[編],2008,『沖縄の社会構造と生活世界——二次利用として公開可能なミクロデータの構築をめざして　沖縄総合社会調査2006』,平成17～19年度文部科学省科学研究費補助金研究成果報告書（基盤研究(B)一般,研究課題番号17330118）.
山本英治・高橋明善・蓮見音彦[編],1995,『沖縄の都市と農村』,東京大学出版会.

沖縄総合社会調査 2006
調　査　票
（単純集計結果付き）

沖縄県民の生活・福祉・社会意識についてのアンケート（平成18年）

[ご記入に際してのお願い]

- ご記入は、鉛筆または黒・青のペン・ボールペンでお願いいたします。
- 質問番号順にお答えください。質問の中には、一部の方にだけおたずねするものもありますが、その場合は（→）等の指示にそってお願いいたします。
- お答えは、あてはまる回答についている数字を〇印で囲んでいただく場合と、マスの中に数字を記入していただく場合があります。
- ご記入が終わりましたら、もう一度、記入まちがいや記入もれがないかどうかお確かめください。

[回収の日時]

ご回答いただきました調査票は＿＿＿月＿＿＿日＿＿＿時頃に、私＿＿＿＿＿＿＿＿＿＿がいただきにうかがいます。なにとぞ、それまでにご記入くださいますようお願い申し上げます。

（調査企画）琉球大学法文学部　人間科学科　社会学講座
（研究助成）文部科学省、日本学術振興会
（調査実施機関）沖縄ライフプラン総合研究所

※ここから下は調査員が使用しますので、記入しないで下さい

地点番号	対象番号	調査員氏名	

<はじめに、あなたご自身のことについておうかがいします。>

問1　あなたの性別は次のうちどれですか。
　　　　(49.4)　　　　(50.6)　　　　　　　(N=885：以下、とくにことわりがない限り同様)
　　　　　1　　　　　　2
　　　　　男　　　　　　女

結果数値の記載凡例：
無回答の百分率は割愛したので、合計が100%にならない場合がある。

問2　あなたの出生年月をおしえてください。
　　　　　　　　　　　　　　　　　　20-24歳　(10.5)　　45-49歳　(14.1)
　　　　　　　　　　　　　　　　　　25-29歳　(11.2)　　50-54歳　(10.3)
　　　昭和　□□年　□□月　　　　　30-34歳　(12.8)　　55-60歳　(13.9)
　　　　　　　　　　　　　　　　　　35-39歳　(11.6)　　60-64歳　(4.6)
　　　　　　　　　　　　　　　　　　40-44歳　(11.0)

問3　あなたの出身地は次のうちどれですか。
　　　　(90.5)　　　　　　　　　(7.5)　　　　　　　(0.5)
　　　　　1　　　　　　　　　　　2　　　　　　　　　3
　　　　沖縄県内　　　　　　沖縄県以外の日本国内　　外国
　　　　↓付問1へお進み下さい
　　　　　　　　　　　　　　　→付問2へお進み下さい

付問1　県内出身者の方にうかがいます。あなたはこれまでに、3カ月間以上、県外や海外で住んだことがありますか。（○は1つだけ）
　　　　(41.4)　　　　　　(58.3)　　　　　　　　　　　　　　(N=801)
　　　　　1　　　　　　　　2
　　　　　ある　　　　　　ない
　　　　　　　　　　　　　→問4へお進み下さい

付問2　県外・海外出身者の方にうかがいます。あなたは通算して、沖縄に何年居住されていますか。
　　　　通算　□□年沖縄に住んでいる　　(N=70)
　　　　　　　　　　　　　　　　　　　　平均　13.9年
　　　　　　　　　　　　　　　　　　　　標準偏差　11.9

問4　あなたは、現在、収入をともなう仕事についていますか。ただし、学生アルバイトはここでは仕事に含めないでください。また、家族従業者は1をお選び下さい（○は1つだけ）
　　　(72.5)　　　　　(1.7)　　　　　(20.0)　　　　　(5.1)
　　　　1　　　　　　　2　　　　　　　3　　　　　　　　4
　　　ついている　　ついているが　　今はついていないが、　仕事についた
　　　　　　　　　　休職中　　　　　過去についていた　　　ことはない
　　　↓　　　　　　　　　　　　　　　→問5へお進みください
　　　付問1〜3へ
　　　お進み下さい

付問1　その仕事は、次のどれにあたりますか。複数ある方は、収入が一番多いお仕事についてお答え下さい。（○は1つだけ）

(N=642)
- (5.8)　**1**　経営者、役員
- (52.0)　**2**　常時雇用されている一般従業者（公務員を含む）
- (22.9)　**3**　臨時雇い・パート・アルバイト
- (1.6)　**4**　派遣社員
- (11.1)　**5**　自営業主、自由業者
- (4.4)　**6**　自営業の家族従業者
- (0.8)　**7**　内職

付問2　その仕事の職種は、大きく分けて次のどれにあたりますか。（○は1つだけ）

(N=642)
- (19.8)　**1**　専門的・技術的職種　　（医師、弁護士、教員、保育士、研究職・技術職、看護師、薬剤師、作家、デザイナー、編集者、記者・カメラマン、測量士など）
- (5.8)　**2**　管理的職種　　（課長相当以上の管理職、議員など）
- (20.6)　**3**　事務・営業的職種　　（事務員、営業社員、銀行員、タイピスト、集金人など）
- (29.1)　**4**　販売・サービス的職種　　（店主、店員、外交員、美容師、クリーニング工、給仕、接客、清掃、ヘルパー、客室乗務員、旅行添乗員など）
- (5.1)　**5**　運輸・通信の職種　　（バス・タクシー・トラック運転手、無線通信技術者、郵便外務など）
- (13.9)　**6**　技能工・生産工　　（工場労働者、職人、建設作業者など）
- (2.2)　**7**　警備・保安の職種　　（自衛官、警察官、消防士、警備員など）
- (1.9)　**8**　農林漁業職　　（植木職、造園業を含む）
- (0.9)　**9**　その他（具体的に_____）

付問3　あなたの職場では何人ぐらいの方が働いていますか。会社にお勤めの方は、（事業所ではなく）<u>会社全体の人数</u>をおしえてください。（○は1つだけ）

(N=642)
- (31.2)　**1**　1～9人
- (36.4)　**2**　10～99人
- (11.2)　**3**　100～299人
- (3.9)　**4**　300～499人
- (3.9)　**5**　500～999人
- (6.1)　**6**　1000人以上
- (4.0)　**7**　官公庁

問5　あなたが最後に通った（または現在通っている）学校は次のどれにあたりますか。なお、中退も卒業と同じ扱いでお答えください。　また、専門学校などは含めないでください。
　　戦前
　　(0.0) 1　旧制尋常小学校（国民学校を含む）
　　(0.0) 2　旧制高等小学校
　　(0.1) 3　旧制中学校・高等女学校
　　(0.0) 4　旧制実業学校
　　(0.0) 5　旧制師範学校
　　(0.3) 6　旧制高校・旧制専門学校・高等師範学校
　　(0.0) 7　旧制大学・旧制大学院
　　(0.0) 8　その他（具体的に：　　　　　　　　　　　　）

　　戦後
　　(9.6) 9　中学校
　　(48.6) 10　高校
　　(16.5) 11　短大・高専
　　(20.1) 12　大学
　　(1.5) 13　大学院
　　(1.9) 14　その他（具体的に：　　　　　　　　　　　　）

問6　かりに現在の日本の社会全体を、以下の５つの層にわけるとすれば、あなた自身は、どれに入ると思いますか。（○は１つだけ）

　　(1.0) 1　上
　　(7.6) 2　中の上
　　(43.4) 3　中の中
　　(33.3) 4　中の下
　　(13.1) 5　下

＜現在のお住まいや世帯のことなどについておうかがいします。＞

問7　あなたの現在のお住まいは次の中のどれに該当しますか。（○は1つだけ）

- (57.1) **1**　持ち家（一戸建て）
- (7.3) **2**　持ち家（集合住宅）
- (25.9) **3**　民間賃貸住宅（一戸建てまたは集合住宅）
- (1.1) **4**　社宅・公務員住宅等の給与住宅
- (6.1) **5**　県営・市営等の賃貸公営住宅
- (0.7) **6**　その他　（具体的に_____）

問8　お住まいの広さは、どれくらいですか。居住室だけでなく住宅全体の床面積を畳数、坪数、㎡のいずれかでお答えください。（店舗併用住宅のときは、営業用の部分も含めてください。アパート、マンションなどの場合は、専用部分の床面積を答えてください。）

☐　畳　／または　☐　坪　／または　☐　㎡

(N=716)
平均　98.9 ㎡
標準偏差　87.1

問9　去年1年間のお宅（生計をともにしている家族）の収入は、税込みで次の中のどれに近いでしょうか。（○は1つだけ）

- (3.5) **1**　収入はなかった
- (8.8) **2**　100万円未満
- (16.4) **3**　100～199万円台
- (15.5) **4**　200～299万円台
- (14.7) **5**　300～399万円台
- (8.9) **6**　400～499万円台
- (8.0) **7**　500～599万円台
- (5.2) **8**　600～699万円台
- (3.5) **9**　700～799万円台
- (2.3) **10**　800～899万円台
- (2.5) **11**　900～999万円台
- (3.6) **12**　1000万円以上

＜あなたのご家族のことについておうかがいします。＞

問10　現在、あなたには配偶者がいらっしゃいますか。（ここには、婚姻届を出していない内縁関係の方も含みます。）

(62.4) **1**　現在、配偶者がいる
(9.5) **2**　現在、配偶者はいない（離別または死別した）
(27.0) **3**　未婚（結婚したことは一度もない）

↓付問1へお進み下さい

→7ページの問12へお進みください

付問1　あなたの配偶者は、現在、収入をともなう仕事についていますか。ただし、学生アルバイトはここでは仕事に含めないでください。また、家族従業者は1をお選びください。(○は1つだけ)

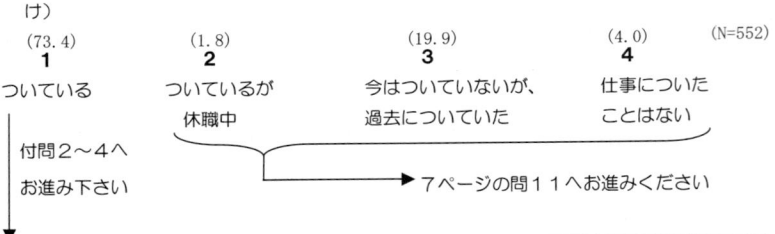

(73.4)	(1.8)	(19.9)	(4.0)	(N=552)
1	**2**	**3**	**4**	
ついている	ついているが 休職中	今はついていないが、 過去についていた	仕事についた ことはない	

↓ 付問2～4へ
お進み下さい

　　　　　　　　　　　　　　　　→ 7ページの問11へお進みください

付問2　配偶者のお仕事は、次のどれにあたりますか。複数ある方は、収入が一番多いお仕事についてお答え下さい。(○は1つだけ)

(N=405)

- (5.2) **1** 経営者、役員
- (47.9) **2** 常時雇用されている一般従業者（公務員を含む）
- (25.2) **3** 臨時雇い・パート・アルバイト
- (2.0) **4** 派遣社員
- (12.1) **5** 自営業主、自由業者
- (5.2) **6** 自営業の家族従業者
- (0.0) **7** 内職
- (1.0) **8** わからない

付問3　配偶者のお仕事の種類は、大きく分けて次のどれにあたりますか。(○は1つだけ)

(N=405)

- (21.7) **1** 専門的・技術的職種　（医師、弁護士、教員、保育士、研究職・技術職、看護師、薬剤師、作家、デザイナー、編集者、記者・カメラマン、測量士など）
- (6.7) **2** 管理的職種　（課長相当以上の管理職、議員など）
- (19.3) **3** 事務・営業的職種　（事務員、営業社員、銀行員、タイピスト、集金人など）
- (27.9) **4** 販売・サービス的職種　（店主、店員、外交員、美容師、クリーニング工、給仕、接客、清掃、ヘルパー、客室乗務員、旅行添乗員など）
- (5.9) **5** 運輸・通信の職種　（バス・タクシー・トラック運転手、無線通信技術者、郵便外務など）
- (13.1) **6** 技能工・生産工　（工場労働者、職人、建設作業者など）
- (1.0) **7** 警備・保安の職種　（自衛官、警察官、消防士、警備員など）
- (1.5) **8** 農林漁業職　（植木職、造園業を含む）
- (0.2) **9** その他（具体的に_____）
- (1.0) **10** わからない

付問4　配偶者の方の職場では何人ぐらいの方が働いていますか。会社にお勤めの方は、（事業所ではなく）会社全体の人数をおしえてください。（○は1つだけ）

- (34.3) **1** 1～9人
- (29.6) **2** 10～99人
- (10.9) **3** 100～299人
- (3.7) **4** 300～499人
- (3.7) **5** 500～999人
- (4.2) **6** 1000人以上
- (4.2) **7** 官公庁
- (6.2) **8** わからない

(N=405)

問11　あなたご自身と配偶者の方は、次にあげる（ア）～（エ）の家事を現在どのくらいの頻度で行っていますか。あなたご自身と配偶者それぞれについてお答えください。（それぞれ○は1つずつ）

(N=552)

	あなたご自身 ほぼ毎日（週6～7日）	1週間に4～5回	1週間に2～3回	週に1回くらい	ほとんど行わない	配偶者 ほぼ毎日（週6～7日）	1週間に4～5回	1週間に2～3回	週に1回くらい	ほとんど行わない
（ア）「掃除（部屋、風呂、トイレなど）」は	(16.7) **1**	(7.8) **2**	(19.2) **3**	(28.3) **4**	(22.8) **5**	(19.2) **1**	(8.5) **2**	(12.7) **3**	(21.9) **4**	(29.3) **5**
（イ）「食料品や日用品の買い物」は	(14.9) **1**	(15.4) **2**	(27.7) **3**	(19.7) **4**	(17.8) **5**	(16.5) **1**	(12.5) **2**	(21.7) **3**	(18.7) **4**	(23.2) **5**
（ウ）「洗濯」は	(40.4) **1**	(6.3) **2**	(8.9) **3**	(9.4) **4**	(29.2) **5**	(36.4) **1**	(6.5) **2**	(9.2) **3**	(7.8) **4**	(32.1) **5**
（エ）「夕食の用意」は	(42.6) **1**	(4.5) **2**	(7.8) **3**	(9.2) **4**	(30.1) **5**	(40.0) **1**	(5.4) **2**	(6.0) **3**	(6.5) **4**	(34.2) **5**

問12　現在、あなたといっしょに住んでいる方は、あなたを含めて全部で何人ですか。

あなたを含めて　□　人

(N=867)
平均 3.8人
標準偏差 1.8

問13　あなたは現在どのような方と一緒に住んでいますか。あてはまるものすべてに○をつけてください。（○はいくつでも）

- (59.7) **1** 配偶者（内縁を含む）
- (33.3) **2** 自分の親、または配偶者の親
- (18.2) **3** 兄弟・姉妹
- (54.1) **4** 子
- (4.1) **5** 祖父または祖母
- (3.3) **6** その他（具体的に　　　　　）
- (6.7) **7** 一人暮らし

問14　これまでにお持ちになったお子様は何人ですか。独立した人、亡くなった方も含めてお答えください。

　　　_____人　　(N=771)
　　　　　　　　　平均 1.8人
　　　　　　　　　標準偏差 1.4

＜ここからは家庭や子どもについてのあなたのお考えをおうかがいします。＞

問15　一般に、家庭にとって理想的な子どもの数は何人だと思いますか。（○は１つだけ）

(1.4)	(0.9)	(21.9)	(57.1)	(15.1)	(2.0)
0	**1**	**2**	**3**	**4**	**5**
0人	1人	2人	3人	4人	5人以上（具体的に____人）

問16　もし、子どもを１人だけもつとしたら、男の子を希望しますか、女の子を希望しますか。（○は１つだけ）

(25.1)	(20.9)	(52.3)
1	**2**	**3**
男の子	女の子	どちらでもよい

問17　次のような意見について、あなたはどのように思いますか。あなたのお気持ちにもっとも近いものをそれぞれ１つずつ選んでください。（それぞれ○は１つずつ）

	そう思う	どちらかといえばそう思う	どちらかといえばそう思わない	そう思わない
（ア）一般的にいって、結婚していない人よりも結婚している人の方が幸せである	(31.1) **1**	(34.5) **2**	(12.4) **3**	(19.9) **4**
（イ）結婚しても、必ずしも子どもをもつ必要はない	(15.5) **1**	(12.8) **2**	(26.3) **3**	(43.1) **4**
（ウ）母親が仕事をもつと、小学校へあがる前の子どもによくない影響を与える	(9.5) **1**	(16.8) **2**	(23.6) **3**	(48.0) **4**
（エ）年をとって収入がなくなった親を扶養するのは、子どもの責任だ	(39.7) **1**	(29.7) **2**	(13.0) **3**	(15.1) **4**
（オ）親が寝たきりなどになった時、子どもが介護するのは当たり前のことだ	(39.5) **1**	(33.9) **2**	(12.9) **3**	(11.6) **4**
（カ）三世代同居（親・子・孫の同居）は望ましいことである	(25.9) **1**	(30.8) **2**	(21.7) **3**	(19.2) **4**
（キ）先祖の位牌（トートーメー）は女性が継いでもよい	(42.8) **1**	(28.2) **2**	(13.9) **3**	(13.1) **4**

沖縄総合社会調査 2006 調査票

＜ここからはお住まいの地域のことなどについて、おうかがいします＞

問 18　現在あなたがお住まいの地域でいっしょにする行事（寄付、清掃など）に、あなたは参加するほうですか。（○は１つだけ）

(7.7)	(23.3)	(17.9)	(33.8)	(17.4)
1	**2**	**3**	**4**	**5**
よく参加する	ある程度参加する	あまり参加しない	ほとんど参加しない	住んでいる地域に行事はない（または、あるかどうか知らない）

問 19　現在あなたがお住まいの地域で行う祭りに、あなたは参加するほうですか。（○は１つだけ）

(5.6)	(24.7)	(16.4)	(39.2)	(13.9)
1	**2**	**3**	**4**	**5**
いつも参加している	ときどき参加している	あまり参加していない	ほとんど参加していない	住んでいる地域に祭りはない（または、あるかどうか知らない）

問 20　あなたは、現在住んでおられる地域にずっと住み続けたいと思いますか。それとも、別の地域に移りたいと思いますか。（○は１つだけ）

(19.9)	(52.8)	(22.9)	(3.5)
1	**2**	**3**	**4**
ぜひいつまでも住みたい	なるべく住んでいたい	できれば移りたい	ぜひ早く移りたい

問 21　つぎの中から現在あなたが加入している団体、グループすべてに○をつけてください。（○はいくつでも）

- (32.2) **1** 自治会、通り会
- (18.7) **2** ＰＴＡ
- (5.8) **3** 婦人会・青年団・老人会
- (6.8) **4** 商工会などの同業者組織・労働組合
- (14.3) **5** 生活協同組合（生協）
- (24.6) **6** 小学校・中学校・高校の同窓会
- (25.6) **7** スポーツ・趣味のサークル
- (5.8) **8** 文化・学習サークル
- (6.2) **9** ボランティアのグループ・団体
- (5.0) **10** 郷友会・県人会
- (1.1) **11** 政党・政治団体
- (51.2) **12** 模合
- (6.4) **13** その他（具体的に＿＿＿＿＿＿＿＿＿＿）

<ここからは、社会福祉や社会参加のことについて、おうかがいします。>

問22　あなたは、日頃、社会の一員として、何か社会のために役にたちたいと思っていますか。それとも、あまりそのようなことは考えていませんか。（○は１つだけ）

(50.2)	(1.8)	(46.2)
1	**2**	**3**
役に立ちたいと思っている	役に立ちたいとは思わない	あまり考えていない

問23　以下の社会活動に参加したことがありますか。参加したことがある活動すべてに○をつけてください。（○はいくつでも）

- (15.4) **1** 高齢者、身障者等に対する社会福祉活動
- (35.8) **2** 環境美化などの地域活動
- (19.5) **3** 子ども会やスポーツなどの指導
- (4.8) **4** 国際交流活動
- (6.8) **5** 郷土芸能の伝承などの郷土づくり活動
- (1.2) **6** 保護司、民生委員・民生児童委員の活動
- (46.0) **7** どれにも参加したことはない

　　　　　　↓ 次の付問１へお進み下さい

付問１　今後参加を希望する社会活動がありますか。あてはまるものすべてに○をつけてください。（○はいくつでも）

(N=281)

- (26.5) **1** 高齢者、身障者等に対する社会福祉活動
- (44.1) **2** 環境美化などの地域活動
- (25.0) **3** 子ども会やスポーツなどの指導
- (17.6) **4** 国際交流活動
- (12.3) **5** 郷土芸能の伝承などの郷土づくり活動
- (6.9) **6** 保護司、民生委員・民生児童委員の活動
- (0.0) **7** その他（具体的に　　　　　　　　　　　　　　　　　　　　　）
- (5.4) **8** 参加を希望しない

問24 沖縄における子育てに必要な環境の充実度についてどう思いますか。(○はそれぞれ1つずつ)

	とても充実している	どちらかといえば充実している	どちらともいえない	どちらかといえば不足している	とても不足している
(ア)隣近所で子育てを支えあう体制	(2.7) 1	(11.9) 2	(41.7) 3	(25.3) 4	(14.5) 5
(イ)身近な公園等の遊び場	(6.1) 1	(27.0) 2	(24.9) 3	(23.1) 4	(15.6) 5
(ウ)保育所等の公的な育児を支える体制	(3.8) 1	(16.0) 2	(33.7) 3	(26.7) 4	(15.4) 5
(エ)子育てサークル等の私的な育児を支える体制	(2.4) 1	(7.9) 2	(44.5) 3	(26.8) 4	(13.3) 5

問25 今の沖縄における<u>全般的な</u>子育てに必要な環境の充実度についてどう思いますか。(○は1つだけ)

(1.0) 1 とても充実している
(7.6) 2 どちらかといえば充実している
(41.6) 3 どちらともいえない
(33.9) 4 どちらかといえば不足している
(12.3) 5 とても不足している

問26 「子育ては、実親のみでなく隣近所も含めた地域社会も関わりながら行っていくべきである」という考えについて、どう思いますか。(○は1つだけ)

(39.0) 1 賛成
(36.5) 2 やや賛成
(19.9) 3 どちらともいえない
(2.1) 4 やや反対
(0.3) 5 反対

問27 あなた自身は、隣近所における子育て支援のための活動に参加したいと思いますか、それともそうは思いませんか。(○は1つだけ)

(10.4) 1 是非参加したい
(37.6) 2 どちらかといえば参加したい
(39.7) 3 どちらともいえない
(6.0) 4 どちらかといえば参加したくない
(4.0) 5 参加したくない

問28 適切な養育環境にない子どもを、血縁関係にない世帯(里親世帯)に公的に委託する里親制度を充実させることについてどのように考えますか。(○は1つだけ)

(34.2) 1 賛成
(29.7) 2 やや賛成
(30.5) 3 どちらともいえない
(2.3) 4 やや反対
(1.1) 5 反対

問29 あなた自身は里親世帯になってみたいですか。それとも、そうは思いませんか。（○は1つだけ）

(1.8)	(10.8)	(41.2)	(18.4)	(25.4)
1	**2**	**3**	**4**	**5**
是非やってみたい	どちらかといえばやってみたい	どちらともいえない	どちらかといえばやりたいとは思わない	やりたいとは思わない

問30 以下の項目は個人や家族の責任でしょうか、国や地方自治体の責任でしょうか。下の1～5から1つ選んでください。（○はそれぞれ1つずつ）

	個人や家族の責任				国や自治体の責任
	1	**2**	**3**	**4**	**5**
（ア）高齢者の生活保障（生活費）	(4.4) **1**	(5.2) **2**	(25.3) **3**	(25.9) **4**	(35.7) **5**
（イ）精神障害者の生活保障（生活費）	(1.4) **1**	(3.3) **2**	(20.8) **3**	(24.9) **4**	(46.0) **5**

問31 以下の問題に対する政府の支出について、あなたはどう思いますか。（○はそれぞれ1つずつ）

	多すぎる	適当	少なすぎる	わからない
（ア）社会保障・年金	(4.2) **1**	(9.5) **2**	(68.5) **3**	(15.5) **4**
（イ）精神障害者福祉問題	(1.8) **1**	(9.0) **2**	(47.1) **3**	(39.5) **4**
（ウ）子育て支援対策	(1.1) **1**	(11.4) **2**	(58.9) **3**	(26.1) **4**

問32　あなたは、精神に障害を持っていると思われる人（精神障害者）と、ふだん（過去に）どのような関わりがありますか（ありましたか）。（○は１つだけ）
　　　※　ここで「精神障害者」とは、統合失調症（精神分裂病）や気分障害（躁うつ病）などで、長期にわたり日常生活又は社会生活に相当な制限を受ける人を指します。

(35.3) **1** 精神障害者の知り合いはいないし、つきあったこともない
(17.1) **2** ほとんど顔をあわせることはないが、知っている人がいる（いた）
(7.2) **3** 挨拶程度の付き合いはある（あった）
(3.1) **4** グループや地域活動で一緒に参加することが時々ある（していた）
(8.4) **5** 学校や職場等で日常接している（いた）
(23.8) **6** 近い親族や家族または友人にそのような人がいる（いた）
(1.1) **7** 自分自身が患っている（いた）

問33　精神障害者に対するあなたのイメージは、次のどれに当てはまりますか。あてはまるものすべてに○をつけてください。（○はいくつでも）

(37.2) **1** 変わっている　　(22.2) **6** 暗い　　　　　(16.5) **11** やさしい
(21.7) **2** まじめ　　　　　(30.2) **7** 気が変わる　　(36.7) **12** 敏感
(9.4) **3** にぶい　　　　　(18.3) **8** 正直　　　　　(20.5) **13** ふつうの人と変わらない
(16.7) **4** 周囲に気を使う　(27.8) **9** こわい
(8.2) **5** 明るい　　　　　(6.6) **10** お人よし

問34　精神障害者に関するあなたの知識やイメージは次のうち主にどこで得たものですか。（○は１つだけ）

(48.8) **1** 直接会って（自ら経験して、も含む）
(31.5) **2** テレビや新聞等を通して
(4.7) **3** 学校教育や本を読んで
(11.1) **4** わからない

問35　精神障害者が入院生活を終えて、あなたの住んでいる地域で暮らすことに対して、あなたは抵抗感がありますか、ありませんか。（○は１つだけ）家族やご自身が障害をお持ちの方は、他人が暮らすことを想定してお答え下さい。

| (13.1) **1** まったくない | (23.3) **2** あまりない | (28.0) **3** どちらともいえない | (26.7) **4** 少しある | (6.9) **5** かなりある |

問36　「精神疾患は誰もがかかりうる病気である」と、あなたは思いますか、思いませんか。（○は１つだけ）

| (38.4) **1** そう思う | (30.8) **2** どちらかといえばそう思う | (17.1) **3** どちらともいえない | (6.2) **4** どちらかといえばそう思わない | (5.4) **5** そう思わない |

<ここからは、交通機関について関して、おうかがいします。>

問37 次にあげる交通に関する問題について、あなたは普段どのように感じているか、近いものを答えてください。(○はそれぞれ1つずつ)

	そう思う	どちらかといえばそう思う	どちらともいえない	どちらかといえばそう思わない	そう思わない
(ア) 車が多すぎて、渋滞や駐車場の不足がひどく、移動が不便である	(40.3) 1	(31.8) 2	(15.1) 3	(7.1) 4	(4.4) 5
(イ) 公共交通機関(路線バス等)が便利であれば、車より公共交通機関をつかいたい	(33.9) 1	(19.3) 2	(20.0) 3	(11.1) 4	(14.1) 5
(ウ) 高齢者や障害者は、今の交通機関を利用することが難しい	(45.4) 1	(31.0) 2	(16.0) 3	(3.7) 4	(1.8) 5
(エ) 車を維持するための経費が高すぎる	(54.2) 1	(28.6) 2	(12.3) 3	(1.9) 4	(1.6) 5
(オ) 交通事故、酒酔い運転等の問題が多すぎる	(72.9) 1	(20.2) 2	(4.2) 3	(0.5) 4	(0.8) 5

問38 交通・移動問題を解決するために、国や県、市町村は何をすればよいと思いますか。(○はそれぞれ1つずつ)

	そう思う	どちらかといえばそう思う	どちらともいえない	どちらかといえばそう思わない	そう思わない
(ア) 都市の道路の拡張や駐車場を増やす	(41.8) 1	(23.5) 2	(22.5) 3	(5.0) 4	(5.4) 5
(イ) 市街地への車の乗り入れを制限する	(11.9) 1	(15.4) 2	(35.5) 3	(14.8) 4	(19.8) 5
(ウ) 既存の公共交通機関網(路線バス、モノレール等)を更に整備する	(50.3) 1	(25.8) 2	(16.2) 3	(2.7) 4	(2.8) 5
(エ) 新たに路面電車(LRT)を導入する	(28.1) 1	(15.1) 2	(26.1) 3	(9.8) 4	(17.9) 5
(オ) 高齢者や障害者のために路線バスのバリアフリー化を進める	(57.7) 1	(26.2) 2	(10.6) 3	(1.6) 4	(1.6) 5
(カ) ノー・マイカー・デーなどを実施し、車社会からの脱却を啓蒙する	(14.1) 1	(16.4) 2	(37.3) 3	(11.3) 4	(18.3) 5
(キ) 歩行者のためにもっと歩道の整備や拡張をする	(41.2) 1	(29.8) 2	(19.8) 3	(4.9) 4	(2.4) 5

問39　あなたは日頃、車を運転していますか。(○は1つだけ)

(85.0)　　　　　(14.5)
　1　　　　　　　2
　はい　　　　　いいえ

問40　路線バスを利用する回数をお答えください。(○は1つだけ)

(4.4)　　　　(2.6)　　　　(2.6)　　　　(8.6)　　　　(81.0)
　1　　　　　　2　　　　　　3　　　　　　4　　　　　　5
ほとんど毎日　週に3、4回　週に1、2回　月に1、2回　ほとんど
利用する　　　利用する　　　利用する　　　利用する　　　利用しない

＜最近各地にできているショッピングモール（大型商業施設）についてお聞きします。＞

ここでいう「ショッピングモール」とは、サンエー那覇メインプレイス・西原シティ、ジャスコ南風原店・北谷店・具志川店・名護店、沖縄アウトレットモールあしびなー・浦添パークレーズコートのような大型ショッピングセンターのことを指します。スーパーマーケットは含みません。

問41　あなたは、このようなショッピングモールを、平均してどの程度利用していますか。次のうちから、最も近いものをお選びください。(○は1つだけ)

(29.7)　**1**　週に1回以上
(29.6)　**2**　2～3週に1回ぐらい
(19.5)　**3**　1か月に1回ぐらい
(12.3)　**4**　数か月に1回
(8.0)　**5**　めったに利用しない

問42　あなたはショッピングモールを利用する際、特に何を求めて行きますか。次のうち、当てはまるものを3つまで選んで、番号に○をおつけください。(○は3つまで)

(83.5)　**1**　ほしい品物を買うこと
(24.1)　**2**　飲食すること
(14.8)　**3**　映画鑑賞
(11.8)　**4**　人と会ってすごすこと（友人・恋人・家族など）
(8.1)　**5**　非日常的な雰囲気を楽しむこと
(54.2)　**6**　いろいろな品物を見て回ること
(12.1)　**7**　ひまな時間をつぶすこと
(8.1)　**8**　情報収集
(0.5)　**9**　習いごと（語学・パソコンなど）
(0.5)　**10**　その他（具体的に＿＿＿＿＿＿＿＿＿＿＿＿＿＿＿＿＿＿＿＿＿＿）
(3.2)　**11**　ショッピングモールはまったく利用しない

問43　ショッピングモールについて、あなたはどう思いますか。次にあげる（ア）～（ケ）それぞれについてお答えください。（それぞれ〇は1つずつ）

	とてもそう思う	まあそう思う	あまりそう思わない	全くそう思わない
（ア）便利である	(46.3) 1	(45.4) 2	(5.9) 3	(1.1) 4
（イ）施設内にいると居心地がいい	(11.2) 1	(47.3) 2	(34.2) 3	(4.7) 4
（ウ）ショッピングモールに行くときは楽しい気持ちになる	(17.5) 1	(49.7) 2	(26.3) 3	(4.4) 4
（エ）市町村のイメージづくりに貢献している	(16.6) 1	(47.0) 2	(28.7) 3	(5.6) 4
（オ）経済活性化・地域振興に貢献している	(21.6) 1	(56.0) 2	(17.3) 3	(3.2) 4
（カ）地域の人々の結びつきをうながすことに貢献している	(9.0) 1	(30.6) 2	(45.4) 3	(12.7) 4

では、ショッピングモールの地域や青少年におよぼす影響についてはどうですか。（それぞれ〇は1つずつ）

	とてもプラスと思う	ややプラスと思う	影響はないと思う	ややマイナスと思う	とてもマイナスと思う
（キ）周辺地域の雰囲気に与えた影響は	(10.3) 1	(43.2) 2	(26.2) 3	(16.3) 4	(2.1) 5
（ク）地元の商店への影響は	(1.1) 1	(3.6) 2	(8.9) 3	(48.5) 4	(36.6) 5
（ケ）青少年の育成への影響は	(1.2) 1	(5.4) 2	(43.3) 3	(39.4) 4	(8.5) 5

<ここでは、沖縄のイメージについて、おうかがいします。>

問44 次にあげるのは、沖縄の県民性や自然、文化の特徴として、よく言われているイメージです。これらのイメージは、あなたが実際に沖縄で生活する中での実感と合っていますか、それとも違和感がありますか。それぞれの項目について、当てはまる番号に○をおつけください。

県民性については？

	とても実感と合っている	やや実感と合っている	どちらでもない	やや違和感がある	とても違和感がある
（ア）明るく元気である	(21.4) 1	(46.9) 2	(26.3) 3	(4.1) 4	(0.5) 5
（イ）家族を大切にする	(26.1) 1	(47.2) 2	(20.5) 3	(4.3) 4	(1.0) 5
（ウ）苦難にもねばり強い	(7.2) 1	(19.7) 2	(41.2) 3	(22.0) 4	(8.7) 5
（エ）長寿県である	(21.1) 1	(43.3) 2	(20.0) 3	(12.0) 4	(2.5) 5
（オ）時間にルーズである	(38.8) 1	(36.8) 2	(13.1) 3	(7.1) 4	(3.1) 5

自然や文化の面では？

	とても実感と合っている	やや実感と合っている	どちらでもない	やや違和感がある	とても違和感がある
（カ）青い海が美しい	(52.7) 1	(34.5) 2	(6.4) 3	(4.4) 4	(1.0) 5
（キ）亜熱帯の自然が多い	(29.4) 1	(43.3) 2	(17.5) 3	(7.5) 4	(1.1) 5
（ク）他では失われたものが残っている	(18.3) 1	(41.1) 2	(28.9) 3	(8.0) 4	(2.0) 5
（ケ）沖縄の食文化は健康・長寿につながる	(26.2) 1	(41.5) 2	(20.8) 3	(7.8) 4	(2.5) 5
（コ）アメリカの影響がつよい	(34.2) 1	(40.1) 2	(19.3) 3	(3.7) 4	(1.1) 5

<ここでは、沖縄の開発や発展について、おうかがいします。>

問45 国が沖縄の復帰後に進めてきた開発のあり方によって沖縄は良くなったと思いますか、それとも悪くなったと思いますか。（○は1つだけ）

(15.8)	(63.6)	(14.1)	(3.6)
1	**2**	**3**	**4**
良くなった	どちらかというと良くなった	どちらかというと悪くなった	悪くなった

問46 沖縄にとって「望ましい開発のあり方」とはなんですか。あなたのお考えにもっとも近いものを1つだけ選んでください。（○は1つだけ）

- (68.8) **1** 沖縄県民や沖縄企業による開発
- (21.0) **2** 国や県の補助金による開発
- (5.2) **3** 県外企業による開発
- (2.3) **4** 海外企業による開発

問47 環境と開発についてつぎのような2つの意見があります。あなたの意見は上のA、Bのうち、どちらに近いですか。（○は1つだけ）

> A：経済発展のためには、自然環境をある程度犠牲にしてもやむを得ない
> B：自然環境を守るためには、経済発展をある程度犠牲にしてもやむを得ない

(9.6)	(23.8)	(47.1)	(17.2)
1	**2**	**3**	**4**
Aに近い	どちらかというとAに近い	どちらかというとBに近い	Bに近い

問48 電化製品を買い換えるときに、つぎのような2つの考え方があります。あなたの意見は上のA、Bのうち、どちらに近いですか。（○は1つだけ）

> A：環境への配慮は特になくても、安いものを買う
> B：値段が高くても、環境に配慮したものを買う

(13.1)	(31.4)	(40.7)	(13.0)
1	**2**	**3**	**4**
Aに近い	どちらかというとAに近い	どちらかというとBに近い	Bに近い

問49 この5年間で、あなたの暮らし向きは良くなったと思いますか、それとも悪くなったと思いますか。（○は1つだけ）

(5.1)	(15.4)	(40.1)	(26.0)	(12.1)
1	**2**	**3**	**4**	**5**
良くなった	どちらかといえば良くなった	変わらない	どちらかといえば悪くなった	悪くなった

問50　今後の生活の仕方として、次の2つの考え方のうち、あなたの考えに近いのはどちらですか。
　　　（○は1つだけ）

(58.3) **1**　今後は、心の豊かさやゆとりのある生活をすることに重きをおきたい

(9.0) **2**　今後は、物質的な面で生活を豊かにすることに重きをおきたい

(31.0) **3**　一概にはいえない

問51　あなたは、沖縄の未来についてどのようなイメージをおもちですか。あなたのお考えにもっとも近いものを1つだけ選んでください。（○は1つだけ）

(4.9) **1**　沖縄の未来はとても明るいと思う

(55.3) **2**　沖縄の未来はどちらかといえば明るいほうだと思う

(32.1) **3**　沖縄の未来はどちらかといえば暗いほうだと思う

(5.3) **4**　沖縄の未来はとても暗いと思う

＜ここでは、沖縄に住んでいる外国人・県外出身者の方々のことについておうかがいします。＞

問52　あなたには、現在、沖縄に住んでいる外国人の方々と、あいさつを交わしたり言葉を交わしたりすることがありますか。ご自分の家族に外国人がおられる方は、それ以外の外国人の方とのおつきあいについてお答えください。（○は1つだけ）

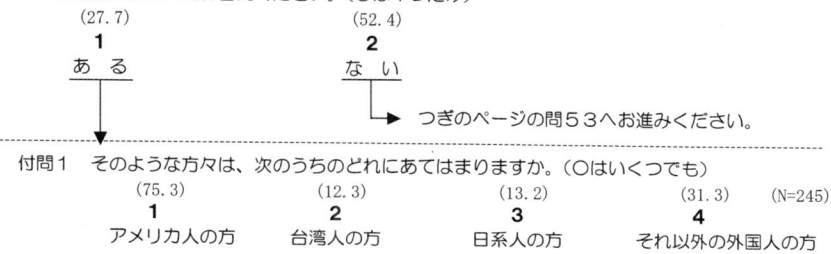

　　(27.7)　　　　　　　　(52.4)
　　　1　　　　　　　　　**2**
　　　ある　　　　　　　　　ない
　　　↓　　　　　　　　　　↓
　　　　　　　　　　　つぎのページの問53へお進みください。

付問1　そのような方々は、次のうちのどれにあてはまりますか。（○はいくつでも）
　　(75.3)　　　(12.3)　　　(13.2)　　　(31.3)　　(N=245)
　　1　　　　**2**　　　　**3**　　　　**4**
　アメリカ人の方　台湾人の方　日系人の方　それ以外の外国人の方

付問2　では、どのような場面で、その方とつきあいがありますか。最も親しくつきあいをされている方についてお答えください。（○は1つだけ）

(18.8) **1**　近所づきあいの場で　　　　　　　　　　　　　　　(N=245)

(31.8) **2**　職場で

(6.9) **3**　学校で（PTAを含む）

(7.8) **4**　ボランティアやサークル活動などの場で

(4.9) **5**　行きつけの飲食店などで

(18.0) **6**　友人・知人などを通して

(2.4) **7**　その他（具体的に＿＿＿＿＿＿＿＿＿＿＿＿＿＿＿＿＿＿＿＿）

問５３ <u>あなたがお住まいの地域に</u>つぎにあげる人たちが増えることは好ましいことだと思いますか。それとも好ましくないと思いますか。あなたのお気持ちにもっとも近いものをそれぞれ１つずつ選んでください。（それぞれ○は１つずつ）

	好ましい	どちらかといえば好ましい	どちらともいえない	どちらかといえば好ましくない	好ましくない
（ア）外国人が増えること	(5.8) 1	(12.1) 2	(52.3) 3	(13.9) 4	(9.2) 5
（イ）日系人が増えること	(7.2) 1	(14.6) 2	(59.8) 3	(7.0) 4	(4.5) 5
（ウ）沖縄県外出身者が増えること	(9.5) 1	(20.6) 2	(48.2) 3	(8.8) 4	(6.0) 5
（エ）もともとその地域の住民ではなかった沖縄の人が移動してきて、増えること	(11.9) 1	(22.6) 2	(52.3) 3	(4.7) 4	(1.7) 5

問５４ あなたは、次のような事柄について、抵抗がありますか。あなたのお気持ちにもっとも近いものをそれぞれ１つずつ選んでください。（それぞれ○は１つずつ）

	まったく抵抗はない	あまり抵抗はない	どちらともいえない	少し抵抗がある	かなり抵抗がある
（ア）自分の子どもが、外国人と結婚すること	(11.5) 1	(21.2) 2	(22.9) 3	(23.2) 4	(14.6) 5
（イ）自分の子どもが、日系人と結婚すること	(12.4) 1	(23.5) 2	(27.5) 3	(20.8) 4	(9.0) 5
（ウ）自分の子どもが、沖縄県外出身者と結婚する	(20.5) 1	(26.9) 2	(24.9) 3	(15.5) 4	(5.4) 5
（エ）自分の子どもがもともとその地域の住民ではなかった沖縄の人と結婚する	(38.1) 1	(30.2) 2	(19.5) 3	(4.3) 4	(1.0) 5

問55 次のような意見について、あなたはどのように思いますか。あなたのお気持ちにもっとも近いものをそれぞれ1つずつ選んでください。（それぞれ○は1つずつ）

	そう思う	どちらかといえばそう思う	どちらかといえばそう思わない	そう思わない
(ア) 沖縄に住む外国人は、沖縄でも自分の母国の生活習慣やしきたりを大切に守っていくべきだ	(10.3) 1	(28.7) 2	(41.0) 3	(13.2) 4
(イ) 外国人であっても沖縄で生活する以上、沖縄の生活習慣やしきたりを受け入れるべきだ	(20.9) 1	(45.5) 2	(21.1) 3	(6.1) 4
(ウ) 外国人は、沖縄社会に完全に溶け込むことはできない	(10.3) 1	(26.3) 2	(39.3) 3	(17.2) 4
(エ) 沖縄県外出身者は、沖縄社会に完全に溶け込むことはできない	(7.1) 1	(24.9) 2	(38.9) 3	(22.1) 4

問56 外国人の人権について、あなたはどのように思いますか。あなたのお気持ちにもっとも近いものを1つだけ選んでください。（○は1つだけ）

(56.7) 1 日本国籍を持たない人でも、日本人と同じように人権は守るべきだ
(7.8) 2 日本国籍を持たない人は、日本人と同じような権利を持っていなくてもしかたがない
(19.0) 3 どちらともいえない
(10.4) 4 わからない

＜ここからはマスコミやインターネットの利用についてうかがいます。＞

問57　あなたはふだん、一日に新聞をどのくらいの時間読みますか。（○は1つだけ）

- (34.8)　**1**　15分未満
- (31.3)　**2**　15分以上～30分未満
- (14.2)　**3**　30分以上～1時間未満
- (2.6)　**4**　1時間以上～2時間未満
- (0.9)　**5**　2時間以上
- (14.8)　**6**　新聞は読まない　─────▶ 問59へお進みください

問58　あなたはふだん新聞のどの面をよく読みますか。特によく読む面三つまで選んで下さい。
　　　（○は3つまで）

(N=742)

- (70.8)　**1**　社会面
- (20.9)　**2**　経済面
- (16.8)　**3**　政治面
- (19.7)　**4**　文化・教育面
- (25.5)　**5**　地域面
- (12.0)　**6**　投書・社説面
- (35.6)　**7**　スポーツ面
- (39.5)　**8**　ラジオ・テレビ面
- (32.3)　**9**　死亡広告面
- (0.4)　**10**　その他（具体的に＿＿＿＿＿＿＿＿＿＿＿＿＿）

問59　あなたはふだんテレビを一日にどれくらいの時間見ますか。（○は1つだけ）

- (5.8)　**1**　30分未満
- (16.3)　**2**　30分以上～1時間未満
- (29.3)　**3**　1時間以上～2時間未満
- (25.9)　**4**　2時間以上～3時間未満
- (9.2)　**5**　3時間以上～4時間未満
- (9.9)　**6**　4時間以上
- (2.4)　**7**　テレビは見ない　─────▶ 次のページの問61へお進みください

問60　あなたがふだんよく観るテレビ番組は次のうちどれですか。3つ選んで下さい。
　　　（○は3つまで）

(N=853)

- (71.3)　1　ニュース番組
- (6.3)　2　教養・教育番組
- (11.7)　3　音楽番組
- (27.0)　4　スポーツ番組
- (12.0)　5　クイズ番組
- (5.2)　6　漫画・子供向け番組
- (10.6)　7　ワイドショー
- (26.3)　8　映画
- (24.3)　9　ドキュメンタリー番組
- (31.7)　10　ドラマ
- (10.8)　11　趣味・料理・実用番組
- (39.2)　12　バラエティー番組
- (0.2)　13　その他（具体的に_____）

問61　あなたはふだんインターネットをどのくらい利用していますか。お仕事で利用する場合も含めてお答え下さい。（○は1つだけ）

- (26.4)　1　毎日利用している
- (10.4)　2　2〜3日に1回程度利用している
- (7.0)　3　週に1回程度利用している
- (4.1)　4　月に1回程度利用している
- (12.8)　5　ほとんど利用していない
- (37.2)　6　まったく利用していない

＜政治や社会問題についてのお考えをおうかがいします。＞

問62　現在、憲法9条を改正する論議がありますが、憲法9条を改正することについてあなたはどうお考えですか。

- (16.9)　1　改正すべきである
- (36.9)　2　改正すべきでない
- (42.9)　3　わからない
- (0.8)　4　その他（具体的に_____）

問63　沖縄の米軍基地について、あなたの考えにいちばん近いのは次のうちどれですか。（○は1つだけ）

- (9.2) **1** 即時全面撤去すべきだ
- (18.1) **2** できるだけ早く全面撤去すべきだ
- (49.0) **3** 本土並みに整理縮小すべきだ
- (13.4) **4** 現状のままでよい
- (0.9) **5** もっと増やすべきだ
- (7.8) **6** わからない

問64　自衛隊についてあなたの考えにいちばん近いものは次のうちどれですか。（○は1つだけ）

- (27.2) **1** 日本の安全にとって自衛隊は必要な存在である
- (59.0) **2** 日本の安全のためには自衛隊はやむを得ない存在である
- (8.6) **3** 日本の安全にとって自衛隊は必要でない
- (2.7) **4** 日本の安全にとって自衛隊はかえって危険である

問65　日米安全保障条約についてあなたの考えにいちばん近いものを次の中から選んで下さい。（○は1つだけ）

- (26.0) **1** 日本の安全にとって安保条約は必要である
- (52.5) **2** 日本の安全にとって安保条約があるのはやむをえない
- (10.7) **3** 日本の安全にとって安保条約は必要ない
- (6.3) **4** 日本の安全にとって安保条約はかえって危険である

問66　米軍普天間基地の移設問題に関して、あなたはどのようにお考えですか。あなたの考えにいちばん近いものを次の中から選んで下さい。（○は1つだけ）

- (9.9) **1** 辺野古へ移設すべき
- (3.5) **2** 辺野古以外の県内へ移設すべき
- (16.8) **3** 本土へ移設すべき
- (36.8) **4** 外国へ移設すべき
- (5.6) **5** 現状のままでよい
- (24.0) **6** わからない
- (1.8) **7** その他（具体的に＿＿＿＿＿＿＿＿＿＿＿＿＿＿＿＿＿＿＿）

問67 あなたはいま、どの政党を支持していますか。（○は1つだけ）

(21.1) 1 自由民主党　　　(0.0) 7 新党日本
(8.9) 2 民主党　　　　　(0.1) 8 自由連合
(4.2) 3 公明党　　　　　(0.1) 9 新党大地
(2.6) 4 日本共産党　　　(1.7) 10 沖縄社会大衆党
(2.8) 5 社会民主党　　　(0.6) 11 その他（具体的に＿＿＿＿＿＿＿＿＿＿＿＿＿＿）
(0.0) 6 国民新党　　　　(54.2) 12 支持する政党はない

＜最後に、ウチナーンチュについてのお考えをおうかがいします。＞

問68 あなたが考える『ウチナーンチュ』とはどのような人ですか。必要だと思われる条件すべてに○をつけてください。（○はいくつでも）

(76.0) 1 沖縄で生まれた　　　　　　　(46.0) 6 沖縄が好きである
(27.8) 2 沖縄で幼少期を過ごした　　　(43.7) 7 「自分はウチナーンチュだ」と思っている
(28.8) 3 親のどちらかが沖縄出身者である　(15.5) 8 沖縄の文化・歴史のことを詳しく知っている
(30.4) 4 先祖が沖縄本島　　　　　　　(21.8) 9 方言を少しでも話せる
　　　　あるいは離島出身者である　　(31.9) 10 沖縄に貢献しようという気持ちを持っている
(45.9) 5 沖縄に住んでいる　　　　　　(1.1) 11 その他（具体的に＿＿＿＿＿＿＿＿＿＿＿＿）

問69 あなたはご自身をウチナーンチュだと思いますか。（○は1つだけ）

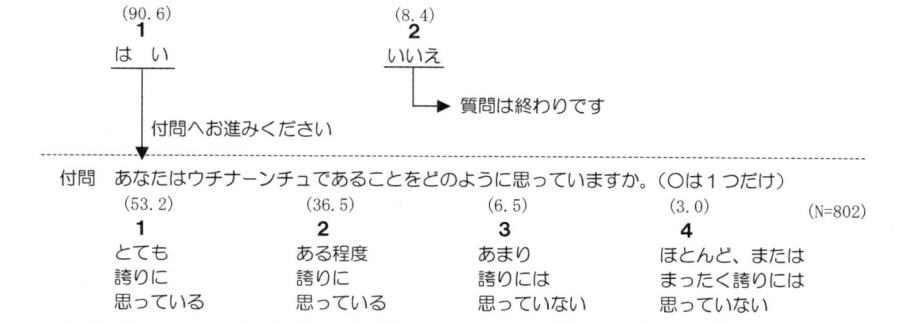

　　(90.6)　　　　　(8.4)
　　　1　　　　　　 2
　　はい　　　　　いいえ
　　　↓　　　　　　→ 質問は終わりです
　付問へお進みください

付問 あなたはウチナーンチュであることをどのように思っていますか。（○は1つだけ）

(53.2)　　　　(36.5)　　　　(6.5)　　　　(3.0)　　　　(N=802)
　1　　　　　　2　　　　　　3　　　　　　4
とても　　　ある程度　　　あまり　　　ほとんど、または
誇りに　　　誇りに　　　　誇りには　　まったく誇りには
思っている　思っている　　思っていない　思っていない

＜質問はこれで終わりです。長時間ご協力ありがとうございました。＞

索　引

ア行

アメラジアン　68, 92, 94, 95
アメリカ人　68, 74, 76, 82
イメージ（精神障がい者の）　188-189, 190-197, 199-200, 288
ウチナータイム　116
ウチナーンチュ　91, 115, 149, 174-178, 288
SSJ データアーカイブ　2
LRT（Light Rail Transit）　250, 251, 254, 256
沖縄イメージ　100-101, 111-122, 287
沖縄県民意識調査　90-91
沖縄戦　99, 115, 267
沖縄総合社会調査　3-20
沖縄らしさ　99, 100, 122, 287
オルタナティブ　45, 46-47, 61, 63, 64, 286
温室効果ガス　238, 250-251

カ行

階層意識　53, 55, 57, 58, 82, 84-85, 93, 155
開発主義　46, 111
海洋博　101, 111
家族意識　24, 285
家族制度　23
家族についての全国調査（NFRJ）　3
家族の個人化　25, 129

家族のライフスタイル化　25
環境保護　47, 51-55, 58, 61-62, 63, 286
観光　45, 99-101, 111, 113, 116-117, 121-122, 123, 238, 287
車社会　100, 237, 289
経済効果　109
結婚観　28
県外出身者　50, 71, 87-91, 93, 174, 176-177, 286
健康長寿　149, 152, 157, 179-180, 182
健康の社会的決定要因　149, 153-157, 160, 178
憲法9条　264-265, 272, 276, 289
郊外化　99-101, 122-123, 287
公共交通機関　237, 247, 250-258
心の豊かさ　60, 142-144, 287
子育てサークル　206, 215-216, 219, 231
子育て支援　205-206, 214, 219, 221-222, 224, 226-227, 229-233, 288-289
子ども　28, 30, 139-140, 205-207, 219, 224, 227, 230, 232
個票データ　2

サ行

サステイナビリティー　45-47, 60-62, 63, 286
里親制度　206, 219, 223-228, 232
3歳児神話　36

3世代同居　39
CO_2排出量　237-239, 250-251
JGSS→日本版総合的社会調査
自衛隊　264, 267-269, 272, 277, 289
General Social Surveys（GSS）　2
支持政党　273, 280, 289
事大主義　58
自治会　61, 128-130, 134, 136-138, 146, 167-173, 227
社会疫学　149, 157, 160, 161, 287
社会階層　82-85, 93, 153-157
社会貢献　128, 130, 144
社会的距離　162, 198
社会的養護　206, 219
住民参加　146, 147, 287
出生率　23, 30, 205, 213, 231
ショッピングモール　99-110, 122, 287
人権　71, 72, 85-86, 92-93, 95, 196
スティグマ　187, 193-194, 201
政治傾向　263, 270-275, 279, 281, 289
接触（外国人との）　68, 69-70, 72-78, 82, 83, 286, 288
接触（精神障がい者との）　188, 189-190, 198-199, 288
接触仮説　70, 72, 82, 87, 90, 92, 286, 287
全米家族世帯調査（NSFH）　3
ソーシャル・キャピタル　149-150, 160, 162, 163, 166-171, 172, 179-180, 183, 287-288

タ行

対外国人意識　68, 69-72, 82, 89, 90, 92-94, 286
脱車社会→車社会

団体加入　136-138, 146, 168-171, 227-228
地域振興　101, 109, 110
地域での支えあい　231, 288
地域への愛着　127, 131, 147, 149, 172-178, 287
地球温暖化　237-238, 249-250, 289
ちゅらさん　100, 111, 113, 114
長寿　113, 115-116, 149-153, 181-182, 287
直系家族規範　36
抵抗感（外国人への）　70, 82, 89-90
抵抗感（精神障がい者への）　189, 197-200, 201-202
データアーカイブ　3
同世代効果　76, 91, 92
都市化　25, 99, 127-130, 146-147, 287

ナ行

内発的発展　46, 61, 64, 285, 286, 292
那覇都市圏　24, 128-130, 245
二次利用　2
日米安保（日米安全保障条約）　269-270, 272, 276-277, 289
日本版総合的社会調査（JGSS）　3, 69
ネットワーク　69, 162-163, 166-170, 175, 179-180, 287-288
年齢効果　78, 90, 93

ハ行

母親　33
普天間基地移設問題　64, 124, 263, 267, 275-277, 289
米軍　9, 24, 46, 60, 62, 67-68, 76, 82, 86, 91-92, 94, 95, 100, 115, 118,

119, 263-267, 269, 270, 271, 272, 276, 277, 280, 286, 289
米軍統治時代　115, 118, 271, 291
保育所待機児童（問題）　211, 219, 213
ホスト社会　68, 72, 94
ボランティア　70, 71, 130, 136, 166, 170-171, 174, 224, 227-228
本土復帰　152, 265, 266, 269, 286

マ行

マス・メディア接触　263, 271, 277, 279-280, 281, 289
無徴性　99-101, 122-123, 287

メディア　76, 92, 101, 111, 113, 123, 263, 271, 277-279, 281, 289
模合　136-138, 163-171, 227

ヤ・ラ行

ユイマール　61, 68, 163-166, 190
有徴性　99-101, 122-123, 287
離婚率　154, 213, 231
老親扶養・介護　37
ローカリティ　101, 122
路線バス　239, 241-242, 244, 250-255
路面電車　250, 252-254, 256

執筆者一覧

(執筆順，＊は編著者)

安藤　由美＊（あんどう　よしみ）　はしがき・1・2・6章
琉球大学法文学部教授　社会学（家族・ライフコース）

鈴木　規之＊（すずき　のりゆき）　はしがき・3・12章
琉球大学法文学部教授　社会学（国際社会学・東南アジア地域研究）

野入　直美（のいり　なおみ）　4章
琉球大学法文学部准教授　社会学（エスニシティ・生活史）

多田　治（ただ　おさむ）　5章
一橋大学大学院社会学研究科准教授　社会学（グローバル化・メディア・観光・理論）

川添　雅由（かわそえ　まさゆき）　6章
琉球大学名誉教授　社会福祉学（老人福祉論）

白井　こころ（しらい　こころ）　7章
琉球大学法文学部准教授　社会福祉学・公衆衛生学（老年学・社会疫学）

水野　良也（みずの　よしなり）　8章
琉球大学法文学部教授　社会福祉学（社会福祉援助技術）

本村　真（もとむら　まこと）　9章
琉球大学法文学部准教授　社会福祉学（社会福祉援助技術）

高嶺　豊（たかみね　ゆたか）　10章
琉球大学法文学部教授　社会福祉学（障害者福祉論）

比嘉　要（ひが　かなめ）　11章
琉球大学法文学部准教授　マス・コミュニケーション学（ジャーナリズム・世論）

沖縄の社会構造と意識
──沖縄総合社会調査による分析──

2012年4月20日　初版発行

編著者　安　藤　由　美
　　　　鈴　木　規　之
発行者　五十川　直　行
発行所　㈶九州大学出版会
　　　　〒812-0053　福岡市東区箱崎7-1-146
　　　　　　　　　　九州大学構内
　　　　電話　092-641-0515（直通）
　　　　振替　01710-6-3677
印刷／城島印刷㈱　製本／篠原製本㈱

Ⓒ Yoshimi Ando, Noriyuki Suzuki, 2012　ISBN 978-4-7985-0063-8

九州大学出版会・学術図書刊行助成

　九州大学出版会は，1975年に九州・中国・沖縄の国公私立大学が加盟する共同学術出版会として創立されて以来，大学所属の研究者等の研究成果発表を支援し，優良かつ高度な学術図書等を出版することにより，学術の振興及び文化の発展に寄与すべく，活動を続けて参りました。

　この間，出版文化を取り巻く内外の環境は大きく様変わりし，インターネットの普及や電子書籍の登場等，新たな出版，研究成果発表のかたちが模索される一方，学術出版に対する公的助成が縮小するなど，専門的な学術図書の出版が困難な状況が生じております。

　この時節にあたり，本会は，加盟各大学からの拠出金を原資とし，2009年に「九州大学出版会・学術図書刊行助成」制度を創設いたしました。この制度は，加盟各大学における未刊行の研究成果のうち，学術的価値が高く独創的なものに対し，その刊行を助成することにより，研究成果を広く社会に還元し，学術の発展に資することを目的としております。

　　　第1回助成対象作（2010年度刊行）

　　　道化師ツァラトゥストラの黙示録
　　　　細川亮一（九州大学大学院人文科学研究院教授）

　　　中世盛期西フランスにおける都市と王権
　　　　大宅明美（九州産業大学経済学部教授）

　　　第2回助成対象作（2011年度刊行）

　　　弥生時代の青銅器生産体制
　　　　田尻義了（九州大学大学院比較社会文化研究院学術研究員）

　　　沖縄の社会構造と意識
　　　　──沖縄総合社会調査による分析──
　　　　安藤由美・鈴木規之 編著（ともに琉球大学法文学部教授）

　　＊詳細については本会Webサイト（http://www.kup.or.jp/）をご覧ください。